国际技术贸易

冯宗宪　华慧婷　编著

科学出版社
北京

内 容 简 介

本书全面、系统地研究和讲解了国际技术贸易的基本原理与基本方法，注重对技术贸易中涉及的基本概念和基本原理的把握与理解；同时，着重对技术贸易基础理论和知识产权实践在当今最新发展的介绍与分析，如从技术并购、企业专利海外布局角度，阐述企业的知识产权战略，并增添了“一带一路”技术贸易内容。本书采用基础知识叙述、图表和案例、专栏、操作程序以及例题等相互结合的方法，帮助学生理解国际技术贸易的基本理念、分析方法和实际运用；注重培养学生的认知能力、职业素养，为专业后续的学习奠定坚实的基础。

本书可作为高等学校经济学、管理学专业本科、研究生用书，也可作为普通高校政治、法律等专业学生参考用书，还可以作为从事国际商务、技术贸易、知识产权管理的部门和企业人员的工作参考资料。

图书在版编目（CIP）数据

国际技术贸易 / 冯宗宪，华慧婷编著. —北京：科学出版社，2020.3

ISBN 978-7-03-062573-1

Ⅰ. ①国… Ⅱ. ①冯… ②华… Ⅲ. ①国际贸易－技术贸易－高等学校－教材 Ⅳ. ①F746.17

中国版本图书馆 CIP 数据核字（2019）第 219435 号

责任编辑：方小丽 / 责任校对：贾娜娜
责任印制：张 伟 / 封面设计：蓝正设计

科 学 出 版 社 出版
北京东黄城根北街 16 号
邮政编码：100717
http://www.sciencep.com

北京中科印刷有限公司 印刷
科学出版社发行 各地新华书店经销
*
2020 年 3 月第 一 版 开本：787×1092 1/16
2022 年10月第四次印刷 印张：24 1/4
字数：572 000

定价：68.00 元

（如有印装质量问题，我社负责调换）

目　　录

第 1 章　国际技术贸易概述

本章学习目标、重点与难点

学习目标：通过本章的学习，理解、掌握许可贸易、国际技术服务与咨询、利用外资、工程承包、特许经营等国际技术贸易主要方式，能针对具体的国际技术贸易案例，分清其中应用的是哪种贸易方式；理解国际技术贸易基本概念、国际技术贸易对象——技术的特点及分类；了解国际技术贸易发展概况。

重点：国际技术贸易的主要方式、基本概念、交易对象和发展概况。

难点：国际技术贸易的主要方式。

1.1　国际技术贸易的基本概念

1.1.1　国际技术贸易的演变

国际技术贸易（international technology transfer 或 international technology trade）是商品经济发展到一定阶段的产物，是随着商品经济扩展、深化逐步形成的现代贸易方式之一。人类发展的历史长河经历了各种经济发展阶段，除原始社会外，还经历了农业经济、工业经济、商品经济、知识经济等阶段。不同阶段产生不同的技术，不同的技术标志着不同经济发展阶段，不同经济发展阶段产生不同的技术贸易方式。国际技术贸易的演变就具有时代的特征，其演变的规律特征基本上是：技术转移—技术转让—技术贸易。

1. 技术转移

1）技术转移的概念

技术转移（shift of technology）是指技术地理位置的变化，既可以是技术在一个国家境内不同地区的地理位置变化，也可以是技术跨越国境的地理位置变化。技术转移一般是技术所有者将较成熟的技术直接转移给本国技术受方，或直接转移给境外技术受方。因此，人们将这种技术转移称为水平转移或横向转移（lateral shift of technology）。

2）技术转移的特点

（1）一般不带有贸易条件，多以人为载体，技术借助人的移动而移动。

（2）技术转移源于地球上有限资源和需求之间的矛盾形成的技术自然转移机制。

（3）技术转移多是非人为或有意识的行为，如技术人员到工作条件、生活条件更优越的地区或国家谋生，或为躲避战乱移居他地或他国，其本身便无意识地成为技术转移的载体。我国古代的四大发明都是以人为载体，将技术转移到中东、欧洲，乃至世界。发展中国家的技术人员到工业发达国家工作和生活，即所谓“技术移民”，又称“技术反向转移”（reverse shift technology）。

2. 技术转让

1）技术转让的概念

技术转让(technology transfer)是指人们根据不同地区或国家的生产力水平、经济基础、劳动力素质等因素，人为或有意识地，按一定条件在本国、本地区间或国家间转移技术的行为。

2）技术转让的特点

（1）技术转让是人为或有意识的行为，称为人为机制（artificial mechanism）。

（2）技术转让是有条件的转让。

（3）技术转让大多是纵向（垂直）转让（vertical transfer of technology），具体表现是：技术从先进国家向技术发展滞后的发展中国家转让、基础研究成果向应用领域转让、应用领域成果向生产领域转让、科研机构的成果向企业转让等。

这种转让缘于，到了商品经济时代，人们认识到技术在产品中的价值。产品中的技术含量和先进程度越高，产品的市场竞争力就越强，技术的价值也越高。例如，英国古典经济学家亚当·斯密指出，以知识为基础的发明技术具有价值。另外，随着商品经济的进一步发展，机器、设备越来越复杂，其中涉及的技术也非单一技术，而是多种技术的结合。因此，技术不得不脱离机器、设备或产品，成为独立交易的特殊商品。

3）技术转让的类型

按照技术转让是否附加商业条件，技术转让可分为以下两种。

（1）有偿转让（technology transfer with pay），是指技术所有者或权利人（法人、经济组织、企业或个人）按一般商业条件，将其拥有的技术或技术权利转让给技术受方的行为。

（2）无偿转让（technology transfer without pay），是指技术所有者或权利人出于某种目的，不谋求技术对价，将技术转让给技术受方的行为。

例如，赠予、经济技术援助、科技合作与交流、企业间技术考察、专业研讨会等都属于无偿转让技术。另外一种情况，机器、设备的购买者购买产品数量多、金额大，卖者往往无偿提供技术，或将技术价值包含在产品的价格中。这类技术转让、技术获得者未直接为技术本身支付对价，也可以称无偿转让。

3. 技术贸易

1）技术贸易的概念

技术贸易（technology transfer transactions 或 technology trade），又称有偿技术转让，是指技术所有者或权利人，按一般商业条件，将其拥有的技术或权利转让或许可给受让人或被许可方的行为。

2）技术贸易的类型

根据交易当事人所处地域、技术是否跨越国境，将技术贸易分为国内技术贸易（internal

technology transfer transactions）和国际技术贸易。

（1）国内技术贸易，是指同处一个国境内的当事人（法人、经济组织或个人）按一般商业条件在该国境内转让技术或许可技术使用权的行为。

（2）国际技术贸易，是指分处不同国家的当事人（法人、经济组织）按一般商业条件，将技术跨越国境转让或许可技术使用权的行为。

案例 1-1

IBM 个人电脑的发展道路

IBM（International Business Machines Corporation），即国际商业机器公司，1914 年创立于美国，是世界上最大的信息工业跨国公司。1981 年 8 月 12 日 IBM 宣布推出个人电脑 IBM5150 时，微型计算机已在市场上销售，并且非常常见。

ThinkPad，中文名为“思考本”，1992 年，ThinkPad 品牌诞生，几乎在同一时刻，它进入中国市场，开始了曲折而精彩的中国之旅。就在 ThinkPad 诞生的 1992 年，全球计算机行业经历了一场“黑色风暴”，各大厂商盈利下滑，IBM 更是爆出 50 亿美元巨额亏损，比尔·盖茨断言“IBM 将在几年内倒闭”。一片阴云之中，计算机生产商纷纷涌入中国，IBM 把北京办事处升级为中国分公司，而新生的 ThinkPad 笔记本电脑自然成为开拓中国市场的利器。2005 年以前，IBM 的 PC（personal computer，个人电脑）事业部旗下的便携式计算机品牌，凭借坚固和可靠的特性在业界享有很高声誉。

商品贸易带动技术转移，收购引起技术转让。2005 年，联想集团收购了 IBM PC 事业部，完成了对 IBM 全球 PC 业务的收购，ThinkPad 商标为联想所有。2013 年，联想终于迈出业务分拆的重要一步，Lenovo 与 ThinkPad 业务独立，分别面向主流、高端两个细分市场。这一被称为“蛇吞象”的收购，使联想一跃跻身世界舞台，迅速成为世界 500 强，并跃到了技术的顶层。

资料来源：www.ibm.com/cn 和 www.ms.lenovo.com，有改动

思考题：以 IBM 个人电脑为例，说明技术贸易如何形成。

案例分析

技术转移可以通过技术开发人员转移，但更多的是通过产品贸易方式转移。

早在 20 世纪 80 年代，IBM 通过个人电脑 IBM 5150 等产品在中国销售，实行个人电脑技术转移；到了 21 世纪，随着中国对个人电脑技术的掌握，联想集团收购 IBM 全球 PC 业务，实现了 IBM 把个人电脑技术转让给中国；随后联想生产的个人电脑进入美国市场，实现了新一轮的技术贸易。

1.1.2 国际技术贸易具备的三个要件

1. 国际技术贸易标的

国际技术贸易标的的“国际性”标准。在20世纪80年代，联合国贸易和发展会议制定《国际技术转让行动守则（草案）》（以下简称《守则》）的讨论中，工业发达国家和发展中国家对技术转移的国际化标准是有分歧的。但是，经过激烈讨论，最终大多数国家还是赞同“技术跨越国境的转移属于国际技术转移”。也就是说，许可或转移的技术必须“跨越国境”。

2. 国际技术贸易当事人

交易当事人应分别处于不同国家。在《守则》的讨论中，有些发展中国家认为，“技术转移的双方当事人可以处于同一国家，只要一方是外国实体的分公司、子公司，或其直接或间接受外国实体控制，就属于国际技术转移。”这种意见未得到采纳。因为处在一个国家境内的，不管是受外国资本控制，还是国内资本控制的公司、企业，都属该国的公司、企业，它们的技术转让或许可行为都得受该国法律的管辖，它们的交易行为不具有国际性。因此，国内企业与外国投资企业在本国境内进行的技术转让或许可交易，就应当属于国内技术贸易；分处不同国家的当事人进行的技术转让或许可交易，受不同国家的法律管辖，就属于国际技术贸易，这与当事人的国籍无关，与哪国资本控制无关。

3. 国际技术贸易的交易条件

许可方或受让方进行的技术转让或许可交易，必须“按一般商业条件，支付许可或转让技术的对价”。企业的垄断价或跨国公司的内部议价，都不属于一般商业条件，也与国际技术贸易当事人地位平等原则不符。

1.1.3 国内技术贸易与国际技术贸易的区别

以我国为例，两种贸易的区别主要表现在以下四个方面。

1. 适用的法律不同

国内技术贸易适用国内法律，如《中华人民共和国合同法》（以下简称《合同法》）。国际技术贸易适用的法律比较多，除适用上述《合同法》外，还要适用国家主管机构制定的专门法律、法规，如《中华人民共和国对外贸易法》（以下简称《对外贸易法》）、《中华人民共和国技术进出口管理条例》（以下简称《技术进出口管理条例》），以及外国当事人国家的法律，中国缔结或加入的有关国际公约、条约和国际惯例。

2. 对技术贸易经营者的资格要求不同

国内技术贸易，根据《合同法》规定，经营者可以是自然人、法人、其他组织，应当具有相应的民事权利和民事行为能力。从事国际技术贸易的经营者，除了要具备上述条件外，还必须向外经贸主管部门办理备案登记手续。否则，国家主管部门将不允许其从事国际技术贸易。

3. 对技术项目的管理不同

在国内技术贸易中，国家主管部门对许可或转让的技术项目未规定审查程序。而对技术引进和出口的项目，国家主管部门规定了严格审查程序，如外交、外贸政策审查，贸易审查，技术审查等。

4. 交易标的和当事人是否跨越国界

当事人是否为同国籍的法人或自然人，并不影响国际技术贸易的“国际性”，关键是看交易的当事人是否处于不同的国家、交易的标的是否跨越国境。例如，一家外国企业把技术转让给其设立在我国的一家子公司，就属于国际技术贸易；而如果其在我国子公司把技术转让给我国境内的一家国有企业，则属于国内技术贸易。

1.2　国际技术贸易的对象

国际技术贸易的对象，笼统地说就是技术。技术——technology，由希腊文 rechne 和 logos 合成而来，rechne 具有制作某种东西的技能和工艺的含义，logos 则含有对某一事物的了解之意。两词合起来的 technology 原意指应用科学或实现特定目标的科学方法。但是，哪些技术可以作为技术贸易的对象？为此，必须明确技术的概念、特点和分类，弄清“技术”的含义、范围，并将其特定化（specialty）。否则，当事人就无从确定国际技术贸易的具体对象（object）是什么。

专栏 1-1

中国航天技术发展前进的代表性阶段特征

经过几十年的努力，以中国航天科技集团公司为代表的中国航天产业已具有完整配套的研究、设计、生产和试验体系以及技工贸一体化的经营机制，主要研制、生产、经营各类航天运载器、航天器、战略战术导弹及卫星地面应用系统等航天产品，专营国际商业卫星发射业务，开发、生产、经营机械、电子、化工、通信、交通、计算机、医疗、环保等多种民用产品。同时开展招标采购、对外承包、技术咨询和劳务输出等业务。

就运载工具而言，中国航天科技集团公司拥有研制用于发射近地轨道、地球同步转移轨道、太阳同步轨道运载火箭的能力，并在低温高能燃料技术、火箭捆绑技术、一箭多星技术方面达到国际先进水平。现已研制成功并投入使用的运载火箭有：长征一号、长征二号、长征二号丙、长征二号丁、长征二号丙改进型、长征二号戊、长征二号己、长征三号、长征三号甲、长征三号乙、长征四号甲、长征四号乙等。运载火箭已形成完备的系列，可以发射不同质量、各种用途的卫星，其近地轨道的最大运载能力为 9200 千克，地球同步转移轨道的最大运载能力为 5200 千克，能满足用户的不同需求。从 1970 年 4 月 24 日“长征一号”发射中国第一颗人造地球卫星“东方红一号”到 2008 年 9 月 6 日长征运载火箭共进行了 108 次发射，发射成功率超过 93%。在完成国内卫星发射任务的同时，长征火箭还成功进入被欧美所垄断的国际商业发射服务市场。截至2010年4月9日，我国已进行了30次国际商业卫星发射，发射了36颗商业卫星，提供了6次搭载服务。并在2003年10月、2005年10月和2008年9月，成功完成了“神舟五号”、“神舟六号”和“神舟七号”载人航天飞行试验任务，实现了中华民族千年奔天的梦想。

第一阶段，“东方红一号”卫星发射成功。

1970年4月24日，我国用自行研制的“长征一号”运载火箭成功地将“东方红一号”人造地球卫星送往太空，动听的《东方红》乐曲传遍全球，也使中国成为真正的航天大国。突破“卫星上天”关。

第二阶段，返回式卫星发射成功。

1975年11月26日，我国用“长征二号”运载火箭发射返回式卫星成功，卫星在轨道上运行3天后按预定计划返回地面，中国成为世界上第三个掌握卫星回收技术的国家。突破“卫星回收”关。

第三阶段，一箭多星发射成功。

1981年9月20日，我国用一枚长征运载火箭同时将3颗卫星送入轨道，中国成为世界上第三个实现一箭多星技术的国家。突破“一箭多星”关。

第四阶段，中国第一颗地球静止轨道卫星。

1984年4月8日，我国用新型“长征三号”运载火箭将试验通信卫星“东方红二号”送入赤道上空的静止轨道运行，中国不仅成为世界上第三个掌握氢氧发动机技术的国家，而且也是世界上第五个独立发射地球静止轨道卫星的国家。突破“地球同步”关。

第五阶段，中国“资源一号”国土普查卫星发射成功。

我国1988年9月开始发射的“风云一号”气象卫星以及1999年10月发射成功的、与巴西合作研制的“资源一号”国土普查卫星就属于太阳同步卫星。这些卫星在全球中长期气候观测预报以及国土普查方面发挥了积极的作用。突破“太阳同步”关。

第六阶段，“神舟五号”发射成功。

2003年10月15日9时9分50秒，我国自行研制的第一艘载人飞船“神舟五号”发射升空。大约21个小时后，即16日6时23分，“神舟五号”飞船在环绕地球14圈之后，成功着陆。这标志我国首次载人航天飞行获得圆满成功。突破“载人航天”关。

第七阶段，“神舟八号”与“天宫一号”空间对接。

2011年11月3日，“神舟八号”飞船与“天宫一号”目标飞行器成功实现刚性连接，形成组合体，中国载人航天首次空间交会对接试验获得成功，这标志着我国已经成功突破了空间交会对接及组合体运行等一系列关键技术。

第八阶段，中国国旗在地外天体上的第一次“留影”。

2013年12月15日，“嫦娥三号”着陆器与巡视器分离，“玉兔号”巡视器顺利驶抵月球表面，中国的探月工程完成了一大步。着陆器和月球车用各自携带的相机，进行首次互拍成像试验。嫦娥三号着陆器和“玉兔号”巡视器成功互拍，“玉兔号”上的五星红旗清晰地出现在画面中。

第九阶段，“好奇号”火星探测器首发低角度自拍。

2015 年 8 月 21 日，NASA“好奇号”火星探测器第一次学会了低角度自拍，传回多张照片，帮助我们更多地了解火星。

资料来源：中华网 www.china.com、中国新闻网 www.chinanews.com 等

1.2.1　技术的概念

技术的概念比较笼统，平时用得十分广泛，很多事务都可以称为技术。从法律上讲，“技术”一词不具有法律概念的条件，加之技术又没有有形的物质实体，因此，在不同的法律环境中，赋予“技术”的概念就多种多样。学术界、官方机构、国际组织等都有其技术定义。现将比较有代表性的定义列举如下，供读者参考。

1. 从广义上理解

我们可以将技术理解为自然、经济、文化、历史和科学发展的标志。它涉及技术在人类各个发展时期的作用，如以工具为代表，从古代的石器、铁器、手工工具到现代的大机器、微电子、计算机等，每一种工具都代表了人类技术发展的一个历史时期，成为人类技术史的标记。

2. 联合国工业发展组织的定义

联合国工业发展组织（United Nations Industrial Development Organization，UNIDO）将“技术”定义为：“技术是制造一种或多种产品以及为此目的而建立一个企业、工厂时所需的知识、经验和技能的总和。”技术不仅是一件具体的事务，而且也包括硬件和软件中包含的知识①。

3. 联合国《国际技术转让行动守则（草案）》的定义

联合国《国际技术转让行动守则（草案）》规定：“技术转让是指转让制造一项产品、应用一项工艺或提供一项服务的系统知识。”

4. 外国学者给“技术”的定义

例如，法国唯物主义者狄德罗认为：“技术是为了同一目的而共同协作完成的各种工具和规则的体系。”

斯图瓦特 1977 年认为，技术包括生产使用和做有用的事情所需要的所有技巧、知识和程序。包括生产所需的软硬件技术、管理和营销技术，并进一步扩展到服务领域。

埃迪莱克和拉波鲍特 1985 年认为，技术是指有关某种产品或生产技术的一系列知识。

伊诺斯 1989 年认为，技术是存在于专利中的技术信息或以书面形式存在的、可以交流的技术知识。

5. 世界知识产权组织的定义

世界知识产权组织（World Intellectual Property Organization，WIPO）《供发展中国家使用的许可指南》（Licensing Guide Manual for Developing Countries，WIPO 1977 年版）中：“技术是指制造一种产品的系统知识，所采用的一种工艺，或提供的一项服务。不论这种知识是

---

① UNIDO. Manual on Technology Transfer Negotiation[M]. Vienna：UNIDO，1996.

否反映在一项发明、一项外观设计、一项实用新型或一种植物新品种中，或反映在技术情报或技能中，或反映在专家为设计、安装、开办或维修一个工厂，或为管理一个工商业企业或其活动而提供的服务或协助等方面。”[①]

从国际技术贸易角度看，上述技术定义是迄今最完善、最切合实际的定义。现将该技术定义简化为以下几点。

（1）制造一种产品的系统知识。

（2）采用一种工艺方法的系统知识。

（3）为设计、安装、开办、维修，或为管理工厂、工商业企业，或为其活动提供服务的系统知识。也可以说，技术是从产品设计一直到销售整个过程中的系统知识。

1.2.2 技术的特点

为了进一步明确技术的含义和范围，可以将技术的特点归纳如下。

1. 技术属于知识范畴，但不是所有的知识都是技术

技术属于知识的范畴，是因为技术是人类智力劳动成果，是在生产或促进生产的实践中创造的知识和经验，其与人类其他劳动成果一样，具有价值和使用价值。但是，人们又不能将技术与其他劳动成果混为一谈，也不能将智力劳动成果中的技术知识与其他知识混为一谈。也就是说，人们不能把所有智力劳动成果都称为技术，只有用于生产或有助于生产活动的知识才属于技术的范畴。

专栏 1-2

科学与技术的关系

科学（science）源于拉丁文 scientia 一词，原意是指学问和知识。技术（technology）一词源于古希腊语 techne，最初是指技艺、技能的意思。科学技术研究与开发活动的实践背景下，两者又具有紧密的内涵关联。这种关联通过科技创新的具体活动建立，主要包括纯基础研究、应用基础研究、纯应用研究和开发研究等。

但是，“科学”与“技术”是有着重要区别的。科学活动的产物是阐明自然现象的本质、特点、规律，即所谓理论成果；技术成果则被认定为新技术、新工艺、新产品和新办法等，它是技术创新活动的产物。

OECD（Organization for Economic Co-operation and Development，经济合作与发展组织）区分科学和技术，采取了以下方法：

（1）Know what（知道是什么）

（2）Know why（知道为什么）

（3）Know how（知道怎么做）

（4）Know who（知道谁会做）

---

① 世界经济产权组织.技术贸易手册[M]. 刘朝晋，译. 北京：中国财政经济出版社，1979：27.

并明确指出，知道“是什么”和“为什么”是科学知识；知道“怎么做”和知道“谁会做”是技术知识。

资料来源：根据董坤，许海云，罗瑞，等. 科学与技术的关系分析研究综述[J]. 情报学报，2018，37（6）：642-652；张彦. 论科学与技术在社会学上的三个主要区别[J]. 南京社会科学，1998（8）：31-36 等资料改编而成

2. 科学技术是生产力

社会生产力是人们改造自然的能力，作为人类认识自然、改造自然能力的科学技术，必然包括在社会生产力之中。科学技术作为第一生产力，已成为当代经济发展的决定因素。值得注意的是，在实践中，科学、技术必须通过商品化、产业化的转化，才能生产出有竞争力的产品。它们之间的关系是：科学—技术—商品，即只有科学知识转化为技术，并利用技术结合一定的物质条件，才能制造出实际的商品并进入市场，实现其经济价值，才形成现实生产力。否则，技术的生产力作用是间接的（潜在的）。

3. 技术是商品，但它是一种特殊商品

技术是商品，因为技术和其他物质产品一样都是劳动的产物，所以，技术具有一般商品的属性，即具有价值、使用价值。但是，技术又有不同于一般商品的特殊性，具体表现在以下方面。

1）技术价值不同，成为技术商品的可能性不同

技术都有生命周期，处于不同生命周期阶段，技术价值不同。例如，处于成熟期的技术，为使用者创造的经济效益最多、技术价值最高，最可能成为技术商品；处于衰老期的技术，属于即将被淘汰的技术，创造的经济效益相对较低，其技术价值较低。这种技术就会失去作为商品的地位，失去与他人交换的机会。即使勉强作为商品与他人交换，所得的对价也是比较低的。

2）技术商品具有“私人占有性”

技术商品属于依法或采取保密措施由私人独占的商品，其他人如果要使用，须通过支付代价或经允许才能获得技术使用权。一旦技术失去了“私人占有性”，如被无限制地传播、扩散，成了一般人都了解的技术，那么该技术就失去了商品属性。

3）技术不一定就是商品

例如，很有价值的科学技术成果如果不进行适当开发，就很难成为技术商品。我国每年评选出科技进步成果2万～3万项，而仅10%～15%付诸实施。也就是说，实施的成果有可能成为技术商品，但绝大部分都不成为技术商品。

4）技术不是对任何人都可以成为商品

技术对需要技术并具有实施条件的人才可能成为商品，对需要技术而不具备实施条件的人，技术成不了商品。例如，某企业非常需要制造飞机发动机的技术，但没有制造零部件的数控机床，没有适用的合金材料，即使勉强引进该技术，也起不了商品的作用，只能束之高阁。

1.2.3　技术贸易和技术的分类

技术作为一种商品为人们所交易，便产生了技术贸易。技术贸易又称有偿技术转让。按交易当事人所处的国家或地区可分为：国内技术贸易和国际技术贸易。国内技术贸易即一国

境内不同当事人之间进行的有偿技术转让或技术使用权许可行为。国际技术贸易，是指不同国家的当事人之间按一般商业条件进行的技术跨越国境的转让或技术许可行为。简而言之，国际技术贸易就是有偿的国际技术转让行为。

对技术进行分类，是国际技术贸易的前提条件。根据需要，按不同标准，从不同角度将技术划分为以下几种类型。

1. 按贸易标准，确定技术是否具备贸易的条件

1）按所有权状况，技术可分为公有技术和私有技术

（1）公有技术（public technology），是指不需要人们为技术本身支付代价即可获得的技术。公有技术有三种：①过了法律保护期限的专利技术；②解密或泄密的技术秘密；③通过非商业渠道（国际经济技术援助、科技交流、技术考察、技术座谈、专业技术书籍、刊物等）可以获得的技术。

（2）私有技术（private technology），是指人们必须为技术本身支付代价才能获得的技术。私有技术有两种：①处于法律保护期限内的技术（专利技术、商标、计算机软件、集成电路布图设计）；②技术所有者通过保密措施占有的技术（技术秘密、商业秘密等）。

就技术贸易而言，私有技术才是技术贸易对象，公有技术则不是技术贸易对象。

2）按技术的法律状态，技术可分为工业产权技术和非工业产权技术

（1）工业产权技术（industrial property technology），是指受工业产权法律保护的技术，如专利技术、商标等。

（2）非工业产权技术（non-industrial property technology），是指没有专门法律保护的技术和不受工业产权保护的技术，如计算机软件、商业秘密和集成电路图设计等。

在国际技术贸易中，贸易对象如果为工业产权技术，当事人各自的权利和义务必须符合工业产权法。贸易对象如果为非工业产权技术，当事人可以自由协商各自承担的权利与义务，而不受专门法律的约束。

3）按技术的表现形态，技术可分为软件技术和硬件技术

（1）软件技术（software technology），是指表现在纸面上的图纸、公式、配方、图表，以及头脑中的技术思想、经验或技能。

（2）硬件技术（hardware technology），是指作为软件技术实施手段的有形物，如机器设备、测量仪器等。值得注意的是，机器设备、测量仪器只有与软件技术结合，作为软件技术实施手段时，才能称为硬件技术。如果其与实施软件技术无关，就只能是一般商品。

从技术引进方的角度看，软件技术有助于提高引进方的技术水平，引进方在引进技术的基础上，可以进行技术的消化、吸收、创新。同时，在技术引进中，软、硬件技术的比例反映一个国家的技术引进政策导向。如果一个国家政策导向侧重在硬件技术的引进，会导致该国长期对国外技术的依赖，影响自主开发能力的提高。

2. 按技术先进标准划分

按技术先进标准，目前有以下两种常用分类法。

1）日本对技术的分类

（1）未来技术，是指正在开发尚未脱离实验室阶段的技术。例如，约瑟夫森超导元件、

立体集成电路元件、超导技术、生物工程、纳米技术等。

（2）尖端技术，是指少数国家或企业掌握的技术。例如，核聚变、超大规模集成电路、光通信、人工智能机器人、非晶金属材料、新工业陶瓷、智能性高分子、航空航天技术等。

（3）应用技术，是指企业大规模使用的成熟产业化技术。例如，数控机床、机器人等。

（4）改良提高技术，是指对现有技术的进一步完善。例如，自动化、节能化、信息化技术等。

（5）管理技术，是指不直接用于生产但有助于生产的技术。例如，企业管理、生产管理、产品质量管理、营销管理等。

2）中国对技术的分类

（1）按技术产生年代或技术相当于国外某一年代的水平，如 20 世纪 70 年代初、70 年代末、80 年代初、80 年代末、90 年代初等时期。技术产生的年代离现代越近，技术越先进。

（2）按我国技术出口需要，技术可分为传统工艺技术、工业化技术、实验室技术。

3. 按国家鼓励技术进口政策标准划分

按国家经济、科技发展目标，国家主管部门将技术分为高新技术（high and new technology）、核心技术（core technology）、关键技术（key technology）和产业技术（industrial technology）。

（1）高新技术，是指国家目前认定的高新技术，包括：①微电子科学和电子信息技术；②空间科学和航空航天技术；③光电子科学和光机电一体化技术；④生命科学和生物工程技术；⑤材料科学和新材料技术；⑥能源科学和新能源、高效节能技术；⑦生态科学和环境保护技术；⑧地球科学和海洋工程技术；⑨基本物质科学和辐射技术；⑩医药科学和生物医学工程技术。

（2）核心技术，是指一组长期处于核心地位，用户公认的技能、技术秘密和专利技术的集合体。它具有三个特点：①价值性，“对用户看重的价值起重要作用”；②独特性，独树一帜，为某家公司所独有，不易被竞争者模仿；③延展性，具有衍生出一系列新产品或服务的能力或潜在能力。例如，日本佳能公司的照相技术，衍生出数码相机、复印机、扫描仪、传真机等。

（3）关键技术，是指产品中关键部件的制造技术，是整个产品的核心技术。例如，美国英特尔公司、ADM 公司的计算机中央处理器（central processing unit，CPU），它是电脑的心脏，缺了就无法工作。

（4）产业技术，是指企业广泛使用的成熟产品制造技术、工艺技术、成套设备和生产线系统制造技术等。

1.3　国际技术贸易方式

1.3.1　对技术贸易方式的一般理解

在国际技术贸易中，一般转移的只是技术的使用权，而非所有权。由于技术项目复杂，涉及技术、法律、商务等诸多问题，从谈判到达成交易要经过很长一段时间，并且合同期限较长。因此，拥有技术的一方将其技术的使用权转移给另一方的形式便十分复杂、灵活和多样。目前，对于商业性的国际技术转移，即国际技术贸易的方式一般包括许可贸易（licensing trade）、国际技术服务与技术咨询、利用外资、工程承包（project contracting）、特许经营（franchising）和兼并与收购等。

1. 许可贸易

1）许可贸易的概念

许可贸易是一种交易双方以签订许可合同的形式进行技术使用权让渡的交易方式。即，许可贸易就是技术的许可方允许被许可方取得其拥有的专利、商标或专有技术的使用权及制造、销售该技术项下产品的权利，并由被许可方支付一定数额的报酬。

许可贸易是技术贸易最基本、最重要的方式，拥有技术的一方称为许可方（licensor）或供方，引进技术的一方称为被许可方（licensee）或受方。

2）主要的三种许可贸易方式

（1）独占许可（exclusive license）。独占许可是指在合同规定的期限和地域内，受方对许可的知识产权享有独占的使用、生产产品、销售产品或进口产品权；在合同有效期内，供方不得再将该项权利许可给合同区域内的任何第三方；供方不得在该区域内使用该项技术生产产品、销售产品或进口产品。

（2）非独占许可（non-exclusive license）。非独占许可指技术受方在合同有效期内，在合同区域内对合同技术不享有独占的使用权利。它包括：①排他许可（sole license）。排他许可是指在合同中规定的期限和地域内，受方对许可的知识产权享有使用、生产产品、销售产品或进口产品权；在合同期限和地域内，供方不得再将该项权利许可给任何第三者；但供方在合同期限和地域内享有该项技术的使用、生产产品、销售产品和进口产品权。在国际技术贸易中，采用排他许可方式转让技术的合同，通常称为排他许可合同或排他许可协议。②普通许可（simple license）。普通许可是指在合同规定的期限和地域内，受方享有许可知识产权的使用、生产产品、销售产品或进口产品权；供方也享有该项权利的使用，即生产产品和销售产品权；同时，供方可以把该项权利再许可给第三方使用，生产产品、销售产品或进口产品。在国际技术贸易中，采用普通许可方式转让技术的合同，通常称为普通许可合同或普通许可协议。③分许可（sub-license）。分许可，又称再许可或从属许可，是指在许可贸易合同规定的有效期限和地域内，被许可方有权以许可人的身份允许第三方在规定地域内使用许可方获得的许可标的，即被许可方拥有许可标的的转让权。如果许可方不愿意授予转让许可权，一般会在合同中明确规定“许可权不可转让”。如果原许可合同未注明授予可转让许可权，被许可方就不得与第三方签订许可转让合同。需要注意，技术供方只与技术受方存在契约关系，同受方再许可的第三方无契约关系，一切由受方负责。

（3）交叉许可（across-license）。交叉许可是指交易各方将各自拥有的专利、专有技术的使用权相互许可使用，互为技术供方和受方。在合同期限和地域内，合同双方对对方的许可权利享有使用权、产品生产和销售权。交叉许可是许可贸易的一种。许可双方将各自的专利权、商标或专有技术使用权相互许可，供对方使用。双方的权利可以是独占的，也可以是非独占的。双方权利对等，一般不需支付使用费。在实际业务中，甲公司可能具有技术专利A，而乙公司具有专利B，而要生产产品C的最佳方法是结合专利A和专利B。于是为了充分实施各自的技术，取得最大经济效益，甲公司和乙公司就可以通过签署交叉许可合同，达成协议相互许可对方实施自己的技术。在国际技术贸易中，采用交叉许可方式转让技术的合同，通常称为交叉许可合同或交叉许可协议。

专栏 1-3

IBM 和华硕专利交叉许可协议

2007 年 12 月，IBM 向美国国际贸易委员会（International Trade Commission，ITC）提起指控，称华硕及其美国子公司的某些 PC 产品和组件侵犯了 IBM 的专利。IBM 当时称，华硕侵犯了该公司三项专利，分别涉及开关电源、电脑散热和计算机集群技术。2008 年 4 月，华硕在美国加利福尼亚州南区的美国地域法庭对 IBM 提出反诉，称 IBM 侵犯了该公司的两项专利。

2009 年 10 月，两家公司已经达成了一项广泛的专利交叉许可协议，终结了双方之间所有的专利诉讼。两家公司发表声明称，这项协议将是双方未来合作的基础，但并未公布该协议的具体财务条款。

注：IBM 总公司在纽约州阿蒙克市。1911 年 IBM 由托马斯·沃森创立于美国，是全球最大的信息技术和业务解决方案公司，拥有全球雇员 30 多万人，业务遍及 160 多个国家和地区。

华硕电脑股份有限公司，1989 年创立于中国台湾，目前华硕的产品线完整覆盖至笔记本电脑、主板、显卡、服务器、光存储、有线/无线网络通信产品、LCD（liquid crystal display，液晶显示器）、掌上电脑、智能手机等全线 3C 产品。现为全球最大的主板制造商，并跻身全球前三大消费性笔记本电脑品牌。

资料来源：《IBM 与华硕达成专利交叉许可协议》，新浪科技，2009-10-07. www.ibm.com 与 w3.asus.com.cn，有改动

在许可贸易中，采用不同的许可方式对供方和受方意味着各自所享有的权利是不同的。现将供方和受方在合同约定的期限和地域范围内各种许可方式下的权利归纳见表 1-1。

表 1-1　供方和受方在不同的许可贸易方式中的权利

许可方式	受方权利	供方权利
独占许可	独占使用技术 不能分许可	无权使用技术 无权再许可第三人
排他许可	可以使用技术 不能分许可	有权使用技术 无权再许可第三人
普通许可	可以使用技术 不能分许可	有权使用技术 有权再许可第三人
分许可	可以使用技术 分许可要看合同约定	有权使用技术 有权再向第三方许可
交叉许可	权利和使用费对等	权利和使用费对等

按技术贸易的标的，许可贸易可以分为专利许可、商标许可和专有技术许可三种基本类

型。随着计算机及其软件技术的开发与应用，计算机软件的许可便逐渐成为一种重要的许可方式。这几种方式有时单独出现，但更多的是其中两种或两种以上技术贸易方式混合起来进行一揽子转移。

案例1-2

可口可乐公司拓展世界市场的贸易方式——技术许可贸易

可口可乐公司在扩展其世界市场时，没有采用大多数企业的传统方法即自己直接投资设分公司或以投资合营的形式加以控制等方式。而是与当地的企业签订协议，授予当地企业从公司购买可口可乐原液的许可，以及在当地用原液配制、生产、销售和使用可口可乐专用商标的特权。

2012年3月"装瓶商合同"是可口可乐公司许可珠海饮料公司非独占的、不需负担使用费的使用其商标于配制、包装、分销及销售饮料的重要合同，此授权将有效保障珠海可口可乐饮料有限公司的稳定持续经营。

资料来源：《珠海港参股公司　延续可口可乐装瓶合同》，人民网，2012-03-14，有改动

思考题：可口可乐公司的技术许可贸易表现在哪些方面？

案例分析

可口可乐公司在扩展其世界市场时与当地的企业签订协议，授予当地企业从公司购买可口可乐原液的许可，以及在当地用原液配制、生产、销售和使用可口可乐专用商标的特权。这种"装瓶商合同"就是可口可乐公司拓展其国际市场采取的典型的技术非独占许可，技术供方仅是可口可乐公司一家，技术受方可以是多家，同时仅能使用技术，不能分许可技术。

2. 国际技术服务与技术咨询

1）国际技术服务与技术咨询的概念

（1）国际技术服务（international technical service）的概念。国际技术服务，是指受托方应委托方的请求，运用所掌握的专业技术知识和经验，就解决特定技术课题为委托方提供的知识性服务。特定的技术课题，是指有关改进产品的结构、改良工艺流程、提高产品质量、降低产品生产成本、节约原材料和能源消耗、生产安全操作、治理污染等特定技术课题。

（2）国际技术咨询（international technical consultancy）的概念。国际技术咨询，是指受托方应委托方请求，就解决重大技术课题或特定技术项目，运用其掌握的理论知识、实践知识和信息，通过调查研究，运用科学方法和先进手段进行分析、评价、预测，为委托方提供建议或几种可供选择的方案。

国际技术咨询课题或项目一般包括技术评估、技术预测、专题技术调查、重大工程项目可行性论证、技术项目招投标文件拟定或审查等。

2）国际技术服务与技术咨询的共同点

（1）国际技术服务与技术咨询都是解决技术课题。技术服务与技术咨询的课题都是技术领域的课题。不同于一般服务或咨询，如政治、法律、医疗保健等非技术问题，它们不属于技术服务或技术咨询范围。

（2）国际技术服务与技术咨询所用的知识都是普通知识。普通知识，是指某一技术领域从业人员普遍掌握的、成熟的、实用的，甚至是经验等一般知识。在技术服务和技术咨询中，普通知识完全可以满足解决约定的技术项目和技术课题的需要。因为服务、咨询项目或课题并不一定是新问题，可能是他人早已解决，而委托方尚未解决的问题。再者，委托方如果需要新技术，如专利技术或技术秘密等，要通过签订专利实施许可合同或技术秘密转让合同加以解决。

（3）国际技术服务与技术咨询机构是完全独立的。国际技术服务与技术咨询的“价值”在于其科学性和可靠性，而科学性与可靠性来源于从事服务、咨询机构与人员的“独立性”。因为只有独立机构才能排除外界利害关系的干扰，完全站在客观的立场上，凭借广泛的专业技术知识、高尚的职业道德进行工作，提出正确、可靠的技术解决方案或咨询结论。因此，技术服务和技术咨询机构的独立性是技术服务、咨询产业的生命。

3）国际技术服务与技术咨询的区别

如上所述，国际技术服务与技术咨询有很多共同之处，甚至有时很难截然分开。但是，它们也存在很多差别。在实际业务中，当事人不应混淆两者的界限。否则，人们很难判断合同的性质和当事人的权利义务。因此，人们不仅应该了解它们的共性，而且应该了解它们的区别。两者的区别具体表现如下。

（1）国际技术服务与国际技术咨询适用的范围不同。

①国际技术服务适用的范围。国际技术服务适用的范围主要是单项具体技术课题，包括产品设计、质量控制、材料鉴定、工艺流程改进、降低原材料或能源消耗等。

②国际技术咨询适用的范围。国际技术咨询适用的范围主要是宏观的、重大的、前瞻性技术课题。

a. 科学发展战略和规划的研究。

b. 技术政策和技术路线选择研究。

c. 重大工程项目、科技成果转化项目、重要技术改造、科技成果推广可行性分析研究。

d. 特定技术领域、行业、技术发展的研究。

e. 产业、技术开发与技术创新分析论证。

f. 产品换代技术方案、工艺路线分析研究等。

g. 传统企业改造、升级、转型的建议或方案。

（2）国际技术服务与技术咨询机构的责任不同。国际技术服务受托方的责任，是提出技术课题解决方案，并负责方案的实施，使委托方的技术课题得到圆满解决。例如，开发一项新产品、产品更新换代、降低原材料和能源消耗，最终成果必须达到规定的技术指标。如果成果实施未达到规定的技术指标，或实施给委托方造成经济损失，技术服务受托方应承担赔偿责任。

国际技术咨询受托方的责任，是按合同约定的时间、质量，提供符合咨询合同要求的咨询报告，但不负责咨询报告的实施。实施咨询报告的责任在委托方，委托方按照咨询报告实施，即使结果不理想或失败，造成经济损失，咨询受托方也不承担责任。除非失败或经济损失是因受托方未遵循咨询职业道德，未恪尽职守或故意行为所致。

案例 1-3

淮钢化解马来西亚金狮集团的技术难题

2011 年初，马来西亚钢铁大王钟廷森丹斯里一行来江苏淮钢集团有限公司（以下简称“淮钢”）考察交流，提出淮钢从管理、循环利用、装备提升、产品提升等方面对金狮集团予以有偿指导的请求，咨询的范围是金狮集团合营二分厂的 160 吨直流电弧炉—160 吨 LF 炉（钢包精炼炉）—连铸生产线，旨在降低冶炼电耗、提高生产率。自 2011 年 4 月起，淮钢派人员到金狮进行现场考察调研，并提出改进方案，对配料工艺、造渣制度、供氧供电曲线的制定进行优化，对操作人员进行了现场指导。通过双方技术人员的密切配合，金狮集团电炉冶炼时间缩短了 10 分钟，冶炼电耗下降 78.4 千瓦时/吨，柴油消耗从 3.44 升/吨下降为 0（全部停用），年可增效 3000 万元以上。

资料来源：《淮钢成功对外输出技术咨询服务》，中国冶金报，2012-02-07，有改动

思考题：上述资料中，体现了国际技术咨询还是技术服务的哪些主要特征？

案例分析

从上述案例可以看到，2011 年初，马来西亚金狮集团从管理、循环利用、装备提升、产品提升等方面向淮钢提出有偿指导的请求。4 月初，淮钢派人员到金狮进行现场考察调研，并提出改进方案，对配料工艺、造渣制度、供氧供电曲线的制定进行优化，对操作人员进行了现场指导。最终，金狮集团电炉冶炼时间缩短了 10 分钟，冶炼电耗下降 78.4 千瓦时/吨，柴油消耗从 3.44 升/吨下降为 0（全部停用），年可增效 3000 万元以上。解决了委托方——金狮集团的特定技术课题，体现了国际技术服务的相关特征。

（3）国际技术服务与技术咨询使用的知识范围不同。国际技术服务过程中，技术服务受托方使用的知识是专业技术知识和经验，即解决实际问题的知识，其知识能满足解决约定技术问题要求，不需要借助于技术课题解决的高深理论或大道理。

国际技术咨询过程中，咨询受托方使用的知识，是理论与实践结合的知识，广泛的专业技术知识以及前沿技术信息。在技术咨询过程中，受托方必须在实地考察、评价，以及科学分析、逻辑推理、精确计算的基础上，实事求是地提出有创见性的咨询报告，报告的质量应体现，经济上合理、技术上先进、生产上可靠、实践上可行四个方面。

（4）国际技术服务与技术咨询的成果形式不同。国际技术服务的成果，是委托方所期望的“结果”，即技术课题或疑难技术困难的圆满解决。例如，委托方开发一项新产品，遇到

技术难题，经多方努力，仍不能达到设计的技术标准，聘请受托方克服了遇到的技术难题，取得了满意结果。

国际技术咨询的成果，是书面咨询报告、建议书、方案，通常还包括咨询过程中的图纸、图表、资料等。

（5）国际技术服务与技术咨询的时间不同。国际技术服务委托方要求技术服务的时间一般是现有老企业或新建企业发展过程遇到的技术课题。国际技术咨询委托方要求技术咨询的时间一般是在项目规划阶段、实施阶段或企业建成之前的技术评估、技术预测、专题技术调查重大工程项目可行性论证。

3. 利用外资

利用外资引进技术是将利用外资和引进技术结合起来，在利用外资的同时，又能引进国外先进技术和设备，这是当前国际经济技术合作领域中一个新的发展潮流，它对一国经济的发展起着重要作用。归纳起来，目前国际上利用外资引进技术的主要方式有以下几种。

1）合资经营

合资经营（joint venture）是指由两个或两个以上不同国家的公司、企业、其他经济组织或个人依据东道国的法律，在东道国共同投资、共同经营某一企业，并由双方共担风险和共享利润的经营方式。它包括两种形式，即股权式合资企业（equity joint venture）和契约式合资企业（contractual joint venture）。前者在我国又叫中外合资经营企业，中外双方利润的分配和风险的承担均以投资比例为准；后者在我国又叫中外合作经营企业，中外双方利润的分配和风险的承担均在合同中加以约定。

中外合资、合作经营企业的投资双方，可以用现金、实物、工业产权、专有技术和土地使用权等作为出资。在实践中，有许多情况是外方用自己的技术作为投资，这实际上就是向合资的对方进行了技术转移。目前，我国通过合资方式已经引进了不少国外的先进技术，如汽车制造技术、浮法玻璃制造技术、彩色显像管制造技术等。利用合资方式进行技术转移已经成为目前国际技术转移领域中一种非常普遍和重要的方式，这种方式对于发展中国家的技术引进尤其具有重要的战略意义。

2）合作生产

合作生产（co-production）是指一项产品或一个工程项目，由双方或多方各自承担其中某些部分、部件的生产来共同完成全部项目的一种方式。合作生产的产品或工程，可能是由于技术、材料或设备方面的原因，一方无力单独完成，需要外国合作者共同完成目标；或虽然一方可以完成，但受技术和物质条件的限制，某些部分的生产成本高、质量差或工期长，但在其他部分生产中却有自己的优越条件，需要与适当的外国合作者合作。这样，利用各方在设备、技术、劳动力、原材料等方面的不同条件，发挥各自的优势，从而比任何一方单独完成全部生产更有优越性。

3）补偿贸易

补偿贸易（compensation trade）是指交易的一方向另一方提供技术、设备，而引进技术或设备的一方在约定的期限内以其产品形式偿还技术、设备价款本息的做法。它主要有直接补偿和间接补偿两种形式。前者是指用引进的技术、设备所生产的产品返销对方，以返销产品抵偿引进技术、设备的价款，这是补偿贸易最基本的形式；后者是指用双方约定的其他产品，而非用引进技术、设备生产出来的直接产品，来抵偿引进技术、设备的价款。补偿贸易主要用于对现有老企业进行技术改造和技术革新，从而提高现有企业的生产能力和改进产品质量。

4）国际 BOT

BOT 是英文 build-operate-transfer 的缩写，中文意思为建设—经营—转移。它的含义是指建设方承担一个既定的工业项目或基础设施的建设，包括建设、经营、维修和转移，在一个固定的期限内运营设施并且被允许在该期限内收回对该项目的投资、运营与维修费用以及一些合理的服务费、租金等其他费用，在规定的期限届满后，将该项目转移给项目方的政府。BOT 方式一般适用于一个国家的公共部门和基础设施方面的一些大型项目。

例如，电站、高速公路、铁路、桥梁、隧道、港口、机场、钢铁企业、化工企业、灌渠、水库、大坝、教育医疗卫生基础设施、仓库、环保设施、通信设施以及工业园区等建设项目。BOT 的期限一般为 15 年至 20 年。

案例 1-4

中国首个海外投资建设的 BOT 水电站项目

2011 年 12 月 7 日，中国电建水利水电建设股份公司首个海外投资建设的 BOT 水电站项目——柬埔寨甘再水电站，由柬埔寨洪森首相正式按下了发电按钮，标志着该项目顺利完工并投入商业运行，从此改变了柬埔寨拉闸限电的历史，电站已于 12 月 13 日 10 时 10 分正式发电并输送至金边。

甘再水电站总装机 19.41 万千瓦，总投资 3 亿美元，建设期 4 年，特许经营期 40 年。“甘再项目”意义重大，是中国水电第一个以 BOT 模式进行的境外水电投资项目，也是柬埔寨国内最大的引进外资项目，更是中国 2006 年援柬计划的三大工程之一。“甘再项目”是中国水电由工程承包向资本运作的经营模式转型的标志性工程，是在与国际接轨的进程中项目管理模式的创新。该项目为“走出去”的中国建筑企业经营模式转变，提高资本运作和管理水平，延伸产业价值链条，提升综合竞争力做出了开创性和经验性的积极探索。

资料来源：《中国水电首个海外投资 BOT 水电站发电竣工》，中国新闻网，2011-12-19，有改动

思考题：为什么说柬埔寨甘再水电站体现了 BOT 三个方面的特点？

案例分析

BOT 的基本特征表现为：①私营企业给基于许可取得特定基础设施的专营权。基础设施通常包括港口、机场、铁路、高速公路、桥梁、隧道、电力、供排水系统等社会公用设施，这些关系到国计民生的公用设施理应由国家所有和经营。经济的迅速发展导致对基础设施的需求不断增长，而这些基础设施项目尽管建设周期比较长、投资量大，但收益较稳定，受市场变化影响较小，风险也较低，对私人投资者具有一定吸引力，于是 BOT 方式就成为原有政府筹资建设的一种替代方式。②在特许期限内享有投资、建设、经营、管理权。BOT 方式

一般只适合于那些竞争性不强的行业，只有那些能通过对用户收费取得收益的设施和服务，才适合 BOT 方式。③特许期限届满时，项目公司须无偿把基础设施移交给政府，这是 BOT 与合营等方式不同之处，因为后者在期满后须通过清算进行分配。而在 BOT 方式中，该项目应移交给政府。

柬埔寨甘再水电站体现了 BOT 的三个方面的特点。

第一，2004 年 7 月，柬埔寨工业部对甘再水电工程进行 BOT 国际招标，中国水电国际顺利夺得第一标。2005 年 7 月，中柬两国政府首脑出席项目备忘录签署仪式；2006 年 4 月 8 日，中国总理和柬埔寨首相共同出席开工仪式，2007 年 9 月 18 日正式开工；2011 年 12 月 7 日，甘再水电站 8 台机组全部投产发电；2012 年 8 月 1 日起正式启用商业发电计量。

第二，中国水电国际是该项目的 EPC（engineering procurement construction，设计采购施工）总承包商，与甘再项目公司签订了工程总承包合同。具体的工程实施安排如下：项目可行性研究编制及项目的设计任务由中国水电工程顾问集团公司西北勘测设计院（以下简称“西北院”）负责；项目的采购由中国水电国际负责；工程的施工建设具体由中国水电的子公司中国水利水电第八工程局有限公司负责。合同运营方为中国电建海外投资有限公司，实际运营方为中国电建第十工程局。

第三，特许运营期为 44 年，其中施工期 4 年，商业运行期 40 年，总投资额为 2.805 亿美元。自 2012 年 8 月进入商业运行以来，已安全稳定运行了 5 年，创造了巨大的社会效益和经济效益，被洪森首相誉为柬埔寨的“三峡工程”。2017 年 8 月，甘再水电站月发电量突破 1.13 亿千瓦时，创造了历史新高。5 年来，已累计发电量达到 24.14 亿千瓦时，为当地经济发展注入了蓬勃动力。甘再项目公司大力实施属地化、本土化经营，为当地培养了大批技术工人和管理人才，组织技能培训 3000 余人次，很多柬籍员工经专业培训走上了技术、翻译、行政等工作岗位。截至 2017 年 9 月，甘再水电站有各类柬埔寨员工 100 多人，项目公司人员本土化率已达 70%。

近年来，柬埔寨政府采用甘再水电站合作模式，先后启动了基里隆水电站、达岱水电站、阿代河水电站、额勒赛河下游水电站、西山河水电站等大型水电站项目建设。它们和甘再水电站一样，都是由中国企业投资建设，其装机已可满足柬埔寨雨季全国用电需求，最终带动中国技术、中国标准、中国设备、中国文化的“走出去”，融入“一带一路”倡议的宏伟蓝图中去。

4. 工程承包

工程承包，在此主要是指“交钥匙”项目（turn-key project），即某工程项目承包人（contractor）与项目所有人（project owner）（业主）签订协议，并按协议规定的条件完成某项工程任务。承包商从工程的方案选择、土建施工、设备供应与安装、人员培训直至试生产承担全部责任，也就是说，承包商自始至终对业主负责。

工程承包的方式主要适用于大型的新建项目，如大型发电站的建设、现代化机场的修建，以及机械制造或化工厂等成套生产线的新建或扩建。这些项目的特点是：第一，项目规模大，投资多；第二，项目的内容复杂，有设备采购、技术引进、土建施工、技术服务和设备安装等环节；第三，与技术有直接关系，大部分项目都是采用了新工艺或新技术，目的是促进产品的更新换代，填补某一行业的空白，因此，会涉及技术转移的问题；第四，从贸易的性质来看，工程承包是一种综合性极强的经济活动，既有商品出口，又有技术转移，还有劳务输出等多种方式。

5. 特许经营

对于特许经营，目前尚未有统一的、确定的定义。它一般是指由一家已经取得成功经验的企业，将其商标、商号名称、服务标志、专利、专有技术以及经营管理的方法或经验转移给另一家企业的一项技术转移，在收取一定金额的特许费的前提下，允许其使用。它是在最近三四十年迅速发展起来的一种新的技术转移方式，最初出现于美国，目前在美洲、欧洲和亚洲都相当流行。

特许经营合同是一种长期合同，它可以适用于商业和服务行业，也可以适用于工业。特许经营合同的被授人获得授予人的技术和经验，不仅其产品达到与授予人产品相同的质量标准，而且使其产品的形式与服务的风格都与授予人的完全相同。特许经营合同的双方经营同样的行业、出售同样的产品、提供同样的服务、使用同样的商号名称和商标或服务标志，甚至商店的门面装潢、用具、职工的工作服、产品的制作方法、提供服务的方式都完全一样。例如，美国的麦当劳和肯德基，就是采取这种形式建立起全球销售网点的。它们在世界各地几乎都有被授人，这些企业提供的服务同美国的一样，所售食品的味道也如出一辙。正是如此，特许经营合同中，被授人的企业一般在技术操作上和经营方式上受到授予人的控制与监督。然而，各个使用同一商号名称的特许经营企业并不是由一个企业主经营的，被授人的企业不是授予人的分支机构或子公司，也不是各个独立企业的自由联合，它们都是独立经营、自负盈亏的企业，授予人不保证被授人的企业一定能获得利润，对其企业的盈亏也不负责任。

案例 1-5

肯德基在华的特许经营

肯德基在华餐厅达到 1600 家。除北京、上海、广州、深圳等一线城市和苏州、无锡等合资公司以及浙江全省暂时未开放特许加盟业务以外，其余所有二、三线城市都将开放特许加盟。肯德基除了增加可供加盟的店数外，在价格方面也将有更宽广的选择。肯德基除了仍将提供发展势头强劲的餐厅外，还将增加开放一些发展较为平稳的餐厅。将有部分肯德基餐厅的购入费可能低至 200 万元人民币左右。

肯德基在中国市场采取特定城市的“开新店”的加盟模式和“不从零开始”的加盟模式。“开新店”的加盟模式，百胜授权加盟商使用肯德基品牌在当地开设加盟新店，即由加盟商负责选址，经百胜审核同意后由加盟商负责投资开店。加盟新店的设计与营建均采用品牌标准和系统厂商，并借用百胜工程师进行施工管理。“不从零开始”的加盟模式，百胜将成熟的肯德基餐厅整体转让给通过了资格评估的加盟申请人，同时授权其使用肯德基品牌继续经营，即加盟商是购买已在营业的肯德基餐厅，而不是开设新餐厅。选店规则上，百胜将根据肯德基加盟发展规划向通过了资格评估的加盟申请人推荐备选加盟店，由加盟申请人自行评估决定是否购买及加盟。

资料来源：《可能低至 200 万 肯德基在华降低特许加盟“门槛”》，中国经济网，2006-04-20；《肯德基的加盟模式》，http://www.kfc.com.cn；有改动

思考题：肯德基在中国的特许经营是如何开展的？对中国企业有何启示？

案例分析

肯德基在中国的产品相同，基本具有相同的质量标准，而且产品的形式与服务的风格都完全相同。例如，肯德基在中国采用“不从零开始”的特许经营，即肯德基将一家成熟的、正在营运的餐厅转让给加盟者。

6. 兼并与收购

跨国并购（cross-border mergers and acquisitions）是 20 世纪 80 年代以来兴起的一种国际直接投资方式，主要指跨国公司通过企业兼并（merger）、收购（acquisition）等一系列行为，实现企业规模的扩张和收缩、企业资本结构的变更和企业控制权的变更等目标。

1）兼并

企业兼并是指两个或两个以上公司合并组成一家公司。合并可以分为吸收式和创立式。吸收式是指两个或两个以上公司合并组成一家公司，只保留一家公司的法定地位，该公司有权吸收其他公司的资产和债权，同时也承担其债务。其用公式表示：A＋B＝A（B）。创立式是指几家公司合并重组成一家新的公司，由新公司接管原来几家公司的全部资产和业务，设立新的董事机构和管理机构。其用公式表示：A＋B＝C。

2）收购

收购强调买方企业向卖方企业的“收购行为”，是指一家公司用现金、债券或股票购买另一家公司的股票或资产以获得对该公司实际控制权的行为。按照其内容的不同，收购可以分为资产收购和股份收购两类。资产收购指买方企业收购卖方企业全部或部分资产，使之成为买方企业的一部分；股份收购是买方企业直接或间接购买卖方企业的部分或全部股票的行为。股份收购按照收购方所获得的股权比例不同，又可以分为三类：参股收购、控股收购和全面收购。相比之下，资产收购更像一种普通商品交易形式，只不过交易的标的为卖方企业的特定资产，因此收购方不需要承担被收购公司的义务；股份收购是所有权的买卖形式，买方将根据其持股比例承担卖方相应的权利和义务。

从法律形式上分析，兼并和收购的主要区别：兼并的最终结果是两个或两个以上的法人合并成为一个法人，而收购的最终结果不是改变法人数量，而是改变被收购企业的产权归属或经营管理权归属。如果一家企业通过购买资产或股份的方式将被收购企业并入自己的公司而使其法人地位消失，那么这种情况应属于兼并行为。

兼并或收购东道国已有企业有许多好处，如可以大大缩短项目建设周期，迅速扩大企业的生产和经营规模；可以利用目标企业原有的销售渠道，快速打入当地市场；可以获得现成的经营人才及技术、商标等无形资产；可以减少竞争对手；可以迅速扩大企业产品种类；通

过收购后再次出售目标公司的股票或资产，可以使收购公司获得更多利润。

专栏 1-4

海信收购日本东芝——中国品牌全球化之路

2017 年 11 月 14 日，海信集团旗下上市公司海信电器股份有限公司与东芝株式会社在东京联合宣布，前者将以 129 亿日元（约合 7.5 亿元人民币）收购后者旗下东芝映像解决方案公司 95%的股权，预期将于 2018 年 2 月底完成交割。收购完成后，海信电器将享有东芝电视产品、品牌、运营服务等一揽子业务，并拥有东芝电视全球 40 年品牌授权。资料显示，东芝映像解决方案公司主要经营东芝电视及各种周边产品（包括商用显示器及广告显示器），并在日本拥有优秀的研发团队，在电视画质、芯片、音响等方面积累了深厚的技术功底。

拥有 142 年历史的东芝在显示领域的技术一度在全球范围内位居前列，而海信也是被誉为中国彩电的“技术领袖”，其自主创新的 ULED 显示技术和自主研发的画质芯片在中国企业中首屈一指。因此，海信收购东芝电视是强强联合，更加巩固其在显示领域中的地位。

收购后海信将整合双方研发，通过与东芝电视共享供应链资源，可以提高东芝电视产品的市场竞争力和盈利能力。2016 年，东芝电视销量仍位居日本市场前三，收购完成后有助于海信电视提升在日本市场的影响力，带来海外销量的提升，同时在我国国内市场提升品牌形象。

资料来源：《海信收购东芝电视加速全球布局》，新华网，2017-11-14；《海信收购东芝电视机业务　加速国际化进程》，人民网，2017-11-15；有改动

1.3.2 国际上主要国家对国际技术贸易方式的规定

1. 国外对技术贸易或方式的规定

1）澳大利亚

技术是具有实际价值或具有工业用途的所有应用科学的系统知识和功能。技术贸易意味着在这一定义的基础上买卖双方的技术交易，包括非载体技术（专利、设计、技术诀窍、许可等）及载体技术（机械和设备）。

2）印度尼西亚

技术贸易指通过投资带入技术，政府鼓励外国投资，投资者可带入任何技术，没有限制，政府仅在申请或投资的程序中检查和分析引进技术是否违反环境保护法规与劳工安全保障法规。政府还规定引进的技术应在一定时间之后逐步地转让给当地的企业，使之适应当地的条件。

3）日本

技术贸易指提供或接受专利、实用新型、专有技术、对工业技术质量控制及操作管理、维修的指导原则等。

4）韩国

在不同的经济发展阶段，技术贸易的概念有所不同，即根据一定的发展目标，引进不同的技术。例如，20 世纪 60 年代至 70 年代，主要以引进一揽子技术为主，包括交钥匙工程、

装配技术等；80 年代初，虽主要以引进一揽子技术为主，但侧重点已转向零部件技术、操作技术等；80 年代末到 90 年代，主要以引进材料技术、控制技术、高质量产品技术为主。

5）新加坡

强调吸收外资中的技术含量，鼓励引进高附加值的技术密集型工业项目，包括金融和信息技术等服务部门项目。

6）泰国

技术贸易指进口原材料、资本货物及其他，包括机械设备、提成费、商标、技术费及管理费。

7）美国

技术转让指私营部门、州及地方政府以及国内其他用户使用联邦实验室开发出的发明或使其商业化的活动。包括但不限于，通过对私营部门的使用方及开发者直接的技术援助、人员交流、资源共享、合作研究和合作开发等形式进行技术合作与交流；通过发明的专利注册及许可、市场及用户确定进行商业化活动；通过报纸、文章、报告、研讨会的形式与潜在技术用户进行信息交流。

2. 我国对技术贸易或方式的规定

《技术进出口管理条例》第二条规定："本条例所称技术进出口，是指从中华人民共和国境外向中华人民共和国境内，或者从中华人民共和国境内向中华人民共和国境外，通过贸易、投资或者经济技术合作的方式转移技术的行为。"这里所说的行为包括"专利权转让、专利申请权转让、专利实施许可、技术秘密转让、技术服务和其他方式的技术转移"。

从国内外技术贸易方式不同的概念中可以看出，各国及地区的国民经济水平使之对技术贸易的侧重有所不同。国民经济发展的水平决定了它所需技术的水平。

1.4　国际技术贸易的产生与发展概况

作为生产要素的技术，一经问世就产生了传播或转移这一带有普遍性的问题。正因为技术是生产要素，它的传播与转移也势必同生产力的发展水平有着内在联系，并且受由某种生产力决定的生产方式、社会形态、发达程度的制约。从横向看，在同一时代，各地区技术也未必都处于一个水平上，一般都存在不同程度的差异，这种差异必然要反映到技术转移上。

1.4.1　国际技术贸易的产生

国际范围的技术转移，有着悠久的历史，早在公元6世纪左右，中国的养蚕、织丝技术，就通过"丝绸之路"传到了中亚、西亚和欧洲；中国发明的造纸、火药、印刷术在公元 12 世纪至 15 世纪先后传到了欧洲，前后花了三四百年的时间；公元 13 世纪意大利发明了眼镜技术，到 16 世纪传到了日本，历时 300 年；16 世纪初叶，德国发明了机械表技术，在 100 多年后的 17 世纪初，日本和中国也先后获得了这种技术；引起欧洲农业革命的耕作方法，源自中国公元 6 世纪的"精耕细作"；1985 年美国第一口油井，是采用中国宋朝开采天然气的"竹篾缆绳法"钻探成功的。但同时可以看到，由于交通工具的限制和国家间语言文字的障碍，技术传播的速度非常缓慢。同时，由于对知识产权认识的局限，不少技术通过人员交往无偿地传播到其他国家，到了近代，随着以英国工业革命蒸汽机为标志的一系列技术发明的产生，专利、版权的概念逐渐为人们所认识和强调，技术有偿转让开始出现。但是，直到第二次世界大战前，国际技术贸易量都不大。商业性技术转让真正形成规模并迅速扩大，成为国际贸易中重要的组成部分，则是第二次世界大战后的事。

1.4.2 国际技术贸易的发展

第二次世界大战后，整个世界政治、经济形势发生了巨大的变化。随着以信息技术、生物技术、新材料技术、新能源技术、空间技术、海洋开发技术等高新技术为代表的第三次科技革命的迅猛发展，国际技术贸易快速发展，成为国际贸易中不可忽视的部分。

参与国际技术贸易的国家有 100 多个，由于发达国家经济实力雄厚、科学技术水平高、技术开发能力强等原因，国际技术贸易主要在发达国家之间进行。据 IMF（International Monetary Fund，国际货币基金组织）统计显示，1985 年 40 个发达国家的知识产权贸易收入为 108 亿美元。其中，位居首位的美国为 61.2 亿美元，占 56.7%；英国、法国、原联邦德国和日本 4 国合计为 29.3 亿美元，占 27.1%[①]。发达国家之间成交的技术贸易额占世界技术贸易总额的 80%以上，发达国家与发展中国家之间的技术贸易额占技术贸易总额的 10%，而发展中国家之间的技术贸易额所占比重还不到 10%[②]。

20 世纪 70 年代中期，美国、日本、欧共体在国际技术贸易市场上形成三足鼎立的局面。目前，美国仍然是世界上最大的技术贸易国，但其地位日趋衰弱，而日本和欧盟的地位日益增强。日本与美欧国家相比，基础技术明显落后，应用技术稍具优势，开发与商品化技术明显领先。由于技术贸易主要是应用技术和商品化技术，因此，日本是技术贸易市场上一个强有力的竞争对手。美国的克林顿政府曾致力于把大量领先的军事技术转为民用，且以促进经济增长为目标，同时也重视对应用技术、商品化技术的开发，加之具有强大的科研和资本实力，美国将继续成为世界最大的技术贸易国。欧盟由于实行经济一体化，必将会增强其技术竞争实力，欧盟内部以及欧盟各国与其他国家的技术贸易也必将进一步加强。

发展中国家和地区之间的技术贸易也在日益加强。发展中国家和地区各自都拥有一些适用性较强的技术，由于相互间的技术适用条件接近，价格相对便宜，因此，它们之间技术贸易关系的加强是必然的。

20 世纪 70 年代以来，亚洲的“四小龙”，拉美的墨西哥、阿根廷、巴西等一些技术发展水平相对较高的发展中国家和地区，纷纷从事技术出口交易，从而使技术来源多极化。它们一般都是从少数几项技术商品出口逐渐发展为各种技术搭配多样化出口，从附加值较低的技术出口转向附加值较高的技术出口。G7 主要国家及印度、中国 2010 年、2015 年和 2016 年高技术出口现值如图 1-1 所示，表明发展中国家成为技术出口的主体。

进入 21 世纪后，随着新兴经济体经济的发展，以及科学技术的进步，更多的国家加入高技术出口或知识产权交易的行列，促进国际技术贸易的规模进一步扩大。根据世界银行 2017 年《联合国商品贸易统计数据库》，2016 年世界高技术出口在制成品出口中占到 19.2%，

① 万成林，佟家栋，张元萍. 国际技术贸易理论与实务[M]. 天津：天津大学出版社，1997：13.

② 李志军. 当代国际技术转移新特点及中国的对策[J]. 中国高校科技与产业化，2008（4）：68.

其中 G20 国家的高技术出口在制成品出口中所占百分比如图 1-2 所示。

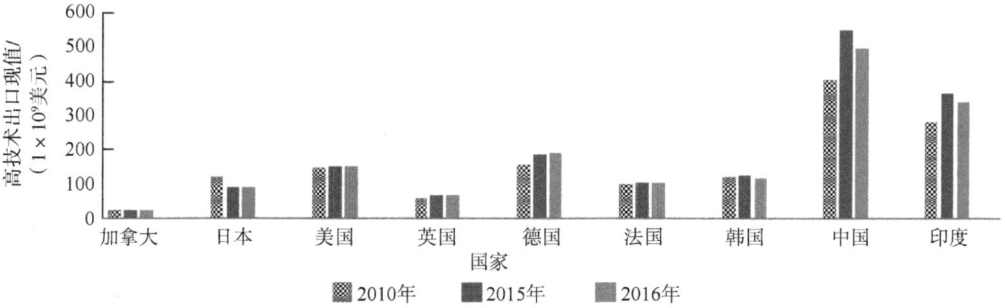

图 1-1　G7 主要国家及印度、中国 2010 年、2015 年和 2016 年高技术出口现值

资料来源：联合国商品贸易统计数据库

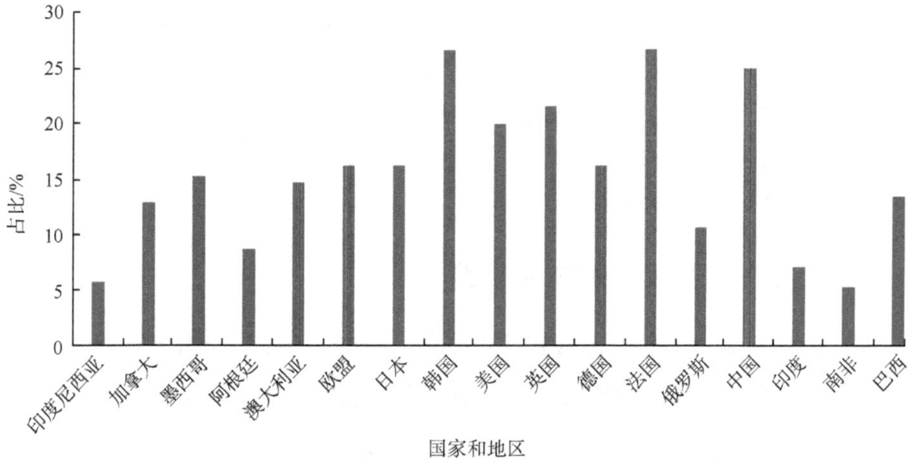

图 1-2　2016 年 G20 国家的高技术出口在制成品出口中所占百分比

资料来源：See The World Bank Data 2018，https://data.worldbank.org.cn/indicator，其中缺少意大利、土耳其和沙特阿拉伯国家的数据

专栏 1-5

当今国际技术贸易的发展趋势

国际技术贸易是国际经济中的一个特殊领域，自第二次世界大战以后，发展十分迅速，其增长速度远远超过一般商品贸易。近年来，由于国际政治、经济、科技形势的变化，国际技术贸易开始呈现一些新的发展趋势。了解和分析这些新趋势，对我们进一步搞好技术及设备引进和国际经济技术合作，无疑是非常有益的。

国际技术贸易是国际经贸中的一个特殊领域，它是以技术为贸易对象的国际经贸活动，它通常比一般国际商品贸易复杂得多。在科技革命日新月异、科技成果层出不穷的知识经济时代，发达国家将加速高新技术的研究开发和应用，而发展中国家通过单纯学习别国技术和经验而赶上发达国家的难度将提高，“后发优势”的作用将日趋减弱。以信息技术为代表的新兴产业技术不仅改变了技术本身的发展方向，而且还深刻影响了整个国际技术贸易的内容、规模与方法。

国际技术贸易出现新的发展趋势：

第一，国际技术贸易额增长速度因科技革命的迅猛发展而大大加快。随着科学技术向深度、广度发展，技术寿命周期的缩短，科技领域的竞争将日益激烈，科研成果形成的费用也越来越高。国际直接投资在进入 1993 年后已处于新一轮的快速发展阶段，年均增长速度达 21%。同时，国际直接投资和国际技术贸易的主要承担者——跨国公司的数量，从 20 世纪 90 年代初的 3.7 万家增至 2000 年的 6 万多家，跨国公司境外机构也从 24 万家升到 80 万家。OECD 最近的一份报告指出，目前 OECD 成员国中技术出口额已占到成员国整个贸易出口的 1/4，出口额已近 1 万亿美元，交易数额之高，增长速度之快，都是前所未有的。

第二，国际技术贸易内容向"知识型""信息型"等软件技术倾斜。知识经济时代，发展最快的是信息产业，信息技术已成为经济发展的主要手段和工具。在全球 GDP（gross domestic product，国内生产总值）中，已有 2/3 以上的产值与信息行业有关。目前发达的工业化国家的信息技术产品出口占总出口的比重越来越大。由于信息技术对生产经营与市场竞争的重要性日益突出，有关信息产业的交易额已急剧增加，从而直接推动了国际技术贸易内容软件化的进程。

资料来源：《国际技术贸易发展趋势》，找法网，2010-03-03，有改动

1.4.3 国际技术贸易发展的主要原因

分析 21 世纪以来国际技术贸易迅速发展的原因，主要在于以下几方面。

1. 政府重视教育与科研，推动新一轮科技革命浪潮的兴起

近 30 年各国政府重视教育事业的发展、专业人才的培养，以及科学技术的研究，不惜投入大量资金，提高国民素质，鼓励发明创造。

图 1-3 所示为 2000～2014 年研究与开发（research and development，R&D）经费支出在 GDP 比重中接近或超过 2%的 8 个国家的状况，从中看出都是发达国家，其中以色列的研发经费支出占 GDP 比重接近或超过 4%，在各国中最高。

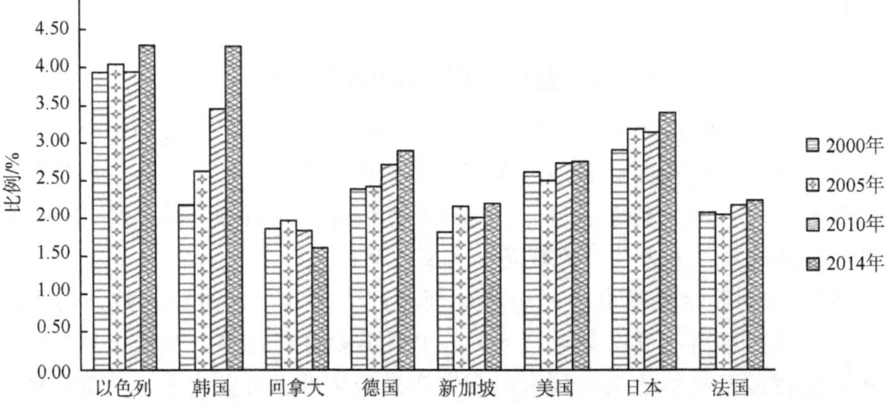

图 1-3 2000～2014 年研究与开发经费支出占 GDP 比重接近或超过 2%的国家

资料来源：联合国教科文组织（United Nations Educational，Scientific and Cultural Organization，UNESCO）统计研究所

各国政府的教育投资也在不断增多。以美国为例，2001～2014 年教育公共开支总额占 GDP 的比例如图 1-4 所示，每年都是在 5%以上。

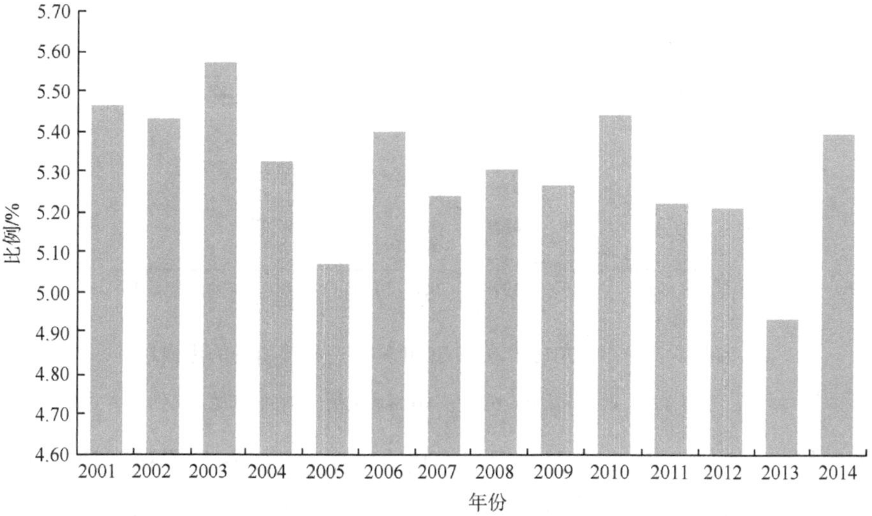

图 1-4　2001～2014 年美国教育公共开支总额占 GDP 的比例

资料来源：联合国教科文组织统计研究所

巨额科研经费的投入和教育经费的增加带来的是科学技术的迅速发展与专利的增多。在专利的申请上，美国长期位居各国榜首。2015 年 12 月，全球 PCT（Patent Cooperation Treaty，《专利合作条约》）专利申请数量是 19.04 万件，其中前三名的国家是：美国 5.74 万件、日本 4.42 万件、中国 2.98 万件，其他具体如图 1-5 所示。

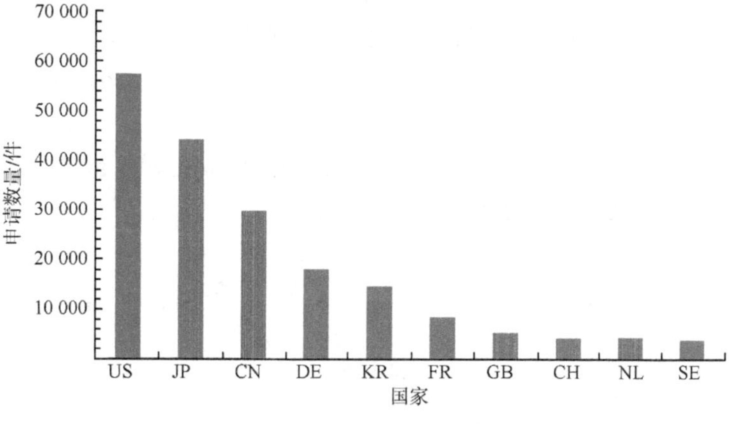

图 1-5　2015 年全球 PCT 专利申请数量最多的 10 个国家及申请数量

注：美国（US）、日本（JP）、中国（CN）、德国（DE）、韩国（KR）、法国（FR）、英国（GB）、瑞士（CH）、马里（ML）、瑞典（SE）

资料来源：Figure A.2.2.1：Trend in PCT applications for the top 10 origins，WIPO Statistics Database，March 2016

2. 各国对技术的巨大需求，为国际技术贸易提供了广阔的市场

2016 年，美国、日本和中国的知识产权使用费支付分别为：44.392×10^9 美元、19.672×10^9 美元和 23.98×10^9 美元；同时，美国、日本和中国的知识产权使用费接受分别为：

124.454×10^9美元、39.031×10^9美元和1.161×10^9美元。从2016年的数据可以看到，美国和日本知识产权使用费均为顺差，其中美国的顺差很大，而中国的知识产权使用费却为逆差。图1-6显示美国近30年知识产权使用费都呈现顺差，而且顺差值很大。

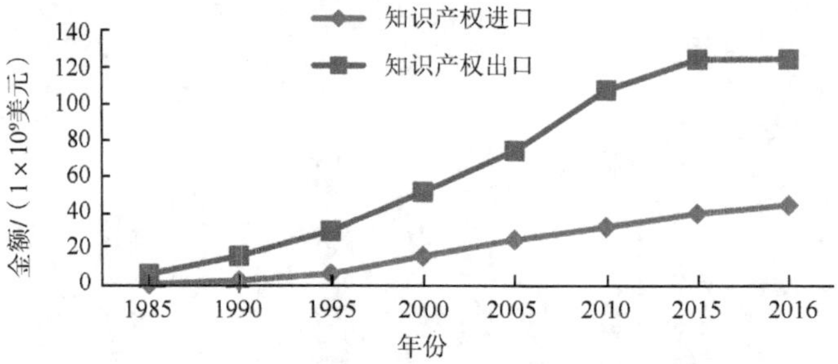

图1-6　1985～2016年美国30年知识产权使用费的进出口

资料来源：国际货币基金组织的《国际收支统计年鉴》和数据文件

从发展中国家看，第二次世界大战后获得政治独立的原殖民地半殖民地国家为实现经济独立，纷纷确定了工业化的战略目标。它们在自力更生的基础上，引进外资，购进先进的技术和设备，开展国家间的经济合作和交流，这为国际技术贸易提供了广阔的市场。20世纪80年代，我国的经济改革和对外开放，使先进技术在世界传播的空间进一步扩展。

美国对华技术产品出口限制逐渐放宽，部分技术产品已经允许出口到中国。例如，2014年1月，美国与中国签署一项耗资20亿美元购买美国技术设备的协议，其中包括摩托罗拉公司向中国无线用户，提供声讯和多媒体服务，并改进和扩大中国无线网络；朗讯科技有限公司向中国电信提供移动和有线电话系统设备及转换器，帮助中国实现网上电话服务等。中国也向美国出口高科技产品。从2013年中美之间的贸易看，双方主要出口产品中都包括高科技类产品：中国对美国出口的产品有便携式自动数据处理设备及其部件、无绳电话机及部件、硬盘驱动器、微型机处理部件等，美国对中国出口的产品有飞机等航空器、集成电路、处理器及控制器、存储器等。

从图1-7可以看到，2006年以来中国的技术市场国外成交额有起伏，但是整体却是逐年上升。2012年国外成交额为560.65亿元，达到最高。

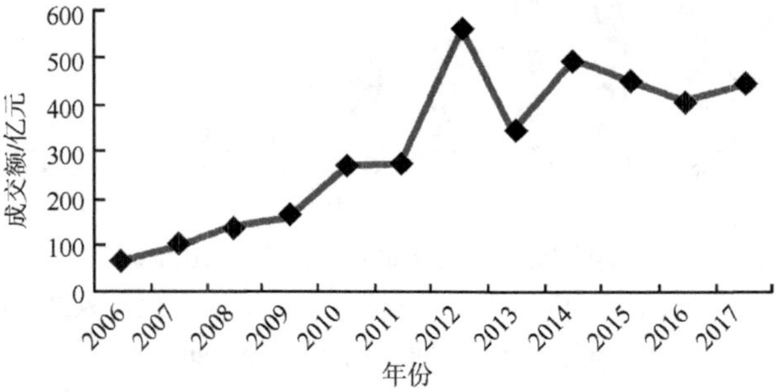

图1-7　2006～2017年中国技术市场国外成交额

资料来源：根据历年的《中国统计年鉴》整理而得

3. 技术更新周期缩短，刺激各国扩大技术进出口贸易

德国学者哈根·拜因豪尔和恩斯特·施玛克曾在《公元 2000 年的世界》一书中，考察了技术更新问题，指出随着技术不断地进步与发展，技术开发与更新的周期不断缩短。例如，蒸汽机从研制到产品制成花了 100 年的时间（1680～1780 年），蒸汽机车花了 34 年的时间（1790～1824 年），汽车花了 27 年的时间（1868～1895 年），喷气发动机花了 18 年的时间（1921～1939 年），晶体管仅花了 5 年的时间（1955～1960 年）①。20 世纪 70 年代，产品技术更新的平均周期已经缩短到 5～6 年，80 年代进一步缩短到 4～5 年，90 年代仅仅 2 年左右。进入 21 世纪后，产品技术周期进一步缩短。例如，美国苹果公司新产品问世时间的间隔从 4 年缩短到 3 个月、2 个月。2005 年，苹果公司推出第五代"iPod""iPod mini""iPod shuffle""iPod nano"，平均间隔为 3 个月；2012 年苹果公司先后推出"new iPad"、"iPhone 5"、第三代"iPod touch"、第六代"iPod nano"、"iPad 4"和"iPad mini" 6 款产品，平均间隔为 2 个月②。由于技术更新周期缩短，技术开发费用提高，开发者在一项新技术成功后，往往马上将该技术转让，尽快收回研制费用。

4. 关税与非关税壁垒，阻碍了普通商品贸易，推动了国际技术贸易发展

随着多边贸易谈判对各国的关税不断削减，通过非关税壁垒阻碍他国产品进入的措施增多，20 世纪 70 年代末，各国非关税措施已经多达 900 多项。80 年代、90 年代反倾销、反补贴等非关税措施更是被频繁使用，这种状态迫使不少国家调整出口战略，以技术出口替代商品出口。

5. 跨国公司的发展，为国际技术贸易的扩大提供了重要渠道

为了绕开贸易保护主义，开拓新市场，跨国公司往往通过内部技术转让的方式，将自己的技术转移到子公司中，以保证其垄断地位。长期以来，跨国公司凭借雄厚的经济实力和全球性的经营网络构成当今世界经济中的一种重要垄断势力。它们不仅在国际生产与贸易领域，而且在技术创新和技术贸易领域都居重要地位与垄断地位，这种地位又决定了它们成为当今国际技术贸易活动中的主体和重要组织者。2017 年递交国际专利申请最多的 5 家企业分别为中国华为技术有限公司（Huawei）、中国中兴通讯股份有限公司（Zhongxing Telecom Equipment，ZTE）、美国英特尔公司（Intel）、日本三菱电机株式会社（Mitsubishi）和美国高通公司（Qualcomm）。位于中国深圳的两家电信公司——华为（4024 件已公开的 PCT 申请）和中兴（2965 件）是递交 PCT 申请最多的企业。华为取代中兴，重新成为递交国际专利申请最多的企业。中兴在 2017 年公开的 PCT 申请数量大幅下降。紧随其后的是英特尔（2637 件）、三菱（2521 件）和高通（2163 件）。韩国的两个电子巨头——三星电子（Samsung Electronics）提交了 762 件外观设计申请，LG 电子（LG Electronics）提交了 668 件——在申请者排名中分别占据第一名和第二名的位置。荷兰的 Fonkel Meubelmarketing（490 件）提交的外观设计申请减少了 463 件，这使它从 2016 年的第一名降为 2017 年的第三名，紧随其后的是宝洁公司（Procter & Gamble）和大众汽车公司（Volkswagen），分别提交了 488 件和 369 件外

---

① 王玉清. 国际技术贸易[M]. 北京：中国人民大学出版社，2001：238-240.

② 林珏. 国际技术贸易[M]. 北京：北京大学出版社，2016：21.

观设计申请。在装饰照明行业颇为活跃的希腊 I. Paleohorinos Fotistika Abee 公司以 357 件外观设计申请位居第六，而其在 2016 年仅提交了 8 件①。

另外，跨国公司从向发展中国家进行单纯的资本输出转变为以技术输出带动资本输出和商品输出。跨国公司对发展中国家的传统做法是资本输出，先办原材料基地，然后获取原材料运回国内加工成产品，再销售到发展中国家去。目前许多发达国家的跨国公司都积极发展技术输出，且技术贸易多在公司内部进行。

未来的经济社会，竞争将进一步加剧，而且这种竞争性将日益明朗化和激烈化。由于跨国公司有着雄厚的实力，花费巨额资金用于研究和开发新技术，并使技术商业化，因而是先进、核心技术的最大拥有者；同时，跨国公司推行跨国经营战略，追求国际生产最优化，这一战略顺应了人类生产国际化的趋势，能有效地在世界范围内实现生产要素的合理组合；另外，跨国公司有健全发达的情报和信息网络。上述这些因素无疑会使跨国公司的竞争实力进一步增强，因而在世界技术市场上的地位有着进一步增强的趋势。

6. 技术贸易软件化，信息技术贸易发展迅猛

过去的技术贸易大多数是通过机器设备和新产品的买卖而进行的，人们是为了购买硬件设备才兼买软件技术的，是软件跟随硬件的转移。然而，现在更多的情况是为了引进某项专利或专有技术等而相应地购置技术设备或关键零部件，纯粹知识或信息形态的软件技术贸易，如专利、专有技术、技术情报等，占据了越来越重要的地位。在工业发达国家之间的技术贸易中，软件技术的贸易占 80%以上。技术贸易的“软件化”，加大了科学技术成果应用传播的可能，同时也带来了人们知识的更新、素质的提高和企业经营管理方式的改进。

从 2017 年起，未来 3 年，全球电子信息产业格局小幅调整，美国、西欧、日本等发达经济体在全球产业格局中占据主导地位，技术优势明显。中国、印度等新兴经济体电子信息产业技术能力不断提升，在全球产业中的比重持续增加。从市场份额看，美国、西欧和日本等发达经济体受宏观经济增长乏力影响，市场份额持续呈现小幅下滑态势。其中，美国市场份额将由 2016 年的 24.63%下降到 2019 年的 24.08%，下降 0.55 个百分点；西欧市场份额将由 2016 年的 14.51%下降到 2019 年的 14.10%，下降 0.41 个百分点；日本市场份额将由 2016 年的 7.11%下降到 2019 年的 6.76%，下降 0.35 个百分点。整体上看，2016 年，美国、西欧和日本占据全球 46.25%的份额，至 2019 年，整体份额将下滑到 44.94%，但是发达经济体控制着全球价值链的高端，拥有核心技术和产品设计能力，在全球电子信息产业中的主导地位依然稳固。以中国等亚太国家和地区（除北美、日本外）以及印度、巴西、南非及东南亚为代表的新兴经济体快速成长，在全球电子信息产品市场中的份额呈现上升态势。其中，中国市场份额由 2016 年的 25.33%增长到 2019 年的 25.82%，上升 0.49 个百分点。随着中国电子信息产品市场份额不断上升，美国市场份额不断下降，其他经济体市场规模与两强尚有很大差距，中国作为全球第一大市场的地位将持续稳固。总体上看，世界电子信息产业格局保持稳定并持续小幅调整，新兴经济体的地位和作用越来越重要。随着近年来信息技术的开发与应

① 世界知识产权组织，《2017 年知识产权服务数据》，中国保护知识产权网，2018-03-26.

用，信息产品以及由此而带来的信息技术产品的交易呈现高增长率的发展态势[①]。

同时，信息革命改变市场竞争法则。如同工业革命打破了旧的农业秩序一样，信息革命创造了全球新的用工形态，信息对技术贸易的重要性将进一步加强。在一定程度上说，谁掌握了信息，谁就赢得了在技术战场上乃至在世界经济实力竞争中取胜的主动权。

本章小结

本章首先介绍了国际技术贸易及其相关概念，包括国际技术转移、国际技术转让与国内技术贸易和国际技术贸易的区别。对国际技术贸易的研究对象——技术，从多种定义、特点和分类角度，深入地阐述技术的含义，为后续章节的学习奠定基础。

国家技术转让即技术所有者将其技术以一定的条件转让给别国另一方的活动，这种转让分为有偿转让和无偿转让形式，国际技术贸易则属于前一种形式。国际技术贸易既可以通过诸如许可贸易这样外部市场的方式来完成，也可以通过利用外资将技术内部化过程来实现，还可以通过技术咨询与服务、工程承包等多种综合贸易方式实现技术转移。本章对国际技术贸易的主要方式做了详细介绍，为以后实务部分的阐述奠定基础。

国家间科学技术的交流与传播有着极其悠久的历史。技术作为一种特殊的生产要素，它的传播与转移同社会生产力发展水平密切联系，在不同时期，国际技术贸易的方式、特征，乃至转移后产生的效果和影响都各不相同，具有明显的时代特征，因而有必要对各个时期技术贸易的发展及其原因进行讲述。

名词解释

国际技术贸易　国内技术贸易　独占许可　普通许可　国际技术咨询　国际技术服务
BOT　工程承包　特许经营　兼并与收购

复习思考题

一、简答题

1. 国际技术贸易中的技术是如何分类的？可以分为哪些类型？
2. 国际技术贸易有哪些主要方式？
3. 举例说明国际兼并与收购在国际技术贸易的应用。
4. 在国际技术贸易中，国际技术服务方式应用于哪些方面？
5. 在国际技术贸易中，特许经营主要应用在哪些行业？

---

① 国家工业信息安全发展研究中心.工业和信息化蓝皮书：世界信息技术产业发展报告（2016～2017）[M]. 北京：社会科学文献出版社，2017.

二、案例分析题

案例1：2017年10月27日，在中联重科沅江工业园内，45台中联重科搅拌车上装整装待发，即将发往印度尼西亚，场面极其壮观。据了解，该订单总量达150台，分四期交付，此次为第三期。前两期已交付的70台搅拌车上装正顺利地在印度尼西亚进行组装，客户对产品反馈良好，对合作十分满意。

公司的混凝土机械、起重机械在东南亚地区非常畅销，这些产品在采矿、基础设施、大型建筑等施工中，凭借节能省油、安全可靠、性能稳定等一系列优点获得了一致好评，在印尼当地市场占有率大。中联重科的搅拌筒容量大，低倾角的设计使稳定性提高15%；内部采用专利发明的T型叶片，既延长了使用寿命，又提高了混凝土的匀质性。

中联重科已进入印尼市场多年，设有中联重科印度尼西亚子公司，建有配件库以及本地的代理商。"我们在印尼已经建立了完善的销售网络。优质的产品、完善的售后服务以及完备的零配件供应中心让客户买得安心、用得省心、管得放心。我们将持续为客户提供优质的产品和服务，助力当地的发展。"中联重科相关负责人说道。

资料来源：《深耕海外市场　中联重科搅拌车批量发往印度尼西亚》，中国工程机械商贸网，2017-10-27，有改动

思考题：通过阅读上述资料，说明国际技术贸易方式与国际货物贸易方式有什么区别？

案例2：自1994年正式进入中国市场后，宝马集团就致力于扎根中国市场。2003年，宝马集团与华晨汽车合资的华晨宝马汽车有限公司正式成立。目前，BMW3系、BMW5系长轴距和BMWX1 3个产品系列均已实现国产。

2014年7月宝马集团与华晨中国汽车控股有限公司的合资协议延长至2028年；基于这一合作基础，宝马集团公布了接下来在中国市场的一系列战略布局，包括扩大在华产能、拓展国产产品线，以及在中国投产先进的发动机等，展示了宝马集团对中国市场更加强劲的投入。

另外，宝马公司表示，将拓展国产产品的产品线，从目前的3个系列增加到6个系列。在接下来的数年间，中国消费者将陆续迎来如下国产新车：一款小于BMW3系的全新入门级车型；一款极富功能性的车型，这款车兼备实用性和典型的宝马驾驶动感，必将对中国家庭具有吸引力；一款专为中国推出的BMWX3车型，BMWX家族在中国的成功已经表明，专为中国市场开发和生产的X系列车型将有很大的潜力。

从2014年起，未来两年间，华晨宝马位于沈阳的大东工厂和铁西工厂的总产能将从目前的每年30万辆提升至每年40万辆。同时，宝马集团还将落实发动机的国产。华晨宝马的新发动机工厂已在铁西工厂附近开始建设；新工厂建成后，宝马集团先进的三缸和四缸汽油发动机于2016年在这里正式投产，这间工厂将成为宝马集团在德国本土之外建立的第一座具备铸造车间的发动机工厂。

2012年，宝马集团授权华晨汽车集团旗下绵阳新晨动力机械有限公司（以下简称"新晨动力"）生产N20发动机，这是宝马集团历史上首次授权第三方生产宝马发动机。2015年，宝马集团再次授权新晨动力，生产基于宝马"王子发动机"升级的汽油发动机。2017年10月27日，王子发动机投产仪式在绵阳隆重举行。王子发动机的正式投产，既是华晨汽车集

团掌握世界先进发动机核心技术的最新成果，也意味着华晨汽车集团通过引进、消化、吸收再创新，实现了合资反哺自主，使自主品牌在技术、品牌和体系能力等方面得到大幅提升。

资料来源：根据《宝马与华晨合资续约至 2028 年》，新京报，2014-06-23；《宝马董事：国产 BMW X3 会有本土化特征》，中国经济网，2014-07-17 等资料改编而成

思考题：华晨宝马在中国成立后，进行了哪些技术贸易？通过哪些方式引进了自身发展所需技术？

第 2 章　国际技术贸易基本理论

本章学习目标、重点与难点

学习目标：通过本章学习，要求了解国际技术贸易相关理论的发展历史；掌握技术转移论、技术传播理论、技术差距论、后发优势理论、适用技术论、技术创新理论、产品生命周期理论和南北贸易模型的内容与各自的优缺点。

重点：技术转移理论、技术传播理论、技术差距论、后发优势理论、适用技术论和产品生命周期理论。

难点：技术差距论、后发优势理论、技术创新理论。

2.1　国际技术扩散理论

2.1.1　技术转移理论

日本著名经济学家斋藤优在对技术创新在当代社会中的地位和作用进行深入考察的基础之上，提出了“技术立国”的主张，强调了技术开发与技术转移在促进发展中的重要作用。他的建议被日本政府作为 20 世纪 80 年代的基本国策。在政府的推动下，日本的技术发展经历了一个从以技术转移为主到以技术开发为主的技术进步过程。斋藤优的主要理论包括技术转移周期论、需求与资源关系假说等，主要在《技术转移论》和《技术开发论》等著作中进行了阐述。

1. 技术转移周期论

该理论认为，技术持有者可以通过三种方式来利用他的新技术：新技术产品出口、对外直接投资和对外技术转让，而这三种方式是按照一定的周期来进行的。

技术创新之后，占有技术的企业总是先自己利用该项技术生产产品。由于采用了新技术，该产品在市场竞争中具有一定的垄断优势，企业可以借这一优势占据国内外市场，以获得最大利润。因此，这一阶段，技术持有者采取的利用新技术的方式是出口新技术产品。

随着产品的生产规模和销售量不断增加，依靠产品出口的企业的收入水平上升到最高点时，就会呈现出下降的趋势。此时，为了维持企业的收益水平，技术持有者就会选择其他方式来更好地利用新技术，这种更适宜的方式就是直接投资。通过在当地投资生产并进行销售，企业下降的收益将再次上升，从而又获得巨大的利润。

由于新技术产品产生巨大的市场示范效应，当地企业会竞相模仿生产该产品。当这些企业的技术水平提高到一定程度，模仿产品的产量大量增加时，技术持有者的收益会又一次下降。这时企业便转向另一种方式——技术转让，从而充分利用该技术的价值，再一次获得相关利润。其具体内容如图 2-1 所示。

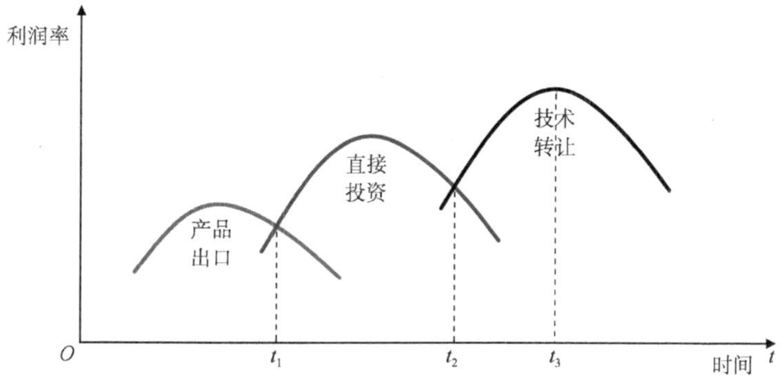

图 2-1　技术转移周期

技术转移周期论认为，企业的发展周期，即收益的变化调节着新技术产品出口、对外直接投资和对外技术转让，这三种方式所形成的一个周期循环，从而解释了关于技术转移的机制问题，揭示出技术转移是技术产生后发展的必然结果，是产品周期循环的内在趋势。

案例 2-1

上汽通用五菱的国际化路径选择

2009 年，上海汽车工业（集团）与美国通用汽车公司联合开辟亚洲新兴市场，成立通用上海汽车香港投资公司登陆印度。面对印度市场的用户需求，合资公司选择在印度投放上汽通用五菱具有竞争实力的五菱产品，并委派上汽通用五菱副总经理姚佐平出任合资公司董事兼总经理，形成产品与管理模式的配套输出。

两年时间，上汽通用五菱海外事业按照最初的发展目标步步推进，“积极参与”到上汽通用印度合资公司的产品输出、管理团队输出和业务模式输出的各条战线上，并获得来自市场的回报。另外，在传统出口业务领域，上汽通用五菱 2012 年总计出口 14 898 台，预计年度出口销量将达到 15 298 台，较上年同期增长 100%。

2011 年上半年，产自上汽通用五菱青岛工厂的带有雪佛兰金领结 LOGO 的 N300（五菱荣光）和产自柳州工厂的 N200（五菱鸿途）在海外市场持续热销。10 月 18 日，CN100（五菱宏光）车身线首次发运印度，成为上汽通用五菱海外事业的历史性突破，为后续实现量产铺平了道路。

2011 年 12 月，上汽通用五菱在柳州与通用汽车埃及公司签署了技术转让协议（technology transfer agreement，TLA）和工程服务协议（engineering services agreement，ESA），并宣布 N300（五菱荣光）将于 2012 年第三季度在通用埃及组装投产，使得上汽通用五菱与通用埃及合作的海外汽车 CKD 项目，在启动一年后取得了实质性进展，并再次实现对外收取技术转让费的知识输出，而这正是上汽通用五菱在国际化道路上所做出的选择。

新签订的埃及项目，则将在通用埃及公司可覆盖的非洲和大阿拉伯自由贸易区市场，为上汽通用五菱进一步拓展海外业务和产品的市场竞争力贡献力量。在商用车业务持续领先、乘用车业务打响头炮的背景下，埃及项目迈出的实质性步伐，又将极大推动上汽通用五菱海外事业的发展。

资料来源：《上汽通用五菱的国际化路径选择》，凤凰网，2011-12-29，有改动

思考题：以上述案例为例，说明技术转移周期的三个阶段表现在哪些方面。

案例分析

在印度市场的产品出口阶段：2009 年，上海汽车工业（集团）与美国通用汽车公司联合开辟亚洲新兴市场，成立通用上海汽车香港投资公司登陆印度。面对印度市场的用户需求，合资公司选择在印度投放上汽通用五菱具有竞争实力的五菱产品。

在印度市场的直接投资阶段：两年时间，上汽通用五菱海外事业按照最初的发展目标步步推进，“积极参与”到上汽通用印度合资公司的产品输出、管理团队输出和业务模式输出的各条战线上，并即将获得自市场的回报。

在印度市场的技术转让阶段：2011 年 12 月，上汽通用五菱在柳州与通用汽车埃及公司签署了技术转让协议和工程服务协议，并宣布 N300（五菱荣光）将于 2012 年第三季度在通用埃及组装投产，使得上汽通用五菱与通用埃及合作的海外汽车 CKD 项目，在启动一年后取得了实质性进展，并再次实现对外收取技术转让费的知识输出。

2. 需求与资源关系假说

1979 年，斋藤优在其专著《技术转移论》中提出了需求与资源关系假说，当时称为“NR 关系假说”。后来，在其 1986 年 9 月出版的新著《技术转移的国际政治经济学》中，斋藤优把这一假说作为一种理论加以运用。N（needs）即需求，包括各个方面、各个领域、各种层次的需求；R（resources）即资源，包括人才、资本、设备、信息等。他认为，正是“NR 关系”的格局和态势，决定着具体国家、地区、企业间的技术转移、技术开发和技术创新的战略与行为。而不同国家、地区、企业间的“NR 关系”的对比状态决定了它们之间技术创新、技术转移的战略行为。

该假说认为，一国国民经济的发展以及其他经济活动的顺利开展需要该国的资源与需求相适应。但一国国民的需求 N 很难与资源 R 相互吻合，也就是说 NR 关系不适应，从而会阻碍该国经济的正常发展。斋藤优指出，解决 NR 关系不适应性的途径有两个：技术开发和技术引进。技术开发和技术引进一方面能够节约资本、劳动力、原材料，另一方面也可开发出新的原材料和资本，从而能够更好地满足该国经济发展的需要，实现资源与需求相互适应。另外，通过技术转让可以让本国充裕的技术要素转移到其他需要该技术的国家，从而获得较高的收益；还可以引进本国缺少的技术，解决经济发展中的技术缺口问题。对于技术发展相对落后的国家来说，技术引进尤其重要。因此，可以看出，NR 关系的不适应性是促进技术

开发、技术革新的动力，也是国际技术转移的动机。

原先的NR不适应的矛盾通过技术开发和国际技术转移机制的协调与配置得到了暂时的解决，即一国经济发展中的需求与资源关系得到了暂时的平衡。但随着世界经济不断向前发展，这种暂时的平衡关系又会遭到破坏。为了使 NR 关系重新相互适应，需要进行新一轮的技术创新和通过国际技术转移机制引进新的技术。这样，在需求和资源的不断适应中，各国的经济得以向前发展。某个国家的 NR 关系是这样，世界各国间的 NR 关系也是如此，而且由于所处经济发展阶段不同，各国有着不同的 NR 关系，即使发达国家之间、发展中国家之间也有不同的 N，需要不同的 R 来平衡相互间的 NR 关系。一国可以将其充裕的技术转移到其他需要这种技术的国家，而引进自己需要的技术。国际技术转移机制就是在这种 NR 关系的不断循环互补中形成的。

这种两国之间NR关系的互助互动，包括需求与资源转移、信息交流、多样化的技术转移渠道、技术转移机制与技术转移基础设施（包括专利制度、技术教育、培训制度等制度性因素，以及交通、通信设施、研究开发机构、大学等硬件因素）等。NR 关系的国际展开越广泛、越活跃，技术转移也就越容易。但是这种 NR 关系结构所具有的动力机制能在多大程度上发挥作用，还取决于影响技术转移的四种速度因素：①某国最初尝试一种新产品的速度或说需求时滞；②在新产品引入国内市场后其在消费者中间的扩散速度；③某国从国外获取生产技术的速度，或说模仿滞后率；④一旦生产技术从国外进入后，国内生产者采用新技术的速度。

2.1.2　技术传播理论

1. 理论的提出

1）研究背景

技术传播（technical communication，TC）的有效与否直接决定了科学技术能否应用、如何应用、在何种程度上应用的问题。现在的技术传播学已经逐渐成为一门融合多学科、多领域、多分支的成熟学科。1904 年，法国社会学家塔尔德提出了“S 型传播曲线理论”：认为模拟是重要的传播手段，而且在传播过程中模拟者比率呈 S 型曲线。1943 年，美国学者格罗斯与赖安对艾奥瓦州采用高产量玉米品种的农民数量增加的统计分析，确认了S型传播曲线。技术传播是一个社会系统内的个体或组织成员，在一定时间内，通过特定的渠道传递技术创新知识并采用新技术的过程[①]。

2）传播途径

一种新技术投入市场后，它的扩散速度主要受两种信息传播途径的影响：①产品传播。产品交易的过程就是技术的传播过程，技术交易的途径通过产品交易的范围和方式。高技术产品贸易，就会带动相应的技术传播。②技术人员传播。技术开发人员的流动会带动技术的传播，由于技术人员是技术的所有者和知情者，因此他们的流动会带动技术流动。例如，技术人员从一家公司进入另外一家公司任职，就会带动一定的技术传播。同样地，一个国家的技术人员到另外一个国家就业，也会带动一定的技术传播。

① Rogers E M. The Diffusion of Innovation [M]..4th ed. New York：Free Press，1995：5.

2. 理论的主要因素

技术传播一般包括四个主要因素：技术发明、交流渠道、社会系统和时间。其中，技术发明是技术传播的标的，它被潜在用户采用的机会与其自身的特点密切相关，如比较优势、兼容性、复杂性、可测试性、可观察性、再创新性等。交流渠道是指个人和组织间进行信息、知识交换所通过的一定渠道，如个人间的交往、公司间的合作、学术会议、大众传播等。潜在用户接触到新技术并通过一定的渠道获得和积累与之相关的知识和信息之后，才会做出采用或拒绝该项新技术的可能决策。由于技术传播都是在一定的社会系统中完成的，社会系统中的许多因素，如经济水平、技术设置、管理方式、价值观念等，都会对技术的这一传播过程产生比较长远的影响。

时间因素是技术传播的最后一个也是极其重要的因素，因为技术的传播是需要一个过程的。从新技术的潜在用户的角度考虑，其是否采用一个创新技术的决定过程包括了解阶段（获得知识、寻求信息、评估）、说服阶段（从自己的处境评估新技术的优缺点，减少不确定性和风险，产生接受或拒绝的态度）、决定阶段（做出采用或拒绝的决定）、实现阶段（使用新技术）和确认阶段（维持或改变原来的决定）五个阶段。从一个社会系统的整体看来，技术采用者可以按时间序列分为发明创新者、早期采用者、早期主体、后期采用主体和跟随者。也可以将整个传播扩散过程大致划分为早期准备、起飞、增长、稳定、下降几个阶段。这就是法国社会学家塔尔德（Tarde）在 1904 年提出，随后又进一步完善了的“S 型传播曲线理论”的基本思想。

3. 代表理论——曼斯菲尔德技术传播模型

1961 年，曼斯菲尔德（Mansfield）创造性地将传播学中的“传染原理”和“逻辑斯谛”成长曲线运用到技术扩散的研究之中，从而建立起著名的“S 型扩散模型”。S 型扩散模型的基本假设是技术扩散过程主要是一个模仿过程。

在传播过程中模拟者比率呈 S 型曲线（图 2-2），这正是“S 型扩散模型”名字的由来。设 M 为潜在采用企业总数（“采用企业”的上限），$N(t)$ 为到 t 时刻累积的采用创新技术的企业数。

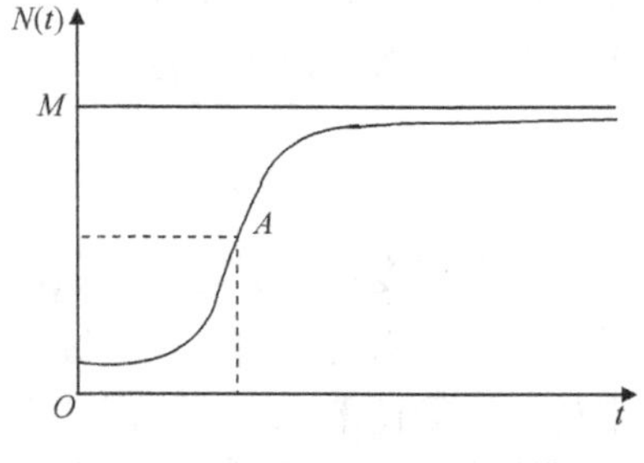

图 2-2　曼斯菲尔德技术传播模型

商业上最适宜扩散创新成果的地区一般具备三个条件：①市场密度较高；②引进成本较低；③营利性较大。一旦技术创新成果进入商业上最适宜采用的地区，其扩散速度必然大大加快。在理论上，创新技术的潜在商业采用者日趋减少时，技术传播速度会明显放慢直到被另一项新技术所替代；严格的知识产权保护制度也会提高模仿成本，可能限制技术传播的范围。因此，政府在积累知识与技术创新的同时，也要协调好技术传播的组织体系，建立知识与技术扩散的吸收和模仿机制。只有当每个企业通过贸易、投资、许可、逆向技术工程等形式把接收的新技术化为己有时，整个产业乃至整个经济的技术实力才会提高，进而促进经济发展。

2.2 国际技术转让理论

2.2.1 技术差距论

1. 理论的提出

1961 年，美国学者波斯纳（Posner）在他发表的《国际贸易与技术变化》一文中，提出了技术差距论（technological gap theory），也称技术差距模型（technological gap model），又称技术间隔论。该理论认为形成技术转移的原因在于国家间存在技术差距。世界经济中存在二元结构，世界技术领域也存在二元结构。技术领先的国家，具有较强的开发新产品和新工艺的能力，从而形成或扩大了其与技术落后国家间的技术差距，进而有可能暂时享有生产和出口某类高技术产品的比较优势。技术是由领先国家向落后国家转移的。

2. 理论的主要内容

波斯纳在分析技术领先国家拥有较强技术能力的原因后得出，人力资本是过去对教育和培训进行投资的结果，因而可以将其作为一种资本或独立的生产要素；而技术是过去对研究与开发进行投资的结果，因而也可以将其作为一种资本或独立的生产要素。但由于不同的国家对于研究与开发的投资情况和技术革新发展情况各不相同，因此各国的技术资源也就有所不同，这就是技术先进国与技术落后国之间存在技术差距的原因，技术差距带来该技术产品的国际贸易。技术资源相对丰裕或在技术创新中处于领先的国家，有可能享有生产和出口技术密集型产品的比较优势，凭借这种优势该国也取得了相关产品生产的垄断地位。随着该产品国际贸易规模的扩大以及该技术发展的日益成熟，为了追求更高的利润，技术先进国可能会通过多种途径和方式进行技术转让。而其他国家由于该项技术及其产品的经济示范效应而对其进行研究开发及模仿，或直接从技术先进国引进，从而最终掌握该项技术，缩小技术差距。相应地，该技术产品在技术先进国与技术引进国之间的贸易量也逐渐减少，直到技术引进国能自主生产满足国内需求的商品数量时，该技术产品的贸易就停止，两国间原有的技术差距也就消失。

波斯纳在分析时使用了几个时滞概念，如图 2-3 所示。时滞效应解释了与国之间存在技术差距的原因。假定有两个国家分别为技术创新国和模仿国，在 T_0 点，新产品在技术创新国开始生产，技术差距产生。T_0T_1 为需求时滞，是指从技术创新国新产品问世，到进口国开始需求该产品的时间滞后间隔，它取决于收入因素和模仿国消费者对新产品的认知及生活方式。T_0T_2 为反应时滞，是从技术创新国生产新产品到模仿国开始模仿并生产该产品的时间间隔，它取决于企业家精神、规模经济、关税、运输成本、需求弹性、居民收入水平和市场容量等。创新国家能够取得出口优势和进行技术转让通常是由于需求时滞比反应时滞要短。T_2T_3

为掌握时滞，是模仿国模仿生产到完全停止进口该产品并转向出口为止的阶段，它主要受模仿国技术的传导和取得渠道，消化、吸收技术的能力的影响。

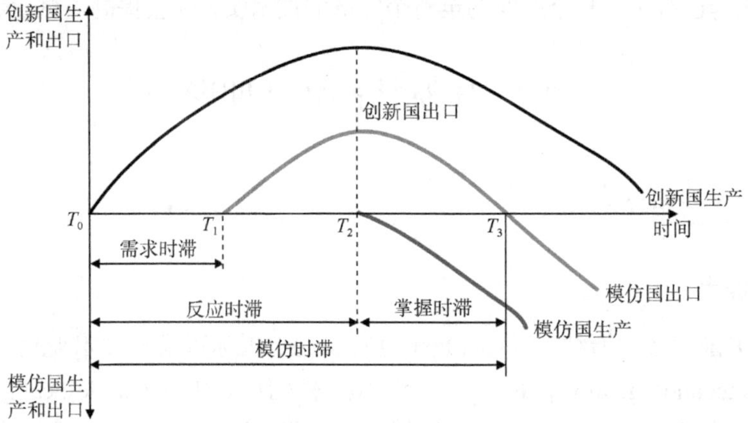

图 2-3 技术差距模型

该理论还提出了"模仿时滞"问题。模仿时滞指的是其他国家模仿创新国家的新技术产品需要一定的时间，即 T_0T_3 段，这段时间的起止点分别为技术差距产生和由该项技术引起的国际技术贸易终止（图 2-3）。因为该时滞的存在，技术差距才能使创新国家在模仿期间内具有技术及其项下产品生产的垄断优势。模仿时滞可分为三个阶段：需求时滞、反应时滞和掌握时滞。

3. 理论的应用

1963 年，哥登·道格拉斯（Gordon Douglas）运用模仿时滞的概念，解释了美国电影业的出口模式。道格拉斯认为，一国在技术上的领先优势会为其获得产品优势提供坚实的基础。因此，一旦某个国家在给定产品上拥有技术领先的优势，该国就将在相关产品上继续保持这种技术领先的优势。经过分析，道格拉斯认为，美国由于自身信息及处理技术非常先进，从而使其电影业拥有在全世界范围内的技术领先优势，因此，美国应选择出口电影产品，这样能使其在继续保持对他国技术优势的同时，获得相应的利益。而事实也证明了他的观点。

1966 年，盖·瑞·胡佛鲍尔（Hufbauer）利用模仿时滞的概念，解释了合成材料产业的贸易模式。他认为一个国家在技术转移中的模仿时滞以及该国在世界合成材料市场的地位可以决定该国在合成材料出口市场的份额。为了证明他的观点，他将各国按其模仿时滞的时间长短进行排序。他发现，模仿时滞短的国家最先引进新合成材料技术，并且开始生产和向模仿时滞长的国家出口。最初的时候，在贸易中，模仿时滞长的国家只处于进口的地位。随着技术的传播，模仿时滞长的国家也逐步开始引进新合成材料技术进行相应的生产，并逐步取代模仿时滞短的国家的出口地位。由上述事实可以发现，对技术差距理论的经验研究支持了技术差距论的观点，即技术差距是理解国际技术贸易的最重要的因素。

技术差距论事实上可以说是比较优势理论在国际技术贸易领域的运用。但这种理论没有具体分析"技术差距"的种种形态，只看到了技术先进国与技术落后国之间存在的技术差距，仅仅说明了国家间垂直的技术转移，而没有办法解释技术水平大致相同的国家之间为什么也存在技术转移，即水平转移的情况。

2.2.2 后发优势理论

1. 理论的提出

后发优势（advantage of backwardness）理论是由美国经济学家亚历山大·格申克龙（Alexander Gerschenkron）于 1962 年在《经济落后的历史透视》中提出的。他在论文中分析了 19 世纪比英国工业化起步时间晚的德国、意大利、俄国等国家的工业化进程，认为工业化前提条件的差异对发展的进程有较大的影响。一个国家的经济发展越落后，工业化进程越缺乏历史连续性。在实行工业化的初始时期，它们往往采取突变方式，呈现出一种制造业高速冲刺成长的进程，这得益于这些国家具有一种“后发优势”，即后进国家在推动工业化方面所拥有的由后进国家地位所致的特殊益处，是与其经济的相对落后共生的。

2. 理论的主要内容

所谓后发优势，就是由后进国地位所致的特殊益处，这一益处先进国没有，后进国也不能通过自身的努力创造出来，而完全是与其经济的相对落后共生的，是来自落后本身的优势。可以从上述理论中发现，该理论所强调的“后发优势”更多地体现在利用先进国家在发展过程中的经验和已创新的技术上。而且，该理论还认为，后进国家所存在的后发优势是后进国家积极引进技术的主要原因。

据此，他提出了一个后进国家追赶先进国家的经济增长模型：在强烈的赶超意识下，相对的经济落后性具有积极作用。它可以系统地替代先进国家工业化的一些先决条件，享有先进国家开发的创新技术，采取当代“最优做法”，学习借鉴先进国家的成功经验和失败教训，避免走不必要的弯路，这有助于后进国家实现一种腾跃式的经济增长。因此，后进国家相对于先进国家的技术差距，更多地表现为一种赶超的机会。当然，后发优势只是一种潜在优势，要想转化为现实优势，需要具备一定的条件，其中能否从技术引进中谋求技术跨越、达到技术赶超，是后进国家工业化和经济发展的关键。

3. 理论的意义

首先，后发优势理论承认不同类型的国家之间存在经济差距，而且有时这种差距是巨大的。同时，该理论也提出了发展中国家可以从这种差距中获得利益的论断。用格申克龙的话说，就是：“一个国家工业化起步越晚，实现其追赶的速度就越快。”对于发达国家来说，其目前的发展成就经历了长时期的知识存量增加、实现技术进步和经济发展的过程，而且每取得一定的技术进步都要经历科学发现、发明创造、技术应用、技术改进和技术扩散五个阶段。技术落后国家不必重复上述漫长的过程，而可以通过大规模的技术引进缩短技术的研究开发时间，尽快地缩小与发达国家之间的技术差距，进而实现经济的跨越式发展。历史上有许多后进国家成功赶超先进国家的例子，如英国 18 世纪超过荷兰；19 世纪，经济实力并不强的美国，从欧洲大量引进先进技术，而且积极网罗欧洲优秀的技术人才，从而使美国在 20 世纪一跃成为世界头号经济和科技强国；另外，日本在第二次世界大战后用了短短几十年便一跃成为世界第二号经济大国，根本原因在于充分利用了这种后发优势。可以说，世界经济史是一部世界经济发展不平衡、后进国家赶超先进国家的历史。

其次，尽管发展中国家和发达国家间存在很大差距，但是发展中国家仍存在赶超发达国家的潜能，这种潜能就是后发优势。例如，发展中国家经济中普遍存在二元经济结构（发展中国家内部劳动力无限供给的农业部门与现代化的工业部门并存）以及各种非均衡现象，因此，一旦发展中国家采取得当的政策措施扭转这一局面，那么发展中国家的经济实力将有极大的提升，其经济增长率将远远超过当前的发达国家，这就是发展中国家在结构调整方面所具有的后发优势。这一后发优势的特点在于资源再配置潜力与结构变化而引起的经济增长。当然，要做到这一点，还需要发展中国家善于通过政策手段和制度安排来构筑后发优势形成的基础。此外，发展中国家所拥有的后发优势还包括发展中国家具有很大的选择性，它们可以吸取发达国家的经验教训，避免走弯路，在立足自身实际情况的基础上，选择最优的发展道路。另外，随着经济全球化进程和技术创新步伐的加快，发达国家的资本、技术不断向其他国家，尤其是向发展中国家转移，这也为发展中国家利用后发优势赶超先进国家提供了历史机遇。

最后，该理论认为在后进国家追赶先进国家的过程中，“精神意识”等民族力量是十分重要的因素。正如格申克龙在他的理论中所强调的，“精神”“意识形态”等智力因素在后进国家与先进国家间存在很大的不同，后进国家强烈的赶超意识有可能形成全民族的合力，成为推动经济社会发展的强大力量。

案例2-2

“亚洲四小龙”与后发优势

“亚洲四小龙”是指从20世纪60年代开始，亚洲的中国香港、新加坡、韩国和中国台湾推行出口导向型战略，重点发展劳动密集型的加工产业，在短时间内实现了经济的腾飞，一跃成为全亚洲发达富裕的地区。

中国香港、新加坡、韩国、中国台湾都属于面积不大、工矿资源很少，但地理位置优越且同西方发达国家有特殊关系的国家（或地区），并均为东亚或东南亚强国（或地区），政治中心也都是亚洲数一数二的大城市。它们的经济发展具有以下鲜明的特点。

（1）增长速度快。从20世纪60年代开始，国民生产总值（gross national product，GNP）年平均增长速度都接近或超过10%。

（2）出口扩张迅速。中国台湾1970年出口总值是1960年的9倍，1980年为1970年的13倍；韩国1980年出口总值是1960年的534倍；新加坡1980年出口总值是1965年的20多倍。其间中国内地在1972年后，海上贸易逐渐得到解封，急需补充工业产品，从这时起陆续有“四小龙”产品开始进军中国内地，使其工业产品日益猛增，它们长期的繁荣实质与开始拥有中国内地这个市场密不可分。

（3）经济结构发生重大变化。韩国农业在国民经济中的比重从1961年的47.4%降为1985年的15%，工矿业从16.5%上升为33.4%；中国台湾农业比重从1952年的35.7%降为1978年的12.1%，工业比重从17.9%上升为40.3%。中国香港与新加坡也从转口港变为工业城市。

（4）人均国民收入水平迅速提高。

（5）失业人数减少，收入分配相对平均。20 世纪 80 年代这些国家和地区的失业率都降到 4%以下，收入分配与美、日等国相比较为平均。

资料来源：根据杨少文. 亚洲“四小龙”产业转型升级历程和经验对广东省的启示[J]. 广东石油化工学院学报，2012，22（4）：86-90；谷源洋，周圣葵，谈世中. 亚洲四小龙起飞始末[M]. 北京：经济科学出版社，1992 等资料改编而成

思考题： 亚洲“四小龙”的后发优势表现在哪些方面？

案例分析

后进国家和地区在实行工业化初期时，更多地体现在利用先进国家在发展过程中的经验和已创新的技术上。从 20 世纪 60 年代开始，亚洲的中国香港、新加坡、韩国和中国台湾推行出口导向型战略，重点发展劳动密集型的加工产业。用格申克龙的话说，就是：“一个国家工业化起步越晚，实现其追赶的速度就越快。”因此在 20 世纪 80 年代这四个国家和地区经过 20 多年的发展，出口迅速增长、农业的比重下降和工业的比重上升，完成了经济结构调整。这四个国家和地区正是借助后发优势，在短时间内实现了经济的腾飞，一跃成为全亚洲发达富裕的国家和地区。

2.2.3　适用技术论

1. 理论的提出

1975 年，印度经济学家雷迪（Reddy）提出了适用技术论。所谓适用技术，就是指适用于一国经济技术现实条件、能够促进经济发展的技术。其适用性主要体现在引进成本、附加条件及生产适用性等方面。它可以是先进技术、尖端技术，也可以是中间技术甚至原始技术。

2. 理论的主要内容

该理论认为，技术是在一个国家社会体系、价值体系、技术体系与自然条件的相互关系中产生转移并被加以利用的，因此，所引进的技术应该能够适应各种社会条件并能以正确的方式来满足社会有效需求。由于发展中国家所需要的技术不一定为发达国家拥有，或发达国家的先进技术对发展中国家不一定适用，因此，发展中国家在引进技术时，应该从本国的国情出发，在综合衡量本国的生产要素现状、市场发展规模、社会政治文化环境、国民吸收创新能力的前提下，根据最小投入和最大收益的原则，选择最适合本国发展水平的技术。

在此基础上，雷迪又提出了发展中国家在技术选择时应追求的三个目标。

（1）环境目标。现代经济中，经济过程往往伴随着环境污染、资源浪费和生态失衡，如果采取粗放的经济发展方式，往往会付出惨重的代价。环境保护目前已成为世界性的目标，因此，适用技术应该能够提高自然资源的利用率，节约资源，循环使用各种材料，减少环境污染。

（2）社会目标。适用技术的引进和利用应该能与传统文化交融，在最大限度地满足人类

的基本需要，提供更多、更好就业机会的同时，促进社会和谐发展。

（3）经济目标。引进适用技术能够有效地缩小发展中国家与发达国家的技术差距，并真正地促进经济的快速发展，广泛地提供就业机会，促进经济平衡发展。

3. 理论的具体表现

梯度论和跳跃论是适用技术论的两种具体提法。梯度论认为由于各国经济发展不平衡，以致形成技术若干个梯度的划分，技术转移按照梯度依次进行。至于到底应该将技术划分为几个梯度，有人认为可分为尖端技术、中间技术和基础技术三个梯度。处于基础技术水平的国家，即大多数发展中国家，只能先引进技术先进国家（一般指发达国家）的基础技术或中间技术，随着其技术水平的发展，再引进尖端技术，采取逐步过渡的方式进行。

跳跃论则认为，引进技术不一定必须按梯度进行，处于基础技术水平（第三梯度）的国家可以根据其经济发展需要引进先进国家的尖端技术（第一梯度），即进行跳跃式技术引进（图 2-4）。

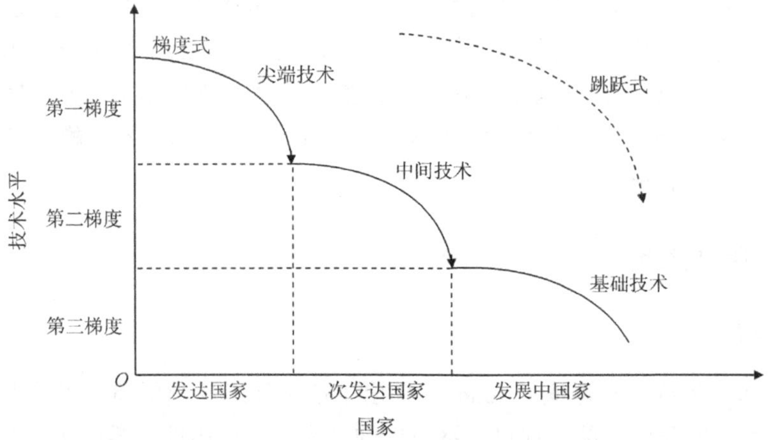

图 2-4 梯度式技术转移与跳跃式技术转移

有人认为，不同的年代适用的理论不同。在过去，交通、电信等信息传播能力极不发达，生产力水平较低，因此，梯度技术转移论更为适用。但今天已进入信息社会，信息传输准确快捷，交通运输能力也极大提高，这些条件使得技术跳跃式转移成为可能，即国际的技术转移完全可以从第一梯度直接过渡到第三梯度，因此，跳跃技术转移论也是适用的。也有人认为，发达国家间的技术转移属于跳跃式转移，而发展中国家间的技术转移只可能是梯度式转移，这种理论的必然结果就是发展中国家永远落后于发达国家。还有人认为，在世界范围内技术转移方式是混合的，有的国家间的技术转移属于跳跃式的，有的国家间的技术转移属于梯度式的，但这种混合式的技术转移一般不会同时出现在同一个国家。

从某种意义上来说，技术水平确实存在适用性，技术转移也确实存在梯度式，这是客观现实。而对于发展中国家来说，关键问题在于如何对待这种现实。发展中国家不能离开技术的适用性去片面追求先进的高精尖技术，发达国家也不应该以技术的适用性和转移的梯度式为借口，对发展中国家一味转移中间技术甚至是过时技术。发达国家应当从缩小南北差距的立场出发，不仅应与发展中国家共同开发真正适用于发展中国家的技术，还应当帮助发展中国家逐步发展高新技术，以促进国际技术协作的发展，进而真正地推动世界经济的进步。

案例 2-3

徐工（巴西）雕琢出中国制造技术走出去的国际化样板

徐工集团成立于1989年3月，成立21年来始终保持中国工程机械行业排头兵的地位，2010年位居世界工程机械行业前10强，中国500强企业第125位，中国制造业500强第55位，是中国工程机械行业规模最大、产品品种与系列最齐全、最具竞争力和影响力的大型企业集团。2016年，徐工集团拥有有效授权专利4573项，其中授权发明专利596项，国产首台（套）产品100多项。

在徐工的战略规划中，如果说技术是根，那国际化就是叶，根深蒂固方能枝繁叶茂。2003年10月，徐工已与卡特彼勒、利勃海尔、克鲁伯集团等跨国公司组建了13个合资企业，徐工产品也已出口至澳大利亚、北美、欧洲、中东及南美的40多个国家和地区。然而单纯地把产品卖出去的国际化已经成为过去式。“从产品走出去，到人员走出去，再到企业、资本和文化走出去”成为徐工新国际化征程的主要形态。巴西是徐工最大的海外投资基地，早在2001年，徐工集团产品成功登陆巴西，自此开启了在这片新大陆上的发展征程。17年耕耘跋涉路，徐工巴西在巴西和南美大地树立起了中国徐工的国际化品牌，演绎了徐工的传奇和精彩。徐工巴西作为“中国制造走出去”的新名片，为中国争得了荣誉，为中国企业做出了典范。

徐工巴西制造有限公司（以下简称“徐工巴西”）是徐工集团在巴西的综合基地，是徐工集团工程机械股份有限公司国际化发展进程中的第一个全资生产基地。基地位于巴西米纳斯州包索市，于2012年12月奠基，历时18个月。2014年6月6日，总投资2亿美元、占地80万平方米、设计产能为年产主机7000台的一期项目竣工投产，主要产品包括起重机、装载机和压路平地机等。在南美打造了第一个国际化样板。徐工巴西全面对标国际领先企业，建立当地化技术转化、产品适应性改进和当地化研发“三步走”研发模式，按照“高技术含量、高附加值、高端市场、大吨位”的“三高一大”产品战略，持续深入践行“技术领先、用不毁”产品发展理念，打造徐工全生命周期全球协同研发平台，实现细分市场产品技术突破和产品覆盖。

徐工巴西通过高端人才引进，加速一流人才梯队建立，形成全方位的当地化人才支撑团队，2017年人才当地化比率达到87%。徐工巴西在当地化工艺标准已覆盖下料、焊接、加工、装配、发运全过程，有效指导巴西员工的标准化作业，实现焊接质量缺陷率平均下降23%、生产制造效率提升100%、产量增幅196%，形成国际化先进企业CAT、小松模式的工艺标准管控体系。

徐工巴西将公司质量管理体系分为战略定位、管理支撑、过程保障三个层次，不断优化各过程管理制度，实现规范化、模式化管理。目前，公司取得了起重机系列产品装配和涂装过程认证证书、五线产品装配和涂装过程质量管理体系认证证书，认证范围实现全过程（含圣保罗公司）全系列产品的覆盖，通过了ISO 9001的换版认证。

徐工积极打造全球协同研发平台，实现细分市场产品技术突破和产品覆盖。自主研发挖装机 XT870BR 和 XT870LA，并推出 20 余款巴西系列机型，精确市场定位，冲击拉美市场。做全当地四大产品线：起重机，做成巴西第一品牌，市场占有率稳固 70%，力争 80%；挖掘机，打造 21 吨高水平明星产品；装载机，完成 3 吨装载机当地化适应性改进，塑造高端产品形象，批量化生产、突破销售南美，以高性价比抢占市场份额；筑路机械，发挥成套性、配套性整体优势，构建筑路机械优势板块。持续推进 FINAME 当地化开发，2017 年获得 FINAME 资质的产品已达 17 款；南美原产地证明已有 28 款产品获批。

徐工巴西扎根巴西，全面分析与竞争对手的优劣势，利用本土化制造优势，突破竞争局面，打破中小散户格局，组建一支专业的本地化招投标团队，进入主流市场。发挥基地优势，深化南美一体化布局，运筹国际市场新布局。以“整顿、签约、覆盖”三阶段方略，稳固住整个南美市场。通过优化营销网络，加强渠道建设。最大限度维护市场，维护客户，目前已完成经销商网络布局和直销团队建设，与经销商建立长效联动机制。现有 30 余家经销商和销售网点，遍布巴西 20 个主要大州，实现巴西境内销售全覆盖。品牌建设覆盖南美 7 国，巴西 26 州，共计 7 个网站进行集群管理与持续优化。

资料来源：《徐工集团成为苏北首家超百亿元企业集团》，扬子晚报，2003-11-23；《徐工巴西雕琢出中国制造走出去的国际化样板》，中国工程机械商贸网，2017-10-25；《中国制造“走出去”徐工样板——徐工巴西》，新华网，2017-10-30；http://www.xcmg.com；有改动

思考题：

（1）徐工在巴西的技术贸易模式是否遵循适用技术论，给双方都带来了哪些益处？

（2）徐工国际化新征程的主要形态是什么？技术起到什么作用？

案例分析

中国制造究竟应该以怎样的姿态立足世界之林？显然，规模大、成本低已经完全不能适用新的竞争环境。而徐工的答案是：整合全球资源，打造以徐工为核心的全球工程机械产业价值链，并占据产业价值链的高端位置。

从规划布局，到落地生根，再到深耕细作，徐工集团用“品质”说话、以“技术”护航，向世界展现了强大的中国力量。然而，输入国所引进的技术应该能够适应各种社会条件并能有效满足社会需求。由于发达国家拥有的技术并不一定为发展中国家所需要，或不一定适用，因此，中国企业在走出去时，应该从东道国的国情出发，在综合衡量东道国的生产要素现状、市场发展规模、社会政治文化环境、国民吸收创新能力的前提下，根据最小投入和最大收益的原则，选择最适合东道国发展水平的技术。

2.3 技术与国际贸易理论

2.3.1 技术创新理论

当代主流西方经济学派之一、创新经济学派的创始人美籍奥地利经济学家熊彼特

（Schumpeter）曾经说过“创新是现代经济增长的核心力量”。他在 1911 年发表的博士论文及 1912 年出版的《经济发展理论》中，率先指出了创新对于促进经济增长的重要作用，并创立了技术创新理论，从而在经济发展和经济周期领域内开辟了一条新的研究途径，创立了经济理论、经济史、经济统计三者相结合的研究方法。

1. 技术创新的定义

技术创新涉及经济学、管理学、行政学、社会学等多个学科，因此理论界对它的定义并没有达成共识，有人从其研究领域出发进行有所侧重的阐述，也有人对这一概念进行了综合系统的定义。

索洛（Solow）全面研究了熊彼特的创新理论后，于 1951 年发表了《在资本化过程中的创新：对熊彼特理论的评论》。他提出了实现技术创新的两个条件——新思想的来源及其后的实现发展，即“两步论”。

厄特巴克（Utterback）在 1974 年发表的《产业创新和技术扩散》一文中，提出了他与众不同的观点：技术创新是技术的实际采用或首次应用。

弗里曼（Freeman）在 1982 年发表的《工业创新经济学》中将创新定义为新产品、新过程、新系统和新服务的首次商业性转化。

缪尔塞（Mueser）在 20 世纪 80 年代中期，系统地整理和分析了对技术创新定义的观点及表述，他认为技术创新是以其构思新颖性和成功实现为特征的有意义的非连续事件。

美国工业协会认为，创新是实际应用新的材料、设备和工艺，或是某种已经存在的事物以新的方式在实践中的有效使用。创新是一个承认并探索新的需要，寻找或确定新的解决方式，发展一个在经济上可行的工艺、产品或服务，并最终在市场上获得成功的完整过程。

OECD 在《奥斯陆手册》中指出，技术创新包括新产品和新工艺，以及原有产品和工艺的显著的技术变化。只有在市场上实现了产品创新，在生产工艺中实现了工艺创新，那么创新才是完成了。可见，这两种创新涉及从生产领域到消费领域的活动，包括科学、技术、组织、金融和商业的方方面面。

在《中共中央　国务院关于加强技术创新，发展高科技，实现产业化的决定》中，将技术创新或科技创新定义为：“企业应用创新的知识和新技术、新工艺，采用新的生产方式和经营管理模式，提高产品质量，开发生产新的产品，提供新的服务，占据市场并实现市场价值。”

综合以上观点，本书认为，技术创新是在经济活动中引入新产品或新工艺，以实现生产要素的重新组合，并在市场上实现其商业价值的过程。这也是我国国内理论界赞同者较多的表述。

案例 2-4

浙大造出世界最轻固体材料：压不弯狗尾巴草

2011 年，美国科学家合作制造了一种镍构成的气凝胶，密度为 0.9 毫克/厘米^3，是当时最轻的固体材料。把这种材料放在蒲公英花朵上，蒲公英茸毛几乎没变形。

2013 年 3 月，浙江大学高分子系高超教授的课题组用石墨烯制造出了气凝胶——“碳海绵”，每立方厘米重 0.16 毫克，比氦气还要轻，约是同体积大小氢气重量的两倍。从当时公开的报道看，“碳海绵”是世界上最轻的固体。

“碳海绵”可任意调节形状，弹性也很好，被压缩 80%后仍可恢复原状。它对有机溶剂有超快、超高的吸附力，是已被报道的吸油力最强的材料。现有吸油产品一般只能吸自身质量 10 倍左右的液体，而“碳海绵”能吸收 250 倍左右，最高可达 900 倍，而且只吸油不吸水。

“碳海绵”这一特性可用来处理海上原油泄漏事件——把“碳海绵”撒在海面上，就能把漏油迅速吸进来。另外，“碳海绵”还可能成为理想的储能保温材料、催化剂载体及高效复合材料，有广阔前景。

资料来源：《浙大造出世界最轻固体材料：压不弯狗尾巴草》，人民网，2013-03-19，有改动

思考题：浙大制造出的“碳海绵”是否为技术创新，为什么？

案例分析

“碳海绵”每立方厘米重 0.16 毫克，比氦气还要轻，约是同体积大小氢气重量的两倍。从当时公开的报道看，“碳海绵”是世界上最轻的固体。它的内部有很多孔隙，充满空气。它对有机溶剂有超快、超高的吸附力，是已被报道的吸油力最强的材料。以上说明“碳海绵”是浙大发明的一种固体材料，至于是否是创新还需要有这种材料的具体应用及商业化。因为创新是发明创造的经济应用和商品化，是一种经济行为，是更高的经济社会效果的创造执行过程。发明往往是创新的一个环节，未转化为创新之前，发明只是一个新概念、新设想。

2. 熊彼特技术创新理论

技术创新（technology innovation）理论是美国著名经济学家约瑟夫•熊彼特 1912 年在他的《经济发展理论》一书中首先提出的，他开创性地论述了以技术创新为基础的经济发展理论，以后又相继在《经济周期》与《资本主义、社会主义和民主主义》等著作中加以补充和完善。技术创新理论是熊彼特经济理论的核心。

熊彼特以创新理论为基础，考察了康德拉季耶夫的“长波理论”，从技术进步的角度说明了资本主义经济周期发展的成因。资本主义经济运行表现为繁荣、衰退、萧条和复苏四个阶段循环往复地周期性波动，康德拉季耶夫的“长波理论”认为从 1780 年到 1920 年，一些资本主义国家的经济经历了两个半周期，每次大约 50 年，其中包括大约 25 年的上升期和大约 25 年的下降期。熊彼特指出资本主义经济周期的形成与创新活动直接相关。在一定条件下，重大的技术进步形成科技革命，如果大量新科技发明和开发成果在生产上得到广泛应用，必将引起创新和模仿浪潮，导致新产品、新产业的出现，经济增长就会加快步伐。但是，创新活动并没有规律性，时而高涨，时而停滞，企业家的出现也不是连续的，这样经济发展也不是均匀的，呈现一定的周期性。

1）创新的内涵

所谓创新，就是“企业家把一种从来没有过的生产要素和生产条件的新组合引入生产体系”，即企业家通过对生产手段的新组合，建立一种新的生产函数，形成一种新的生产力，

以获取潜在利润。具体来说，熊彼特所说的创新包括五种情况：①采用某种产品的新特性或采用一种全新的产品；②采用一种新的生产方法，即在有关的制造部门中采用尚未通过经验检定的方法，这种新方法不仅不需要建立在科学新发现的基础之上，甚至可以存在于商业上处理一种产品的新方式之中；③开辟一个新的市场，即有关国家的某一个制造部门以前从未进入的市场，不管这个市场之前是否存在过；④掠取或控制原材料或制成品的一种新的供应来源，不管这种来源是已经存在的还是第一次创造出来的；⑤实现任何一种工业的新的组织，如造成或打破一种垄断地位。这五种要素中，①、②指生产技术，③、④、⑤则为组织管理技术。

2）主要观点

熊彼特认为，经济发展是经济生活本身发生变革，是打破原来的均衡状态，实现新的均衡的过程。推动经济发展的内部力量就是创新。

熊彼特认为创新属于经济学范畴而非技术范畴，他指出技术创新与技术发明之间存在根本不同。发明是新工具或新方法的发现，是一种科技行为，是知识生产活动；创新是发明创造的经济应用和商品化，是一种经济行为，是更高的经济社会效果的创造执行过程。发明往往是创新的一个环节，未转化为创新之前，发明只是一个新概念、新设想；创新是一种不断运转的机制，从根本上说，创新“不一定必然是任何一种发明”。对发明和创新的区别，被认为是熊彼特的一大贡献。

熊彼特还特别强调企业家及“企业家精神”在经济活动中的主导地位。企业家是指具有创新才能的人，“其职能是实现新的组合”，正是企业家的创新行为使发明创造经济化。在熊彼特看来，企业家的行为和动机是理智的，进行创新的直接动力首先是因为创新一般可以降低成本或提高产品质量，从而取得竞争优势，获得超额利润。但熊彼特认为，推动和促使企业家从事创新的动力还有“个人实现”，即“企业家精神”，这包括三方面内容：①建立私人商业王国的愿望；②征服困难和表明自己出类拔萃的坚强意志；③创造和发挥自己才干的喜悦。正是这种宝贵的企业家精神，使各种创新不断出现和发展，促进社会进步。

案例 2-5

特斯拉（Tesla）电动汽车

特斯拉汽车公司（Tesla Motors，Inc.）是一家生产和销售电动汽车以及零件的公司，成立于 2003 年，总部设在美国加州的硅谷地带，是世界上第一个采用锂离子电池的电动车公司，推出的首部特斯拉电动车为 Roadster。其创始人是硅谷工程师、资深车迷马丁·艾伯哈德（Martin Eberhard），而投资人是 SpaceX，Paypal 的创始人埃隆·马斯克（Elon Musk，或译为艾龙·马斯科）。

硅谷工程师、资深车迷、创业家马丁·艾伯哈德在寻找创业项目时发现，美国很多停放丰田混合动力汽车普锐斯（Toyota Prius）的私家车道上经常还会出现些超级跑车的身影。他认为，这些人不是为了省油才买普锐斯，普锐斯只是这群人表达对环境问题的方式。于是，他有了将跑车和新能源结合的想法，而客户群就是这群有环保意识的高收入人士和社会名流。

特斯拉汽车集独特的造型、高效的加速、良好的操控性能与先进的技术为一身，从而使其成为公路上最快且最为节省燃料的车子。如今，能源革命与人工智能两大浪潮助推特斯拉引领未来汽车大趋势。

资料来源：www.teslamotors.com

思考题：马丁·艾伯哈德是否具有企业家精神，为什么？

案例分析

判断马丁·艾伯哈德是否具有企业家精神，要依据企业家及企业家精神的内容进行判断。企业家是指具有创新才能的人，“其职能是实现新的组合”，正是企业家的创新行为使发明创造经济化。创业家马丁·艾伯哈德在寻找创业项目时发现，美国很多停放丰田混合动力汽车普锐斯的私家车道上经常还会出现些超级跑车的身影。他认为，这些人不是为了省油才买普锐斯，普锐斯只是这群人表达对环境问题的方式。于是，他有了将跑车和新能源结合的想法，而客户群就是这群有环保意识的高收入人士和社会名流。上述这些创新意识，使特斯拉成为世界上第一个采用锂离子电池的电动车公司。

以上方面足以证明马丁·艾伯哈德具有企业家精神。

3）理论价值

熊彼特的创新理论具有重大的理论和实际价值。首先，他对发展经济学最大的贡献在于讨论了创新对经济发展的至关重要的影响，将创新作为连接科学技术进步与经济发展的一个转换媒介，从一个全新的视角来解释和认知经济活动及变化，发现传统经济学仅从劳动、资本要素数量的增长并不能解释全部经济增长，强调了创新在社会经济发展中的主导作用。当代世界经济一个突出的特征就是几乎所有部门的创新都在快速进行，信息化比工业化具有更强的全球性和扩散性，对于我国这样的后现代化国家，加速技术创新、制度创新无疑具有很强的现实意义，符合经济发展的一般规律。其次，熊彼特强调企业家群体的存在，认为企业家精神是创新的先决条件，是创新活动的人格化，没有企业家，创新也无从谈起。企业家作为现代“经济人”的典型代表，敢于冒险，勇于竞争，维系并推动着资本主义的动态进程。许多发展中国家即使在获得发展资金、引进先进技术，经济发展仍无起色的一个重要原因就是缺乏企业家资源，当今国际竞争从根本上已表现为技术与人才的竞争，珍惜企业家精神、造就企业家队伍是各国经济发展的一个重要战略。

3. 技术创新理论的发展

创新分为技术创新和制度创新。技术创新是指科学技术和生产技术的根本性变革。制度创新是指创新者为获得追加利益而对现有制度进行的变革，是经济组织形式或经济管理形式方面的一种革新。技术创新影响或促进制度创新；制度创新为技术创新提供制度保障和激励。

2.3.2　产品生命周期理论

1. 理论的提出

1966 年，哈佛大学教授雷蒙德·维农（Vernon）发表了《产品周期中的国际贸易和国际投资》一文，并在文中提出了产品生命周期理论。他认为一个企业参与国际贸易，是为了顺应产品变动周期，以发挥某些产品生产上的比较优势。此后，维农又与基辛（Keesing）、格鲁伯（Gruber）、麦塔（Melta）等经济学家一起将该理论引入技术创新和技术扩散领域，从而对国际贸易的形成与贸易地理方向的转移进行了技术上的解释。

2. 理论的假设和主要内容

为了理解产品生命周期理论，首先应注意该理论的几个假设条件：①生产要素禀赋理论（赫克歇尔—俄林理论）是适用的，一国将集中生产并出口那些该国丰裕生产要素的密集型产品，而进口那些本国稀缺生产要素的密集型产品；②信息和技术在区域间与国家间的流动是受到限制的，而产品的生产和销售特征经过一段时间后是会发生变化的；③生产过程呈现规模经济的特征，而这一特征与市场特征（如消费者偏好）都可能随着时间的推移而发生变化。

在以上假定的基础上，维农将产品生命周期大致划分为新产品、成熟产品、标准化产品三个阶段，并认为由于供给条件、需求条件、技术条件变化，生产优势、出口优势会在创新国家、发达国家、发展中国家三类国家间发生转移（图 2-5）。

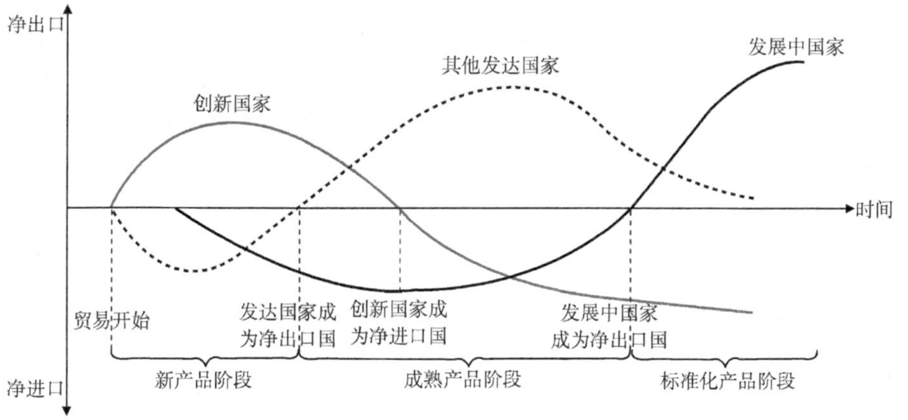

图 2-5　产品生命周期模式

新产品阶段是指产品开发和投产的最初阶段。一般来说，新产品的创新开发初期，需要大量的技术及资本的投入，高昂的研发成本也就成为企业必须面临的问题，而且新产品的开发还面临巨大的风险，包括市场风险（与消费者需求相悖）、政治风险（其他国家进口限制）、文化风险等。因此，这种高成本、高风险只能由发达国家的富裕厂商来承担。另外，发达国家拥有大量的技术工人，这样就使生产变得具有灵活性，从而在一定程度上降低生产风险。完善的市场也是新产品开发必不可少的条件之一，而这种完善的市场条件一般只有在发达国家才能真正存在。

维农将创新国设为美国来进行分析，成熟产品阶段是指产品及其生产技术逐渐成熟的阶段。产品的价值功能已经为发展水平相当的国家和消费者所认识，国外市场如西欧、日本等高收入的发达国家和地区对该产品的需求逐渐强劲，同时技术的成熟促使生产者不断扩大规模，而生产的规模效应赋予了创新国在新产品上的生产优势和出口优势，从而导致该产品的出口大量增加。与此同时，其他发达国家厂商开始模仿或引进先进技术从事该产品的生产，出现同时出口、同时生产的局面。由于生产规模的扩大需要大量的资本投入，在这一阶段，新产品属于资本密集型产品。资本密集的生产技术差距成为贸易发生的原因。

标准化产品阶段是指产品及其生产技术的定型阶段。生产技术表现为专门的生产设备、流水线和大批量生产，使产品生产达到了标准化。此时，非技术型熟练劳动力成为产品成本的主要部分，原新产品成为劳动密集型产品。发展中国家有能力进行生产，不仅以国内生产替代进口，而且开始向发达国家大量出口。技术创新国由于不具备非技术型熟练劳动的成本优势，会将技术转让给发展中国家，由产品的出口国转变为产品的进口国。这一阶段，非技术型熟练劳动的工资差距成为贸易发生的原因。

3. 理论的意义

产品生命周期理论是第二次世界大战后出现的现代国际贸易理论之一。虽然后来的实证研究表明，并非所有经济部门都以产品周期为动态特征，但是该理论能够很好地诠释以高技术为特征的经济部门的贸易模式。这一动态的贸易理论表明，在产品的生命周期中，制造这种产品的生产要素比例会发生变化，创新国的技术优势会逐渐丧失，贸易的地理方向会产生转移，贸易结构也会发生变化。在不同的产品周期阶段，由于各国具有不同的技术优势，创新国跨国公司有对外投资的动力，对外投资客观上又带来了技术的扩散，从而使技术发明国丧失了在某种产品生产上拥有的技术优势，并将这种优势转移给其他国家，导致贸易的地理方向发生转移，即创新国从出口国变为进口国，模仿国从进口国变成出口国，从而也带来了这些国家贸易结构的变化。这一理论也表明，从动态的角度看，建立在各国技术差异基础上的国际贸易优势不是一个长期不变的量，高新技术产品是一个相对的概念，如果技术发明国不能不断发明新的技术，其技术优势，即贸易优势将会消失。日本通过模仿、创新在某些高新技术产业和贸易中超越美国就是一个很好的例证。

2.3.3 南北贸易模型

1. 理论的提出

1979 年，克鲁格曼（Paul Krugman）发表了题为《创新、技术转让和世界收入分成的模型》的论文，结合国际贸易格局的动态研究，对产品生命周期理论的发展做出了重要贡献，率先建立了南北贸易中技术转移的一般均衡模型。

2. 理论的主要内容

克鲁格曼使用了一个要素——劳动，考察了两个地区——南和北，将众多产品分成了两类——新和旧，从而建立了一个一般均衡模型。假定北方国家（发达国家）以一定的速度进行技术创新，而南方国家（发展中国家）则是缺乏产品技术创新能力的。因此北方国家总是出口新的、高技术的产品，而低工资的南方国家总是生产和出口“旧”产品（技术已标准化的产品）。而南方国家能够生产过去由北方国家垄断生产的产品是技术转移的结果。北方国家把新产品的生产转移到南方国家的好处在于，一旦南方国家掌握了该技术，它们就能够用比前者低得多的生产成本来生产出同样的产品。生产成本上的差异产生了潜在的经济利润，并刺激北方国家的厂商将产品的生产转移到南方国家中去，同时刺激南方国家的厂商模仿北方国家的先进技术。假定南方国家和北方国家对“新”产品与“旧”产品都有需求，因而随着北方国家的先进产品向南方国家的不断扩散和转移，以及北方国家中“新”产品的不断涌现，将形成北方国家向南方国家出口“新”产品，同时又向南方国家进口“旧”产品的国际贸易动态格局。在长期均衡状态下，北方国家生产的产品种类数与南方国家的产品种类数之比将有一个稳定的比率。这是一个动态的均衡，产品创新和技术转移会持续地出现，贸易结构处于连续不断的变化之中。同时，每个地区所生产的产品类别也在不断地更新。这一动态的贸易过程正好体现了每一种产品所经历的生命周期。

产品生命周期的表现与技术创新率和技术转移率有着密切的联系。技术创新的增加使得被生产的产品品种增加；而由于生产成本（工资）的差额，原来在北方国家生产的产品现在转移到南方国家生产和出口，随着这一情况的增多，技术转移会相应增加。不论是技术创新还是技术转移的增加，都会提高全球的经济效率，即在给定的要素资源数量下，世界的产出得到增加。再从分配的角度来进行分析，技术创新的增加，可以给北方国家带来消费品多样化、新旧产品比率上升、劳动力的相对工资上升、贸易条件改善等多种好处；但对南方国家来说，虽然消费品更加多样化了，但由于贸易条件恶化等方面的原因，技术创新的增加未必会给南方国家带来全面的实惠。而技术转移的增加会降低新产品对“旧”产品的比率，同时北方劳动的工资相对于南方工资会有所下降，因而贸易条件有利于南方而不是北方。这又会促使北方持续技术创新。克鲁格曼认为该模型不同于传统的李嘉图比较优势贸易模型或赫克歇尔—俄林要素禀赋模型，它证明和扩展了产品周期理论，并通过日本和中国台湾历史经验证明了该理论。

3. 理论延伸及意义

美国加州大学的多勒（D. Dollar）① 以克鲁格曼的模型为基础，进一步发展、建立了一个南北贸易动态平衡模型，着重分析了技术创新、资本流动和产品出口从北方转移到南方的动态过程，并且区分了短期均衡和长期均衡。同克鲁格曼的模型相比，多勒的模型有两个重要的突破：第一，他认为发达国家向发展中国家的技术转移率与两个地区之间的生产成本差距成正比，因为成本差距越大，通过技术转移而获得的潜在经济利润就越高，相应的技术转移也就越多。第二，他认为资本的国际流动是渐进的，是对南北资本收益率差别的反映。多勒模型是目前为止较为复杂和完善的模型。

克鲁格曼和多勒的南北贸易模型具有较强的政策含义：首先，对于发达国家来说，为了能够在国际贸易中继续保持领先的地位，它们就必须不断地进行新产品和新技术的开发与研究。因此，发达国家应积极实施鼓励和支持本国技术创新活动的政策，进而有效地提高本国的福利水平。其次，为了缩小与发达国家之间的技术差距，提高技术水平以及人力资源与生产资源的配置效率，发展中国家应积极引进外资，并通过技术引进等各种方式努力提高本国的技术水平，实现技术进步。最后，发展中国家应当增加本国的技术研究投入，加强本国的

① Dollar D. Technological innovations, capital mobility, and the product cycle in North-South Trade[J]. American Economic Review, 1986（3）：177-190.

技术研究能力和水平，改善本国的贸易条件。

本章小结

20 世纪 60 年代以来，随着技术贸易在世界范围内迅速发展，产生了许多颇有影响的国际技术贸易理论。

从国际技术扩散的角度，主要有技术转移理论和技术传播理论；从国际技术转让的角度，主要有技术差距论、后发优势理论和适用技术论；从技术与国际贸易的角度，主要有技术创新理论、产品生命周期理论和南北贸易模型。

学习这些理论有助于人们更深入认识技术进步对世界经济的影响，技术转让实现的途径及其内在规律；启发人们思考技术跨国移动的原因及其与产品的生产、销售及与企业利润最大化之间的关系，国际技术转移与商品贸易、对外直接投资交替使用的条件，以及包括中国在内的发展中国家技术引进的机制。

名词解释

技术转移周期论　NR 关系　技术传播　S 型扩散模型　掌握时滞　反应时滞　后发优势　适用技术　技术创新　企业家精神　产品生命周期

复习思考题

一、简答题

1. 技术扩散理论的主要内容是什么？
2. 产品生命周期理论是如何解释国际技术转让途径的？
3. 技术转移周期理论的主要观点是什么？
4. 技术差距理论的主要观点是什么？
5. NR 关系学说对一国开展国际技术贸易有哪些影响？
6. 运用南北贸易模型分析目前的世界技术贸易格局。

二、案例分析题

案例 1：海尔日本变频空调研发中心不仅是中国空调业首个落户日本的科技研发中心，还是中国家电企业在实施产品全球化后首次迈出科技创新全球化的步伐，这意味着中国空调业的科技创新因此提前迈入全球性研发的新时代。通过整合全球性的科研资源和力量，海尔空调无疑将给中国空调产业的创新体系、创新理念、创新资源和创新能力带来新的变革，由此还将开启中国家电业科技创新的新时代，除了为中国空调业赢得市场，更将为其赢得更多的尊严。

中国空调业的技术创新从最初的“一穷二白”境况起步，经历了从外资企业直接购买核心技术和核心部件，又与外资企业在中国组建合资工厂共同建立联合技术实验室，最终通过购买外资企业的核心技术成果后组建自有技术研发中心等多个发展阶段，基本上完成了从技术引进、消化吸收和自主创新等过程，掌握与海外企业在全球市场上同台竞技的实力。

海尔从 1993 年由日本引进变频技术，推出中国首台变频空调，到 2001 年实现了技术引进消化和创新后，首次开启了中国企业对日本市场的变频空调出口，2012 年，又成功在日本建立变频空调研发中心，实现了在全球变频诞生地对最先进变频技术研发团队和智慧的整合式创新。由此，海尔空调也完成在变频技术上的“引进来”“走出去”向“走上去”的三次完美蝶变，进一步确立并夯实了在全球变频空调技术创新和发展趋势上的领跑地位，以“宽带无氟变频”时代，完成了对“交流变频”“直流变频”的升级换代。

资料来源：《海尔空调三次技术蝶变 “中国创造”引领国际市场》，中国企业报，2012-03-06，有改动

思考题：依据国际技术贸易的有关理论，以海尔为例，说明中国的空调业是怎样发展壮大的。

案例 2：C919 是中国商用飞机有限责任公司（以下简称“中国商飞”）首款完全按照国际先进适航标准和主流市场标准自主研发的单通道干线飞机。中国商飞实行“主制造商-供应商”项目模式，重点加强飞机研发设计、总装制造、市场营销、客户服务、适航取证和供应商管理能力，坚持中国特色，体现技术进步，走市场化、集成化、产业化、国际化的自主发展道路，合力打造安全、经济、舒适、环保的民用飞机。

目前在国际市场的干线飞机基本由美国的波音公司和欧盟的空中客车公司垄断。C919 大型干线飞机的生产不仅是国家的需要，也是中国国力的体现。

2015 年 6 月 15 日，在第五十一届巴黎国际航空航天博览会开幕当日，平安国际融资租赁有限公司（以下简称“平安金融租赁”）与中国商飞签署 50 架 C919 大型客机购机意向协议。此外，中国普仁集团投资的德国普仁航空有限公司也与中国商飞签署 7 架 ARJ21—700 飞机及 7 架 C919 大型客机购机意向协议。C919 大型客机订单数量达到 57 架。2017 年 9 月 19 日，在第十七届北京航展上，中国商飞与中国核建、航空工业租赁、华宝租赁、农银租赁签订 130 架 C919 购机框架协议。截至 2017 年 9 月 20 日，C919 大型客机客户总数达到 27 家，累计订单 730 架。2017 年 12 月，工银金融租赁有限公司（以下简称“工银租赁”）与中国商飞签署 55 架 C919 大型客机购买框架协议，从而使 C919 订单总数增至 785 架（表 2-1）。工银租赁 C919 飞机订单总数达到 100 架，成为 C919 飞机最大订单客户。

表 2-1　截至 2017 年 12 月 C919 的订货量　　单位：架

公司名称	购买数量	公司名称	购买数量	公司名称	购买数量
中国国航	20	中国飞机租赁	20	平安金融租赁	50
东方航空	20	中银航空租赁	20	德国普仁航空	7
南方航空	20	农银租赁	75	泰国都市航空	7
海航集团	15	建信租赁	50	中信金融租赁	36
国银租赁	15	河北航空	20	浦银租赁	20
GECAS	20	幸福航空	20	光大金融租赁	30
工银租赁	100	兴业金融租赁	20	中核建租赁	40
四川航空	20	招银金融租赁	30	华宝租赁	30
交银租赁	30	华夏金融租赁	20	航空工业租赁	30

中国商飞表示，在 C919 项目的研制过程中，一直严格遵循国际先进适航标准，确保 C919 大型客机对标国际一流水平，致力于为客户提供更加安全、经济、舒适、环保的民用飞机。在后续工作中，将加快适航取证，争取早日交付客户，满足民航市场需求。

2015 年 11 月 2 日，中国自主研发的大型客机 C919 下线。2017 年 5 月 5 日，C919 首架机在上海浦东机场成功首飞。首架机现已完成 2 次转场前的滑行试验，计划在上海完成初始检查试飞后转场，开展首飞后的适航取证工作。中国商飞计划一共投入 6 架试验机开展试飞，第二架飞机争取 2017 年底首飞。

然而要真正进入国际市场运营过程，C919 不会一帆风顺。首先，C919 的适航审定基础是最新的适航标准，这些科目的验证方法需要 C919 自己探索，花费大量时间验证系统的性能。其次是适航证（airworthiness certificate）的获得。适航证是由适航当局根据民用航空器产品和零件合格审定的规定，对民用航空器颁发的证明该航空器处于安全可用状态的证件。适航证是大型客机进入国际市场的入场券，也是飞越别国领空的行驶证，当今世界最具影响力的是 FAA（Federal Aviation Administration，美国联邦航空管理局）和 EASA（European Aviation Safety Agency，欧洲航空安全局）。经过几十年的实践证明，FAA 和 EASA 认证的飞机在理论上一般有较高的安全性。如果 C919 拿到了 FAA 或 EASA 适航证，意味着西方国家为 C919 的安全性做了背书，也意味着中国航空企业拿到了打入国际市场的入场券。

由于 C919 被广泛视为挑战波音和空客垄断国际民航市场的第三者，美欧航空制造业对它的警惕可想而知，因此，适航证一方面是西方航空大国对飞机安全性的背书和保证，成为打开国际航空市场的门票。另外，为了保持美欧在国际民用航空的垄断地位，适航证在很多时候又成为西方国家以及航空巨头打造行业壁垒的工具（波音参与 FAA 条款制定；空客参与 EASA 条款制定）。

2017 年 1 月 10 日，C919 大型客机首架机从上海浦东顺利转场西安阎良开展试飞试验，开展首飞后的适航取证工作。中国商飞计划一共投入 6 架试验机开展试飞。

C919 不仅向中国民用航空局（Civil Aviation Administration of China，CAAC）提交了合格证（transaction certificate，TC）申请，同时还申请了 EASA 的 TC 证。2016 年 4 月，EASA 已受理了 C919 型号合格证申请。如能正式签署《中欧民用航空安全协议》将加快 C919 型号合格证的取证速度。2017 年 11 月 13 日，中美双方签署的《适航实施程序》（Implementation Procedures of Airworthiness，IPA）正式生效，这将对中国国产航空产品出口有推动作用，为出口到美国及其他国家创造良好条件。协议条款中已没有 CAAC 和 FAA 的概念，而是换成了两个国家的概念——进口国和出口国。但这并不意味着通过 CAAC 的审查就能够自动通过 FAA 的审查。在具体审查方式上，IPA 中规定了三种不同的审定方式：全面审查、部分认可和全面认可。

资料来源：根据《C919 大型客机订单达 507 架》，人民日报海外版，2015-06-16；《国产大型客机 C919 新获 130 架订单 计划投入 6 架试验机开展试飞》，新华社，2017-09-19；http://www.comac.cc 等资料改编而成

思考题：依据国际技术贸易理论，分析 C919 大型客机能否成为世界商用大型飞机之一，为什么？

第3章　知识产权与风险防范

本章学习目标、重点与难点

学习目标：通过本章的学习，了解知识产权的概念、理解知识产权的分类和特征，理解与国际技术贸易相关的保护知识产权主要国际组织及其公约，掌握进行国际技术贸易的企业建立知识产权风险预警机制的必要性和技术交易双方进行技术风险防范的方法。

重点：知识产权的分类和特征、与知识产权相关的主要国际组织及其公约、基于国际技术贸易的知识产权风险预警机制的含义及其必要性、技术交易双方面临的风险种类及防范措施。

难点：自主知识产权的衡量、技术交易双方防范风险的措施。

3.1　知识产权概述

伴随着人类文明与商品经济发展，知识产权保护制度诞生了，并日益成为各国保护智力成果所有者权益、促进科学技术和社会经济发展、进行国际竞争的有力的法律措施。

3.1.1　知识产权的概念

1.《成立世界知识产权组织公约》列举的知识产权

（1）对文学、艺术和科学作品享有的权利。

（2）对演出、录音和广播享有的权利。

（3）对一切领域的发明享有的权利。

（4）对科学发现所产生的权利，对外观设计享有的权利。

（5）对商标服务标记、厂商名称和标记享有的权利。

（6）对制止不正当竞争享有的权利。

（7）对在工业、科学、文学或艺术领域里一切其他智力活动所创造的成果享有的权利。

2.　WTO《与贸易有关的知识产权协定》（TRIPs 协定）列举的知识产权

（1）版权与邻接权。

（2）商标权。

（3）地理标志权。

（4）工业品外观设计权。

（5）专利权。

（6）集成电路布图设计权。

（7）未披露过的信息专有权。

3. 本书给知识产权下的定义

知识产权（intellectual property）是指人们就其智力创造的成果和经营管理活动中的标记、信誉依法享有的权利。

专栏 3-1

服务商标、商号和邻接权

服务商标（service mark）又称服务标记或劳务标志，是指提供服务的经营者为将自己提供的服务与他人提供的服务相区别而使用的标志。与商品商标一样，服务商标可以由文字、图形、字母、数字、三维标志、声音和颜色等，以及上述要素的组合而构成。它一旦被服务企业所注册，该企业也就拥有了对该服务商标的独占专有使用权，并受法律的保护。

商号即厂商字号，或商业名称。商号作为企业特定化的标志，是企业具有法律人格的表现。商号经核准登记后，可以在牌匾、合同及商品包装等方面使用，其专有使用权不具有时间性的特点，只在所依附的厂商消亡时才随之终止。

邻接权的原意是与著作权相邻的权利，其确切含义应是作品传播者所享有的权利。在《中华人民共和国著作权法》中，邻接权包括出版者权、表演者权、录制者权和广播电视组织权。

资料来源：根据商务培训网等资料整理而成，2018-07-04

3.1.2 知识产权的类型

1. 按照客体的性质，分为著作权和工业产权

1）著作权

版权（著作权）包括作者权和著作邻接权。著作权主要是作者对其创作的文学、艺术和科学作品所享有的权利，涉及文学、艺术、科学工程技术等方面，包括计算机软件。

专栏 3-2

文化“走出去”盗版难题怎么破

不同民族会创造出不同的文化，随着这种文化的传播，世界不同国家和地区间的文化交流也越来越多，在外国文化和科学技术等进入中国的同时，中国文化也开始走出国门走向世界，我国文化如何走出去，如何塑造好中国形象，便成为当今中国思想界和文化界的重要议题。

2018 年春节期间，《红海行动》《唐人街探案 2》等电影在国内影院上映的同时，网络上就出现了下载播放链接。“提供这些链接的多是侵权者利用海外域名、海外服务器开设的小网站。文化‘走出去’，因此，中国在海外也要高举保护知识产权的大旗。”

“监测发现，超过 50%的侵权链接出现在社交媒体，大多数侵权网站来自境外。”近年来，《我们的少年时代》《白夜追凶》《大军师司马懿》等大量国产优质电视剧在海外主流网站上的侵权数量不断增多，而这些跨国侵权盗版链接往往来自小网站。

中国版权协会版权监测中心的统计数据显示，目前常见的 5576 个疑似侵权视频网站共有 6630 个网站服务器 IP 地址，来自境外的服务器占比高达 82.05%。

“今年的政府工作报告指出，强化知识产权保护，实行侵权惩罚性赔偿制度。中国已经连续 13 年开展打击网络侵权盗版‘剑网’专项行动，小网站一直是打击重点。”在“剑网 2017”行动中，各级版权执法监管部门会同网信、工信、公安等部门共检查网站 6.3 万个，关闭侵权盗版网站 2554 个，删除侵权盗版链接 71 万条。

然而，随着数字网络技术的不断发展，网络侵权新情况不断出现，一些未经备案的小网站，特别是一些服务器设在境外的网站，让大批优质的中国版权作品在海外遭受各种盗版侵权，而且维权困难。

在打击跨国网络侵权盗版活动中需要国与国之间的协同、协调和协作，通过技术手段、市场手段、法律手段整合利用，发挥整体效应。同时，打击跨国界网络侵权盗版，还需要加强国际合作。要高度重视海外中国作品的知识产权保护，为中国文化“走出去”扫清障碍。

资料来源：《文化“走出去”盗版难题怎么破？阎晓宏委员：加强海外知识产权保护》，新华网，2018-03-14，有改动

2）工业产权

工业产权（industrial property）源自《保护工业产权巴黎公约》（Paris Convention for the Protection of Industrial Property）。其包括工业和商业本身，也适用于农业和采掘业以及一切制成品或天然产品。例如，酒类、谷物、烟叶、水果、牲畜、矿产品、矿泉水、啤酒、花卉、面粉等。

工业产权分为两类：一类是发明专利、实用新型和外观设计。法律承认这些发明创造的发明人或设计人在一定期间内享有利用他们各自发明创造的专有权利。另一类是商标，厂商名称、商品的原产地名称以及和制造厂商或商人的企业有关的其他显著标记。这些标记和名称是企业进行营业活动的工具，只有在用来保护、维持和扩展它们的活动以及它们与公众联系在一起时才有意义，只要营业在继续，对它们的保护也就有必要。

随着科学技术的发展，出现了诸如基因工程与生物制品、集成电路布图设计等“边缘保护对象”，其保护的内容兼有工业产权和著作权。

2. 按照主体对客体支配程度，分为自主知识产权和非自主知识产权

1）该概念的起源

1999 年 8 月，在全国技术创新大会上，西安高新技术产业开发区建设领导小组发表了一篇题目为“以技术创新为本，大力发展拥有自主知识产权的高新技术产业”的文章。其后这一词使用的频率不断增加，并引起科技界、法律界的研究和政府部门的重视。

2004 年 6 月 4 日，在中国科学院和中国工程院两院院士大会上，胡锦涛强调：“要坚持

有所为有所不为的方针，选择事关我国经济社会发展、国家安全、人民生命健康和生态环境全局的若干领域，重点发展、重点突破，努力在关键领域和若干技术发展前沿，掌握核心技术，拥有一批自主知识产权。”至此，自主知识产权的概念和关键技术领域拥有自主知识产权成为全国大多数人的共识。

2）自主知识产权

（1）含义。自主知识产权指以基本或原创性智力成果为对象，依法获得的、具有完整、独立自主支配该成果能力的专用权。

（2）认定标准。第一，通过创作人独立自主的研究开发或设计创作取得的原创性智力成果，依法获得的知识产权为完整的自主知识产权。第二，高新技术国际合作研究成果的知识产权由多个主体共有时，中国籍主体所占份额，或对权利客体所付出的创造性劳动应在二分之一以上，称为准自主知识产权。第三，中国籍主体通过受让、受赠等形式，从非中国籍权利人获得的完整的、独立的、不附带任何条件的知识产权为自主知识产权。

3）非自主知识产权

非自主知识产权指以在基本或原创性智力成果基础上做出的具有显著经济效益的重大技术进步智力成果为对象，依法获得，其实施受基本或原创成果主体制约的专有权。

3.1.3 知识产权的特征

1. 一种特殊的知识产权

知识产权是一种新型的民事权利，是一种有别于财产所有权的无形财产权。权利本身的私权性是知识产权归类于民事权利范畴的基本依据。权利客体的非物质性是知识产权区别于财产所有权的本质特征。

2. 专有性

专有性也称垄断性、独占性或排他性，就是指知识产权专为权利人所有。未经权利人同意，任何人不得占有、使用和处分。由于知识产权要进入市场流通，传播又容易，知识产品所有人很难控制，所以法律给知识产权以特殊保护，授予知识产权所有人专有权。

3. 时间性

知识产权的法律保护受时间限制，只有在法定的保护期限内，权利人才享有独占权。一旦有效期届满，权利自动终止。

4. 地域性

知识产权的地域性，是对权利的一种空间限制。一个国家所授予的知识产权，仅在该国范围内受到保护，任何国家都不承认根据别国法律取得的知识产权。知识产权的国际公约或双边协定，扩大了知识产权的地域范围。

3.1.4 “一带一路”沿线国家的知识产权概况

2015 年，中国在“一带一路”沿线 15 个国家申请专利 3287 件，沿线 41 个国家在华申请专利 3127 件。2016 上半年，“一带一路”沿线 34 个国家来华申请专利 1664 件，同比增长 20.8%[①]。2017 年，“一带一路”沿线国家在华申请专利 4319 件，较 2016 年增长 16.8%；在华申请专利的国家数达到 41 个，较 2016 年增加 4 个。我国在“一带一路”沿线国家（不含中国）专利申请公开量为 5608 件，同比增长 16.0%。其中，在印度专利申请公开量为 2724 件，在俄罗斯专利申请公开量为 1354 件，专利申请初具规模[②]。表 3-1 反映的是 2000～2016 年“一带一路”沿线各国知识产权使用费支付现状。这些数据反映出沿线国家对中国市场、对中国知识产权保护环境充满信心，也体现出中国企业的“走出去”步伐在加快，显示中国同“一带一路”沿线各国之间的专利活动日益活跃。

表 3-1　2000～2016 年“一带一路”沿线各国知识产权使用费支付现状　　单位：亿美元

国家	2000 年	2005 年	2010 年	2011 年	2012 年	2013 年	2014 年	2015 年	2016 年
新加坡	50.40	93.17	166.10	196.21	200.46	225.66	205.47	186.98	192.76
印度尼西亚	—	9.60	16.16	17.88	18.00	17.36	18.62	16.53	17.32
马来西亚	5.46	13.70	13.18	16.34	15.43	13.95	14.24	12.95	13.43
印度	2.82	6.71	24.38	28.19	39.90	39.04	48.49	50.09	54.66
肯尼亚	0.77	0.36	0.17	0.15	0.31	0.77	1.47	1.46	1.44
希腊	2.02	4.41	6.27	5.56	3.70	3.22	4.45	2.90	2.46
荷兰	25.05	253.18	328.28	366.38	361.50	374.45	473.05	478.83	480.82
俄罗斯	0.68	15.33	48.42	58.30	76.29	83.71	80.21	56.34	49.97
土耳其	1.73	4.39	8.16	6.80	7.41	7.85	6.77	6.82	7.64
巴基斯坦	0.28	1.09	1.24	1.27	1.61	1.26	1.60	1.80	2.21
哈萨克斯坦	0.11	0.30	0.85	0.94	1.52	1.47	1.66	1.49	1.26
中国	12.81	53.21	130.40	147.06	177.49	210.33	226.14	220.22	239.80

资料来源：国际货币基金组织的《国际收支统计年鉴》数据文件

专栏 3-3

“一带一路”沿线国家的知识产权保护状况

由于“一带一路”沿线国家发展水平差异很大，与之相关的沿线国家知识产权发展状况参差不齐。通过政策体系和法律制度、商标和专利的申请量与授权量、著作权和商业秘密诉讼案例、所参与的知识产权国际协作制度的类型和数量、知识产权国际协作途径在本国知识产权保护中所发挥的具体作用等方面的分析，可以将“一带一路”国家的知识产权水平区分为不同层次。例如，知识产权政策法律体系尚处于萌芽期的国家：柬埔寨、孟加拉国；知识产权政策法律体系已经建立但效果尚不明显的国家：格鲁吉亚、哈萨克斯坦；知识产权政策法律体系较为完善且具有现实功能的国家：土耳其、马来西亚；国内知识产权政策及法律较为完善且国际协作广泛的国家，如中东欧国家，与中东欧国家相比，沙特、阿联酋、卡塔尔、巴林、阿曼、科威特、埃及中东七国，其知识产权综合能力则相对薄弱。

由于部分国家知识产权发展水平较低，我国推行“一带一路”倡议，促进与“一带一路”沿线国家的经济、贸易交流面临以下知识产权风险。

---

① 袁于飞. 去年我国与“一带一路”国家相互申请专利总量 6414 件[N]. 光明日报，2016-07-15.

② 我国在“一带一路”沿线国家专利申请公开量 5608 件　同比增长 16.0%[EB/OL]. 中国经济网，2018-01-18.

1）技术合作缺乏有效的知识产权保护

“一带一路”国际合作重点涉及能源、基础设施、通信技术等诸多领域，缺乏知识产权方面的国际合作，将使中国的产品和技术缺乏知识产权保护，此外专利申请途径单一、专利审查速度慢，有可能导致知识产权纠纷难以解决。

2）我国商标存在遭恶意抢注的风险

因缺乏有效的知识产权国际合作，我国一些驰名商标有可能在“一带一路”国家被恶意抢注，使我国企业面临商标侵权风险。

3）国内侵权产品可能大规模进入“一带一路”沿线国家，扰乱市场

20世纪90年代初，不法商人把在中国生产的假冒伪劣产品销到俄罗斯，使得俄罗斯人逐渐失去对中国产品的信任；中国出口到非洲的产品，也有部分为假冒伪劣商品。在与“一带一路”沿线国家合作过程中，需防范类似情况再次发生。

4）法律、种族、语言、文化等方面的差异增加了知识产权国际协调的难度

“一带一路”沿线国家法律制度存在差异，大陆法系国家和英美法系国家并存，并有部分国家存在宗教法。同时，各国种族、语言、文化存在较大差异，知识产权发展程度不同，难以建立统一有效的知识产权国际合作机制。

5）发达国家已进行的知识产权布局将阻碍中国企业的发展

许多“一带一路”沿线国家是美欧在亚洲展开区域经济合作（如“阿富汗区域经济合作会议”）的成员，其中含有相关的知识产权协议，可以享有在美欧之间技术贸易与投资的便利。同时，欧美及俄罗斯等国家和地区的企业都加强了对沿线国家尤其是中亚国家的知识产权布局，以确保本国利益，使中国企业增大了知识产权风险。

共建“一带一路”是顺应世界多极化、经济全球化、文化多样化、社会信息化的潮流的结果，与此对应的是，知识产权国际合作是维护全球自由贸易体系和开放型世界经济的必然产物。在复杂的国际形势下实施“一带一路”倡议，中国应加强知识产权国际合作机制的建设，积极主动构建相关的知识产权规则，并前瞻性地进行知识产权战略布局。

资料来源：《加强“一带一路”沿线知识产权国际合作的建议》，中华人民共和国国家知识产权局，战略研究，2016-09-29，有改动

3.2 保护知识产权的国际组织和相关协定

目前，国际上对国际技术贸易中知识产权保护的国际公约主要有：一是世界知识产权组织管理的一系列条约；二是WTO（World Trade Organization，世界贸易组织）所签署的TRIPs协定。这些主要的知识产权国际公约，特别是WTO的TRIPs协定，对全球绝大多数国家和经济体在知识产权保护方面进行了规范。

3.2.1 世界知识产权组织

1. 世界知识产权组织简介

1）世界知识产权组织的成立与发展

世界知识产权组织是由1967年7月14日签订、1970年4月26日生效的《成立世界知

识产权组织公约》设立的。到 2005 年 8 月，该公约已有 182 个成员国。我国于 1980 年 6 月 3 日正式参加这一条约。

2）宗旨和主要任务

世界知识产权组织的宗旨是，通过国家之间的合作，并在适当的情况下，与其他国际组织进行合作，以促进在全世界范围内保护知识产权，并保证知识产权组织各联盟之间的行政合作。其主要任务是，促进世界各国对知识产权的保护，并协调各国的立法，鼓励各国缔结保护知识产权的新的国际协定；执行巴黎联盟（包括与该联盟有关的其他联盟）和伯尔尼联盟的行政任务；担任或参加其他促进保护知识产权的国际协定的行政事务；对发展中国家知识产权的立法及建立机构等提供援助；收集及传播有关保护知识产权的情报，从事和促进这方面的研究工作并公布研究成果。

3）管理的公约、条约及协定

世界知识产权组织管理着知识产权的大约 21 项公约、条约及协定，最主要的有：《保护工业产权巴黎公约》、《商标国际注册马德里协定》（Madrid Agreement Concerning the International Registration of Marks）、《商标注册用商品与服务国际分类尼斯协定》、《保护原产地名称及其国际注册里斯本协定》、《保护奥林匹克会徽内罗毕条约》、《关于集成电路的知识产权条约》（《华盛顿条约》）、《保护文学和艺术作品伯尔尼公约》、《保护表演者、唱片制作者和广播组织的国际公约》、《保护唱片制作者禁止未经许可复制其唱片日内瓦公约》、《发送卫星传输节目信号布鲁塞尔公约》。

4）主要组织机构

世界知识产权组织下设四个机构：①大会。大会即该组织的最高权力机构，由成员国中参加巴黎联盟和伯尔尼联盟的国家组成。②成员国会议。由全体成员国组成，其任务是讨论知识产权领域各国共同感兴趣的问题，制定法律、技术计划及该计划的财政预算。③协调委员会。由巴黎联盟和伯尔尼联盟执行委员会的成员国组成，其职责是就一切有关行政财务问题提出意见，拟订大会的议程草案，提出总干事若干人；负责组织有关会议，准备有关文件和报告，收集向各国提供的知识产权情报，出版有关刊物，办理国际注册等。④国际局。国际局即该组织的常设办事机构，设总干事一人、副总干事若干人。国际局负责执行在知识产权领域内增进成员国国际合作的计划，并为会议提供必要的资料和其他服务。

2. 世界知识产权组织管理的主要国际条约

1）《保护工业产权巴黎公约》

《保护工业产权巴黎公约》简称《巴黎公约》，于 1883 年 3 月 20 日在巴黎缔结，当时有 11 个国家签字，到 1984 年 7 月 7 日生效时也仅有 14 个成员国，至 2005 年 1 月已有 169 个成员国。从 1967 年起，巴黎同盟由世界知识产权组织管理。我国于 1984 年 12 月 19 日申请加入，适用于 1967 年修订的斯德哥尔摩文本，我国同时声明对公约第 28 条第 1 款予以保留，《巴黎公约》于 1985 年 3 月 19 日对中国生效。

《巴黎公约》是有关工业产权的公约中缔结最早、影响最大、成员国最多的一项国际公约，其调整范围包括发明专利、实用新型专利、外观设计、商标、服务标记、厂商名称、产地标记或原产地名称以及制止不正当竞争等方面。《巴黎公约》不具有跨国效力，旨在全面统一各成员国工业产权立法独立的基础上，通过制定一些各成员国必须遵守的基本原则，协调各国的工业产权立法，便利成员国国民在公约成员国范围内的专利权和商标权申请，并促使一项工业产权能在各成员国得到较充分和平等的保护。

《巴黎公约》主要规定有以下基本原则和重要条款。

（1）国民待遇原则。在保护工业产权方面，公约的缔约国必须把给本国国民的保护在现在或将来同样地给予其他缔约国的国民；即使是非成员国国民，只要他在公约某一成员国内有住所，或有真实有效的工商营业所，也应给予相同于本国国民的待遇。

（2）优先权原则。可以享有国民待遇的巴黎联盟成员国的国民，在一个成员国提出发明专利、实用新型、外观设计注册的正式申请人，在其正式提出申请之后的特定期限内，再向公约其他成员国提出内容相同的申请时，享有优先权。即指在任何一个成员国首次提出工业产权正规申请后，如果申请人或其权利继承人在一定期限内又向其他成员国提出同样的申请，则其他成员国必须承认首次申请日为申请的申请日，首次申请日即被称为“优先权日”。这个特定的期限是：发明专利和实用新型专利的优先权期是 12 个月；商标和外观设计的优先权期是 6 个月；服务标记、厂商名称、产地标记或原产地名称等不享有优先权。这个时间均自首次申请日起算。

（3）专利商标权的独立保护原则。根据这一原则，公约各成员国所授予的专利权是相互独立的，即各成员国在专利条件、专利期限和专利无效或注销等方面有权根据本国专利法的具体规定独立做出决断，不受公约其他成员国的影响。商标权方面也是如此。

（4）专利权的强制许可。禁止权利人滥用专利权。专利权人如果怠于实施其专利，拒绝以合理的条件许可实施专利，则构成滥用专利权。《巴黎公约》规定：同盟成员国可以通过立法授予强制许可，以防止权利人滥用专利权。

公约规定自提出专利申请之日起 4 年届满以前，或自授予专利之日起 3 年届满以前（以任一最后满期的期间为准），不得以不实施或不充分实施为理由申请强制许可；如果专利权人的不作为有正当理由，应拒绝强制许可。这种强制许可不是独占性的，除与利用该许可的部分企业或商誉一起转让外，不得转让，包括授予分许可证的形式在内。

（5）专利权的例外。《巴黎公约》规定了专利权的两项基本例外。在成员国内，下列两种情况不应认为是侵犯专利权人的权利：第一，其他成员国的船舶暂时或偶然地进入上述成员国的领水时，在该船的船身、机器、滑车装置、传动装置及其他附件上使用构成专利主题的装置设备，但以专为该船的需要而使用这些装置设备为限；第二，其他成员国的飞机或陆上车辆暂时或偶然地进入上述成员国时，在该飞机或陆上车辆的构造或操纵中，或在该飞机或陆上车辆附件的构造或操纵中使用构成专利主题的装置设备。

（6）对利用进口国的专利方法制造的产品进口权。《巴黎公约》规定：一种产品输入到对该产品的制造方法有专利保护的本联盟国家时，专利权人对该输入产品应享有输入国法律根据方法专利对在该国制造的产品所授予的一切权利。据此规定，专利权人对利用进口国的专利方法制造的产品享有进口权。

（7）驰名商标的保护。不论驰名商标本身是否取得了商标注册，公约各成员国都应禁止他人使用相同或类似于驰名商标的商标、拒绝注册与驰名商标相同或类似的商标。

案例 3-1

中国知识产权跨国维权第一案：百年老字号“王致和”德国遭抢注

“王致和”与“同仁堂”同龄，始创于清康熙八年（1669 年），至今已有 300 多年历史。时至今日，“王致和”作为地道的“中华老字号”，以其产品的细、腻、松、软、香五大特点备受广大华人消费者的钟爱。

然而，2006 年 3 月，百年老字号“王致和”商标在德国被抢注。2006 年 7 月，王致和集团发现“王致和”腐乳、调味品、销售服务三类商标，已被一家名叫“欧凯”的德籍公司于 2006 年 3 月在德国注册。而欧凯公司申请的商标标识与王致和集团产品使用的商标标识一模一样。欧凯公司是柏林一家主要经营中国商品的超市，其员工全部是华人。该公司不仅抢注了王致和的商标，连洽洽、老干妈、白家等 6 家国内食品品牌商标也抢注了。这是王致和商标第一次在国外被抢注。同时，王致和集团也在全球 34 个国家和地区抓紧注册，以避免商标再次在国外被抢注。

资料来源：根据《百年老字号“王致和”商标德国遭抢注》，商业秘密网，2015-05-14 等资料改编而成

思考题：中国驰名商标——王致和在海外如何进行维权？

案例分析

在得知商标被抢注后，王致和集团曾与对方协商，但未果。之后，王致和集团表示，将在德国柏林提起诉讼，追讨商标权。王致和集团于 2006 年 7 月正式向慕尼黑地方法院提起诉讼，要求判定欧凯百货公司无偿归还商标，进行赔偿，并要求对该公司的恶意抢注行为进行处罚。

一审阶段，双方争议的焦点主要集中在：一是王致和集团主张对方是恶意抢注，而欧凯强调是合法注册；二是王致和集团主张对“王致和”商标拥有著作权，欧凯则提出其标识是通用的“中国古代士兵头像”；三是王致和集团提出，对方违反德国的反不正当竞争法，欧凯则辩称其注册“王致和”商标是对自己的保护。

2007 年 11 月 14 日，慕尼黑地方法院对此案做出了一审判决，裁定欧凯公司败诉，禁止其在德国擅自使用王致和商标。欧凯公司不服，随即提出上诉。历时一年之后，德国慕尼黑地方法院一审判决，王致和商标被德国公司抢注一案，王致和集团胜诉，这是国内老字号首次在海外维权成功。2009 年 4 月 24 日，德国慕尼黑高等法院二审裁决“王致和”商标侵权案中方胜诉，要求德国欧凯公司停止使用“王致和”商标，并撤回其在德国专利商标局注册的“王致和”商标[①]。

2）《专利合作条约》

《专利合作条约》简称 PCT，于 1970 年签署于华盛顿，1978 年 1 月 24 日生效，其成员国必

① 胡笑红. 王致和商标海外抢注案中方终审胜诉　德公司停用[N]. 京华时报，2009-04-24.

须首先成为《巴黎公约》的成员国。到2005年7月27日，共有128个国家参加了这一条约。我国于1993年9月15日向世界知识产权组织递交了加入书，从1994年1月1日起，中国正式成为其成员国。中国专利局成为该条约的受理局、国际检索单位和国际初步审查单位。

《专利合作条约》是一个程序性的国际专利申请公约，其主要作用是简化了其成员国国民在成员国范围内申请专利权的手续，降低了在多国申请专利权的费用。

专栏3-4

专利合作条约的使用

世界知识产权组织2015年3月19日发布报告称，2014年中国在世界知识产权组织《专利合作条约》框架下共提交2.5539万件专利申请，较2013年增长18.7%，是全球唯一实现两位数增长的国家，申请总量位居全球第三位。该报告显示，在《专利合作条约》框架下，2014年华为技术有限公司以3442件专利申请，超越日本松下公司，成为当年最大专利申请者；美国高通公司位列第二，专利申请量为2409件；中兴通讯股份有限公司以2179件专利申请量位列第三。此外，腾讯科技、深圳华星光电、京东方、华为终端也分别位列第十七、第二十三、第三十四和第四十六位。

国际申请要经历国际阶段和国家阶段。国际申请先要进行国际阶段程序的审查，然后进入国家阶段程序审查。申请的提出、国际检索和国际初步审查在国际阶段完成，是否授予专利权的工作在国家阶段由被指定的各个国家局完成。国际专利申请两阶段程序如图3-1所示。

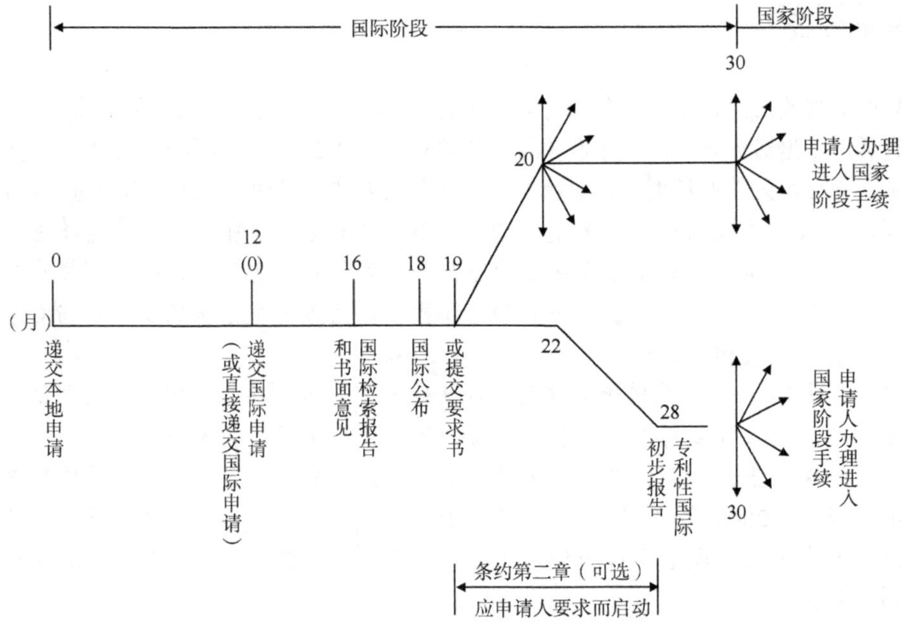

图3-1 国际专利申请两阶段程序

①“数字”表示自优先权日起的时间。例如“12”表示递交国际申请要求自优先权日起12个月内；“18”表示自优先权起18个月内，世界知识产权组织国际局应完成国际公布。②“多箭头”表示向不同的国家提出申请。申请人或要求走国际初步审查这一程序：自优先权起30个月内向欲进入的国家提出国际申请。③“条约第二章（可选）”是指根据《专利合作条约》第二章，国际初步审查是可选程序

资料来源：国际申请简介，http://www.sipo.gov.cn

3）《商标国际注册马德里协定》

《商标国际注册马德里协定》简称《马德里协定》，于 1891 年 4 月 14 日在西班牙马德里签订，1892 年 7 月 15 日生效。《马德里协定》的参加国也必须首先是《巴黎公约》的成员国。1989 年 7 月 4 日，我国向世界知识产权组织递交了马德里协定加入书，从 1989 年 10 月 4 日起，正式成为该协定的成员国。至 2005 年 7 月 15 日，共有 77 个国家参加了此协定。

《马德里协定》便利了其成员国国民在协定的其他成员国取得商标注册，其保护对象是商标和服务标志。《马德里协定》规定的商标国际注册程序是《马德里协定》的成员国国民，或在成员国有住所或有真实、有效营业所的非成员国国民，首先在其所属国居住或设有营业所的成员国取得商标注册，然后通过该国商标主管机构，向设在日内瓦的世界知识产权组织国际局提出商标的国际注册申请。如果国际局通过形式审查认为该申请符合协定和协定实施条例的规定，便予以公告并通知申请人希望取得商标权的各指定成员国。指定成员国应在接到通知后 1 年内对是否准予该商标的注册做出决定，不同意注册时，应说明同样适用于本国商标的驳回理由。凡在 1 年内未向国际局提出驳回注册声明的，可认为已同意了商标注册。经国际局注册的商标享有 20 年有效期，并且可以不限次数地续展。

国际注册与国内注册的关系共有三层：第一层关系是国际注册以先取得本国注册为前提；第二层关系是在国际注册后的 5 年内，如果本国的注册被撤销，则其他各指定国的注册也将撤销，法律保护随之停止；第三层关系是从获准国际注册之日起满 5 年以后，即使本国的注册被撤销，该商标的国际注册将不受国内影响，继续有效，并继续享有原有的法律保护和权力。

办理国际商标注册，有两大优点：一是简化了手续。申请人不必再分别去向被要求保护的所有缔约国办理申请商标注册的手续，而只在世界知识产权组织国际局办理一次注册手续即可。二是节省了费用。申请人不必分别去交费用，不必分别用几种文字向缔约国申请，只需付一次费用一种文字（法文）提出申请即可。

专栏 3-5

关于乌克兰保护知识产权的规定

一、当地有关知识产权保护的法律法规

知识产权在乌克兰受国家法律保护，同时也受乌克兰参与国际条约的保护。乌克兰是《保护工业产权巴黎公约》《商标国际注册马德里协定》《商标注册用商品和服务国际分类尼斯协定》《商标注册条约》和世界知识产权组织的成员国。

乌克兰涉及知识产权保护的主要法律有：《乌克兰民事法典》《乌克兰刑法典》《乌克兰商品和服务商标保护法》《乌克兰著作权法》等。

2002 年 11 月 18 日，中国政府与乌克兰政府签订《知识产权合作协议》，该协议规定：在知识产权保护领域，一国自然人和法人在对方国境内享有依该国法律及惯例授予其本国自然人和法人的同样权利；两国的自然人和法人在共同活动时所创造或获得的知识产权，根据缔约双方在合同和协议中商定的条件分配。

二、知识产权侵权的相关处罚规定

（一）法律依据

乌克兰宪法、刑法、民法等基本法和《著作权及相关权益保护法》《专利保护法》等专门法是保护知识产权、专利权、著作权的法律依据。

（二）法律要点

乌克兰法律规定，损害知识产权所有人、专利所有人及著作者权利的，所有人有权要求损害者赔偿损失，主张损害者的非法获利，并赔偿精神损失。除判决违法者赔偿损失并罚没其非法所得以外，并对其处以法院判决赔偿金额10%的罚款。

《乌克兰刑法》第一百三十六条规定：如果违法者对著作权或知识产权所有人造成的物质损失巨大，对其判处两年以下监禁或一年以内劳动改造或处以公民最低收入标准 200～1000 倍的罚款。如果造成的物质损失特别巨大，对其判处两年以上五年以下徒刑或两年以内劳动改造，或处以公民最低收入标准 1000～3000 倍的罚款。

资料来源：《乌克兰关于保护知识产权的规定》，中国金融信息网，2015-08-04，有改动

3.2.2 WTO 与 TRIPs 协议

1. TRIPs 协议产生的背景

WTO 的前身关贸总协定是迄今为止管理贸易的唯一多边性文件，是解决国际贸易纠纷的依据。关贸总协定 1948 年 1 月生效，在 1986 年 6 月开始的关贸总协定乌拉圭回合多边贸易谈判中，增加了过去未曾涉及的三个新议题，其中之一就是与贸易有关的知识产权问题（包括假冒商品问题）。该议题是在以美国为首的发达国家的积极倡议下被纳入 WTO 乌拉圭回合多边谈判的，其原因：一是发达国家在智力及技术成果方面具有绝对的优势，迫切需要世界各国均给予必要的保护；二是在国际贸易中会经常涉及知识产权的保护问题，如果保护不力，会影响国际贸易的发展；三是发达国家与发展中国家在知识产权的保护上尚有不小的差距；四是原有的世界知识产权组织管理的国际公约本身存在一定的缺陷（如缺少对争端问题的解决方法等）。

2. TRIPs 协议的目的与意义

TRIPs 协议签订的目的是在总协定框架内建立一整套知识产权保护体系，用贸易有关的保护措施减少因知识产权保护不充分而对正常的国际贸易带来的扭曲和障碍，并增强其在多边基础上对知识产权侵权行为的报复能力，以弥补现行公约和世界知识产权组织在知识产权国际保护方面的不足。

TRIPs协议在WTO中具有特殊的意义：第一，它与多边货物贸易和服务贸易协议不同，前两个协议是与贸易政策有关的一般规则和原则达成的协议，并取得了各国自由化的承诺，但并没有寻求各国政策的协调统一；而知识产权协议包括所有成员都必须达到的知识产权保护的最低标准。第二，知识产权协议要求各成员积极采取行动保护知识产权，这与前两个协议只对成员的政策进行约束是不同的。这证明在多边贸易框架下可以寻求协调统一，即制定最低标准，以影响贸易的政策和管理制度。

TRIPs 协议的形成，对发达国家的利益是显而易见的。它确定了保护知识产权的最低标准及实施该标准的义务，建立了一个有效的多边争端解决程序。对于发展中国家而言，接受知识产权协议，除了有迫于美国的压力以及作为一揽子协议，得到一些交换的原因外，根本上还是因为知识产权与经济发展、国际贸易密切相关，加强保护是大势所趋，发展中国家在克服了短期的困难后，将最终从知识产权的保护中获益。

3. TRIPs 协议的基本原则

1）TRIPs 协议重申原则

TRIPs 协议对知识产权保护的规定，充分体现出对已有知识产权制度的继承。例如，它重申了保护知识产权的几项基本原则：①国民待遇原则。这在巴黎公约中首先提出的。②保护公共秩序、社会公德、公众健康原则。这是立法、执法的一条基本原则。③对权利合理限制原则。知识产权如同其他权利一样，是相对的，不是绝对的，应该有合理的、适当的限制。④权利的地域性独立原则。⑤专利、商标申请的优先权原则。这是在《巴黎公约》中首先提出的。⑥版权自动保护原则。这是在《伯尔尼公约》中首先提出的。

2）TRIPs 协议新提出原则

TRIPs 关于知识产权保护的规定，新提出了保护知识产权的一些基本原则：①最惠国待遇原则。它指的是，在知识产权保护上，一个国家或地区成员给予另一个成员的利益、优惠、特权、豁免之类，必须立即无条件地给予所有其他成员。它实际上是非歧视待遇。②透明度原则。成员方所实施的与国际贸易有关的法令、条例、司法决定、行政决定都必须公布。成员方除了公布有关贸易措施之外，还应承担其他成员要求提供有关信息和咨询的义务。③争端解决原则。WTO 的争端解决机制。④对行政终局决定的司法审查和复审原则。

3）TRIPs 协议的主要特点

TRIPs 协议的内容涉及知识产权的各个领域，不仅在很多方面超过了当时国际条约对知识产权保护水平的规定，而且把关贸总协定关于有形商品贸易的基本原则和一些具体规定引入知识产权领域，强化了执行措施和争端解决机制。同时还详细规定了知识产权法律保护的实施程序，包括行政、民事、刑事程序。并规定：今后各缔约方的国内法律均应向该协议靠拢，任何缔约方未能按照协议对外国知识产权提供有效保护的，受害方可按照关贸总协定争端解决程序中的交叉报复规则，对侵权方进行交叉报复。

具体来讲，其主要特点体现在：①内容涉及面广，几乎涉及知识产权的各个领域；②保护水平高，在多方面超过了现有的国际公约对知识产权的保护水平；③将 GATT（General Agreement on Tariffs and Trade，关税及贸易总协定）和 WTO 中关于有形商品贸易的原则与规定延伸到对知识、产权的保护领域；④强化了知识产权执法程序和保护措施；⑤强化了协议的执行措施和争端解决机制，把履行协议保护产权与贸易制裁紧密结合在一起；⑥设置了“与贸易有关的知识产权理事会”作为常设机构，监督本协议的实施。

此外，TRIPs 协议还确立了它与其他知识产权国际公约的基本关系[①]，规定了成员保护知识产权的最低要求，规定和加强了知识产权的执法程序，有条件地将不同类型的成员加以区

---

① 承认四大国际公约，即《巴黎公约》、《伯尔尼公约》、《罗马公约》和《华盛顿公约》。

别对待。TRIPs 协议的内容可分为三类：一是基本原则（全体成员必须遵守），二是最低要求（全体成员必须达到），三是一般要求（可根据成员具体情况选择适用）。

3.2.3 美国保护知识产权的主要条款

美国非常重视本国知识产权在域外的保护。针对外国生产、销售以及向美国出口侵犯美国知识产权产品的不公平做法，在国内法方面，美国利用“特殊 301 条款”和《1930 年关税法》的 337 条款，对外国政府施加压力，对外国生产商和出口商实施制裁。在国际上，美国全力倡导和支持 TRIPs，在《北美自由贸易区协议》中也规定了专门的知识产权保护章节（第十七章）。

与此同时，由于美国是世界上最大的技术输出国，除了上述对与贸易有关的知识产权进行保护外，也是世界上直接对技术出口管制范围最广泛、影响最大和最有代表性的国家。

1. 美国特殊 301 条款

“特殊 301 条款”是指美国《1988 年综合贸易与竞争法》（Omnibus Trade and Competitiveness Act，OTCA）、第 1302～1307 节，核心是 1303 节的规定，即确定未能给予美国知识产权充分有效保护，未能给予美国有关企业市场准入的重点国家，在短期内迅速调查，决定采取报复措施。

美国贸易代表办公室（United States Trade Representative，USTR）每年审查一次美国知识产权在国外受保护的情况，在向国会提交《国家评估报告》后 30 日内，确定那些未能对美国知识产权或未能给予依赖知识产权保护的美国人公平市场准入的国家，将这些国家分为“观察国家”、“重点观察国家”和“重点国家”。保护比较差的国家，列入“观察国家”名单；侵权比较严重的国家，列入“重点观察国家”名单；被认为是最严重损害美国利益，应优先考虑立案调查和采取措施的国家，列入“重点国家”名单。美国贸易代表应当在确定“重点国家”之后 30 日内对“重点国家”的不公平贸易做法发起“特殊 301 调查”，同时展开谈判，寻求解决办法。如能达成协议，将该国家从“重点国家”名单中除名；如果未能达成协议，就在调查结束后决定采取报复措施，即增加关税和实行其他进口限制。

美国确定“重点国家”的标准是：①未能充分有效地保护知识产权，未能给予依赖知识产权保护的美国人公平市场准入，其不公平贸易做法极端严重；②外国不公平贸易做法给美国相关产品造成极其不利的影响；③不能积极地与美国展开谈判，在双边和多边知识产权谈判中没有取得重要进展。美国确认“重点国家”除了依据《国家评估报告》以外，还可根据美国私人企业部门和美国驻贸易伙伴国的使馆提供的信息，并且同联邦版权登记处、商标专利委员会及其他部门协商。

2. 美国关税法的 337 条款

337 条款，因其雏形最早见于《1930 年美国关税法》第 337 条而得名。自此以后，美国历次贸易立法不断对该条款加以修正与发展。对确定现行“337 条款”的实体架构与程序运作影响最大的是：《1988 年综合贸易与竞争法》（Ormnibus Trade and Competition Act）第 1342 条和《1995 年乌拉圭回合协议法》（Uruguay Round Agreement Act）对美国法典第 28 编的修订。

《1988 年综合贸易与竞争法》第 1342 条以“进口贸易中的不公平做法为题，规定：货物所有人、进口人、收货人或其代理人①将货物进口到美国或在美国销售时使用不公平竞争方法和不公平行为，其威胁或效果足以摧毁或实质损害美国国内产业，或阻碍此类产业的建立，或限制、垄断了美国的贸易既得利益的商业；或者②将货物进口美国、或为进口美国而销售，或进口美国后销售，而该种货物侵犯了美国已经登记的有效且可执行的专利权、商标权、版权或集成电路布图设计专有权，并且在这四项权利方面已经存在或有尚在建立中的国内产业，则这些不公平做法将被视为非法，美国应采取适当措施予以处理”。

在此之前，“337 条款”的实体方面只是第①点规定的内容，因此从条文表述来看，它完全是一项国内产业保护法。上述第②点是《1988 年综合贸易与竞争法》新加入的内容，其理论依据是：在侵犯知识产权时，真正的损害在于制造、销售或进口权利产品成文法规定的独占权利的丧失，而不论是否已实际损失。也就是说，“337 条款”将美国进口中的不正当贸易分为两类：一般不正当贸易和有关知识产权的不正当贸易。

一般不正当贸易指所有人、进口商或承销商将产品进口到美国，或进口后销售过程中的不正当竞争方法和不正当行为。但其构成非法须满足两个条件：一是美国存在相关行业或该行业正在建立过程中，二是其损害达到一定程度。

有关知识产权的不正当贸易，指所有人、进口商或承销商向美国进口，为进口而买卖或进口后在美国销售属于侵犯了美国法律保护的版权、专利权、商标权、集成电路布图设计权和设计方案权的产品的行为。只要美国存在与该产业相关的行业或正在建立该行业，有关知识产权的不正当贸易做法是以其对美国产业造成损害为要件。

3.3　基于知识产权风险的预警机制和防范措施

知识产权风险防范则是在知识产权风险预警之后，企业针对当前面临的一系列知识产权风险所采取的措施。企业中建立知识产权风险预警机制和风险防范对于保护企业的知识产权、维护企业的竞争优势，具有重要意义。

3.3.1　知识产权风险的预警机制

国务院办公厅 2015 年 12 月印发的《国务院关于新形势下加快知识产权强国建设的若干意见》（以下简称“意见”）。意见明确，加强重点产业知识产权海外布局规划，不断完善海外知识产权风险预警体系，提升海外知识产权风险防控能力。

1. 知识产权管理的法律思维

1）制定企业知识产权战略

企业制定知识产权战略的动因是实现企业战略目标。因为知识产权是财产性权利，受到法律保护，是企业生存与发展，参与竞争的一项重要资源。知识产权在当下已经或正在成为国家之间、企业之间最重要的竞争手段和博弈工具。

2）知识产权申请与布局

知识产权的研发与申请阶段，不宜盲目开发和申请，应通过知识产权的文献做信息分析，实施相应策略。例如，专利申请保护策略，即围绕核心专利申请很多外围专利把它保护起来。

任何产品都存在替代品或替代的技术方案。如果主营产品存在替代的技术方案，就意味着，企业即使在其技术路线上申请了专利权，但竞争对手还是可以采用替代的技术方案生产类似产品进行竞争，进而影响企业的市场地位和利润空间。而如果企业先竞争对手一步，申请替代技术路线上的技术专利权，就可以阻击竞争对手，这种专利阻击就是专利布局。

3）知识产权的综合运用

知识产权的运用，包括将知识产权在企业的经营中进行使用，以及将知识产权作为竞争武器来使用。例如，专利的运用：①通过专利转让或许可获取直接经济利益；②通过“技术专利化-专利标准”及“专利池”（专利联营）策略取得技术垄断抢占市场份额，大家熟悉的所谓“卖产品不如卖技术，卖技术不如卖标准”，就是对该策略作用的生动描述。制订和选择知识产权运用方案，须针对企业战略目标和企业的客观条件而定，前者是方向和标准，后者关系实施的路径和能力。

4）建立知识产权风险预警机制

知识产权风险预警首先要明确各类知识产权的风险点，掌握了知识产权的风险点，就可以根据风险点设计预警方案和应急方案。例如，知道专利申请存在申请不当的风险后，可以采取以下防范措施：①对最接近的现有技术的确定；②技术立项检索；③申请前的新颖性检索；④专业的撰写人员。

2. 知识产权风险预警含义

以专利预警为例，就是通过对本技术领域的专利信息（包括非专利信息）进行收集、整理和分析判断，对可能发生的重大专利事务及其可能产生的危害程度做出预报。知识产权风险预警，是指政府部门引导企业对国际知识产权政策、制度或战略变化的调整进行及时跟踪，并向企业和相关单位提供有关动态信息服务，以利于剖析竞争对手的状况，既依法自我维权，又依法避免侵犯他人的知识产权，更好地把握企业研发和产业发展方向的机制。预警分析主要分为国家知识产权风险预警分析、行业知识产权风险预警分析和企业知识产权风险预警分析。

中国入世不久发生的DVD和数码相机涉外专利索赔事件，给中国企业上了生动的一课。这些惨痛的经历向人们昭示这样一个事实，是否拥有强有力的自主知识产权，是关乎企业生死存亡的头等大事。因此，企业应将知识产权保护问题摆到企业发展的战略高度来认识，尽快建立起知识产权保护预警机制，提高抵御知识产权风险的能力。

中国企业海外知识产权纠纷现状的形成有主观和客观两方面原因。主观上，中国企业知识产权保护意识淡薄是知识产权纠纷发生的重要原因。相当一部分中国企业已经开始扩展海外市场，却不能进行全球性知识产权战略部署，不愿投入资金提高自身知识产权管理水平，未对知识产权有系统性长远规划，缺乏知识产权法律意识和维权能力。中国企业海外知识产权纠纷防范能力低、处理能力低，导致纠纷极易发生，纠纷发生后损失大，是海外知识产权防护的“低能儿”。客观上，商业竞争对知识产权纠纷的产生起着推波助澜的作用。随着中国企业对外贸易活动不断扩大，中国企业产品技术含量、质量、附加价值的快速提升带给海外竞争对手不小压力。利用知识产权阻止中国企业进入自己所在市场，已经被很多中国企业海外竞争对手当作一种竞争手段。除此之外，中国知识产权保护起步晚、中国企业在海外知识产权申请注册量少，也是中国企业海外知识产权纠纷多发的原因。

专栏 3-6

缺少专利布局，附加值低，光伏产业跌落神坛

中国光伏产业的成长曾缔造了一个神话。至 2011 年，全国（不含港澳台）31 个省、自治区、直辖市把光伏产业列为优先扶持发展的战略性新兴产业；600 余个城市中，有 300 余个城市发展光伏太阳能产业，100 多个城市建设了光伏产业基地。中国一跃成为世界的光伏工厂，产能趋近全球总需求。

但令人扼腕的是，我国大部分光伏企业完全忽视了海外专利布局，截至 2009 年 11 月底，国内申请人在海外提交的相关领域发明专利申请不足 150 件，光伏领域世界排名前列的专利申请人中鲜见中国企业。

然而没有知识产权的支撑，产品几乎没有附加值，“追大产能、打价格战”成了光伏产业当时发展的唯一路径，也最终成为整个行业无序竞争、产能过剩的罪魁祸首和招致欧美贸易打击的本源。

2010 年起，美国、欧洲等企业针对中国光伏企业发起各种专利侵权诉讼、“337 调查”、反倾销、反补贴调查、破产限制购买法令等各类限制措施。我国光伏产业开始出现崩溃迹象，超过 80%的中小企业停产，尚德、赛维等行业内曾经耀眼的龙头企业已经破产或深陷破产危机。

资料来源：《跌落神坛的光伏巨人——从光伏起落看战略性新兴产业发展中的知识产权评议（一）》，http://www.sipo.gov.cn，2013-02-17，有改动

预警机制是指由能灵敏准确地昭示风险前兆，并能及时提供警示的机构制度、网络举措等构成的预警系统，其作用在于超前反馈，及时布置，防风险于未然。知识产权保护预警机制是企业预警机制中不可缺少的一部分。随着国际经济贸易的发展，知识产权壁垒已经形成，越来越多的大企业意识到专利可以为企业赢得不可忽视的竞争优势，是企业发展的一把利剑，而如何保持这种竞争优势，并有效地抵御此方面的各种风险，就必须建立知识产权保护预警机制。

3. 知识产权保护预警的建立

1）建立企业海外知识产权保护战略

知识产权风险预警组织的职责是发现和提出问题，并组织专题研究，提出解决方案；要建立灵敏的信息系统，快速反应是建立在高度灵敏的信息和正确决策基础上的。要想很好地完成上述的工作，观念的更新是基础。根据北京市的调查，近 77%在拟出口或已出口的目标市场国存在专利侵权风险，需要随即跟进调整市场策略、修正技术方案、采取规避设计等系列工作，从而帮助一大批企业避免陷入“专利陷阱”[①]。

① 李立. 77%项目出口目标国存专利侵权风险，北京发布企业海外知识产权预警指导规程[N]. 法制日报，2011-08-27.

2）发挥行业协会的协调和督导作用

在知识产权主管部门宏观调控下，尽快发挥行业协会在本行业内的横向协调和督导作用，全面提高本行业企业的海外专利保护意识和知识产权战略运用能力，使其从容上阵，应对挑战。行业协会在竞争愈演愈烈的市场大潮中，特别需要与知识产权主管部门相互配合，扮演好引领本行业企业全面加强知识产权保护的重要角色，在提高企业技术研发能力的同时，使其通过科学、及时申请专利的形式，抢占技术制高点，努力在本行业形成一批具有自主知识产权和国际竞争力的高端技术产品。在整个行业面临涉外专利案件困扰的非常时刻，要对企业加强引导，积极协调，使本行业具备良好的整体联防和协同能力；还要先期建立本行业的专利预警机制，学习预先用好用足专利文献及有关专利信息，实时跟踪本行业国内外最新专利的申请情况和技术研发方向，做到未雨绸缪，对某些特定技术领域可能发生的知识产权重大案件，尽可能做到早预测、早应对，引导企业走上一条运用专利战略，实现快速和持续发展之路。

3）加强政府的引导作用

（1）进一步加强宣传培训，提高全社会专利意识。政府有关职能部门应抓住一些专利工作做得好的先进典型和侵犯知识产权的典型案例，进行重点宣传，以此提高全社会的知识产权意识。在抓好宣传工作的同时，要继续抓好专利培训。

（2）引导企业提高运用知识产权制度的能力和水平。帮助和指导企业学会专利查新，掌握国内外同类产品的技术发展水平和知识产权状况，避免低水平重复研究和侵犯他人的知识产权，力求在别人的基础上再创新。同时要引导企业不断加大科技投入，不断开发具有自主知识产权的技术和产品，该申请专利的要及时申请专利，以提高企业知识产权的数量和质量。此外，要帮助企业建立完善知识产权管理制度，对企业的创新成果采取有效的保护方式，并在机构、人员、经费等方面予以保障。

（3）实施知识产权风险预警战略。根据当前知识产权面临的形势和我国企业的实际情况，对知识产权问题比较突出的行业，要摸清知识产权状况，研究提出应对措施。对一些行业共性技术，各级科技部门要作为研究开发的重点。对可能会引发知识产权纠纷的行业，要建立预警机制。要引导企业特别是外贸出口企业，运用国际知识产权规则，采取适当的知识产权规避策略。

我国企业在“走出去”的过程中遇到了各种各样的知识产权问题，其主要原因是近 70%的外向型企业不了解贸易目的国的知识产权制度环境、审批流程等关键信息。2015 年，国家知识产权局开通了海外知识产权信息的公共服务网络平台——“智南针”网，提供 28 个国家和地区超过 270 部知识产权法律法规、14 个中国主要贸易伙伴国家和地区的知识产权环境概览以及申请流程、费用等信息。该网站以解决中国企业“走出去”过程中遇到的知识产权信息不对称问题为出发点，面向国际化发展的企业和知识产权服务机构提供“一站式”“引导式”“平台化”的知识产权信息服务。

4. 知识产权风险预警的工作内容和预警发布

1）工作内容

（1）建立竞争对手专利数据库，进行专利数据的检索和筛选，是指基于企业产品所含技术，对相关国家或地区存在的专利进行收集、整理和分类，以筛选出与企业产品的技术方案高关联的专利。

（2）开始做专利数据检索和筛选之前，首先要分解预警产品的技术方案，找准、找全产品的各个技术特征，为检索工作做好前期准备；确定检索目的，便于有针对性地开展检索工作。通常根据预警产品技术方案确定的时间、检索目的、相关国家或地区专利的保护期限等因素进行确定。

（3）专利申请的时机、公开的内容、保护范围和保护地域。

（4）规范专利技术的实施许可与生产许可的规定。

（5）对企业职工发明创造的申请权和专利权归属的规定，以及对发明人奖励的规定，以防止技术的转移。

（6）制定防止商业秘密（包括技术秘密）泄露的规定。

2）预警发布

（1）根据被诉侵权的前兆发布近期警告提示。

（2）及时研究竞争对手情况，发布提前警告提示。

（3）制订作为被告的对策方案。

（4）制订作为原告的对策方案，包括警告的时间、选择行政还是司法途径、请求处理或起诉的时间、诉前证据保全等。

专利预警分析报告要对行业技术发展趋势、申请人状况、专利保护地域等专利战略要素进行定性、定量分析，使企业对所在行业领域内的各种发展趋势、竞争态势有一个综合了解，更加全面、有效地利用专利制定战略。其具体内容包括以下四个方面。

（1）信息检测和采集：采集专利申请和授权信息、涉外专利争议的纠纷信息、国家重大贸易、科技、投资和技术标准制定活动中的专利信息。

（2）数据分析：建立专利指标体系；组织专家评估和论证，提供专利预警分析报告。

（3）专利预警信息发布：使企业随时掌握国际上软件发展状况和知识产权保护动态。

（4）专利预警信息反馈：进行后续跟踪，并对预警分析意见进一步修正。

3.3.2　技术贸易的风险防范

在国家间的技术转让中，技术出让方与技术接受方都存在一定的风险。风险在管理学理论中是指特定策略所带来的结果的变动性大小。如果一个决策只有一个可能结果，它没有什么风险；如果有许多可能的结果，且这些结果回报的权数差别很大，它的风险就大。风险和决策是紧密相连的，对风险的定义根据的是决策结果的变动性。追求利润的最大化是所有企业的目标，国际经济技术合作也不例外。为了顺利进行技术的许可证贸易，技术的供、受双方应考虑减少技术风险。

1. 国际技术贸易风险产生的原因

（1）技术交易双方信息的不对称。对称的技术信息是指在技术交易的双方都了解对方所具有的技术状况和所处的环境，以至达到在交易中进行理性选择、公平竞争和平等交易的目的。例如，技术的受方了解供方所掌握的有关技术的信息，供方也掌握受方具有的知识、能力和消费偏好等信息。但是由于技术交易双方的有限理性、市场交易成本的存在以及大量的偶然因素的发生，往往会产生非对称的技术信息。非对称信息是指在技术交易中，由于技术的供方拥有技术的受方不拥有的信息，而造成的不对称信息下的交易关系。

技术信息的不对称可分为两类：一类是外在性非对称信息，主要是自然状态下技术所具有的一种特征、性质和分布状况，它不是由交易人造成的，而是客观存在的事物。另一类是内部的非对称信息，由于个人有限理性、事物的复杂性和不确定性，它在交易达成以后，商品的有关特性可通过用户在购买时的触摸、掂量和观察来辨别，这就是搜寻商品，而那些需要在使用一段时期后才能辨别和了解其特性的称为经验商品。其中，汽车就是一种典型的经验商品。在经验商品的交易中，当交易的一方掌握有另一方所不知的信息时，交易便处在不对称信息结构中。

显然，在技术的交易中，掌握技术信息的一方会利用对方的“无知”，侵害对方的利益而谋求自己的利益。而处于信息劣势的一方，也并不一定轻易地被欺骗，他知道对方在乘机牟利，因此对任何交易持怀疑态度。于是，就形成了技术交易中逆向选择和道德风险两种结果，在技术交易达成之前，非对称信息将导致技术交易产生逆向选择，即由于技术的供方向受方提供的技术信息或价格信息的不对称，而受方对所接受的技术在性能、质量、价格等方面上的一种逆反心理。而在技术交易达成之后，产生技术受方的道德风险行为，即在交易过程中，受方为了自己的私利，在供方将技术以及详细的资料许可给受方体验后，由于技术的可复制性而使得受方在已掌握供方技术之后，损害供方利益的行为。这样，本来有利于双方的技术交易便难以达成，或即使达成，效率也不高，这就是不对称信息对国际技术贸易的消极作用。

（2）技术交易中的机会主义。技术交易中的机会主义是指用欺骗的手段寻求自利，通常还包括很微妙的欺骗形式，使得交易的技术难以产生预期的综合经济收益。机会主义源于信息的不完全或信息披露的不真实，特别是精于算计的误导、曲解、使人模糊、或其他的混乱[①]。实际上，机会主义的存在使得技术交易的诚信度降低，国际技术贸易的积极作用难以发挥。

在国际技术贸易中，技术信息的不对称具体表现为不同授信、受信的主体之间信息不对称程度是不同的，这种信息的不对称程度主要表现为授、受信的主体双方对诚信交易过程所拥有的技术信息在数量及质量上的差异程度。为了便于分析，假设技术的供方为受信方，即信息的优势方，受方为授信方，即信息的劣势方。一般情况下，技术各主体所掌握的信息资源是不同的，受信主体对自己的技术状况、技术质量标准以及研究开发费用的配置风险等真实情况有比较清楚的认识，而授信主体则较难获得这方面的真实信息，他们之间的信息是不对称的，一般可用信息结构来表示。

以技术质量标准关系为例，假定技术供方有两种类型：严格技术质量标准、经营状况良好、信誉较高的供方（A）和技术质量标准、经营状况较差、信誉较低的供方（B）。又假定供方 A 的转让技术的风险 C_a 较低，而供方 B 的技术转让风险 C_b 较高，$C_a < C_b$，并且决定两种类型供方的风险概率分布不同，C_a 的概率为 P_a，C_b 的概率为 P_b，每一时期影响供方风险大

① 威廉姆森 O E. 资本主义经济制度[M]. 段毅才，王伟，译. 北京：商务印书馆，2002：45.

小的外界因素是随机的。供方完全知道自己的类型，而技术的受方并不知道技术供方的真实类型，只能通过某种渠道获得各方的信息，依此判断供方 A 的风险概率为 M_a，供方 B 的风险概率为 M_b，设 $M_a<P_a$，$M_b<P_b$，那么技术受方获得供方 A 技术质量标准风险的真实信息的概率为 $(1-P_a-M_a)/P_a$；获得供方 B 技术质量标准风险的真实信息的概率为 $(1-P_b+M_b)/P_b$。两者的信息不对称分别为（P_a-M_a）和（P_b-M_b）。由于供方 B 更希望得到受方对技术质量标准的认可，其隐瞒信息的激励高于供方 A，所以（P_b-M_b）>（P_a-M_a），即转让技术质量标准风险较高供方的信息不对称程度高于风险较低供方的信息不对称程度。（P_a-M_a）和（P_b-M_b）的大小取决于技术质量标准在转让市场的信息投入。转让技术的质量标准信息投入越大，M_a 和 M_b 就越接近于 P_a 和 P_b，非对称信息的程度就越小。技术质量标准最佳信息投入量由边际收益等于边际成本时的均衡点决定。

可以看出，信息不对称程度越高，不仅容易产生机会主义，而且技术交易的诚信度越低，从而技术交易的风险就越大。

（3）交易方式的选择。国际技术贸易中，交易方式的选择取决于当事人交易成本的差别。由于不同的交易方式所涉及的过程和环节不同，如不同的技术合同谈判成本、不同的履约成本、所需的制度安排成本，交易的当事人会通过选择不同的交易方式来降低交易成本。在国际技术贸易中，技术研究开发的不确定性最高，因此，对于技术发明或创新委托开发来讲，不仅机会主义行为产生的概率最大，技术的价值确定、技术知识产权权利保护的成本相对来讲也是最高的，而且履约的周期最长、履约的成本也最高。对于技术转让和技术许可方式，由于研究机构或发明人受经费和商业化开发不确定的约束，不仅项目数量少，而且技术创新的含量也会较低。为了尽快收回所投入的经费，技术权利人会将其技术转让或许可给多个被许可人，这样将降低技术的交易成本。

技术交易成本还涉及技术许可费的支付。技术许可费的支付方式主要有一次性支付、分期支付和提成支付等。对于技术许可方而言，如果对自己的技术可靠性、产生的收益以及对被许可人履约信心不足，或不愿与对方长期合作、担心对方的信息不对称而损害自己的利益，那么，许可方则会倾向于选择一次性支付许可费。反之，则会选择分期支付或提成支付。对于被许可方情况正相反，如果被许可方对技术的可靠性、产生的收益以及对许可人履约信心不足，或有意利用许可方难以获得有关销售额、利润额等方面的信息牟取私利，则采取分期支付或提成支付方式。反之，则选择一次性支付的方式。可见，交易方式的选择，不仅存在技术的交易成本的比较，而且存在技术许可费的支付方式的比较。上述选择的成功与失败，同样关系到国际技术贸易中风险的产生。

2. 技术被许可方风险的防范

在大多数情况下，受方技术的风险主要为：第一，技术信息不对称，即技术的可靠性，包括技术的前景、产生的效益和实施的条件等。第二，适合技术的比较，即确定属于公开技术、专利技术和专有技术等，不同的技术应有不同的价格并需要不同的保护方式。第三，技术权利人的资格，即表示技术权利人没有侵犯任何第三人的知识产权，其转让的技术是属于合法行为。为保证受让技术成功，受让方必须防范授让技术的风险。

1）签订许可保密协议

在国际技术贸易中签订许可保密协议，对于许可方而言，是保证技术在实施以前，不受到其他人无偿使用的前提。对于被许可方而言，只有在签订保密协议之后，才会允许了解许可方的技术信息和商业秘密。因为只有签订了许可保密协议，许可方才愿意提供描述采用该技术的厂商的书面材料，也才会通过口头或视听表述方法对这些材料加以补充。将还会允许有关的被许可方组织的代表去参观自己的工厂，并设法安排到被许可的工厂进行类似的参观，以便调查该技术的实际应用。为了防止许可方技术信息的不对称，许可方技术交易的机会主义出现，被许可方可在协议中要求许可人提供技术转让权威评估，以证实许可方的技术是高质量的以及其技术服务也是有效的。

2）确定许可方的技术能力

被许可方应对技术的许可方目前能提供的技术、服务的能力予以确认。必须确定技术许可人目前是否有足够数量、素质优良的人员提供所需的服务，并且能按照被许可方规定的时间安排提供技术、资料、培训、安装和测试等一系列技术转让工作。

被许可方也应确认许可方对技术进行改造或做适应性修改的能力，同时也要确认许可方是否愿意，或目前有无能力进行或帮助进行这种改变。例如，被许可方对技术中的自动化程度的适应性要求或高或低。这就需要许可方对该技术进行改造，以适应被许可方现有的设备；许可方对于实施的技术生产材料或建筑材料代替，以及代替后产生的经济效果的适应性修改的能力；许可方对技术上所要求的改变环境或安全问题的能力等。

3）确定许可方提供的方案

被许可方应该保证有最充分的机会对许可方许可的技术方案进行独立的评估。被许可方应向许可方提供技术需求说明书，并且向对方索取有关的许可技术的条件与价格等方面的非约束性的陈述书。当对许可方对其技术进行充分评估后，确定能满足被许可方的技术需求，并保证按限定的规范开发技术时，可以确定许可方的技术方案，并向其索取正式的方案。除了个别的情况，应该对所有的技术竞争者的方案进行研究。被许可方应指派人员在其职责范围内对每个计划项目进行复审。在整个机构里应有分管商务、技术及管理工作的人，后者包括采购、工程技术、经营、销售、法律以及财务和会计。

4）文化兼容性

在国际技术交流中，由于各国不相容的文化差异，被许可方在接受从国外引进的技术时也会有差异。作为预期中的技术许可方，会根据其技术转让到一个文化背景与本身不同的地方的经验尽早决定是否转让。如果只有很少的或根本没有技术转让的经验，就可能出现估量自己是否有能力适应外国文化观念以及传统技术上的差别。同样如果许可方不能理解而且不能在被许可方的国家里有效地适应实施许可技术所需要的整个环境，就可能产生一个无效益的技术许可。因为，文化和习俗方面的差别将会对国际技术贸易中的许可方与被许可方之间的关系产生巨大的冲击，甚至由于双方的某个具体的行为、反应或喜好，都会对其他人或公司产生误解。如果重复不断地出现这些情况，也就可能产生无法交流或合作的局面。

5）外在不确定因素

国际技术贸易中的外在不确定因素主要有国家政治与经济的稳定和外国法律制度的可靠性等。国家政治与经济的稳定是非常重要的。在国际技术贸易中，任何国家都可能出现这样的情况，获取外国技术及有关的国内对外国技术供应，有时会受到来自任何国家在许可证贸易方面的危害，行政权力的干预，这些都可能中断或阻止许可方履行其在许可证协议所承担的义务。这种风险可能由许可方所在国的政治条件所造成，也可能由该国与对方国之间的政治条件所造成。这种风险也可能起因于无法控制的通货膨胀、国际贸易严重不平衡、货币贬值或波动、利率上升或其他原因。

外国法律制度的可靠性。在国际技术贸易中，履行所承担的义务是作为法律合同的许可证协议的核心，这种行为的最有力保证是选择一个有良好信誉的许可方。如果发生了争论并通过友好讨论或仲裁无法解决问题，则需要应用该国的法律制度。如果法律制度没有充分发展或不可靠，就可能存在被许可方无法强制许可方履行其义务的风险，则这种制度就是有严重缺陷，它会妨碍达成许可证协议，特别是那些经济数额巨大的项目或需要许可方提供各种关键性服务的项目。如果许可证协议包含被许可方所制造商品的出口，而所述商品的制造又是获准使用许可方的外国专利和保密信息，则这些专利的存在与实力、该国工业产权制度及其有关合同法的质量等都是在选择具体技术时需要重点考虑的。必须注意，外国技术权利人的许可证方案是根据他对这些可用于提议中的许可证的外在因素的理解制订的。

6）技术上的依赖性和浪费性

对于被许可方而言，应该避免对许可方技术上的依赖性。引进技术必须考虑本国的经济发展、产业结构、产品生产和销售等一系列问题。一是发展中国家由于总体上技术能力不强，进口的某种技术或技术产品可能导致本国同类行业或同类企业面临强劲的竞争，也可能导致生产这类产品的企业破产。同样，也可能影响本国研究开发和创新技术部门的生存与发展。二是发展中国家产品的生产大多使用国外发达国家的标准，而这些标准不仅是一般的技术指标，而且包含大量的专利，如果采用标准，就要使用其中的专利。这就形成了被许可方引进技术的两难选择：一方面，不引进技术将仍然处于技术落后的局面，本国经济不能发展；另一方面，引进技术又将使本国企业遭受竞争、技术壁垒，甚至影响企业的生存，这种风险应引起发展中国家重视。只要被许可方注意通过吸收和改进所引进的技术，达到创新和技术上的独立自主，就可以避免在技术上依赖许可方的可能性。

应避免缺乏国际技术市场行情而造成技术和资金浪费的可能性。目前，国际技术交易的价格，一般是通过技术的许可方与被许可方经过谈判磋商而确定的，但仍然离不开国际技术市场价格行情对其的影响。特别是在信息和技术日新月异的时代，技术价格的涨跌与技术的生命周期相关或后续技术的开发，以及该技术在世界各国的广泛运用有很大关系。其实，受让方对于无形的技术商品状况的了解，如同对有形商品的了解一样，在确定引进某项技术时，也应当大致了解国内企业准备或已经引进该技术的情况，引进的价格区别，反复地对各种不同的转让条件进行比较。要避免花冤枉钱，只有充分掌握技术市场信息，才能避免不了解国际技术市场行情而造成技术浪费的可能性。

对于大多数发展中国家的被许可方而言，还应避免造成资金的浪费。如果一个所引进的技术全部或大部分仅仅用于生产内销产品，就必然会造成因技术引进的外汇短缺。因为技术受让方的大多数国家的货币，即非自由兑换货币，并不是能在国际市场流通的“硬通货”，技术许可方一般也不愿意接受这种货币。所以，被许可方在引进技术时必须支付大量的外汇。因此，被许可方在引进和应用有关技术生产的产品时，应考虑既在国内出售，也将产品出口到国外，以弥补技术支付的外汇。当然，为了避免这种损失，发展中国家的技术引进主管部门一般都出台有关的政策，鼓励引进外国技术的企业增加高技术商品出口量。

3. 技术许可方风险的防范

从理论上看，国际技术贸易中，由于存在市场失灵的情况，因此，技术许可方主要面临技术本身、该技术的市场前景、被许可方人选、在被许可方国家遭到“搭便车”、技术外在性等方面的风险。对于许可方技术风险的防范主要有以下几方面。

1）许可技术的评价

（1）对技术本身的评价。许可方必须对其技术本身做出客观的评价。许可方在研究开发过程中，通常由于精通技术对技术创新成果即将产生的影响感到自豪，或考虑其技术许可贸易的巨大利益，这些有时会造成许可方对技术状态的主观和错误的态度，并导致将不成熟或不合理技术进行许可贸易并产生不良结果，或导致技术许可谈判失败。因此，应对发明技术申请专利和确定专有技术进行评价。在新技术开发中，受保护的工业产权的性质必须及早确定，虽然可获专利权的发明不一定是唯一有价值的可许可的技术，而且通常不是成套技术中的独立成分，但它们是赖以发展、改进、转让、许可的基础。许可方有能力组织好对新发明的方案鉴定和评价，就为该技术创新方案提供了发展和维持一定量可供出售的技术资产的途径。对于这类发明在商业上的应用，往往还会引出一系列与其有关的不能申请的专利，但却是在商业上有用的专有技术，这种专有技术同其相关的专利技术结合在一起就形成整套的技术许可。恰当地鉴定新开发的方案，及时决定申请发明专利，或作为一种商业秘密予以保护，也就是一个法律上和商业上投入资金的决定。

（2）对技术的法律评价。对技术的法律评价又分为以下几种。

①申请专利的评价。为了避免许可方的技术在被许可方国家遭到“搭便车”，应对申请专利的必要性进行了解。专利权利人提供一个可靠的、排他性的法定保护的可实施期限（假设专利是有效的）。这种专利权对权利人和被许可方都是有益的。与商业秘密不同，专利无须承担契约性的保密义务，也无须花费大而复杂的，也是担风险的保密预防措施，包括通过离职人员泄密的风险，因而这对被许可方也是有吸引力的。一项发明申请专利不作为商业秘密，则可防止他人对该发明的独立开发，以及最先发明者使用该发明时可能受到干扰。专利提供一种对被许可方有某些合法而适当的限制的依据，这种限制对被许可方来说，是可以接受的，而对许可方是有利的。专利可以提供一个与被许可方交换新改进的更为稳固合法而又切实可行的基础。另外重要的是，一个发明者因其发明被授予专利权而能获得声誉。总之，授予专利权对发明创造是一种刺激，对专利所有者及公众都有利。

②发明专利的实用性评价。许可方应对发明的技术内容、专利的有效保护范围、专利技术方法实施的难易程度、可寻找的有关该技术应用范围的信息、该技术覆盖的技术领域、制造产品的范围、基本工艺和设备、商业用途等实用性进行考察。

③发明专利权局限性的评价。发明取得专利权也存在某些缺点，在某些情况下，商业秘密更有利于保护。由于专利的公开，资料则变成任何人都可能利用的了。任何人的故意侵权或是真诚地进行技术的改进可导致拥有者需要采取专利强制行动。检查对某些获得专利权发明的侵权行为，如在制造厂商范围内使用某些方法等，这几乎是很难或是不可能的。当一个

专利在任何地方公之于世时，该发明则在每个地方都是公知的，且可以在任何未取得专利的国家中自由地实施。因此，如果在一个国家取得专利，就需要在对专利权人所有具有重大商业利益的国家取得专利，专利权人才可以直接或采取许可证贸易的形式进入国际市场。总之，专利保护在许多国外市场是很困难的，很费时而且花费也很大。除了取得国外专利所需费用外，绝大多数国家要求缴纳年费，这实质上进一步增加了专利拥有权的费用。专利保护有法定的期限，而如果能成功地保守秘密，尽管无法保证未获专利的资料被第三方使用，但商业秘密的保护期限和价值则比专利更长更优越。

④对商业秘密或专有技术保护的评估。对于专有技术的优点和商业价值，则需估计保密的难易程度、要求或可能保密的大概时间等，这对于技术开发和转让许可都是非常重要的。

（3）对技术的经济评价。对技术的经济评价又分为以下几种。

①实施成本的评价。实施成本即达到商业化的阶段所需要的费用，包括技术安装、测试运转、原材料、技术改进、制造工艺和设备的改进、产品质量检验和人员报酬等方面的费用。如果技术尚未达到商业化阶段，还包括对技术的检验、达到工业生产水平的再次测试、技术再次改进等方面的费用。

②许可方提供服务的性质和范围评价。许可方对被许可方可能提供的技术咨询、对掌握技术的能力要求、对被许可方的培训、寻找技术实施的中间承包商或工程技术服务公司等方面的服务。

③实施环境的评价。许可方在选择适合使用其技术的被许可方时还应考虑技术使用的运行效率、技术的使用寿命、国内外环境等影响。

通过对上述方面的评估，许可方可以对自己的技术进行客观实际的评价。过高的评价，不仅会由于许可方吹嘘过头而无法兑现，因此造成经济损失，当然应由许可方承担责任，而且还会使未来的被许可方误解而错过许可贸易的机会。

2）市场估计

许可方的技术在通过对技术本身的评价、对技术的法律评价和对技术的经济评价之后，如果许可技术在技术上和经济上切实可行，并在许可贸易方面得到了适当的保护，就必须确定其潜在的市场，并去努力开拓市场需求。

（1）技术市场估计。对于发明专利，权利人应增加对国际潜在技术市场的知识并增强判断力，必须根据技术权利人在不同国家的销售收益和能力，以及在每个国家相关工业及具体企业的发展状况，选择到哪些国家申请专利。还应通过各种信息渠道，密切注意有关技术领域中的竞争厂商获得专利权的活动。

（2）生产与销售市场的估计。许可方应根据技术的实际特征分析市场的大小，如通过核实使用技术的生产者进一步估计该产品市场的未来增长。如果该技术属于新产品或改进了的产品，必须根据该产品的现有需求量、生产能力和产量变化的预测估计市场的大小，还应考虑产品可能逐渐过时以及他人的新改进的竞争影响。此外，还必须估计许可技术应占有的市场份额以及占有多长时间，如对现有可利用的竞争技术、其他人进行的新竞争发展的性质和速度进行估计。

总之，上述市场调查与估计的深度和精度，将会对技术许可贸易的成功及价值产生重大影响。

3）选择被许可方

许可方对被许可方的选择，不仅关系到许可技术贸易的成功与否，也关系到对国际技术贸易风险的防范。因此，选择技术的被许可方也是非常重要的。

选择被许可方考虑的因素包括研究开发、技术使用、销售、财政等能力，被许可方的信誉，等等。如果被许可方已有一定的研究开发和技术使用能力，可通过反向授予技术许可方式，使得许可方技术改进。如果被许可方有销售、财政等能力，这种能力将影响双方各自拥有的市场份额和未来的市场销售计划、销售能力。例如，如果未来的被许可方的市场与许可方的市场发生重叠，则可能选择另外的被许可方。如果被许可方在未开拓的市场中，或在许可方本打算与之分开的市场中，能够产生一种积极的作用，则他将成为一个理想的被许可候选人。

（1）选择被许可方的途径。一般可以采取技术转让招标的方式，对众多的、潜在的被许可方进行评估，并从中选择技术的被许可方。为了得到所需期限及条件下最合适的被许可方，对来自其他来源的明显合适的潜在的技术所需者，也要加以考虑。对有吸引力的一个或多个被许可方候选人，应设法安排得到有关他们的进一步信息。一般这种信息的获得包括人员的参观与讨论，以及对许可方技术改进方案的建议，以便许可方对各个潜在的技术被许可方进行筛选，并确定其中最有希望的被许可贸易候选人。

（2）对被许可方的资格审查。被许可方必须事先证实自己技术的价值，并准备书面的“技术许可贸易方案”，其中要介绍被许可方研究开发、技术使用、销售、财政等能力，被许可方的信誉，等等，以及现有技术的实用性的技术说明书。被许可方应说明专利或商标得到合法保护的条件，对技术预期的商业应用上的最佳预算财政分析，以及包括建议和条件的商业协议。如果被许可方所需要的不是单纯的专利技术或商标的使用许可，使用过程中完全不可能将许可方与被许可方的技术分开，那么，被许可方还必须确定许可方的技术对其要求的满足程度。

4）新兴的竞争对手

技术许可方将创新技术提供给被许可方之后，就可能使对方成为与自己势均力敌或强于自己的竞争对手。因此，技术许可方应将自己拥有的创新技术、专利技术、专有技术和公开技术进行分类，再将这些技术分为核心技术、边缘技术，然后确定宜于转让的技术和不宜转让的技术，并要掌握好转让的时机。例如，在技术转让中，专有技术、计算机软件的一部分，是靠保密来维持对它们的专有权的。许可方把这些技术情报提供给受方后，受方一旦对第三方做了透露，则供方只能依照技术许可合同，取得受方有限的赔偿，却很难阻止第三方，或从第三方再度得到有关技术的其他人无偿使用有关技术。于是，供方从此失去了对这些技术的专有权，不可能继续通过发放许可证转让它们而取得收入了。为了减少这些风险，技术许可方不愿意在许可证合同生效后，将全部技术资料一次提供给受方，而是分阶段提供。如计算机软件的转让人，越来越多地求助于技术性保护，即在提供的程序上附加“保密程序”，以使软件难以复制。不过目前破译保密程序的技术也随之发展起来，泄密的风险依旧存在。

可见，虽然在转让中可以使技术权利人获利，但是，在随后的高技术产品的生产及销售中，转让可能使之受更大损失。如可口可乐饮料公司是世界第一大饮料生产企业，但它从来就不转让其配方或专有技术。对于在世界各地的许可厂商，它所输出的只是配好的成品或半成品，以至于在该公司诞生的近百年中，从未出现新生竞争对手。所以，许可方在实施自己研发的创新技术和转让技术时，既要防止可能丧失某些专有权，又要防止产生新生竞争对手的风险。

本章小结

知识产权与国际技术贸易有着密切的关系。为了保护技术拥有者的权益和鼓励技术扩散，以西方工业化国家为主在过去 100 多年中先后成立了诸如世界知识产权组织等国际机构来实施知识产权保护，同时先后产生了一系列知识产权方面的国际公约，本章主要介绍了与国际技术贸易关系密切的一些国际公约。1994 年底结束的关贸总协定乌拉圭回合谈判和所通过的《与贸易有关的知识产权协定》，是对各国际公约的全面概括和最新发展，对知识产权保护提出了更加严格的要求。

知识产权是指人们就其智力创造的成果和经营管理活动中的标记、信誉依法享有的权利。知识产权是受到法律保护的无形财产权，它能够给权利人带来经济利益，同时技术的供方和受方在技术的交易过程中又会面临不同的风险。因此，在国际技术贸易中建立风险预警机制和采取防范风险的措施就尤为重要。

名词解释

知识产权　自主知识产权　TRIPs 协议　优先权原则　PCT　“301 条款”　“337 条款”　风险预警机制　道德风险　机会主义

复习思考题

一、简答题

1. 保护知识产权的重要国际公约有哪些？
2. 简述我国知识产权保护制度的主要内容。
3. 进行国际技术贸易的企业，如何建立知识产权风险的预警机制？
4. 技术供方如何进行技术贸易风险防范？
5. 技术受方如何进行技术贸易风险防范？

二、案例分析题

中国政府开始布局“一带一路”倡议，2014 年 7 月 10 日，世界知识产权组织在中国设立办事处，这是继日本、新加坡、巴西之后，世界知识产权组织设立的第 4 个驻外办事处。统计显示，截至 2015 年 7 月底，世界知识产权组织中国办事处已接到全国各地各类咨询 300 余次，举办了近 20 场研讨会和研修班。国务院和国务院办公厅发布的政策文件共 106 项，其中涉及知识产权的至少有 25 项。2014 年，中国的专利、商标、工业品外观设计和实用新型的国家申请量均为世界第一。

目前中国经济正在进入新常态，经济结构升级和转型进入关键阶段。经济要实现从要素驱动向创新驱动的转变，离不开知识产权。中国政府高度重视利用国际资源促进自身的科技发展，可以预见，中国在全球创新体系中的位置必将进一步提升，跨境知识产权的付权、交易和争议解决等工作前景广阔。

随着“一带一路”倡议的推进，越来越多的中国企业进军海外市场。在这个过程中，在知识产权保护方面，世界知识产权组织对于这些企业有何建议？

世界知识产权组织副总干事王彬颖：当前，全球化深入发展，互联网跨越国界，商品、服务和各种创新要素在世界范围内快速流动，涉及知识产权的国际和国家经贸法律制度不断调整。如何接受和适应国际市场的知识产权法律环境，是中国企业在走出国门时必须面对的现实课题。

在先期“走出去”的中国企业中，已经涌现出一批获得成功的先行军。华为、联想等中国企业，在利用知识产权制度保护和拓展海外利益方面表现出色，积累了丰富经验。

取得专利是第一步，是保障和维护自身权益的基础。因此，建议中国企业充分利用产权组织提供的《专利合作条约》、国际商标注册马德里体系和工业品外观设计海牙体系等进行国际注册。此外，随着互联网的广泛应用，传统的知识产权制度也受到挑战。如何在数字化条件下有效保护自己的知识产权，也值得企业特别关注。

资料来源：《投资“一带一路”需知识产权战略同步跟进》，法制日报，2015-08-27，有改动

思考题：知识产权在国际技术贸易中的作用体现在哪些方面？

第 4 章　国际技术贸易对象

本章学习目标、重点与难点

学习目标：通过本章的学习，掌握受知识产权保护的国际技术贸易对象——专利权、专有技术、计算机软件著作权、商标权的含义、获取知识产权的条件，发生纠纷的解决办法，以及进行技术贸易的注意事项。

重点：专利权、专有技术、计算机软件著作权、商标权的含义、获取知识产权的条件、发生纠纷的解决办法、进行技术贸易的注意事项。

难点：交易受知识产权保护的国际技术贸易对象时，发生纠纷的解决办法。

受知识产权法律保护的具有财产权利的成果，及其创造者所享有的权利，即成为技术贸易的对象，如专利权、专有技术、计算机软件著作权和商标权等。

4.1　专　利　权

4.1.1　专利权概述

1. 专利权的含义及其法律特征

专利权（patent rights）是指由一国或地区（特别行政区或几个国家）的政府主管部门或机构，根据发明人（设计人）就其发明创造（inventioncreations）所提出的专利申请，经审查认为其专利申请符合法律规定，授予该发明人对其发明创造享有的专有权。

专利权的法律特性同前面所讲的知识产权的法律特点是一致的，即以下几方面。

（1）无形性。专利权是一种无形资产权，是不可以计量的。

（2）时间性。专利权只有在法律规定期限内才有效，才存在。

（3）地域性。专利权只有在法律管辖区域内有效，并受法律保护。

（4）独占性。专利权人在专利的有效地域和时间内享有专有权，即独家占有权。

2. 专利权的主体和客体

专利权的主体是指依照专利法可以享受权利并承担相应义务的所有人，即专利权人。专利权主体范围包括发明人、职务发明人单位、合法受让人和外国公民。

发明人可以是一个或两个以上的共同发明人。发明人是指对发明创造的实质性特点做出贡献的人。对主要利用单位的物质和技术条件完成的发明创造，发明人按照事先与单位的约定向单位返还资金或交纳使用费的，可以不作为职务发明。对于职务发明，申请专利权和专利权属于单位；专利权授予后和专利实施后，单位应给予职务发明人奖励和报酬。

职务发明人的单位。掌握职务发明创造的关键在于是否是执行本单位的任务或主要是利用本单位的物资条件完成的。职务发明创造人的所属单位有公司、企业、科研院所、学校、中国境内的外资企业、中外合资企业和集体所有制单位，都享有发明专利的申请权和专利权。

合法受让人。当发明人将其发明创造的所有权转让给他人，即受让人，则该受让人便享有该项发明创造的专利申请权和专利权。这种所有权转让可以是通过买卖方式，还可以是继承或赠予。

专利权的客体是指专利权主体的权利和义务所指的对象，是专利法保护的对象，即发明、实用新型专利和外观设计。发明是指对产品、方法或其改进所提出的新的技术方案，必须是一种运用自然规律解决人类生产、生活中某一领域的特定技术问题的某种技术方案。自然规律是指存在于自然界的客观规律，如万有引力、浮动定律等自然法则。实用新型专利是指对产品的形状、构造或其结合所提出的适于实用的新的技术方案。实用新型专利必须是针对有形产品和技术方案进行申请的专利。外观设计是指对产品的形状、图案、色彩或其结合所做出的富有美感并适于工业应用的新设计。

1）获得发明和实用新型专利权的条件

获得发明和实用新型专利权的条件是指该项智力成果同时要具有新颖性、创造性和实用性。

（1）新颖性：是指在申请日（向专利局提交专利申请之日或优先权日）以前没有同样的发明或实用新型在国内外出版物上公开发表过（绝对新颖性）、在国内公开使用过或以其他方式为公众所知（相对新颖性），也没有同样的发明或实用新型由他人向专利局提出过申请并且记载在申请日以后公布的专利申请文件中。可见，新颖性具有时间标准和地域标准。

（2）创造性：是指同申请日以前的技术相比，该发明有突出的实质性特点和显著的进步，该实用新型有实质性特点和进步。

（3）实用性：是指该发明或实用新型能够制造或使用，能用在工业、农业、林业、渔业、商业和服务业，并且能够产生积极效果；具有可实施性、可再现性和有益性。

2）获得外观设计专利权的条件

授予专利权的外观设计，应当同申请日以前在国内外出版物上公开发表过（绝对新颖性）或国内公开使用过（相对新颖性）的外观设计不相同或不相近似。

3）发明和实用新型的例外

（1）我国专利法规定“智力活动的规则和方法不授予专利权”。

（2）技术方法或不具备一定形状的产品是被排除在实用新型专利法保护范围之外的。

要注意的是，专利法对发明和实用新型有特别的要求。例如，一个经营超市的老板，经过多年的观察，发现各种商品摆放不同，会导致销售额的变化，经进一步研究，他发明了一种能最大限度增加营业额的商品摆放方法。就此方法，他提出了专利申请，但被专利局驳回了申请。另一个花农，经过多年的研究和实验，终于配制出一种高效液体花肥，这个花肥能促进花的生长，并使花株常年开花。就该液体花肥，花农向专利局提出实用新型专利，申请也被驳回。

这两个案例中，第一个例子涉及的主要问题是专利法保护什么样的发明。《中华人民共和国专利法》（以下简称《专利法》）所称的发明是指对产品、方法或其改进所提出的新的技术方案，必须是一种运用自然规律解决人类生产、生活中某一领域的特定技术问题的某种技术方案。自然规律是指存在于自然界的客观规律，如万有引力、浮动定律等自然法则。在第一个例子中，超市老板发明的摆放商品的方法，因不是利用自然规律，而是人类思维活动的结果，不是专利法意义上的发明，《专利法》规定智力活动的规则和方法不授予专利权，所以该经营方法不能授予专利权。第二个例子未授予实用新型专利的原因是作为实用新型专利必须是针对有形产品和技术方案，技术方法或不具备一定形状的产品是被排除在实用新型专利法保护范围之外的。第二个例子中，花农申请的专利保护是一种液体花肥，没有固定形状，因此不能授予实用新型专利。

中国专利申请与审批程序如图 4-1 所示。

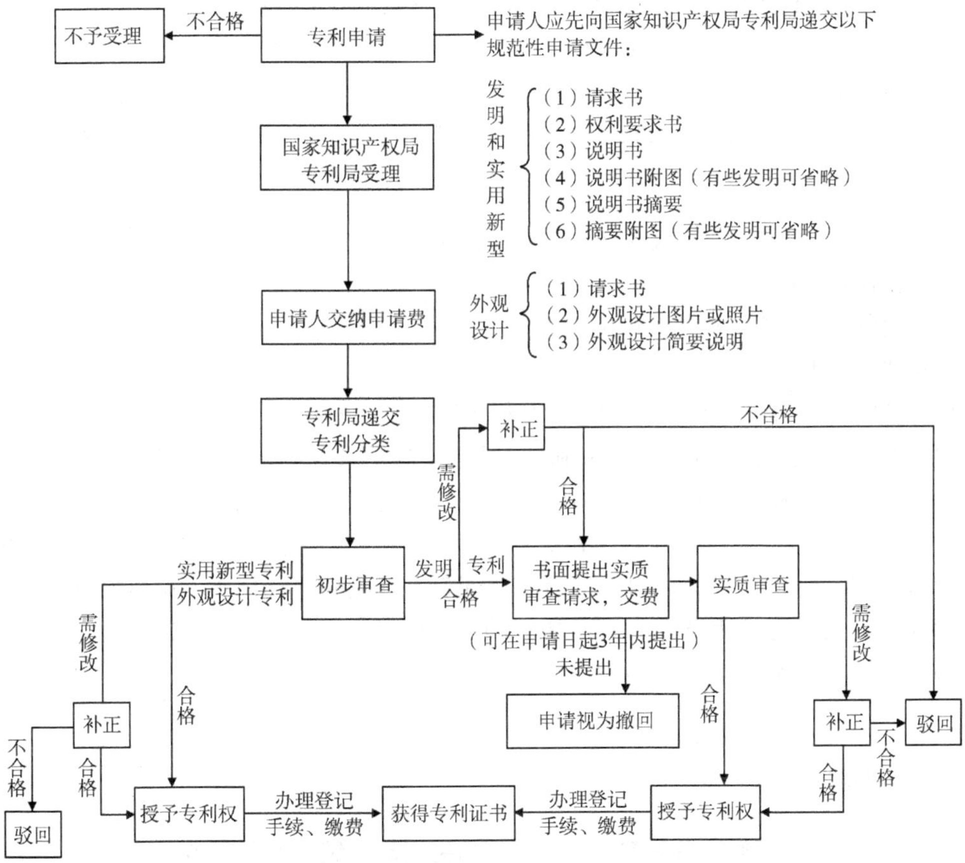

图 4-1　中国专利申请与审批程序

资料来源：中华人民共和国国家知识产权局，专利申请与审批程序

3. 专利权的期限、终止和无效

1）专利权期限

《专利法》规定：专利权的有效期都是从申请日开始的，自申请日起计算发明专利权的期

限为 20 年；实用新型和外观设计专利权的期限为 10 年。实用新型法律状态更新的问题是因为国家知识产权局专利信息录入也需要时间，一般会延迟 1～3 个月。专利有效期间还要交年费来维持专利，但到期以后就成为无法律效力的公开技术，任何人都可以免费实施。

专栏 4-1

一项到期的专利

1993 年，巴斯夫发现了一种具有有效成分为“吡唑醚菌酯”的农作物杀菌药物，由于该杀菌药物具有良好的农作物保护作用，一经推出就受到了广泛关注。据统计，近 3 年来，凭借这种有效成分为“吡唑醚菌酯”的药物，获得每年超过 50 亿元人民币的销售额，巴斯夫在全球杀菌剂领域稳坐龙头地位。不过，前不久，这款广受关注的药物相关专利已到期。

这件到期专利是巴斯夫于 1995 年 6 月 21 日通过《专利合作条约》途径（PCT 途径）提交，而后进入中国的发明名称为“2-［（二氢）吡唑-3’-基氧亚甲基］苯胺的酰胺及其制备方法和用途”（申请号：95194436.3）的专利申请，于 2001 年 7 月 11 日获得授权（专利号：L95194436.3），并于 2015 年 6 月 20 日到期。

资料来源：《仿制专利到期药，仍需警惕专利“陷阱”》，中国知识产权报，2015-07-16，有改动

2）专利权终止

有下列情形之一的，专利权在期限届满前终止。

（1）没有按照规定缴纳年费。

（2）专利权人以书面声明放弃其专利权。

3）专利权的无效

《专利法》规定，自专利局公告授予专利权之日起满 6 个月后，任何单位或个人认为该专利的授予不符合法律规定，都可以请求专利复审委员会宣告该专利无效。对专利复审委员会宣告专利无效或维持专利权的决定不服，可在收到通知之日起 3 个月内向人民法院起诉。

专利被宣告无效，对已签订的专利实施许可合同会产生一定影响。由于许可合同的标的已变成普通技术而非专利技术，任何人都可以无偿地使用它，使用人不必再向合同原许可人支付使用费。对于宣告专利无效前已经履行的实施许可合同，《专利法》第四十七条规定，宣告专利权无效的决定对其没有追溯力。

案例 4-1

德国最高法院裁定苹果“指尖滑动解锁”专利无效

2015 年 8 月，德国最高法院裁定苹果的“指尖滑动解锁”专利无效，称其尚未达到足够高的水准来申请专利保护。“这个用户友好型的技术此前已有类似的专利申请”，其依据是这项技术类似于瑞典公司 Neonod 在苹果公司 2007 年推出 iPhone 一年前发布的一款手机的技术。

2016 年 2 月，华盛顿特区联邦巡回上诉法院做出的裁决称，其他两项涉及 iPhone 滑动

解锁和自动输入更正功能的专利无效。

资料来源：《德国最高法院判决 iPhone 滑动解锁专利无效》，环球网，2015-08-26，有改动

思考题：德国法院为什么裁定苹果的“指尖滑动解锁”专利无效，有哪些法律依据？

案例分析

实用新型专利获得的条件是具有新颖性、创造性和实用性，这三个条件要同时具备。德国最高法院裁定苹果的“指尖滑动解锁”专利无效，称其尚未达到足够高的水准来申请专利保护。就是说苹果的“指尖滑动解锁”缺乏创造性，因此宣布此专利无效。创造性是指同申请日以前的技术相比，该发明有突出的实质性特点和显著的进步，该实用新型有实质性特点和进步。当然，专利的申请受地域性限制，这是德国法院裁定苹果的“指尖滑动解锁”专利无效，每个国家对专利的实用新型中的创造性理解是不同的，美国就授予苹果的“指尖滑动解锁”专利。

4.1.2　专利侵权及救济

1. 专利侵权

侵权是指一个人故意或过失，损害了他人的合法权利。专利侵权行为是指凡未经专利权人的许可，又不享有法律上的权利，擅自实施他人专利的，便构成侵犯专利权的行为。即不得以生产经营为目的，制造、使用、销售专利产品或进口专利产品，或使用专利方法，制造、使用、销售或进口该产品。此外，假冒他人专利或将非专利产品冒充专利产品或将非专利方法冒充专利方法的，均构成侵权行为。

依据《专利法》，发明或实用新型的保护范围以其权利要求书的内容为准，说明书及附图可以用于解释权利要求；外观设计专利权的保护范围以表示在图片或照片中的该外观设计专利产品为准，这是判断专利侵权的依据。

案例 4-2

雅虎正式起诉 Facebook 专利侵权

2012 年 3 月，雅虎起诉 Facebook 侵犯其 10 项专利，这些专利涉及广告、隐私权、定制、短信和社交网络等多个领域。Facebook 随后在 4 月提出反诉讼，称雅虎将“诉讼置于创新之上”的决定为缺乏远见。2012 年 4 月，Facebook 宣布与微软达成协议，向后者支付 5.5 亿美元收购数百项专利。

据路透社报道，雅虎递交诉讼表示，Facebook 对其 10～20 项专利构成侵权，这些专利技术包含于 Facebook 的广告、隐私控制、新闻源和消息服务等领域，如果 Facebook 拒不支付相关专利费用，雅虎将对此诉诸法律。Facebook 方面就指控表示：“我们为此感到失望。我们与雅虎直接的沟通仅限于几通短暂的电话。我们会继续通过媒体去了解长期合作伙伴

的新进展。我们会竭尽全力在这场令人费解的官司中为自己进行辩护。”

资料来源：《雅虎正式起诉Facebook 专利侵权：要求索赔》，凤凰网，2012-03-13，有改动

思考题：Facebook是否侵犯雅虎的专利权，为什么？

案例分析

专利侵权行为是指凡未经专利权人的许可，又不享有法律上的权利，擅自实施他人专利的，便构成侵犯专利权的行为。即不得以生产经营为目的，制造、使用、销售专利产品或进口专利产品，或使用专利方法，制造、使用、销售或进口该产品。Facebook的广告、隐私控制、新闻源和消息服务等领域使用了雅虎 10～20 项专利，并未得到雅虎的授权，因此Facebook侵犯了雅虎的专利权。

然而由于诉状提交之时正值Facebook紧张筹备IPO（initial public offering，首次公开募股）的敏感时期，人们有理由怀疑雅虎的动机。雅虎曾在2004年用类似手段对待当时的搜索引擎巨星谷歌，在后者上市前发起专利诉讼，成功赚到数百万股谷歌股份。如此“前科”加“新罪”，雅虎“专利流氓”的罪名似乎在劫难逃。一些人认为，如今雅虎深陷内忧外困，这场专利战争是彻头彻尾的冒险一搏。这个老互联网公司真正想要做的是在日渐激烈的竞争中扭转形势、保住一席之地。

雅虎陷入困境已不是新闻。它曾是美国唯一的所谓“门户网站”，也曾在互联网发展初期一度称霸。但在行业的快速发展和激烈竞争中，却因为多次决策性失误痛失发展机遇。目前，雅虎股价仅为15美元左右，市值缩水到200亿美元。

2. 专利救济

我国对专利的保护采取了司法和行政机关“两条途径，协调运作”的模式，发生专利侵权纠纷，权利人或其利害关系人可以请求专利管理部门进行调解或查处，也可以直接向人民法院起诉。

《专利法》规定，地方管理专利工作的部门有权对是否侵犯专利权进行认定，认定侵权行为成立的，可以责令侵权人立即停止侵权行为；当事人不服的，可以在收到通知之日起 3 个月内向人民法院起诉，侵权人期满未起诉又不停止侵权行为的，专利管理部门可以申请人民法院强制执行。专利管理部门仅依当事人的请求进行调解，不做处理决定，调解不成的，当事人可以向人民法院起诉。专利管理工作的部门有权查处假冒他人专利，责令改正并予公告，没收非法所得，处以罚款。《中华人民共和国刑法》（以下简称《刑法》）第二百一十六条规定：“假冒他人专利，情节严重的，处三年以下有期徒刑或者拘役，并处或者单处罚金。”侵犯专利权的诉讼时效为 2 年，自专利权或利害关系人得知或应当得知侵权行为之日起计算。为防止遭受难以弥补的损害，专利权人可以在提起侵权诉讼前请求人民法院采取责令停止侵权行为等临时措施。

专栏 4-2

雅虎与 Facebook 就专利纠纷达成和解

2012 年 7 月 6 日，美国雅虎（Yahoo）公司和“脸谱”（Facebook）公司宣布，双方已就专利纠纷问题达成最终和解，并就启动新的广告合作达成协议。两家公司在联合声明中称，它们已达成专利交叉许可协议，将拓展目前的广告合作伙伴关系，确保广告在两家公司网站的投放，并进一步加强脸谱网站的分享功能与雅虎新闻网站的融合。

协议将包括扩大双方合作，如联合进行广告营销以及将部分重要专利相互授予许可权。不过，这项交易不包括任何现金协议。在广告销售上，双方将联手为消费者和广告主带来两家公司所宣传的优质媒体体验。在内容方面，雅虎和“脸谱”还将联手在雅虎网站上展开社交整合活动，将雅虎庞大的媒体内容带给“脸谱”用户。此外，Facebook 未来可能会为上述协议中未包括的其他雅虎专利支付许可费用。

资料来源：《“脸谱”与雅虎没有撕破脸 专利诉讼案达成和解》，京华时报，2012-07-10，有改动

4.1.3 专利权贸易

1. 专利权贸易的概念与方式

专利权贸易是指专利权人在一定条件下转让专利权或许可他人使用专利权的行为。转让专利申请权或专利权的合同，经国务院专利行政部门登记后予以公告，转让行为自登记之日起生效。

专利权的转让和专利权许可使用。专利权转让是指专利权人将专利权的所有权转让给他人。专利权许可使用是指专利权人许可他人为生产经营的目的，制造、使用、销售其发明和实用新型的专利产品，或使用其专利方法以及使用、销售依照该专利方法直接获得的产品，制造、销售外观设计专利产品，或为上述用途进口专利产品或依照其专利方法直接获得的产品。专利权许可贸易方式是被普遍采用的专利权贸易方式。

2010～2016 年，我国发明专利、实用新型专利和外观设计专利的技术市场合同成交金额如表 4-1 所示，每年发明专利的成交额都占据主体，外观设计专利的成交额较低。

表 4-1 我国三种专利技术市场合同成交金额（按知识产权构成划分） 单位：亿元

项目	2010 年	2011 年	2012 年	2013 年	2014 年	2015 年	2016 年
发明专利	149.34	220.25	463.96	286.47	433.29	357.20	730.74
实用新型专利	117.80	133.79	203.98	281.22	217.20	306.75	557.08
外观设计专利	16.95	3.03	2.90	1.94	10.96	11.39	9.50

资料来源：根据《中国统计年鉴》历年相关数据整理而得

2. 专利权贸易注意事项

（1）专利权许可贸易中，专利权人可以将专利使用权中的一项或几项权利许可同一个企业使用，如果是非独占许可也可许可一个国家或地区的不同企业使用。

（2）一笔专利权贸易合同可以包括专利权和专利申请权。专利权在某些国家产生于专利权授予之日，而专利申请权的有关权利则产生于“专利申请日”。因此，专利权许可使用只能发生在专利权授予日之后，专利申请权有关权利许可使用只能发生在“专利申请日”之后。专利申请权法律地位的不确定性，在贸易实践中应予以注意。

（3）专利权贸易只能发生在专利权的授权国或地区，一个外国企业不能将其在本国或其他国家（不包括中国）获得的专利权，许可给中国境内的某一企业使用，而只能是一个外国企业将在中国获得的专利权许可中国境内的企业使用。

（4）专利许可人的在先权利。若一个外国甲企业与中国乙企业签订技术许可使用合同，乙企业（受方）拟将合同技术产品销往丙国；甲企业在与乙企业签订专利许可使用合同之前已就该项专利技术在丙国获得专利权。在这种情况下，乙企业必须从甲企业取得产品销往丙国的许可合同。

（5）专利产品平行进口。专利产品平行进口是指一国未经专利权人授权的进口商，从国外进口专利权人或其许可人投放市场的平行专利产品的行为。平行专利是指同一项发明在两个或两个以上国家（或地区）所获得的专利互为平行专利。例如，某专利权人同时在中国和泰国申请了同一个专利，在中国还授予了一家进口商为代理商，而另一家进口商未经该专利权人的许可，从泰国进口该专利产品并在国内销售，造成同时有两个进口商平行进口，其中一个是未经许可授权的，这就是专利产品平行进口。《专利法》明确规定，专利权人有独占的产品进口权，专利产品平行进口属于侵权行为。

案例4-3

全球LED专利和专利交叉许可

专利技术已经成为衡量一个企业或产业创新和可持续发展能力的重要标准，拥有足够的专利技术，既可以遏制竞争对手，又可以利用专利或专利交叉获利。

当前LED（light emitting diode，发光二极管）基础专利掌握在飞利浦、日亚化学、欧司朗、丰田合成、CREE这5家国际大厂手上，彼此间透过专利互动授权形成专利保护墙，从而达到控制产业链、供应链目的，而在专利墙外的业者将面临诉讼威胁与授权金支付的难题挑战。例如，自2006年以来，国际上飞利浦、丰田合成、日亚化学、首尔半导体、LG和Cree等LED厂商，频繁演绎专利交叉许可，享受不同技术研发成果，不仅降低成本，而且形成合力，提高竞争力。2011年，德国欧司朗与美国Cree公司签署了一项全球性的LED专利交叉许可协议。涵盖的专利技术包括双方的蓝光LED芯片技术、白光LED和荧光粉技术、封装、LED灯具以及LED照明控制系统。2010年7月，Cree公司已与飞利浦签署了一项全球性的综合专利交叉许可协议，旨在进一步加速LED照明市场的增长。欧司朗表示，通过专利交叉协议可以加快LED技术在各个应用领域的传播，减轻不经意间侵犯其他公司专利权的风险，避免出现潜在的专利纠纷，来帮助各公司开发、生产和销售新产品。

2016年9月，Lighting Science宣布与Osram Sylvania以及Hubbell Lighting签订专利

授权协议。本次的全新专利授权将涵括 Lighting Science 的 968 专利系列，主要应用于 Osram Sylvania 以及 Hubbell Lighting 低光换装用炭（kàn）灯产品。

随着 LED 行业的竞争加剧，其间的专利纠纷、诉讼亦在同步增长，对于发展较晚的中国 LED 产业来说，在专利积累方面与国外还有一定差距，且大多数专利只停留在衍生性专利，难免会遭受不少专利诉讼之苦。中国 LED 上游核心专利技术基本掌握在国外企业当中。因此，国际巨头交叉许可将使我国 LED 产业面临更大的专利挑战。

近年来，不少国内企业已经认识到专利的重要性，通过与国际巨头的专利交叉授权形成“保护伞”。2015 年 7 月，日本丰田合成先后将白光 LED 专利授权给中国的两家 LED 封装厂商，聚飞光电及易美芯光达成了供应链战略合作。获得丰田合成的专利授权意味着可进入全球白光 LED 专利网，从而打开企业的国际市场成长空间，也为它们的下游客户提供了白光 LED 专利保障。同时，LED 的技术仍在不断发展和完善中，技术路线也不尽相同，即使有的专利到期了，还会有新的专利出现，形成新的技术壁垒和新的授权。国内企业在此期间应该加强专利预警，准确判断市场发展趋势，完善专利布局。

目前国内 LED 企业创新能力不足反映在三个方面：第一，企业研发投入不足，技术创新能力较弱，成果转化率不高。第二，原始创新和集成创新能力不强，先导性高技术领域科技力量薄弱，战略性新兴产业培育发展较慢，高端产品依赖进口。第三，创新资源高效配置和综合集成能力较弱。因此，企业需要着力创新，树立品牌。加快实施国家科技项目，进一步加大力度支持半导体照明企业提高自主创新能力，开发、掌握关键技术，提高核心竞争力。在技术创新的同时鼓励进行机制创新，加强产学研用相结合，加快科技成果向企业转移。加强产业链的互动，包括材料、芯片制造、封装测试、电源模块、驱动电路、光源、灯具及专用设备、仪器等多个环节衔接。

LED 专利交叉许可或交叉授权是国际巨头垄断市场的常见手段。但是问题在于中国 LED 上游核心专利技术基本掌握在国外企业手中。因此，国际巨头交叉许可将使我国 LED 产业面临更大的专利挑战。

全球 LED 专利交叉许可协议情况见表 4-2。

表 4-2　全球 LED 专利交叉许可协议情况

专利交叉许可双方		专利交叉许可协议项目	签署时间
飞利浦	Zomtubel（奥地利）	LED 光源专利交叉许可协议调整传统和 SSL（solid state lighting，固定照明）光源系统的照明强度与颜色所用的驱动器及控制技术	2009 年
	LED 照明灯具专家 Lemnin Lighting	LED 灯具设计和控制专利	
丰田合成	昭和电工	氮化 LED 芯片专利	2009 年
	夏普	LED、激光二极管	2009 年
	晶电	氮化镓基（蓝光和绿光）LED 和绿镓盐磷基（红光和橙光）LED 技术	2010 年
	Lumileds	高亮度红光、蓝光 LED 专利	2006 年
日亚化学	先后与 Osram、Toyoda Gosei、 Philips Lumileds、Cree 此外还与夏普、 Luminus、Aglight		

续表

专利交叉许可双方		专利交叉许可协议项目	签署时间
首尔半导体	LED Tridonic	硅酸基荧光粉白光 LED 专利	2009 年
	欧司朗	白光及可见光 LED	2007 年
	欧洲 TOE 公司	白色 LED 使用硅酸盐荧光粉	2008 年
LG 显示公司	柯达	OLED 及相关 TFT 技术	2008 年
Cree	飞利浦	全球性的综合专利	2011 年
	三菱化学	GaN 衬底	
	欧司朗、日亚化学、丰田合成	关于 LED 技术方面的现有专利协议	

资料来源：根据《LED 知识产权危机迫在眉睫》，中国电子报，2013-04-17；《五巨头联手筑 LED 专利壁垒 看好照明细分市场》，21 世纪经济报道，2011-04-19；《我国 LED 专利虽多但“含金量”不足》，科技日报，2015-01-18 等资料改编而成

思考题：结合上述情况理解和分析全球 LED 专利交叉许可协议状况和对我国的影响。

案例分析

当前 LED 基础专利掌握在飞利浦、日亚化学、欧司朗、丰田合成、Cree 这 5 家国际大厂手上，彼此间透过专利互动授权形成专利保护墙，从而达到控制产业链、供应链的目的，而在专利墙外的业者将面临诉讼威胁与授权金支付的难题挑战。例如，自 2006 年以来，国际上飞利浦、丰田合成、日亚化学、首尔半导体、LG 和 Cree 等 LED 厂商，频繁演绎专利交叉许可，享受不同技术研发成果，不仅降低成本，而且形成合力，提高竞争力。2011 年，德国欧司朗与美国 Cree 公司签署了一项全球性的 LED 专利交叉许可协议。涵盖的专利技术包括双方的蓝光 LED 芯片技术、白光 LED 和荧光粉技术、封装、LED 灯具以及 LED 照明控制系统。2010 年 7 月，Cree 公司已与飞利浦签署了一项全球性的综合专利交叉许可协议，旨在进一步加速 LED 照明市场的增长。欧司朗表示，专利交叉协议可以加快 LED 技术在各个应用领域的传播，降低不经意间侵犯其他公司专利权的风险，避免出现潜在的专利纠纷，来帮助各公司开发、生产和销售新产品。目前，Cree 的主攻方向是 LED 通用照明市场，Cree 与众多 LED 专利“富矿主”展开大规模合作，不难看出 Cree 希望全面拓展 LED 通用照明业务的壮志雄心。

LED 专利交叉许可或交叉授权是国际巨头垄断市场的常见手段，但是问题在于中国 LED 上游核心专利技术基本掌握在国外企业手中。因此，国际巨头交叉许可将使我国 LED 产业面临更大的专利挑战。随着 LED 行业的竞争加剧，其间的专利纠纷、诉讼亦在同步增长，对于发展较晚的中国 LED 产业来说，在专利积累方面与国外还有一定差距，且大多数专利只停留在衍生性专利，难免会遭受不少专利诉讼之苦。近年来，不少国内企业已经认识到专利的重要性，通过与国际巨头的专利交叉授权形成“保护伞”。

4.1.4　专利池

1. 专利池的定义

patent pool，中文译名为“专利池”，也译作“专利联盟”。对于专利池的定义，目前还没有统一的形式。一般认为是两个或两个以上的专利所有者达成的协议，通过该协议将一个或多个专利许可给一方或者第三方，后来发展成为“把作为交叉许可客体的多个知识产权——主要是专利权——放入一揽子许可中所形成的知识产权集合体”。现代专利池已成为知识产权与技术标准结合的产物。

美国、欧盟、日本的官方机构曾分别在官方文件中给出如下的定义。

美国专利商标局认为专利池是两个或两个以上的专利持有人之间将其一个或多个专利许可给一方或第三方的协议。

欧盟认为技术池是指两个或多个成员通过一种安排将一些技术打包集合起来，向“池”中技术的贡献者或第三方进行许可。

日本《标准化和专利池安排指南》认为专利池是一种组织，多个专利权人授权该组织向用户发放他们专利的许可，并且用户从该组织获得必需的各种许可。

由于专利池这一组织安排的多样性与灵活性，本书倾向于以尽量广义的形式进行定义。专利池的基础是专利集中管理，优势在于通过集中管理实现规模效益。专利池的性质具有对内和对外两个方面：对内可以是紧密联合(如交叉许可)，也可以是松散联合(如信息分享)；对外可以是积极开拓（如授权许可），也可以是消极防御（如应对诉讼）。

2. 专利池中的权利主体

专利池中的权利主体主要有专利权人、许可管理人（licensing administrator，负责专利池运营的主体）及被许可人三方。

其中许可管理人与专利权人之间既可以是代理关系，也可以是许可关系（专利权人将专利许可给管理人，并允许其进行分许可）。许可管理人与被许可人之间是许可关系(图 4-2)。

图 4-2　专利池

3. 专利池的类型

专利池可以根据多种标准划分为许多类型，划分的标准有规模大小、开放程度、许可政策和组建目的等。

根据规模大小，专利池包括几个专利权人组成的专利量较小的小型专利池、一定数量专利权人组成的专利量较大的中型专利池和大型专利权人组成的专利量巨大的大型专利池。

根据开放程度，专利池包括成立后即不再接受新会员加入专利池的封闭型专利池和成立后继续吸纳会员的开放型专利池。

根据许可政策，专利池包括偏重于池内成员内部交叉许可的内向型专利池、偏重于对外部公司进行授权许可的外向型专利池和内外并重的平衡型专利池。

根据组建目的，可以有建立行业标准、方便专利使用、降低市场竞争度等不同目的的专利池。以建立行业标准为目的而组建的专利池通常是最知名和最有影响力的专利池，如DVD行业的“DVD-6C专利池”、音视频压缩技术的“MPEG-2专利池”等，这类专利池内的专利往往是围绕某一行业标准的相关专利。专利池内设有专门的行业标准建立部门，对建立行业标准涉及的相关专利信息进行收集整理，之后由谈判部门将这些相关专利的专利权人吸收进专利池。这类专利池通常规模较大，开放性很强，池内成员的实力雄厚，对行业具有较强影响力。

4. 专利池的作用

（1）清除阻碍性专利。专利池的一个主要优点是可以清除阻碍性专利。由于现代工业分工越来越细，产业链延伸，某一产业内厂商众多，上下游企业之间的技术关联度也越来越高，一项产品所涉及的专利越来越密集，形成了“专利丛林”，其中包括大量的阻碍性专利。阻碍性专利会抑制技术的发展，因为专利权人之间可以互相阻止对方使用具有商业价值的专利技术。重叠的专利权阻碍了重要技术的研发和应用，除非专利权人之间可以达成合作协议。事实上，在专利池的发展历史上，法院认可专利池的积极意义一个重要因素就是其可以有效清除阻碍性专利。专利池的构建形成了系统化的专利许可交易机制，可以清除专利商品化过程中的阻碍性专利，进而鼓励技术创新并避免现有专利技术使用不足的现象。

（2）有利于技术的快速开发。专利池有助于技术的快速开发，因为其降低了技术开发受到法律纠纷阻碍的风险。例如，第一次世界大战前夕，美国政府通过组建与飞机生产技术相关的专利池，消除了由于专利诉讼纠纷不断而使飞机技术研发受到阻碍的状况，促进了飞机制造技术的发展。现代高科技产业尤其是电子通信业通过形成专利池，加快了形成技术标准的进程，促进了技术的开发和推广。

（3）减少专利纠纷。专利诉讼非常昂贵并且具有很大的不确定性。以美国为例，据统计，美国的专利诉讼每年耗费近100亿美元，并且美国的专利诉讼持续产生创纪录的赔偿额。专利池可以有效减少专利诉讼。专利池成员间的专利争议可在内部协商解决，通常以内部交叉许可的方式解决。专利池的专利清单以及被许可使用者的名单都是公开的，外部侵权行为很容易被发现，并通过谈判许可的方式解决。通过构建专利池，企业与众多可能发生侵权诉讼的专利权人共同加入专利池、按照协议共享池内的专利技术，从而最大限度地减少专利诉讼的风险。同时，由于专利池的成员在发生专利诉讼时往往会进行合作，因此也提高了其预见及解决专利诉讼的能力。

（4）降低专利许可中的交易成本。传统的专利许可都是专利使用人向不同的专利权人分别请求许可，费时费力，妨碍技术的实施。专利池汇集了某一行业的核心专利技术，一般而言，专利池的内部成员可以无偿使用池中的全部专利，专利池的对外许可遵守“Fair and Reasonable and Non-Discriminatory，即FRAND原则”，即“公平、合理、非歧视原则”，进行一站式许可，将同一技术领域中的多项专利许可给使用者，并且执行统一的收费标准。一站式许可给企业提供一个专利共享的平台，降低了交易成本。

（5）促进技术的网络效用。网络效用适用于多种技术，尤其是高科技通信行业。通信技术的开发者互相竞争，希望自己开发的技术可以成为行业标准。如果不同的技术可以组成专利池，那么专利池的成员间更容易就技术标准的内容达成共识并共享开发成果。MPEG-2 专利池和 W-CDMA 专利池便是专利池促进技术网络效用的典型例子。

（6）有利于专利池的成员分担风险。专利池通过提供其内部成员就技术研发共担风险和共享收益的机制，为其成员的创新活动提供动因。专利池提高了其成员投资于技术研发后能够收回成本并得到回报的可能性。这主要体现在：第一，通过更广泛地保护不同的研究技术，防范与技术相关的事前不确定性；第二，拓展研究的自由度，扩大研发领域，提高成功的概率；第三，防范与未来市场、未来竞争者相关的不确定性。专利池还可以有效分担企业在研发方面的风险，因为专利池不仅可以使其成员获得专利池的专利许可收益，而且可以通过未来相关专利的获取渠道以减少专利技术重复的、高成本的研发风险。

（7）减少技术溢出效应。技术溢出效应指的是当企业投资于技术研发时，一部分技术知识从企业内部“溢出”，流入公共领域，使竞争者受益。由此可见，技术溢出效应不利于创新活动。专利池的机制使得其成员相互之间既是技术的开发者，也是技术的受益者，从而可以减少技术溢出效应，提高技术创新的积极性。

5. 专利池产生的问题

（1）专利池中包含非必需专利。若一个专利池中包含非必需的专利技术，即专利池中的一些专利与该产品的生产无关或一些专利之间存在竞争性关系，可以相互替代，就会构成专利权滥用。因为被许可人并不需要这些无关的专利或替代专利，却要被迫接受许可并支付许可费用。而且，在专利池中包含竞争性专利可以造成技术垄断。当横向竞争者以此目的形成专利池时，对市场的危害尤其巨大。

（2）专利池中包含无效专利。专利池有可能会庇护无效专利免遭起诉。当专利权人在诉讼中意识到自己的专利有可能无效时，其会有强烈的和解动机，这种和解通常是通过创建专利池或安排交叉许可来完成。一旦涉嫌无效的专利与竞争对手（最有可能的无效请求人）的专利联合组成专利池，那么该专利池的其他成员便会丧失挑战该专利有效性的动机。而且，一旦涉嫌无效的专利被纳入一个较大的专利池，该专利池的被许可人通常也不会尝试无效专利，要么因为诉讼的成本变得更加高昂，要么担心破坏与该专利池的关系。因此，专利池有可能包含无效专利，而被许可人往往被迫接受。

（3）专利池许可中权力滥用。由于专利权本身即为一种合法化的垄断，因此容易导致专利权人滥用其专利在市场的支配地位，在专利池许可中不正当地限制交易或采取不公正的交易方法等方式，构成专利权的滥用。其表现形式多种多样，如专利池限制其成员单独进行许可，导致被许可人不能直接向某单个许可人请求单独许可；专利池拒绝提供所含专利清单，导致被许可人无法全面了解专利情况，而被迫接受多重许可或支付不必要的许可费；专利池拒绝合理的许可请求，或对被许可人差别对待；专利池实施强迫性一揽子限定价格，导致许可费超出合理限度，或对失效专利依然征收许可费等。专利池许可中权力滥用的情形一直是各国反不正当竞争机构调查的重点。

（4）专利池协议中包含不合理的专利权互授或回授条款。所谓专利权互授条款，从广义上来说包括成员现有和将来专利权的相互授权；而专利权回授条款是指专利池的被许可人将池内专利的改进专利对专利池进行许可。不合理的专利权互授条款可能导致专利池的成员可以免费或低价获取其他成员的专利技术，而打击其成员技术创新的积极性。同样地，不合理的专利权回授条款可能要求被许可人无偿或低价向专利池授权其专利技术，而降低被许可人技术研发的投入。此外，如果所互授或回授的专利技术与池中某些专利是竞争性关系，那么这些专利间的竞争就会受到限制，提高了专利池技术垄断的风险。

6. 专利池知识产权政策的制定

专利池的知识产权政策一般由专利池成员协商制定，同时也受到多种因素的影响和制约。除了需要满足反垄断法规的要求外，还经常受制于标准化组织的有关政策，甚至直接由标准化组织制定。专利池的知识产权政策主要包括知识产权许可的基本原则、许可条件以及专利许可费标准等。其知识产权许可的内容主要涉及专利，有的还包含商标（如相关产品和技术的认证标志）和著作权客体（如技术手册、技术标准文本、相关软件）。下面主要从专利许可角度介绍专利池的知识产权政策。

（1）知识产权许可的原则。在专利池内部通常遵循平等原则，专利池成员无论专利数量多少地位一律平等，每一项必要专利无论其作用大小，都受到平等对待，这是因为专利池中任何一项专利都是相关技术或标准实施中必不可少的专利。成员间一般相互进行交叉许可，对外许可收入主要根据各成员所拥有的专利池中必要专利的数量按比例进行分配。可见，专利池各成员所受的待遇虽然平等但也有差别。

（2）许可条件。专利池在对外进行专利许可时，除了要向被许可人收取专利许可费外，通常还会在许可协议中附加其他限制性条款作为许可条件，其中最常见的有要求被许可人回授专利以及禁止被许可人向专利池发起专利诉讼等。专利池在对外进行专利许可时，一般会在许可协议中要求被许可人承担专利回授义务，即要求被许可人在接受专利池许可的同时承诺就其现有的或将来取得的必要专利向专利池成员提供专利授权。

（3）专利许可费标准。专利池对外许可一般执行统一的收费标准，这也是非歧视原则的体现。为了确定合理的专利收费标准和专利池成员间的分配比例，专利池需要确定一套专利许可费收取和分配的计算方法。这些方法一般包括成本累积法（cost approach）、市场比价法（market approach）、所得估算法（income approach）等。实践中，专利许可费率通常不超过专利产品净售价的 5%。在标准化组织越来越强势的今天，专利池的知识产权许可收费常常受标准化组织的事先限定。例如，由企业自发形成的 3G 标准化组织“第三代合作伙伴计划，3rd Generation Partnership Project，即 3GPP”试图扮演专利权人和 3G 厂商间的协调角色，不仅组织必要专利评估，还制定专利费的计算方法并限定最高专利费率。

专栏 4-3

康得新与飞利浦战略结盟　共享裸眼 3D 专利池

创建于 1891 年的荷兰飞利浦公司，是全球知名企业，业务主要涉及生产照明、家庭电器、医疗系统等产业，在全球 28 个国家拥有生产基地，在 150 个国家设有销售机构，拥有 8 万项专利，其中包括数百项裸眼 3D 领域的专利。

康得新集团则是一家市值接近 700 亿元的中国 A 股上市公司，是全球最大的预涂膜企业、光学膜国际主流供应商，在预涂膜、光学膜、碳纤维、柔性材料等高分子材料领域均有建树。在裸眼 3D 领域也掌握着数百项核心专利，是全球唯一整套裸眼 3D 技术专利持有者。

2017 年 1 月 5 日，康得新集团与荷兰皇家飞利浦（Royal Philips）在美国拉斯维加斯签订战略协议，双方优势互补，展开裸眼 3D 领域的深度战略合作，共同开发技术、建立共享“专利池”，彼此特许、共享对方知识产权；飞利浦还将其持有的裸眼 3D 技术知识产权权利独家授权给康得新集团，由其在中国行使独占实施许可权，这就标志着全球企业即使得到飞利浦的海外专利授权，但若想把产品卖到中国，还需要得到康得新的允许。

康得新是世界领先的裸眼 3D 显示公司，全球唯一整套裸眼 3D 技术专利持有者，曾于 2014 年与飞利浦达成裸眼 3D 技术方面的合作，并于 2016 年收购从飞利浦分拆出来的 Dimenco 公司。此次战略合作是这一合作伙伴关系的进一步延续和深化，康得新将借此进一步巩固其在裸眼 3D 显示界的知识产权与市场地位。

经过多年的研究和开发，康得新在裸眼 3D 技术的开发与光学设计、播放软件等方面处于全球领先位置。飞利浦在裸眼 3D 透镜显示设计、3D 内容创造以及 3D 格式领域傲视群雄。此番强强合作之后，双方在裸眼 3D 领域所共同拥有的专利将超过 1000 项，不但在裸眼 3D 领域统领全球，而且将引领裸眼 3D 产业的发展方向。

资料来源：《康得新飞利浦战略结盟　共享裸眼 3D 专利池获中国区独占许可权》，齐鲁晚报，2017-01-07，有改动

4.1.5　专利布局

1. 专利布局与专利组合

专利布局是一个具有目的性的专利组合过程，专利组合形态包括技术标的组合、空间组合、时间组合、申请模式组合与不同技术领域组合。与专利组合相比，专利布局多了策略性与目的性，即专利组合是“专利的集合”，而专利布局是“目的性专利的集合”。如表 4-3 和图 4-3 所示。

表 4-3　专利组合形态

项目	成分	组成		说明
专利权	专利 A	技术标的	内容	所对应的技术种类，或是对应于产业、商品、技术或服务等的对应关系
			范围	该申请专利范围的保护范围与广度
			标的组合	不同申请专利范围的组合
		区域（空间）		地域或属地主义
		期间（时间）		寿命与生命周期
		家族（组合）		技术标的与区域的排列组合
	专利 B	…		…
	专利组合	组合形态		专利组合形态或是群聚样式，对应于实际产业机构

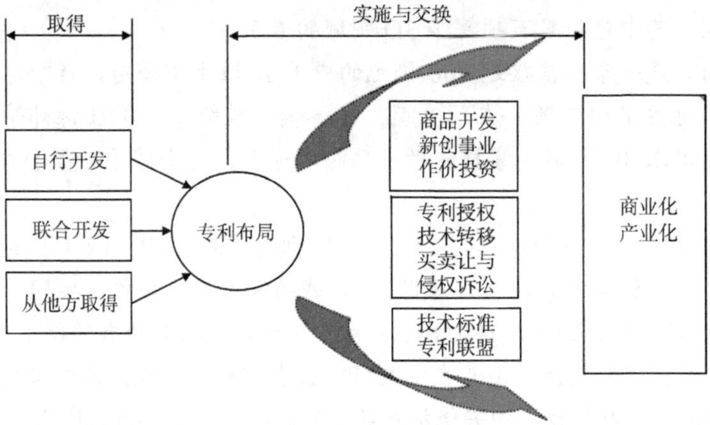

图 4-3　专利取得与专利布局

理清专利布局和目标设定是专利布局的核心，是专利价值实践的方法，包括专利的商品化和产业化以及专利的授权、买卖、入股等。换言之，专利布局和目的相结合可以清楚地表征其内涵，如用于商品化的专利布局、用于产业化的专利布局、用于授权的专利布局、用于新创企业的专利布局等。

2. 企业进行海外专利布局

在“一带一路”建设“走出去”的大趋势下，众多中国企业都在积极发展海外市场。在企业对外投资合作中，知识产权是非常重要的无形资产，更是开拓海外市场的核心竞争力。企业的品牌、专利、商业秘密、版权等，都是企业赖以生存、长远发展、走向国际市场的基础。与此同时，中国企业也必将面临海外陌生知识产权法律环境带来的风险。如果不给予足够的重视，这些知识产权法律风险也同样会给企业的海外发展埋下重大隐患，甚至可能给企业带来致命的打击。

中国企业走向海外市场，需要密切关注两个方面的风险：一是因为不了解海外知识产权状况，无意中侵犯他人的权利；二是自身的知识产权在海外未进行有效布局，遭受他人侵权。知识产权法律风险并非无法避免，如果谨慎预防、妥善处理，便能给海外市场的发展带来机遇。确定专利布局目的，主要考虑以下几个方面。

（1）拟定短中期目标和时间安排。一旦企业确定了商业目标，明确了专利布局的工作，应当尽早将专利布局落实为专利申请。对企业来说抢占先机、条件成熟时尽快申请专利尤为重要。

（2）地域因素。专利权具有地域性，因此中国企业进入海外市场，需要考虑主要的市场国家和生产地，竞争对手的产品市场和生产地，以及当地国家的专利制度是否健全等因素，从而确定在哪些国家地区进行专利布局。

（3）反馈机制。依序拟定策略，建立行动方案，评估可用资源，设立绩效考核指标，执行、评估与回馈修正。

海外专利的申请，一般都是通过专利合作条约途径进行的。申请人从申请日的第 30 个月就要完成绝大部分的国家选择，而这时候往往专利技术还未成熟，产品也还未上市，在专利 20 年的期限内市场因素处于变化之中。因此，企业在做专利布局的地域选择时，要用发展的眼光去考虑未来可能发生的市场变化。例如，企业应当考虑到“一带一路”倡议对未来发展可能形成的影响，未来是否会有更多的产品出口或者技术应用到“一带一路”沿线国家。因此需要在这些国家对相关专利提前布局。对于开发周期长的产品，在早期专利申请进行地域选择时，面临未来市场变动的因素非常大。通常需要由企业中的市场部和战略发展部共同参与专利布局的地域选择，尽可能减少对未来市场环境的误判。

2017 年上半年，中国申请人通过国家知识产权局提交的专利合作条约国际专利申请达 2.0 万件，同比增速 15.3%。世界知识产权组织发布的 2016 年专利合作条约国际专利申请情况报告显示，中兴通讯以 4123 件专利合作条约国际专利申请量排名全球企业第一，华为则以 3692 件的申请量名列第二。

4.1.6　专利预警

企业作为创新主体在专利的创造、保护、管理和运用环节可能出现法律问题，因此企业在做好创新和市场推广的同时，需要了解并利用专利制度和专利信息，采取有效的专利保护、侵权防范和应急应对措施，构建长效的专利预警机制，捍卫企业利益，积极防范和应对专利风险。目前，在国际上出现了一批不制造专利产品仅通过专利诉讼来赚取高额专利许可费或赔偿金的专业公司和团体，它们被称为“专利海盗”（patent trolls）。“专利海盗”这一称谓之所以具有贬义，是因为人们认为其具有危害，具备寄生性的特征。“专利海盗”的出现扰乱了国内外正常的市场经济秩序，我国的一些知名企业在海外已经受到“专利海盗”的威胁并已支付了数额不菲的费用。为此，我国需要建立专利预警机制防止本国核心技术落入“专利海盗”之手，通过立法从法律规制的角度完善专利保护制度。建立专项预警机制，主要考虑以下几个方面。

1. 新产品上市前的专利风险分析

对于拟在某些特定市场（如中国、美国、欧盟、新兴市场等）上市的新产品，基于该产品的技术方案进行检索，给出该产品是否存在侵权风险的结论，并给出相应的建议。

2. 竞争对手专利布局分析

对某产品领域的主要竞争对手在全球专利布局进行分析，从而理清主要竞争对手的专利布局特点，研究其技术发展路线图，并预测技术发展趋势，对热点技术、重要技术进行分析，从而给出相应的研发建议。

3. 专利壁垒稳定性分析

对在专利风险分析过程中发现的重要授权有效专利的权利，要求进行检索和分析，从而给出关于该权利要求是否稳定的结论，为企业的后续研发做参考。

4. 自由公知技术检索分析

在某些特定的技术领域（如半导体、芯片技术、药品等），存在大量的失效专利和未进入某个国家的专利，通过检索该特定领域的专利文献，从而为企业后续研发过程中选择研发路线给出建议。一方面可以避免专利侵权风险，另一方面可以节省研发支出的费用。

4.2 专有技术

4.2.1 专有技术概述

1. 专有技术的内涵

1）专有技术的称呼

专有技术，也称秘密技术或技术诀窍。来自英文“know-how”即“I know how to do it”，其中文意思是知道如何做某事。也有许多国家使用“商业秘密”（commercial secret）一词。也有一些国际组织，如WTO使用“未披露的信息”（undisclosed information）一词，其中包括技术信息（technology information）和商业信息（business information）。在我国，既使用“专有技术”，也使用“商业秘密”一词。在本书中，我们统一使用“专有技术”这个名称。

2）专有技术的含义

关于专有技术的定义，长期以来，世界各国的专家学者有过各种各样的见解，一些国际组织也试图对这一概念进行界定，但直到今日也没有一个统一的解释。从总体上看，对专有技术的定义大致可以分为狭义和广义两种。狭义的专有技术通常把专有技术限定在工业范围内，认为专有技术是用于工业生产的技术知识，如设计图纸、工艺流程、配方、公式、生产数据等。广义的专有技术将专有技术的概念扩展到工业、商业和管理三个方面，认为除工业技术外，还包括生产管理和商业经营方面的知识。

随着国际技术贸易的发展，有关专有技术的定义也朝着进一步扩展方向发展。我国法律虽然对于专有技术的定义从未做过直接明确的规定，但从有关法律规定的精神上来看，我们更倾向于专有技术的广义含义。

结合国际技术贸易的实践和我国的有关解释，我们对专有技术做出这样的解释：专有技术是指从事生产、管理和财务等活动领域的一切符合法律规定条件的秘密知识、经验和技能，其中包括工艺流程、公式、配方、技术规范、管理和销售的技巧与经验等。同其他知识产权一样，专有技术本身也是一种无形的知识，往往通过一定的有形载体表现出来。

3）专有技术的表现形式

专有技术的表现形式有以下几种。

（1）以文字图形表现的专有技术。这种表现形式是大量的，如图纸、资料照片、胶卷、磁盘、软盘等。

（2）以实物形式表现的专有技术。例如，未公开的关键设备、产品的样本模型等。

（3）以口头形式或操作演示形式表现的专有技术。这主要是存在于少数专家头脑中或私人笔记本中的有关生产管理和操作的经验、技巧以及一些关键数据、配方等。

2. 专有技术的特点

1）专有技术是一种无形的技术知识

专有技术本身具有非物质的属性，是人类知识活动的产物，这是专有技术的一个重要特点。专有技术往往又是以图纸、配方、公式、操作指南、技术记录、实验报告形式表现出来，这些东西是有形的，是专有技术的书面记录表现形式，专有技术本身是这些有形物质中的观念或构思。

2）专有技术是具有实用性的动态技术

国际技术贸易中的专有技术大多数属于工业技术范畴，是一旦投入生产中去，就能迅速转化为生产力，产生经济效益的技术知识或经验积累。专有技术必须具有实用价值，如果没有实用价值，不能为技术使用人带来经济效益，专有技术就失去了转让的意义。因此，很多国家都将专有技术必须具有实用性作为向其提供法律保护的条件之一。由于许多专有技术仍处在研究发展和积累的过程中，其具体范围很难限定，并且随着生产实践的增多，其内容仍在不断丰富和发展，因此说是一种不断发展和自我完善的动态技术。当该技术领域出现更先进的研究成果时，该技术将被淘汰，或由于保密措施不力导致技术秘密泄露时，该技术就会提前失去其商业扩展价值。

3）专有技术是可以传授和转让的技术

因为专有技术具有可传授性，在类似的生产环境下，一般的技术人员能够应用同一技术生产出同样的产品。正是这种特性决定专有技术可以作为技术贸易标的转让给他人，如果它是不可传授的，那就无法进行转让。一般认为某些个别人的个人特长不应包括在专有技术的范围之内，因为它与个人的自身条件有关，往往因人而异，无法进行转让。专有技术可以通过图表、图纸、公式、文字等有形的方式和视听、技术培训等无形的方式进行传播，也可以通过许可贸易方式进行转让，它不是依附个人自身条件而存在的。

表 4-4 所示是我国 2010～2017 年技术秘密（在我国常把专有技术称为技术秘密）的交易状况，可以看到技术秘密的成交额在技术市场的成交额中，虽然绝对量在增加，但是所占的比重趋于递减。

表 4-4　我国技术秘密市场合同成交金额（按知识产权划分）

项目	2010 年	2011 年	2012 年	2013 年	2014 年	2015 年	2016 年	2017 年
全国技术市场合同成交金额/亿元	3 906.58	4 763.56	6 437.07	7 469.13	8 577.18	9 835.79	11 406.98	13 424.22
我国技术秘密市场合同成交金额/亿元	1 488.08	1 952.04	2 017.00	2 223.11	2 625.75	2 534.46	2 657.55	2 991.27
我国技术秘密市场合同成交金额与全国技术市场合同成交金额的比例/%	38.09	40.98	31.33	29.76	30.61	25.77	23.30	22.28

资料来源：根据《中国统计年鉴》历年相关数据整理而得

4）专有技术是一种以保密性为存在前提的独占权

虽然专有技术不需要像专利技术那样要具备新颖性的标准，但它必须是秘密技术。凡是众所周知或是公众容易获得的技术知识的内容，不能作为专有技术。专有技术的独占权是基于其所有人将其技术知识处于保密状态而构成的一种事实上的独占权，它是非公开的，只有极少数人才掌握的秘密技术。专有技术作为事实上的独占权没有严格的时间性和地域性。

3. 专有技术与专利技术的区别

专有技术与专利技术有许多相似的地方，但两者之间也有许多不同。从表 4-5 中可以更清楚地看到专有技术与专利技术的区别。

表 4-5 专有技术与专利技术的区别

内容与区别	专有技术	专利技术
保密性	技术内容保密	技术内容公开
时效性	无	有
地域性	无	有
技术要求	成熟的、实用的	新颖性、创造性、实用性
存在方式	书面表示、专家头脑中	书面表示
权利取得	依法自动产生	法律程序
法律保护	相关法律	专利法

4.2.2 对专有技术的法律保护

1. 通过合同法予以保护

在含有技术的国际技术贸易合同中，规定合同当事人必须对专有技术保密。若未经技术供方的同意，技术受方使用或泄露合同规定的专有技术，便构成违反合同行为，供方可以违反合同为理由起诉，要求法院制止违约行为或判决违约方赔偿损失。在专有技术转让合同履行期间，对专有技术的保密义务是双方面的，不但作为技术接受者的受方要承担保密义务，作为技术提供者的供方同样要采取必要措施，对合同涉及的技术秘密给予保密，否则，同样是违反合同的行为。合同中的规定，只能对合同双方当事人具有约束力，对合同以外的任何第三方都无约束力。

一般来说，在专有技术转让合同正式签约之前，供方和受方在洽谈专有技术许可使用时，许可人必须将有关的专有技术向被许可方披露，尽管双方还无合同约束，但技术受方仍负有保密责任。即使谈判未达成协议，受方也不许使用其在谈判中所获悉的专有技术，也不可将专有技术泄露给其他任何人。

2. 通过侵权行为法予以保护

侵权行为是指因过失、故意或违法行为使他人遭到损害的行为，该行为人称为侵权人。侵权人对其侵权行为必须承担法律责任。世界上许多国家法律规定，以不正当手段获取他人的专有技术和使用他人的专有技术是侵权行为，受害人可以通过法律要求侵权人赔偿损失。受害人的这种权利无须以契约为依据，只要受害人证明他在法律上享有此种权利，而这种权利被他人侵害，就可以起诉要求侵权人赔偿损失。我国法律也不例外，《中华人民共和国民法通则》第一百一十八条规定，公民、法人的著作权（版权）、专利权、商标专用权、发现权、发明权和其他科技成果权受到剽窃、篡改、假冒等侵害的，有权要求停止侵害，消除影响，赔偿损失。

3. 通过反不正当竞争法予以保护

一些国家为了维护经济秩序，防止不正当竞争对经济发展和市场竞争造成恶果，先后制定了关于防止不正当竞争的法律。所谓不正当竞争（unfair competition），就是指经营者在市场交易中，违反自愿、平等、公平、诚实信用的原则，违反商业道德的行为。由于传统的知识产权法律，如著作权法、专利法和商标法都不能给予专有技术，或称商业秘密法律保护，因此，各国越来越重视通过反不正当竞争方面的立法，加强对商业秘密的保护。

《中华人民共和国反不正当竞争法》(以下简称《反不正当竞争法》)第二十一条规定："经营者以及其他自然人、法人和非法人组织违反本法第九条规定侵犯商业秘密的，由监督检查部门责令停止违法行为，没收违法所得，处十万元以上一百万元以下的罚款；情节严重的，处五十万元以上五百万元以下的罚款。"该法第十七条规定："因不正当竞争行为受到损害的经营者的赔偿数额，按照其因被侵权所受到的实际损失确定；实际损失难以计算的，按照侵权人因侵权所获得的利益确定。经营者恶意实施侵犯商业秘密行为，情节严重的，可以在按照上述方法确定数额的一倍以上五倍以下确定赔偿数额。赔偿数额还应当包括经营者为制止侵权行为所支付的合理开支。"

4. 通过刑法予以保护

我国刑法里也有相应的规定。如《刑法》第二百一十九条规定，有下列侵犯商业秘密行为之一，给商业秘密的权利人造成重大损失的，处三年以下有期徒刑或拘役，并处或者单处罚金；造成特别严重后果的，处三年以上七年以下有期徒刑，并处罚金。

总之，对专有技术的保护，可以通过合同法、侵权行为法、反不正当竞争法、刑法予以保护。

4.2.3　专有技术的侵权行为及救济

1. 专有技术的侵权行为

按照西方发达国家的法律，以下几种行为被视为侵害专有技术行为：①雇员利用雇佣关系，把获得的技术秘密泄露给他人；②以不正当手段获悉他人的技术秘密，并加以利用或泄露给他人；③利用他人窃取或泄露别人的技术秘密；④为了竞争和牟利，无正当理由利用或泄露在交易中所获得的技术秘密；⑤明知所获得的技术秘密是他人非法泄露的技术，但仍加以使用或泄露。

《反不正当竞争法》第九条规定，经营者不得实施下列侵犯商业秘密的行为：

（1）以盗窃、贿赂、欺诈、胁迫、电子侵入或者其他不正当手段获取权利人的商业秘密；

（2）披露、使用或者允许他人使用以前项手段获取的权利人的商业秘密；

（3）违反保密义务或者违反权利人有关保守商业秘密的要求，披露、使用或者允许他人使用其所掌握的商业秘密；

（4）教唆、引诱、帮助他人违反保密义务或者违反权利人有关保守商业秘密的要求，获取、披露、使用或者允许他人使用权利人的商业秘密。

经营者以外的其他自然人、法人和非法人组织实施前款所列违法行为的，视为侵犯商业秘密。

第三人明知或者应知商业秘密权利人的员工、前员工或者其他单位、个人实施本条第一款所列违法行为，仍获取、披露、使用或者允许他人使用该商业秘密的，视为侵犯商业秘密。

本法所称的商业秘密，是指不为公众所知悉、具有商业价值并经权利人采取相应保密措施的技术信息、经营信息等商业信息。

2. 专有技术侵害的救济方法

专有技术受到侵害时，其所有人在法律上可以有以下三种救济方法。

（1）请求监督检查单位责令侵害人停止违法行为，禁止侵害人继续使用该项专有技术。

（2）通过国家主管机关，请求损害赔偿，即要求侵害人赔偿专有技术所有人因其技术被非法使用或泄露所遭受的损失，或要求侵害人交出不法使用受害人专有技术所获得的利润。

（3）直接向法院提起诉讼，以获得法律救济。

专栏4-4

东芝与SK海力士之间的专有技术纠纷

SK海力士，前身为1983年成立的现代电子产业株式会社，1996年正式在韩国上市，1999年收购LG半导体，2001年从现代集团分离出来，更名为（株）海力士半导体。2004年10月将系统IC业务出售给花旗集团，成为专业的存储器制造商。SK海力士致力于生产以DRAM、NAND Flash & CIS非存储器为主的半导体产品，是世界第二大DRAM制造商，并于2007年成长为世界第六大半导体企业。

中新网2014年3月19日电，据日本新华侨报网报道，日本大型综合电气制造商“东芝”因半导体研究技术数据泄露，将同行韩国“SK海力士”告上法庭。3月18日消息称，东芝要求对方赔偿1100亿日元。据日本《读卖新闻》报道，技术泄露后，“SK海力士”的业绩与2013年相比提升约三成。

2014年3月13日，东芝以“SK海力士”违反“不正当竞争防止法”向东京地方法院提起民事诉讼。东芝有关人士称，2008年东芝“NAND型闪存”相关技术数据泄露后，曾根据“SK海力士”销售额的提升幅度、与客户的交易内容、市场占有率的变化等计算过该企业取得的不当利益。

东京警视厅警方以涉嫌违反不正当竞争防止法（公开营业秘密）为理由逮捕了东芝的合作伙伴、美国半导体厂商“闪迪（Sandisk）”的日本子公司的前技术人员杉田吉隆（52岁，居住于北九州市）。警视厅认为这名男子涉嫌向韩国半导体巨头“海力士半导体”（现为SK海力士）泄露了作为东芝主力产品的半导体存储器的研究数据。

这名52岁的东芝前员工杉田吉隆（音译）2008年在闪迪（Sandisk，和东芝在NAND研究上为合作关系）工作时突然离职，然后立刻开始了在SK海力士的工作，嫌疑人杉田承认了涉嫌罪名。嫌疑人涉嫌在担任闪迪技术人员并工作于东芝四日市工厂的2007年4月至2008年5月，利用自己的ID访问了东芝服务器计算机，擅自使用存储设备复制了作为营业秘密的NAND型存储器的研究数据，并于2008年7月前后将研究数据提供给了跳槽后进入的海力士。

东芝认为由于信息泄露，损失了本来应获得的1000多亿日元收益。NAND型记忆卡业务是该公司的收益来源之一，2013 年 10～12 月实现了约 500 亿日元的营业利润。最后 SK 海力士以支付 2.8 亿美元，相当于诉讼规模 27%的和解金与东芝达成协议，撤销诉讼。SK 海力士半导体部门的专利相互授权合约，与产品供应契约也获得延长。

资料来源：根据《东芝、SK 海力士诉讼和解 获赔 2.78 亿美元》，日本通，2014-12-22；《东芝称研究技术数据泄露　向韩公司索赔千亿日元》，中国新闻网，2014-03-19；http://www.skhynix.com.cn/ companyintro. jsp 等资料改编而成

4.3　计算机软件著作权

4.3.1　计算机软件的含义

依据《中华人民共和国计算机软件保护条例》（以下简称《计算机软件保护条例》），计算机软件包括计算机程序和文档。

1. 计算机程序

计算机程序是指为了得到某种结果而可以由计算机等具有信息处理能力的装置执行的代码化指令序列或符号化语句系列。计算机程序又包括源程序和目标程序。

2. 文档

文档是指用来描述程序的内容、组成、设计、功能规格、开发情况、测试结果及使用方法的文字资料和图表等，如程序设计说明书、流程图、用户手册等。

这里所提到的计算机程序和文档必须由开发者独立开发，并已固定在某种有形物体上。也就是说，受法律保护的计算机软件必须具备原创性，即软件开发应该是开发者独立设计、独立编制的编码组合。此外，受保护的软件必须固定在某种有形物体上，即一定的存储介质，如磁盘、磁带、卡片、纸带、图表、手册等。

4.3.2　计算机软件著作权的内容

计算机软件著作权是指软件开发人对其作品所享有的专有权利。其主要包括人身权、财产权、转让权和许可使用权。

1. 人身权

人身权是指计算机软件著作权人根据自己的作品获得的与人身有关的专有权利，主要有发表权、开发者身份权和修改权及保护作品完整权。人身权是伴随着软件作品开发者的活动而产生的，一般情况下由该作品的著作权人享有。但当著作权人不是软件开发者时，该软件作品的人身权由软件开发者享有；当著作权是开发者单位时，该软件作品的开发者只保留人身权中的开发者身份权，其余权利由著作权人享有。

2. 财产权

财产权是指著作权人根据其作品获得经济收益的专有权利。著作权人可以自己使用其作

品获得经济收益，也可以由他人使用其作品而获得一定的报酬。财产权主要包括使用权和取得报酬的权利。其中，使用权又有复制权、出租权、演绎权和传播权。

3. 转让权和许可使用权

转让权和许可使用权是指软件著作权人将其享有的软件著作权转让或许可他人使用并获得报酬的权利。

4.3.3 计算机软件著作权的侵权与法律责任

1. 计算机软件著作权的侵权行为

关于什么是软件著作权的侵权行为，各国著作权法有不同的规定。有时在一国构成侵权的行为在另一个国家则不认为是侵权行为。根据《计算机软件保护条例》的规定，下列行为在我国被认为是侵犯软件著作权的行为。

（1）未经软件著作权人许可，发表或登记其软件的。

（2）将他人软件作为自己的软件发表或登记的。

（3）未经合作者许可，将与他人合作开发的软件作为自己单独完成的软件发表或登记的。

（4）在他人软件上署名或更改他人软件上的署名的。

（5）未经软件著作权人许可，修改、翻译其软件的。

（6）复制或部分复制著作权人的软件的。

（7）向公众发行、出租、通过信息网络传播著作权人的软件的。

（8）故意避开或破坏著作权人为保护其软件著作权而采取的技术措施的。

（9）故意删除或改变软件权利管理电子信息的。

（10）转让或许可他人行使著作权人的软件著作权的。

专栏 4-5

保护国外软件在中国合法享有的著作权

2016 年 7 月，上海知识产权法院对一起德国企业起诉中国企业侵犯著作权案件做出一审判决，判定被告朗泽企业管理咨询（上海）有限公司（以下简称“朗泽公司”）停止侵害原告 SAP 股份公司著作权的行为，并赔偿 SAP 股份公司包括合理开支在内的经济损失人民币 118 万元。

原告 SAP 股份公司是德国企业，是全球第三大独立软件供应商，在中国市场赢得良好的声誉。被告朗泽公司成立于 2010 年 12 月 29 日，是一家主要从事 SAP 软件各项功能模块培训的公司。朗泽公司通过在其官方网站上宣传推广自己开设的针对原告各项功能模块的培训课程，并使用原告计算机软件和培训教材进行培训。原告公证取证数据显示，培训毕业学员近千名，培训费用收入 2000 万元以上。

为此，原告诉至法院，认为被告侵犯了其计算机软件著作权以及培训教材的复制权和发行权，且其恶意侵权行为严重影响了原告及其授权培训机构的正常经营，请求判令被告停止侵权并赔偿原告经济损失及合理开支共计人民币 501 万元。

上海知识产权法院审理后认为，根据《中华人民共和国著作权法》、《计算机软件保护条例》和国际条约的相关规定，外国人、无国籍人的作品包括软件，依照其作者所属国、开发者所属国或者经常居住地国同中国签订的协议或者依照共同参加的国际条约享有的著作权，受中国法律保护。

本案中，原告系在德国登记注册的企业，中国与德国均为《伯尔尼保护文学和艺术作品公约》的成员国，根据该公约第五条规定，就享受本公约保护的作品而论，作者在作品起源国以外的本同盟成员国中享受各该国法律现在给予和今后可能给予其国民的权利，以及本公约特别授予的权利。原告提供了软件注册证书，在涉案软件运行过程中的界面亦显示原告的版权声明、注册商标等信息，涉案培训教材中均有原告的注册商标、版权声明、权利保留声明等，故原告对涉案软件和培训教材依法享有的著作权应受中国法律保护。

在受中国法律保护的前提下，究竟如何判赔成为本案的关键。过去，知识产权侵权案件的判赔金额与侵权人获利金额相去甚远，造成侵权成本低、侵权风险小的状况。但这一次，上海知识产权法院加大了判决赔偿额度。

庭审中，被告朗泽公司辩称，公证书所记载的公证程序存在瑕疵，其只在上海设有一家培训机构，公司网站中公布的该公司在多个城市有校区，开设有多家分支机构以及学员名字、数量等均是为了宣传需要，并不是该公司的真实经营情况，但被告又明确表示无法提供其实际经营情况的证据。

上海知识产权法院审理后认为，根据相关公证书记载，公证所使用的 U 盘均为取证人员在公证人员的陪同下新购买，所有公证取证过程均在公证人员的监督下进行，且两被告并未提供相反证据推翻公证书所证明的事实，上海知识产权法院确认相关公证书的法律效力。

公证书显示，被告朗泽公司网站披露，2010 年起至 2014 年 6 月，6 个校区十余项功能模块的培训总计毕业学员 978 名，其在网站上公布的培训费价格最低为 26 800 元。而根据原告与其培训合作机构的授权协议，原告可以从每一学员的培训费中收取 40%的特许权使用费。

本案中，被告虽提出不认可其网站上披露的数据，但并未提供证据证明其培训学员的数量、收取的培训费等实际经营情况，故该网站上披露的数据可以作为被告朗泽公司经营情况的依据，但原告主张的权利系其中两款软件和两项功能模块的培训教材，上述数据不能全部作为损失赔偿计算的依据。鉴于原告的实际损失和被告朗泽公司的违法所得均难以确定，但根据现有证据，已经可以证明原告因侵权所受到的损失已超过了法律规定的法定赔偿数额的上限 50 万元。

上海知识产权法院综合全案的证据情况，包括被告朗泽公司的培训费价格、侵权行为的性质、主观状态、侵权情节及持续时间，参考原告向培训合作机构收取特许权使用费的比例等，在法定赔偿最高限额之上酌情合理确定赔偿数额。同时，对原告主张的合理开支中为制止被告侵权所发生的必要、合理支出予以支持。

因此，上海知识产权法院判决被告朗泽公司停止侵害原告 SAP 股份公司著作权的行为，并赔偿 SAP 股份公司包括合理开支在内的经济损失人民币 118 万元。

资料来源：《上海知识产权法院对恶意侵权者加大判决赔偿额度》，中国青年报，2016-07-05，有改动

案例4-4

侵犯网络游戏知识产权

网络游戏产业是目前全球范围内发展最为迅速的娱乐产业，其影响已经随着各国游戏产业的成功发展，形成了一种覆盖全球的文化现象。但是，抢眼的数据背后却潜藏着网络游戏企业无序竞争的乱象，巨大的经济诱惑使得游戏侵权者屡屡不惜以身试法，网络游戏领域知识产权侵权现象频发。

2009年2月，被告人赵某等以营利为目的，未经“热血传奇”游戏中国运营商上海盛大网络发展有限公司许可，租用网络服务器，私自架设网络游戏服务器运营“热血传奇”，用银行卡绑定支付平台，供网络游戏玩家通过网银转账、游戏点卡充值等方式付费。

另有陈某等自2010年6月以来，在网上向他人购买了“征途”“奇迹”“蜀门”3种网络游戏源代码，在未经上述3款网络游戏的版权拥有者或国内代理商的授权或取得代理的情况下，私自在租用的9台服务器上架设“征途”等游戏服务器，并通过游戏发布平台进行广泛的广告宣传，吸引游戏玩家下载，从中赚取充值费用。

资料来源：《2012年中国法院知识产权司法保护十大案件简介》，人民法院报，2013-04-24，有改动

思考题：上述案例如何构成计算机软件著作权的侵权行为？

案例分析

近年来，网络游戏行业正逐渐成为中国经济发展的新的增长点，作为以文化创意为基础的产业，国产网游企业研发原创游戏的力度不断加强，游戏软件知识产权意识也不断提升，网络游戏类软件著作权登记量持续攀升。然而知识产权侵权已成为困扰网游行业和用户的顽症。目前我国涉及网络游戏著作权案件主要分为五类：一是网络游戏侵犯软件著作权案，二是游戏网站侵犯游戏信息网络传播权案，三是游戏中元素侵犯著作权案，四是游戏侵犯其他作品改编权案，五是游戏公司间互诉侵犯著作权案。其中有单独起诉游戏开发商案件，也有单独起诉平台商案件和同时起诉游戏开发商与游戏平台商案件。

根据上述案例的叙述，可以明确地看到，赵某和陈某等构成计算机软件著作权的侵权行为表现是：未经软件著作权人许可，发表或登记其软件；将他人软件作为自己的软件发表或登记；未经软件著作权人许可，修改、翻译其软件；复制或部分复制著作权人的软件；向公众发行、出租、通过信息网络传播著作权人的软件；故意避开或破坏著作权人为保护其软件著作权而采取的技术措施；转让或许可他人行使著作权人的软件著作权。

2. 法律责任

（1）停止侵害。停止侵害是指侵权人正在实施侵害行为，受害人有权请求其停止实施该侵权行为或请求法院制止其实施，以避免损害后果的发生或扩大。

（2）消除影响。消除影响是指侵权人的侵害行为已经造成了损害后果，受害人有权请求侵害人在侵权行为的影响所及的范围内，消除对受害人合法权益的不良影响，以恢复到权利

未受损害时的正常状态。

（3）赔礼道歉。这种赔礼道歉与普通道义上的赔礼道歉不同，这是在国家强制力约束下实施的。

（4）赔偿损失。赔偿数额可以依照《中华人民共和国著作权法》的有关条款去执行。

此外，情节严重的还可以给予行政处罚，甚至追究刑事责任。

4.3.4　计算机软件著作权贸易方式

2010～2017 年，我国计算机软件技术市场成交合同金额如表 4-6 所示，2012 年在绝对总量和占全国同期所有技术市场成交合同金额都在大幅上升。但是，在 2013 年以后，我国的计算机软件技术成交合同金额占全国同年所有技术成交合同金额的比例下降较快，并且每年与全国技术市场成交总量同期相比，大约都在 10%以下。

表 4-6　2010～2017 年我国计算机软件技术市场成交合同金额（按知识产权构成划分）

项目	2010 年	2011 年	2012 年	2013 年	2014 年	2015 年	2016 年	2017 年
全国所有技术市场成交合同金额	3 906.58	4 763.56	6 437.07	7 469.13	8 577.18	9 835.79	11 406.98	13 424.22
我国计算机软件技术市场成交合同金额/亿元	427.36	500.92	802.03	658.10	707.92	686.64	835.45	852.67
计算机软件技术市场成交合同金额占全国所有技术市场成交合同金额的比例/%	10.94	10.52	12.46	8.81	8.25	6.98	7.32	6.35

资料来源：根据《中国统计年鉴》历年相关数据整理而得

1. 发行

发行（sales）是软件著作权的内容之一，一般采用买卖方式，不需要签订合同。发行的软件大多是一些通用性强、用户范围广的软件包和系统软件等。

2. 软件许可使用

软件许可使用（software license）在软件著作权保护期内，根据有关法律规定，著作权人可以通过签订软件许可协议，将该软件著作权的使用权许可给他人使用。通常软件许可合同标的多为专用软件，如财务软件、外贸企业管理软件、项目评估软件、质量控制和管理软件等。

3. 软件著作权转让

软件著作权转让（software copyright transfer）是软件著作权人也可以将软件著作权转让给他人，转让后著作权人便丧失了软件的使用权和许可转让权，只剩下人身权不可以转让。软件使用权的转让需根据有关法律规定，以签订和执行书面合同的方式进行。

4. 委托开发软件

委托开发软件（delegate develop software）是指计算机软件开发商（委托方）通过与受托方签订委托协议，接受委托方（最终用户或出版商）的委托，根据委托协议规定的条件开发软件，简称“委托软件”。受托方一般要完成软件的可行性研究、总体设计、详细设计、编写程序、编写用户手册、测试安装、移交、提供技术支持等。软件测试合格后，由委托方支付报酬。

5. 交钥匙项目

交钥匙项目（software turnkey projects）是指计算机硬件和软件使用许可与转让相结合的方式。这种交易方式一般包括：有关计算机系统详述，硬件、附件和外围设备，系统软件与应用软件，硬件与软件测试，技术服务，实现合同的规划，等等。

表 4-7 展示了 2010～2017 年我国技术市场以技术转让方式为交易对象的合同成交金额，总体趋势大体都在增长，其中以专有技术转让方式成交合同金额在每年中最高，其次是以专利实施许可和专利权转让方式成交合同金额，而以计算机软件著作权和专利申请转让方式成交合同金额很低，以专利申请转让方式成交合同金额最低。

表 4-7 我国采取主要技术转让方式的市场合同成交金额 单位：亿元

项目	2010 年	2011 年	2012 年	2013 年	2014 年	2015 年	2016 年	2017 年
以技术转让方式成交合同金额	610.10	523.39	1 020.84	1 083.76	1 137.17	14 466.53	1 607.89	1 400.28
以技术秘密转让方式成交合同金额	442.90	346.00	688.07	755.50	853.39	1 151.17	627.41	6 792.79
以专利实施许可转让方式成交合同金额	63.28	89.48	246.71	239.63	167.26	117.30	386.17	292.20
以专利权转让方式成交合同金额	43.32	58.76	43.16	31.63	57.70	92.53	85.06	138.35
以专利申请转让方式成交合同金额	6.40	4.13	4.24	3.19	4.60	4.47	7.38	9.01
以计算机软件著作权转让方式成交合同金额	10.40	12.51	25.28	21.07	23.90	61.80	40.81	36.60

资料来源：根据《中国统计年鉴》历年相关数据整理而得

4.4 商 标 权

4.4.1 商标权概述

1. 商标权的概念

商标权是商标专用权的简称，指商标注册人对其经国家商标主管机关核准注册的商标享有使用权。《中华人民共和国商标法》（以下简称《商标法》）第三条明确规定："经商标局核准注册的商标为注册商标，包括商品商标、服务商标和集体商标、证明商标；商标注册人享有商标专用权，受法律保护。"由于我国和世界上绝大多数国家一样，商标专用权的取得采取注册原则，只有依法注册的商标才享有商标专用权。所以，在我国，商标专用权指的是注册商标专用权。商标权的内容包括专有使用权、禁止权、转让权和许可使用权。

2. 商标权的特征

（1）专有性。专有性主要指商标权的独占性，其他任何单位和个人未经许可使用其注册商标属于商标侵权行为。

（2）时间性。时间性是一种有期限的权利，在有效期内受法律保护，有效期届满前可以续展，续展次数不限，商标权因此可能成为一种永久产权。期满不续展的，商标权即终止，不再受法律保护。

（3）地域性。地域性指商标权只在注册国范围内受法律保护。要取得某国的法律保护，必须按照该国法律申请注册，获得授权。符合国际注册条件的，可以简捷地一次性在多个国家同时申请注册，扩大商标权的地域保护范围。

3. 商标权的主体与客体

1）商标权的主体

按照我国 2019 年新修订的《商标法》的规定，自然人、法人或其他组织对其生产、加工、制造或经销的商品，需要取得商标专用权的，应当向商标局申请商品商标注册。也就是说，目前我国商标法对商标权主体几乎没有什么限制，个人、法人和组织等都可以注册商标。此外，由于我国商标法允许商标专有权的转让，因此，商标主体除了有权申请并获得商标注册的人，还可能是商标转让活动的受让人。

2）商标权的客体

商标既然是为了买主能识别商品而使用，所以法律对商标没有“新颖性”“先进性”之类的特殊要求，只要求具备识别性就可以了。《商标法》第八条规定：“任何能够将自然人、法人或其他组织的商品与他人的商品区别开的标志，包括文字、图形、字母、数字、三维标志、颜色组合和声音等，以及上述要素的组合，均可以作为商标申请注册。”目前，虽然各国对什么可以用来组成商标的规定不尽相同，如有的国家还以用声音和气味注册商标，而我国则没有提及气味，但是，各国商标法律中对于什么样的文字、图形及立体造型不能作为商标使用都做出了明确的规定。例如，我国《商标法》规定下列标志禁止作为商标使用。

（1）同中华人民共和国的国家名称、国旗、国徽、国歌、军旗、军徽、军歌、勋章等相同或近似的，以及同中央国家机关的名称、标志、所在地特定地点的名称或标志性建筑物的名称、图形相同的。

（2）同外国的国家名称、国旗、国徽、军旗等相同或近似的，但经该国政府同意的除外。

（3）同政府间国际组织的名称、旗帜、徽记相同或近似的，但经该组织同意或不易误导公众的除外。

（4）与表明实施控制、予以保证的官方标志、检验印记相同或近似的，但经授权的除外。

（5）同“红十字”“红新月”的名称、标志相同或近似的。

（6）带有民族歧视性的。

（7）带有欺骗性，容易使公众对商品的质量等特点或者产地产生误认的。

（8）有害于社会主义道德风尚或有其他不良影响的。

除此之外，企业在选择商标时还应注意以下情况。

不要模仿使用国内外的驰名商标。例如，我国国产葡萄酒中，著名的品牌有三个：“长城”“张裕”“王朝”，其中“长城”有三家，所以被模仿得最多，在长城的河北昌黎产区，可以看到各种“长城”。模仿驰名商标的目的其实就是故意混淆消费者的眼光，让消费者误认这就是驰名商标或是一个公司生产的，搭驰名商标的便车，提高自己的销售。这种行为属于不正当竞争，被法律所禁止，而且这样的商标是不能获得注册的，即使获得注册，在任何时间、任何人都可以向商标局提出异议，申请撤销该商标。

专栏4-6

海湾阿拉伯国家合作委员会《商标法》

海湾阿拉伯国家合作委员会（Gulf Cooperation Council，GCC）由沙特、阿联酋、科威特、卡塔尔、阿曼和巴林六国于 1981 年 5 月成立，旨在加强成员国之间各领域的协调与合作，推进一体化进程，总秘书处设在沙特首都利雅得。海湾阿拉伯国家合作委员会《商标法》旨在取代各海湾阿拉伯国家合作委员会成员国的本地商标法，从而在所有成员国中就商标保护创建统一的实施规则。然而，与海湾阿拉伯国家合作委员会《专利法》不同，海湾阿拉伯国家合作委员会《商标法》并不能提供一个统一的申请体系，商标申请将继续在各成员国单独进行申请保护。

2015 年第 500 号《部长决议》批准了 2015 年第 13 号法律的实施细则，而该第 13 号法律又批准了海湾阿拉伯国家合作委员会《商标法》，据此海湾阿拉伯国家合作委员会《商标法》得以在科威特实施。2015 年第 500 号《部长决议》于 2015 年 12 月 27 日公布，其实施细则于 2015 年 12 月 28 日在科威特生效。

实施细则中的主要变化有：提高官费——科威特商标注册申请的官费从约 80 美元增加到 1035 美元，科威特商标局多个事项的官费都会大幅增加，包括续展、提出异议以及转让。相关文件的变化——根据实施细则，在科威特提出商标申请需要提交的相关文件包括：经过公证的合法授权委托书；申请人公司注册证或商业执照副本；商标译件（如果商标中包含任何非阿拉伯语）。而且，实施细则要求提交申请的同时上交所有的相关文件。

加快审查时限——通常科威特商标局发布审查报告需要 6～8 个月的时间，实施细则要求从申请日起 90 天内发布初步审查报告，这样，申请的处理速度会比以前提高不少。延长异议期间——在科威特提出异议的时间从 30 天延长到 60 天，不能够再延长。延长迟延续展宽限期——宽限期从 3 个月延长到 6 个月。

海湾阿拉伯国家合作委员会《商标法》以上的影响是海湾阿拉伯国家合作委员会《商标法》实施细则带来的主要变化，海湾阿拉伯国家合作委员会《商标法》本身也给科威特商标法带来多项变化，如商标的定义，构成商标侵权的要件等。

资料来源：《海湾合作委员会〈商标法〉在科威特生效》，中国保护知识产权网，2016-03-03，有改动

4. 商标权的取得与丧失

1）商标权的取得

商标权的取得又称直接取得，是指不基于他人商标权而独立取得的商标权，也就是最初获得商标权的注册人。商标权原始取得的程序包括商标注册申请、初步审定、公告与征求异

议、核准注册与公告。

（1）世界上的商标权取得原则。目前世界上主要有以下两种商标权取得原则。

一是先使用原则。先使用原则又称使用在先原则，是指商标权的归属是按该商标投入使用的时间，商标权因使用而产生，法律保护最先使用者，法律确认和维护先使用者的商标专用权。由于这一原则在实践中难以确定商标使用在先者，目前只有少数国家的商标权取得采用此原则，如美国、加拿大、菲律宾、科威特、叙利亚。凡在这些国家使用商标，应特别注意保存最先使用商标的证据，其中主要是商标与特定商品联系在一起的连续实际使用，以利于该商标在使用国得到法律保护。

二是申请原则。申请原则又称申请在先原则，是指按商标注册申请的时间先后来决定商标权的归属，即商标权授予首先申请商品注册的商标使用者。商标申请注册是商标权产生的必需条件，未经申请注册并获得批准的商标不受法律保护。目前中国、德国、日本、法国等许多国家都采用这一原则。根据先申请注册产生商标权的原则，对商标使用者来说，若不及时申请商标注册，就可能被他人抢先注册，因而丧失该商标的专有权，给企业造成难以弥补的经济损失。

案例 4-5

“陆虎”“路虎”狭路相逢

吉利集团 1999 年就向国家工商总局提出了注册“陆虎”汽车类商标的申请，到 2001 年才注册成功。商标网的注册资料显示，吉利对“陆虎”商标的专利权期限是从“2001 年 3 月 7 日到 2011 年 3 月 6 日”，使用范围包括摩托车、汽车陆地车辆等。就在 3 月 6 日“陆虎”专利权期限到期之前，吉利集团已经对“陆虎”商标提出了续展申请，这个申请已获准，期限为 10 年。

2011 年 2 月，英国路华公司一纸诉状将国家工商总局商标评审委员会（以下简称“中国商评委”）告到北京市第一中级人民法院，认为 8 年前中国商标委驳回英国路华公司关于“要求吉利集团撤销被注册的‘陆虎’商标申请”是错误的，希望法院判令撤销中国商评委有关涉案的“陆虎”商标争议裁定书，并判令中国商评委重新做出裁定。

英国路华公司起诉说，“陆虎”是该公司知名汽车品牌 LANDROVER 的中文音译商标标识。吉利集团作为一家汽车制造企业，于 1999 年恶意抢注“陆虎”商标，造成了汽车行业经济秩序的混乱，以及消费者对品牌认知度的混淆，属于法律禁止行为，应予以撤销。

路华公司在法庭上提交《经济日报》等媒体于 1997 年所做的报道，这些报道中称“英国陆虎进入中国市场”，该公司试图以此证明，在吉利集团注册“陆虎”商标之前，路华公司在中国已经使用了“陆虎”名称。针对英国路华公司提交的诸多媒体的报道，中国商评委代理人表示，英国路华公司所提交的证据，是该公司自己对“陆虎”商标的主动使用，而不是媒体对“LANDROVER”的中文翻译。吉利集团也认为，从英国路华公司提交的证据来看，看不出在吉利集团注册“陆虎”商标之前，英国路华公司已经在汽车领域使用了“陆虎”或“路虎”商标。

吉利集团为何抢注“陆虎”商标，却长达 10 年未予使用呢？对此，吉利集团否认是恶意抢注，该公司表示，当初注册“陆虎”商标时，是因为吉利集团意欲跨国收购LANDROVER，所以做了先期准备。2007 年，福特为摆脱危机困境，决定出售“路虎”品牌，李书福带领吉利团队在第一时间积极应标，最终由于收购价格等因素没有成功，而濒临破产边缘的英国罗孚（“陆虎”原属于英国罗孚汽车的子品牌）当时也是吉利的并购对象。2005 年，在上汽与南汽介入之前，吉利已投入收购罗孚的准备工作中，最终亦未能如愿。目前，“陆虎”商标在吉利生产的摩托车和零部件上有所使用，并没有在汽车类产品上使用。也不排除今后在相关车型上使用，这是法律赋予吉利的权力，也是吉利正当的商标使用行为。

按照《商标法》的有关规定，谁先申请，谁先注册，谁就拥有商标的所有权。按照国际上通行的做法，一旦商标成功注册并持有超过 5 年时间，商标持有人就成为该商标“不可争议”的拥有者。

资料来源：《英国“路虎”在华提起商标权诉讼》，国家知识产权局，案例报道，2006-06-09；《“陆虎”“路虎”狭路相逢　中英公司为商标大战法庭》，北京晚报，2011-03-17；有改动

思考题：在技术贸易中，驰名商标保护为什么采取先申请原则？

案例分析

商标权具有地域性的特点，要取得某国的法律保护，必须按照该国法律申请注册，获得授权。在我国商标权的获得，要遵循先申请原则。根据先申请注册产生商标权的原则，对商标使用者来说，若不及时申请商标注册，就可能被他人抢先注册，因而丧失该商标的专有权，给企业造成难以弥补的经济损失。此案例中的英国路华公司，在中国 LANDROVER 汉字形式的商标申请注册时间，晚于吉利集团申请注册“陆虎”商标。同时，吉利集团 2001 年成功获批，10 年以来，并没有在汽车上使用该商标。

我国《商标法》及其《实施细则》规定，注册商标连续 3 年停止使用的，任何人可以向商标局申请撤销该注册商标。商标局应当通知商标注册人，限期提供使用证明，逾期不提供使用证明或证明无效的，商标局撤销其注册商标。吉利集团当初注册“陆虎”商标时，是因为吉利集团意欲跨国收购 LANDROVER，所以做了先期准备。虽然后来收购失败，但“陆虎”商标就一直归吉利集团所有，现在吉利集团已经推出了自己的“陆虎”汽车。

（2）我国的商标注册程序。我国办理商标注册有两个途径：一是商标代理；二是地方工商管理局核转。《中华人民共和国商标法实施细则》（以下简称《实施细则》），第十六条规定：申请商标注册，转让注册，续展注册，变更注册人名义、地址，补发注册证等有关事项，应当由地方工商行政管理部门核转。申请人应当将副本报送核转部门。第二十九条规定：外国人或者外国企业申请商标注册的申请办理其他商标事宜，应当委托中国国际贸易促进委员会代理。

（3）国家商标局的审查与注册公告。国家商标局对确定申请号的申请进行审查，将初步审定的商标，刊登《商标公告》；驳回申请的，发给申请人驳回通知，并抄送核转机关。

对商标局的初步审定予以公告的商标提出异议的，异议人应当将异议书一式两份寄送商标局，商标局将异议书交被异议人限期答辩，并根据当事人陈述的事实和理由予以裁定。如

果自公告之日起 3 个月内无人提出异议或异议被驳回，则应该核准注册，向注册申请人发给注册证，并刊登于《商标公告》。注册商标有效期为 10 年，从注册日起计算。

2）商标权的丧失

商标权人对其注册商标应依法使用和管理，否则便有可能丧失其商标权。导致商标权丧失的主要原因有以下几点。

（1）注册商标未使用。许多国家商标法都规定，注册商标若未在规定的期限内连续使用，就有可能被撤销。各国有关未连续使用的期限规定不一，美国、巴西等国为 2 年，中国、加拿大、日本、澳大利亚等国为 3 年，英国、瑞典、马来西亚、芬兰为 5 年。我国《商标法》及其《实施细则》规定，注册商标连续 3 年停止使用的，任何人可以向商标局申请撤销该注册商标。商标局应当通知商标注册人，限期提供使用证明，逾期不提供使用证明或证明无效的，商标局撤销其注册商标。商标的使用，包括用于广告宣传或展览。

专栏 4-7

阿尔巴尼亚法院判决商标不使用撤销案

保加利亚领先的化妆品制造商 Rubella Beauty AD 向阿尔巴尼亚地拉那初审法院（Tirana Court of First Instance，FICT）提起诉讼，状告列支敦士登化妆品公司 VVPP Investment Anstalt AG 及其在保加利亚的三个国际注册商标。2013 年 2 月 7 日，Rubella Beauty AD 向阿尔巴尼亚专利商标局（Albanian Patent and Trademark Office，ALPTO）提出了 ALEN MAK 商标的注册申请，申请注册类别为尼斯分类第 3 类。当时，被告已经在阿尔巴尼亚注册了 3 个具有相同标志的商标（第 700484 号、第 819784 号、第 949638 号，都是特殊字体）。根据阿尔巴尼亚《工业产权法》（第 159 条：使用商标的义务），注册商标自注册之日起应该连续使用 5 年，除非具有不使用的正当理由，且该理由应当独立于商标所有人的意志之外。

商标的使用指的是“在包装、商品目录、宣传册、使用手册、广告、宣传媒体、电子商务或者视听媒体中的使用，前提是能够被公众认定为与该商标在阿尔巴尼亚指定的商品或者服务的提供有关”。商标的使用还包括：①经商标所有人许可的被许可人或者第三人的使用，或者有权使用集体商标的任何人的使用；②改变了某些元素的使用，但是不得改变商标注册时的显著性特征；③在阿尔巴尼亚境内仅为了出口而将商标黏附在商品或者商品的包装上。

因为被告缺席所有的法庭审判程序，而阿尔巴尼亚专利商标局作为被指定的第三方也同样缺席，因此证明以上内容是不可能的。因此，原告提交了阿尔巴尼亚专利商标局和海关总局（General Department of Customs，GDC）的官方声明，作为支持其诉求的间接证据。海关总局特别指出，任何附有被告商标的产品都未曾进入过阿尔巴尼亚境内。而且，阿尔巴尼亚专利商标局确认未曾登记过有关这些商标的许可协议，这意味着任何阿尔巴尼亚公司都没有在阿尔巴尼亚市场使用和销售这些商标的合法权利。因此，阿尔巴尼亚地拉那初审法院认定 3 个国际商标注册都未曾使用超过 5 年。

根据阿尔巴尼亚《民事诉讼法》，民事诉讼中的举证责任通常由原告承担。但是在本案中，因为原告不可能证明不使用，被告也未出席庭审，法院认定第三方的官方声明为充分证据。2014 年 10 月 2 日，阿尔巴尼亚地拉那初审法院基于不使用做出了一个撤销商标判决，所依据的是阿尔巴尼亚专利商标局以及海关总局的官方声明，而不是原告可能提出的证据或者被告提交的使用证明。

资料来源：《阿尔巴尼亚法院对商标不使用撤销案作出判决》，中国保护知识产权网，2016-01-04，有改动

（2）不符合法律规定的商标使用许可。商标注册人可以通过签订商标使用许可合同，许可他人使用其注册商标，但必须以核定的注册商标和商品为限，而且许可人应当监督被许可人使用其注册商标的商品质量。被许可人应当保证使用该注册商标的商品质量，标明被许可人的名称和商品产地。否则将违反《商标法》的规定，可能导致注册商标被撤销，因而丧失注册商标专用权。

（3）商标权有效期满而未及时续展。《商标法》规定，注册商标有效期为 10 年，自核准注册之日起计算。注册商标有效期满，需要继续使用的，应当按照《商标法》的规定申请续展注册，未提出申请的，注销其注册商标。

（4）注册商标因注册不当而被裁定撤销。《实施细则》规定，对于注册不当的商标，自该商标核准注册之日起 1 年内，任何人可以将“商标争议裁定申请书”一式两份寄送商标评审委员会申请裁定。该委员会裁定撤销的，移交商标局办理，予以公告。

5. 商标侵权及救济

1）商标侵权

商标侵权是指未经商标权人的许可，也不享有法律上的权利，擅自在同一种商品或类似的商品上使用与商标权人的注册商标相同或近似的商标，此种行为称商标侵权行为。《商标法》规定，商标侵权主要有以下五种形式。

（1）未经注册商标所有人的许可，在同种商品或类似商品上使用与其注册商标相同或近似的商标的。

（2）销售明知是假冒注册商标的商品的。

（3）伪造、擅自制造他人注册商标标识或销售伪造、擅自制造的注册商标标识的。

（4）故意为侵犯注册商标专用权的行为提供便利条件的。

（5）给他人的注册商标专用权造成其他损害的。

案例 4-6

“乔丹”商标案

乔丹体育股份有限公司（以下简称“乔丹公司”）是由成立于 1984 年的福建省晋江县陈埭溪边日用品二厂发展而来，拥有在中国境内注册的 127 项注册商标，包括含有“小乔丹”“桥丹”“杰弗里乔丹”“马库斯乔丹”字样的商标。杰弗里乔丹、马库斯乔丹正是迈克尔·乔丹两个儿子 Jeffrey Jordan 和 Marcus Jordan 对应的中文译名。该公司“乔丹”主要使用的图形商标已于 2005 年被国家工商总局商标局认定为“驰名商标”，“乔丹”中文文字商标于 2009 年被认定为“驰名商标”。

耐克公司与迈克尔·乔丹有长期合作关系，并在全球范围内拥有“Air Jordan”高端子

品牌的运动鞋和服装的特许经营权。“Air Jordan”品牌进入中国市场，但是并没有注册使用对应的中文名称。耐克公司只有文字商标“Michael Jordan”和两个图形商标在中国获得注册。

耐克公司(旗下有 Air Jordan 品牌)针对乔丹公司注册的“乔丹”系列商标以侵犯 Michael Jordan 姓名权等为由，提起了多起商标异议、争议行政程序。在其主张悉数被国家商标评审委员会驳回后，耐克公司又自行就其中两个商标提起了两起行政诉讼。耐克公司败诉后，授意 Michael Jordan 本人作为原告，针对乔丹公司已注册的 80 个“乔丹”系列商标提起了 80 起行政诉讼。

资料来源：《乔丹斗乔丹：和解被认为是可令各方接受的结果》，人民网-知识产权，2012-03-05；《“乔丹”系列商标行政案》，人民法院报，2019-09-12；有改动

思考题：

（1）上述事例中，商标侵权具体表现在哪些方面？

（2）商标在先权和恶意注册的关系是什么？

案例分析

申请人迈克尔·杰弗里·乔丹系美国 NBA 著名篮球明星。一审第三人乔丹公司是国内具有较高知名度的体育用品企业，在国际分类第 25 类、第 28 类等商品或者服务上拥有“乔丹”“QIAODAN”等注册商标。针对乔丹公司的多项商标，再审申请人向商标评审委员会提出撤销申请，商标评审委员会均裁定驳回其申请。

在涉及“乔丹”商标的 3 起案件中，最高人民法院明确了主张姓名权保护的标准和条件，依法认定争议商标的注册损害了再审申请人对“乔丹”享有的在先姓名权。同时，因乔丹公司对于争议商标的注册具有明显主观恶意，乔丹公司的经营状况，以及乔丹公司对其企业名称、有关商标的宣传、使用等情况均不足以使争议商标的注册具有合法性，故认定乔丹公司的 3 件“乔丹”商标应予撤销，判令商标评审委员会重新做出裁定。在其余 7 起案件中，最高人民法院依法认定再审申请人对拼音“QIAODAN”“qiaodan”不享有姓名权，驳回了再审申请人的再审请求。“乔丹”商标争议行政纠纷系列案件明确了相关法律适用标准，合理地平衡了再审申请人与乔丹公司的利益。

2）商标侵权的救济

世界上许多国家不仅采用商标法，而且采用反不公平竞争法和刑法，对商标权实行保护。商标权人在其商标权遭到侵害时可以请求商标行政主管部门解决，也可以向法院诉讼请求救济。我国商标侵权案主要是通过工商行政管理部门和人民法院处理。工商行政管理部门的处理措施有以下几种。

（1）责令侵权人立即停止侵权行为。

（2）赔偿被侵权人的损失，赔偿额为侵权人因侵权所获得的利润或被侵权人在被侵权期间因被侵权所受到的损失。

（3）罚款。侵犯注册商标专用权，未构成犯罪的，工商行政管理部门可以处以罚款。

专栏4-8

知识产权维权——巴林商标侵权

巴林大多数的针对商标侵权的知识产权维权行动的依据要么是《巴林商标法》（2006 年第 11 号），要么是《海湾合作委员会共同关税法》。在巴林启动维权行动之前，首先要取得商标注册，在整个中东和北非地区（Middle East and North Africa，MENA）都是这样。

巴林的品牌持有人现在采取维权行动可以有四个重要的选择：①行政申诉。巴林的行政申诉要提交至贸易产业部工业知识产权审查局（Ministry Office of Trade and Industry，MOTI），同时还要附上：商标证副本（证明品牌持有人遭受侵权的商标在巴林已经注册），一份正式的授权委托书（授权品牌持有人在巴林的代理人享有代理权），侵权行为的证据（如侵权产品样品和销售收据），合法产品和侵权产品的对比文件（同时附上合法产品和侵权产品的样品）。贸易产业部工业知识产权审查局受理申诉后，贸易产业部工业知识产权审查局审查官会实地查访侵权人的经营场所，如发现侵权产品还将发出违法通知。通知中会要求停止侵权行为，立即停止销售所有侵权产品。如果侵权人不遵守违法通知，贸易产业部工业知识产权审查局可以将案件移交给公共检察官，向侵权人提起刑事诉讼。②刑事控告。如果品牌持有人确认存在大量的侵权产品，那么提起刑事控告可能更合适。可以直接向公共检察官提起控告，公共检察官会对案件进行调查，然后决定是否提起刑事诉讼。③民事诉讼。商标侵权案件可以提起民事诉讼。但是，因为很多比较简单的案件当事人可以选择行政申诉或者刑事控告，品牌持有人一般只会在非常规的案件中（如涉及产品相似性），或在侵权产品已经被巴林海关查收的情况下选择民事程序。跟其他的大陆法系国家一样，在巴林的法庭上双方的口头辩论比较少。民事诉讼主要是通过在法院指定的法官主持的听证程序中交换阿拉伯文诉状来进行。一旦法院收到符合条件的文件，就会发布判决书。实践中，巴林法院对侵权案件通常只判决承担名义赔偿责任，诉讼费、律师费等基本上不能获得赔偿。知识产权持有人在进行民事程序之前要记住这点。④海关申诉。巴林海关目前没有正式的商标备案系统，但是海关官员如果怀疑运载货物可能是假冒品的话，有时候也会主动通知品牌持有人，在这种情况下，通知会送达品牌持有人在巴林的商标注册代理人处。如果受怀疑的商品被确认为侵权产品，品牌持有人下一步就要启动民事程序。一旦提起民事诉讼，海关会扣押产品，等待民事诉讼的结果。之后商品可能被解扣，也可能被销毁，这要看法院的判决和命令。如果品牌持有人知道运载的侵权货物即将抵达巴林，也可以直接向法院申请命令，扣押并销毁商品。但是，由于在巴林海关成功扣押之后要由品牌持有人承担提起民事程序的费用，因此品牌持有人很少会选择向海关申诉。

资料来源：《在巴林进行知识产权维权》，中国保护知识产权网，2015-09-24，有改动

《反不正当竞争法》第六条规定，经营者不得实施下列混淆行为，引人误认为是他人商品或者与他人存在特定联系：①擅自使用与他人有一定影响的商品名称、包装、装潢等相同或者近似的标识；②擅自使用他人有一定影响的企业名称（包括简称、字号等）、社会组织名称（包括简称等）、姓名（包括笔名、艺名、译名等）；③擅自使用他人有一定影响的域名

主体部分、网站名称、网页等；④其他足以引人误认为是他人商品或者与他人存在特定联系的混淆行为。第十八条规定：经营者违反本法第六条规定实施混淆行为的，由监督检查部门责令停止违法行为，没收违法商品。违法经营额 5 万元以上的，可以并处违法经营额 5 倍以下的罚款；没有违法经营额或者违法经营额不足 5 万元的，可以并处 25 万元以下的罚款。情节严重的，吊销营业执照。

专栏 4-9

喀尔巴阡山矿泉水瓶被罗马尼亚法院命令召回

2016 年 5 月，罗马尼亚布加勒斯特法院命令两个罗马尼亚公司——Valvis Holding 和 Carpathian Springs 召回罗马尼亚市场中的喀尔巴阡山矿泉水（AQUA CARPATICA）瓶，因为该矿泉水的瓶子形状被认定侵犯了新加坡的 Sun Stars & Sons Pte 公司在 2009 年注册的 3D 的 VODAVODA 欧盟形状商标。

法院还命令撤销 4 个国内商标注册，3 个名为 AC AQUA AC（3D 商标），还有 1 个名为 AQUA CARPATICA（复合商标），这 4 个商标是被告在 2011 年至 2013 年间注册的。该侵权诉讼由 Sun Stars & Sons Pte 公司、斯洛文尼亚卢布尔雅那的 Grenki List Licenciranje 以及塞尔维亚商人 Vojin Djordjevic 在 2015 年 2 月提起，Vojin Djordjevic 是 VODAVODA 瓶装水厂的所有人。VODAVODA（塞尔维亚语，中文译名：水水）是塞尔维亚中部 spa 小镇 Banja Vrujci 的一个矿泉水品牌，而 AQUA CARPATICA 水则来自喀尔巴阡山脉中的山泉。

被告被命令停止实施任何侵权行为，如生产、销售、推广以及出口具有与原告的欧盟商标相同的形状的瓶子，从市场中召回并销毁这些瓶子，收回任何出现该产品的广告和宣传材料，法院还命令被告在 3 个全国性日报上自费公开该判决。

资料来源：《阿尔巴尼亚法院对商标不使用撤销案作出判决》，中国保护知识产权网，2016-01-05，有改动

4.4.2　商标权贸易

《商标法》规定，注册商标可以进行转让，也可以通过签订商标使用许可合同，许可他人使用其注册商标，这是两种完全不同的方式。商标权的转让，是指所有权的转让，俗话说就是“卖商标”。商标权转让方式主要是签订合同单纯转让商标和企业并购、拍卖转让。无论是哪一种形式，商标转让必须向商标局提出申请，核准后予以公告。私下转让注册商标，商标局有权责令其限期改正或撤销其注册商标。而商标权的许可使用是指商标权在一定条件下许可他人使用。

1. 商标权转让内涵

商标权的转让，是指注册商标所有人在法律规定的范围内，按照一定条件将其注册商标转让给他人所有。商标权转让后，原商标所有人对转让的商标不再具有所有权，而受让人成为新的商标权人。注册商标的转让必须合法，依法进行的转让才具有法律效力；否则，不受法律保护。因此，转让必须具备合法的条件。

（1）受让人必须符合《商标法》规定的资格，即必须是依法成立的企事业单位、社会团

体、自然人以及符合条件的外国企业或个人。

（2）转让人和受让人必须共同向商标局提出申请，因为注册商标是商标局核准注册的商标。注册商标的法律意义在于：注册商标权人对其注册商标享有专有专用的权利，可以转让，可以许可第三人使用，可以防止他人侵权，受法律保护；作为商标局来说，为保护商标专用权，促使生产者保证商品质量和维护商标信誉，保障消费者的利益，就必须对注册商标实施管理。因此，《商标法》第四十二条规定："转让注册商标的，转让人和受让人应当签订转让协议，并共同向商标局提出申请。"

（3）受让人应当保证使用该注册商标的商品质量。

（4）转让注册商标的，商标注册人对其在同一种或类似的商品上注册相同或近似的商标，必须一同办理。

（5）转让国家规定必须使用注册商标的人用药品、烟草制品及其他商品的，受让人应当提供有关主管部门的批准证明文件，如卫生部门发给的《药品生产企业许可证》《药品经营企业许可证》等。

（6）注册商标的转让，必须是整个商标权的转让，注册人如在转让之前已经同他人签订了注册商标使用许可合同，在转让时，应征得被许可人的同意。

2. 商标权转让形式

注册商标的转让主要有以下两种形式。

一是企业合并、拍卖转让。企业合并是两个或两个以上的企业依据法定条件和程序合为一个企业的行为。企业合并有两种形式：一种是一个企业吸收另一个企业，另一种是两个以上企业合成一个新企业。在这两种情况下，其中必有一个以上企业因合并而终止，而作为企业来说，它的注册商标合并到新的企业或另一个企业之中。原商标权人不再存在，注册商标转让给合并后的企业。企业拍卖是依照程序以竞争的方式卖给他人的行为。企业的注册商标也会随企业拍卖而转让给他人。

二是合同转让，即商标权人通过签订合同将自己的注册商标转让给他人，是转让人与受让人为转让商标专用权而明确相互权利和义务关系的协议。对于商标转让合同的内容，《商标法》及其《实施细则》均未加以明确规定，由当事人双方协商议定。但一般情况下，应包括以下条款：①转让人与受让人的名称、地址、法定代表人姓名；②所转让的注册商标的名称、样式、国籍、注册号；③注册商标所包括的商品或服务；④转让价格；⑤转让时间；⑥违约责任。

3. 商标权转让手续

《商标法》第四十二条规定：转让注册商标的，转让人和受让人应当签订转让协议，并共同向商标局提出申请。受让人应当保证使用该注册商标的商品质量。转让注册商标的，商标注册人对其在同一种商品上注册的近似的商标，或者在类似商品上注册的相同或者近似的商标，应当一并转让。对容易导致混淆或者有其他不良影响的转让，商标局不予核准，书面通知申请人并说明理由。转让注册商标经核准后，予以公告。受让人自公告之日起享有商标专用权。

《商标法实施细则》第十四条规定：申请转让注册商标的，每一个商标申请应当交送转让注册商标申请书（书式九）一份，并交回原注册证。经商标局核准后，将原证加注发给受让人，并予公告。

4.4.3 商标平行进口问题

商标平行进口问题是商标保护的特殊问题，同时也是国际贸易中多年讨论和争论的问题之一，各国在司法判例中极不一致，我国商标局从 20 世纪 80 年代初开始关注这一问题，但是由于司法实践、行政执法实践的实例不多，讨论一直未能深入。进入 20 世纪 90 年代以来，我国进出口贸易发展迅速，特别是亚洲金融危机后，我国商标平行进口问题日益显露，因此该问题也引起越来越多的关注。

所谓商标平行进口，就是指一国进口商在某商标权已受本国法律保护的情况下，未经本国商标所有人或商标使用权人的许可，将从国外购得的相同商标的商品输入本国的行为。由于该进口行为与本国商标权人的正常进口相对进行，故称为平行进口。例如，在国际贸易中，商标所有人在 B 国的总代理，一般情况下只能在 B 国地域内销售，如该国另外一个销售商未经授权，将附有同一商标的商品由 A 国进口并流通到 B 国，这时，B 国同一个商标的产品就出现两条进口渠道，我们称这种情况为平行进口。平行进口的先决条件是该商品在 A 国或其他国家的价格比 B 国低，消费者可以买到更便宜的商品。目前，我国《商标法》对商标平行进口问题没有明确规定，主要是根据具体案件援引相关法律来处理。

本章小结

知识产权是指人们就其智力创造的成果和经营管理活动中的标记、信誉依法享有的权利。国际技术贸易中涉及的知识产权包括专利权、专有技术、计算机软件著作权、商标权等。知识产权是受到法律保护的无形财产权，它能够给权利人带来经济利益，知识产权的特性决定它的交易方式不同于普通的货物商品，它的所有权与使用权可以分离。因此，无论是专利权、专有技术，还是计算机软件著作权、商标权都可以通过所有权转让和使用权许可两种方式进行交易。

名词解释

专利权　专利池　专利布局　专利预警　专有技术　计算机软件著作权　交钥匙项目　商标权　商标侵权　商标平行进口

复习思考题

一、简答题

1. 对专利权的期限有什么限制？说明专利权终止的几种情况。
2. 专利权被宣告无效对被许可方有哪些影响？

3. 结合一个跨国公司分析，如何进行海外专利布局？
4. 对专有技术提供哪些法律保护？
5. 针对商标权的侵权行为，有哪些救济措施？
6. 计算机软件著作权的侵权行为有哪些表现形式？

二、案例分析题

2015年6月20日，德国巴斯夫股份公司（BASF SE）（以下简称“巴斯夫”），缩写BASF，是一家德国的化工企业，也是世界最大的化工厂之一。巴斯夫集团在欧洲、亚洲、南北美洲的41个国家拥有超过160家全资子公司或者合资公司。公司总部位于莱茵河畔的路德维希港，其拥有的一件与活性成分“吡唑醚菌酯”杀菌剂相关的中国专利到期。据悉，围绕该专利的相关技术，国内已有不少企业推出了单剂或复配制剂，并进行产品登记。

对于国内企业而言，通过参与仿制相关专利到期药物可以降低成本，增强自身竞争力。然而，对于巴斯夫来说，尽管相关中国专利已经到期，但中国仍是一个巨大的市场，面对国内企业利用相关配方纷纷推出仿制药，巴斯夫必然会采取措施变相“延长”专利保护期。对此，有关专家表示，由于杀菌剂市场潜力巨大，围绕杀菌剂进行的专利布局和市场竞争已相当激烈，国内企业在进行仿制时，应提高警惕，避免落入仍然可能存在的专利“陷阱”。

“一直以来，由于国内企业在新农药创制方面相较于发达国家薄弱，拥有自主知识产权的原研药产品为数不多，使得国内企业在大宗农药产品市场领域增长低迷。”尽管研发原研药可以帮助企业快速成长，但是原研药从研发、报批到量产，可能需要10年之久，并且要投入高昂的研发费用。而仿制药的流程相对简化，成本相对较低。因此，越来越多的国内企业将注意力转移到专利到期的农药品种上。

事实上，为了尽早实现对含“吡唑醚菌酯”成分杀菌剂的仿制，国内部分制药企业很早以前就已经开始着手准备。从中国农药信息网农药登记查询系统获悉，以包含有效成分为“吡唑醚菌酯”的杀菌剂为例，除巴斯夫进行正式登记外，国内企业目前还没有正式进行登记，不过，在临时登记方面，已经看到了不少国内企业的身影，如上海绿泽生物科技有限责任公司、广东省东莞市瑞德丰生物科技有限公司、深圳诺谱信农化股份有限公司、北京燕化永乐生物科技股份有限公司等。

事实上，围绕申请号为95194436.3的杀菌剂专利，巴斯夫提交了涉及多种相关技术主题的专利申请，包括有效成分为“吡唑醚菌酯”的制备方法、中间体化合物、药物制剂以及相同用途的申请等，以期通过专利保护，达到稳固和延长其市场垄断地位的效果。在巴斯夫获得授权的5件相关专利中，截至2015年7月，有1件专利已经届满到期，仍然处于有效保护期内的专利有4件，分别是：ZL97194054、ZL97197536.1、ZL98805666.6、ZL98806337.9。如此看来，在短期内，巴斯夫还将继续享受后专利保护期的市场优势。

资料来源：陈景秋. 仿制专利到期药，仍需警惕专利“陷阱”[N]. 中国知识产权报，2015-07-16，有改动

思考题：到期专利是否具有市场价值？其他企业怎样使用这项专利才合法？

第 5 章　技术使用费与税收

本章学习目标、重点与难点

学习目标：通过本章学习了解技术的价格及其影响因素，理解技术使用费与一般商品价格的区别，技术使用费的估定方法，掌握技术使用费的支付方式及其每种支付方式的利弊和应用注意事项，了解国际技术贸易中的税收种类，理解税收管辖权的原则、类型，产生国际双重征税的原因，掌握避免国际双重征税的办法及其应用。

重点：技术的价格及其影响因素，技术使用费与一般商品价格的区别，技术使用费的估定方法，技术使用费的支付方式及其每种支付方式的利弊和应用注意事项，国际技术贸易中的税收种类，税收管辖权的原则、类型，产生国际双重征税的原因，避免国际双重征税的办法及其应用。

难点：技术使用费的估定方法，技术使用费的支付方式的利弊和应用注意事项，避免国际双重征税的办法及其应用。

5.1　技术使用费概述

5.1.1　技术使用费及其影响因素

1. 技术使用费的含义

技术作为一种特殊的商品，其价格特征和商品价格有相似之处，但也有其自身的特点和规律。总的来说，技术的价格确定远比商品价格复杂，对技术的价格理论的研究也远不及商品价格理论成熟。技术的价格理论还处于逐步形成的阶段。

技术使用费，即技术的价格通常是指技术转让合同所规定的技术受方向供方所支付的全部费用，对供方来说是一项特定技术的卖价或回收，对受方来说则是引进一项技术的支付价格或成本。

当某项技术作为商品出售时，它的价值基本上并不依照社会平均的劳动技能和熟练程度以及劳动强度条件下应用该项技术生产某种使用价值所需要的社会平均必要劳动时间来定义与变化。

技术的研制和发展正是为了提高社会劳动生产率，即缩短社会平均必要劳动时间；或为了创造新的使用价值，即定义新的社会平均必要劳动时间。在这两种情况下，社会平均必要劳动时间作为技术价值衡量标准已失去了实际意义，所以决定技术商品的价值量和价格并不能依靠一般商品的价值规律。

技术本身的发明、产生和发展以及技术转让，在具体操作上都是为了创造不平均的社会必要劳动时间，以便在某一地区内取得垄断的利润。待某种技术已形成一定范围内的生产能力并在该范围内社会中的必要劳动时间已相对平均的情况下，这种技术在这一地区内也就失去了买和供的市场。技术的交易只能发生在社会平均必要劳动时间不平均的那些产业、产品类型和地理环境中。这就决定了技术的价值在实践中不可能参照一般商品的价值规律，而只能依照它自身的特殊商品价值来变化。技术转让中的价格是受方向供方所支付的技术使用费，即受方对供方转让技术的货币补偿或酬金。在不同的场合，价格、使用费、补偿和酬金往往交替使用，但都表示双方协定的由技术受方向供方支付的货币总量。

一项技术产品通常只出售给很少几个或十几个买主，与所生产的产品相比，技术的价格是非常高的，其支付也很少是一次性的。由于影响技术转让的制约因素很多，技术的价格弹性很小，价格弹性小意味着降低价格并不能吸引更多的买主，这也是技术市场的局限性。

2. 影响技术使用费的因素

在技术市场中有许多制约因素影响最后确定的技术价格。以下就从与技术本身相关的因素、与技术环境相关的因素和税收方面分析这些因素对技术价格的影响。

1）与技术本身相关的因素对技术价格的影响

立足于技术生命周期与技术本身相关的因素对技术的价格影响主要表现在以下方面。

（1）技术生命周期。就像产品的生命周期一样，技术也有成长期、成熟期和衰退期。技术处于不同的阶段，其价值就不一样。技术价值随技术不同时期变化，具体变化情况可用图 5-1 来表示。

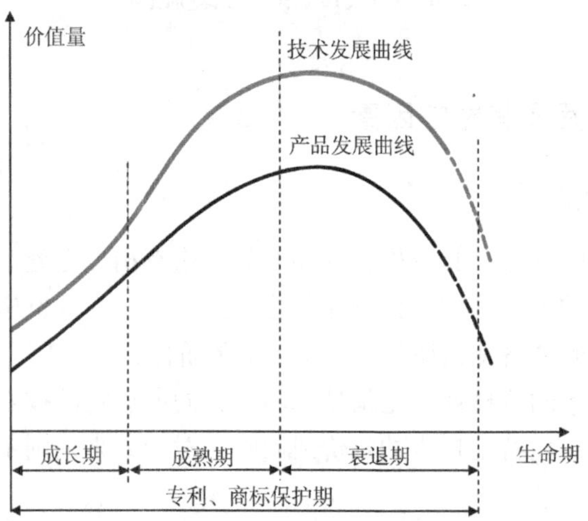

图 5-1　技术发展生命周期

某项技术在成长期，多以蓝图、原理等形式表现，此时尚无明显商业价值可言，多以专利等形式加以保护，技术的转让价格较低，受方将其完全商业化仍需投入较多的费用；技术在成熟期的商业价值最显著，此时技术常被持有者垄断起来，即使以专利许可形式转让，技术的转让价格也会很高，而且其中关键性技术、诀窍也不会转让；技术由成熟期向衰退期过渡时，技术才会比较完整地转让，技术的转让价格才会逐渐降低，特别对超过专利保护期的技术，技术转让价格会较低。

（2）技术的开发费用。每项技术的开发和研究都需较大的物力与财力，只有大型企业或大的垄断组织方可承担得起技术开发和研究的费用，技术的持有者自然对研究和开发成的技术有较高的回报要求。所以，技术的持有者往往对研究和开发成的技术采取垄断的做法，以追求高技术附加值，在结束技术垄断前，也希望通过转让收回一些开发费用。

在技术的发展阶段，技术是先进的，甚至是领先的（重大的领先技术或关键技术持有者是不会卖出或转让的），此时研制开发费用的补偿将在技术的价格中占有相当份额。在这个阶段，使用该技术生产的产品需求常是刚性的，产品价格提高并不影响需求量。此时受方为节约时间选择引进技术而放弃自行研制，并接受技术输出方对研制开发费用的补偿要求。费用的补偿量一般都接近技术供方对受方独立自行研制该项技术费用的估计量，不低于供方研制开发费用的实际花费。技术在发展阶段易被仿制时，供方也要求对其技术研制开发费用尽快补偿，补偿量一般都相当于泄密费。这类技术交易多发生在较先进和新兴的产业，而且技术供方与受方的技术水平相差不大。

在技术的成熟和衰退阶段，一般不过多地考虑技术的研制开发费用，由于技术的长期使用，其研制开发成本已从产品利润和多次技术转让的收益中取得。在特殊情况下，如果技术供方与受方的技术水平相差很大，供方仍要求受方承担研制开发的费用。

（3）技术的转让费用。技术转让的过程要涉及大量的人员、物力，要消耗大量财力。作为供方的直接花费，技术转让的费用是决定技术转让价格的基本因素，即是供方报价的下限。

通常转让费用包括以下几方面内容。

第一，技术供方的基本费用。如技术转让过程中的可行性研究、技术资料的准备、接待受方人员来访。这些费用往往由供方垫付，并打入供方的报价。

第二，因技术受方的技术服务要求决定的费用。如技术转让过程中的培训量，技术转让过程中的相关软件和相关硬件。

第三，因技术受方的技术服务性质决定的费用。不同的受方由于技术能力的差异对技术服务性质要求各异，这种各异主要体现在受方所需技术的核心程度及受方所需技术的类别上。

（4）技术的市场费用。技术的市场费用是指技术供方转让技术的机会成本，即技术的成功转让不但使受方获得了一种新技术，得到了一块新市场，而且使供方失去了一块市场，乃至培养了自己的竞争对手。因而，供方要对自己因转让技术失去的市场份额和利润损失做估算，并把这个数量反映在技术的价格中。如果技术供方在转让期内继续使用此技术于某一市场预期的利润，这个预期利润要根据行业的平均利润水平和预期销售量算得；如果技术供方在转让期内失去技术的使用权，仅有技术受方在某地域内享有技术独占权，加强了技术受方在该区域生产和销售其产品的垄断地位。若该地区的市场潜力大，技术供方失去的贸易机会多，技术转让费就会提得更高。因此，技术供方考虑技术使用费时，就希望将其丧失的销售机会所致利润损失，通过技术使用费获得一定的补偿。

（5）对技术转让过程中的开发费用、转让费用及市场费用的综合分析。技术处于不同生命周期，其开发费用、转让费用及市场费用是截然不同，具体见表 5-1。技术供方收回开发费的主要渠道首先是产品销售，最后才是技术本身的销售。当销售处于成长期的技术时，开发费用才显得重要；对于成熟期的技术，由于产品市场完善，产品利润有可靠的保障，市场费用在技术转让时最重要；对于衰退期的技术，由于产品市场趋于饱和，开发费用也已大部分收回，转让费用更为供方看重。

表 5-1 三类因素的不同侧重在价格上下限内变动

不同生命期的技术	开发费用	转让费用	市场费用
成长期的技术	A	C	B
成熟期的技术	B	B	A
衰退期的技术	C	A	B

注：A 代表费用最高，B 代表费用中等，C 代表费用最低

技术供方收回开发费的主要渠道首先是产品销售，最后才是技术本身的销售。当销售处于发展阶段的技术时，开发费用才显得重要；对于成熟的技术，由于产品市场完善，产品利润有可靠的保障，市场费用在技术转让时最重要；对于衰退期的技术，由于产品市场趋于饱和，开发费用也已大部分收回，转让费用更为供方看重。

2）与技术环境相关的因素对技术使用费的影响

一项技术的成交价格除了与技术本身相关外，还受技术环境的制约。这些制约主要表现在如下几个方面。

（1）政府的干预。政府的干预可能来自国家。一些国家出于国家安全或法律税收的考虑，限制某些技术出口或限制向某些国家技术出口。也有一些发展中国家在进口技术时为防止技术出口公司获取超额利润，对技术的价格规定支付上限，但这种限制一般不易奏效，技术供方与受方可以用延长合同年限的办法支付技术使用费。技术进口国政府也可通过审查技术协议的办法干预技术成交价格，这种限制会增加技术供方的市场风险，促使技术供方提高底价。

（2）技术进口国的政治风险。与跨国投资一样，技术进口国的政治风险和商业风险会影响买方支付与履行协议的能力。技术出口方认为风险较大时，往往采取提高底价和总付的支付方式。在转让的项目较大时，供方要向国际风险评估公司咨询。

（3）产业规范。不同产业部门或不同产品的国际技术转让有一定的规范，主要表现在技术提成率上，如医疗器械行业的技术提成率是 10%～15%。

（4）支付方式与支付货币的差价。技术转让费有三种基本支付方式：总付，提成支付，入门费与提成费相结合支付。一般说来，三种基本支付方式的现值应相等，但在实际支付时，总付可使技术出口方收取现金，同时又可避免转让期的风险。因而供方愿意给总付方式更大的优惠，以鼓励其总付。

由于国际汇率变化不定，受方希望用本国货币支付，供方则希望用国际货币支付。在国际汇率变化不定时，供方会在技术底价中打进 5%～10%的汇率系数。

（5）合同条款。如供方承担的责任范围的大小、索赔和罚款条件等。在技术转让合同

中，受方多要求供方就技术品质和交付时间做出承诺，这种承诺对供方也是一种风险。为平衡风险，供方也会在技术底价中打进一定的系数。

（6）技术供方之间的竞争状况。一项技术为独家所有和该专用技术有多个供方会对技术价格造成较大的影响。

3）技术供方和受方所在国税收政策对技术使用费的影响

与技术的价格相关的税种可归结为四大类：所得税、财产税、流转税和关税。大多数国家均把所得税作为主要的税种和税制中心，对技术转让费用的税收也多采用征收预提税的方式。由于技术转让费用是跨国界的收入，技术供方和受方都要对收入征税，就产生了双重征税的问题。

国际贸易中，政府征税一般遵循两种管辖权原则，即来源管辖权和居民管辖权。技术供方和受方所在国双重征税对技术供方和受方都有不利影响。对供方来说，削弱了国际技术市场上的竞争力；对受方来说，削弱了国际技术市场上的引进优势。另外，技术转让会带动商品贸易，增加间接税收，所以技术供方和受方所在国都力争避免双重征税。目前，世界上主要是通过政府间谈判，缔结避免双重征税协定来解决双重征税的问题。

3. 技术使用费与一般商品价格的区别

为了更好地说明技术使用费的含义，我们有必要将技术使用费与一般商品价格做一比较。

1）技术使用费形成的规律与一般商品价格形成的规律不同

一般商品价格是以价值为基础形成的。价值是在现有社会生产条件、社会平均劳动熟练程度和劳动强度下，由制造某种使用价值所需要的社会平均必要劳动时间决定的。社会平均必要劳动时间，是通过生产同一商品的无数生产者之间的相互比较确定的。而技术是一种特殊商品，其生产过程不同于一般商品。

（1）技术生产的过程具有非重复性，技术不可能“批量生产”。

（2）同样的技术所采用的研制手段和研究条件不同，所花费的劳动和成本不同。

（3）如果若干单位、企业或个人同时研究一项新技术，只有首先提出申请，并获得知识产权行政主管部门授予专用权的技术成果，才会得到社会的承认。因此，技术使用费不能用所消耗的社会平均必要劳动时间来确定。

（4）从技术许可交易的实际来看，当事人洽谈技术使用费时，被许可方愿意支付的使用费，是以利用该技术所能带来的经济效益大小为转移。利用该技术产生的经济效益越大，其愿意支付的使用费也就越高；反之，其愿意支付的使用费就越低。

（5）被许可方愿意支付的技术使用费，不是其收益的全部。因为被许可方将全部效益作为技术使用费支付给许可方，就意味着要将技术创造的全部价值支付给许可方，而且要将自己的技术和劳动所创造的价值支付给许可方，这是被许可方所不能接受的。换言之，被许可方自己的技术和劳动所创造的价值，应从其使用许可技术获得的经济效益中扣除。这样，被许可方支付的技术使用费，就不是以全部经济效益为基础，而是以技术本身创造的新增价值（added value）为基础。

案例5-1

三星和苹果公司的外观设计纠纷引发的赔偿金额计算

苹果公司在 2007 年正式发售 iPhone 手机之前，已经获得了多项与此相关的外观设计专利。其中的 D618677 号设计专利是手机的前端屏幕，为圆角黑色矩形；D593087 号设计专利是前端屏幕的一体化矩形平面设计和边框设计；D604305 号设计专利是手机的图形用户界面，包括高识别度的图形排列方式和椭圆角的方形图标。三星公司随后也推出了一系列与iPhone手机相似的智能手机。苹果公司于2011年起诉三星公司侵犯其知识产权，其中包括上述三项外观设计专利。

三星苹果专利战案件两边分别是来自韩国的民族骄傲企业三星和被全球果粉封神的苹果，赔偿金额以亿级美元计算。俗话说，两虎相争，必有一伤，而三星、苹果两大巨头的专利战，曾是一个怎样的惨烈状况？

事情是这样的，三星第一代Galaxy手机与iPhone极其相似，即三星侵犯了苹果的外观设计专利。而此时，苹果和三星还处于合作伙伴的关系（三星为苹果提供核心零部件），苹果不想闹僵，于是提出专利授权要约，三星拒绝，于是苹果怒了。2011 年4月 15 日，苹果以三星抄袭 iPhone 和 iPad 设计侵犯了苹果的专利权为由，将三星送上美国法院，并索赔 25 亿美元，这个费用是原本索要的专利授权费的 10 倍。

资料来源：《苹果三星外观设计专利官司打上美最高法院》，京华时报，2016-10-13；《苹果三星“案中案”：专利保护与反垄断的制衡》，中国经营报，2015-05-31；有改动

思考题：在技术贸易纠纷中，如何计算赔偿金额，以及应该遵循哪些原则？

案例分析

《美国专利法》第二百八十九条规定了侵犯设计专利及其法律责任：制造或销售在其上适用某一享有专利的外观设计或其欺骗性模仿设计的“制造品”（manufactured product），属于侵权行为；行为人“在其总利润的范围内”（within the total profit）但“不低于 250 美元”，对专利权人承担侵权责任。

在该案一审判决期间，陪审团认定，三星公司制造的各种智能手机侵犯了苹果公司所拥有的外观设计专利，并裁决应当支付苹果公司损害赔偿金 3.99 亿美元。这一数额的计算依据是，三星公司从其侵权的智能手机销售中所获得的全部利润。三星公司对此提起上诉，认为该案相关的制造品不是整台手机，而只是智能手机的面板或者屏幕，故损害赔偿金应予相应减少。

最高法院认定：对于由多个组件构成的产品（multicomponent product），《美国专利法》第二百八十九条规定损害赔偿金计算所依据的相关“制造品”，并非必须是出售给消费者的最终产品（final product），也可以是该产品的组件。具体理由如下：

（1）制定法的文本已经解决了这个问题。首先，根据美国权威的英文词典，对于“制造品”（article of manufacture）一词应做广义解释，是指一件由手工或者机器制造的物品，既包

括出售给消费者的产品，也包括该产品的某个组件。

这个理解与《美国专利法》第一百七十一（a）条的规定相一致，后者规定了某些“制造品的设计”（finished goods designs）有资格受到外观设计专利的保护，而专利局以及法院对此的理解就是，允许将一项外观设计专利扩展到某一多组件产品的组件上。这一解释也与最高法院对于《美国专利法》第一百零一条中“制造品”一词的解读相一致，后者规定“任何新的、有用的……制造品”都有资格获得实用专利的保护。而在判例或学理解释上，将“制造品”一词也是做广义解释的，包括“被看作与机器本身相分离的零件”。

（2）由于“制造品”一词范围广泛，足以涵盖某一销售给消费者的产品以及该产品的一个组件，而无论该组件是否单独销售，因此，联邦巡回法院对“制造品”一词持狭义解释，不符合第二百八十九条的文本。

（6）技术本身创造的新增价值也不能作为使用费全部支付给许可方。因为被许可方将技术本身创造的新增价值全部支付给许可方，就失去了使用许可技术的意义。因此，被许可方愿意支付的技术使用费，只能是技术本身创造的新增价值的一部分。

新增价值中以多大比例作为技术使用费，是根据国际技术贸易实践，采用利润分成法（profit sharing）确定的。许可方在被许可方新增利润中的比例，一般相当于行业利润率，即10%～30%。

2）技术研制成本和使用费与商品生产成本和价格的关系不同

物质商品的价格是生产成本加利润，生产成本与其销售价格是正比关系，即商品生产成本越高，其售价就越高。但是，技术使用费不是以技术研制成本为基础，研制成本高的技术，其研制者获得的使用费不一定就越高。反之，研制者获得的使用费不一定就低。因为，决定使用费的关键是技术利用之后所创造的新增价值，而不是研制成本多少，以至于有些花了大量劳动和财力、物力研制出的技术，因其创造的新增价值低，而不能受到社会认同，不得不低价转让，甚至出现无人问津的现象。这种使用费与技术研制成本的背离，也正是“技术使用费”特殊性的反映。

3）技术使用费的表示方法与一般商品价格的表示方法不同

商品价格一般采用固定价格（明码标价）。有些大型设备不采用固定价格，而采用滑动价格，即以固定价格为基础，根据劳动力和原材料物价指数的变动进行调整。

技术使用费与利用技术后取得的新增价值联系在一起。签订合同时，当事人很难确定利用技术后产生的新增价值，新增价值只能靠估计。如果其中一方估计错误，将冒遭受经济损失的风险。因此，当事人都不愿采用固定金额确定技术使用费，而是用一定百分数来表示提取的使用费。

4）技术使用费与技术需求和商品价格与商品需求的关系不同

物质商品价格高低与该商品的市场需求关系十分密切，市场需求会直接影响商品的价格，价格变化也会影响市场需求。因此，在需求不旺时，商品销售者可以用降低价格的办法作为刺激需求的手段，使该商品的销售量大大增加。而技术使用费与技术需求的弹性很小，技术所有者通过降低使用费来刺激需求，往往起不到任何作用。

综上所述，技术使用费，是以被许可方利用技术所创造的新增价值为基础，采用利润分成法，分配给许可方的新增价值的一小部分。

5.1.2 技术使用费的估定

根据国外的有关资料，理论上，估定使用费涉及 100 多项因素。但是，当事人通过长期的业务实践和总结，归纳出估定使用费的一些关键因素。以下分步骤说明使用费形成的一般规律。

当事人估定技术使用费一般分以下四步：第一步，根据各自的立场和意图，制定使用费的基本标准；第二步，根据具体合同条件，对基本使用费进行调整；第三步，在具体交易磋商中，进行讨价还价，力争有利于已方并能为对方所接受的使用费金额；第四步，与同行业利润率比较。具体说明如下。

1. 估定基本使用费

1）许可方估定基本使用费考虑的主要因素

（1）技术转让的直接费用（direct expense）或称转让成本。技术转让的直接费用，是指许可方从交易开始至实际收到技术使用费之前需要垫付的费用，一般是根据开支的有关项目计算出来的。例如，派人谈判，接待考察，提供资料、样品等。

直接费用是合同使用费总量中一个重要构成部分，是由下列费用构成的。

①基本费用，是指基本设计、生产流程、维修保养方法、质量控制规程、试验方法等合同所需的全部技术资料编制费。

②特别设计费，是指为满足被许可方的特殊要求，修改基本设计所支出的费用。

③技术文件费，是指纸张、人工的费用。

④技术交流费，是指派遣专家进行技术座谈等所需的费用。

⑤技术服务费，是指被许可方人员到供方工厂考察、培训等所支付的费用。

⑥技术指导费，是指许可方派遣专家进行技术指导的费用。

根据美国学者大卫·蒂斯对 26 个技术转让项目的调查，直接费用最低占总使用费的 2%，最高占总使用费的 59%。根据联合国跨国公司研究中心的资料，直接费用约为合同使用费总额的 8%～14%。

（2）沉入成本（sunk cost）。沉入成本，是指技术开发费用，又称历史成本（historical cost），是研制所转让技术过程中形成的人力、物力和资金等投资。之所以称为沉入成本是因为：①技术开发过程是长期的，企业一般都没有技术研制费用的完整记录；②有的技术往往不是单独开发的，而是同时开发几种技术，或是开发其他技术时产生的副产品，许可方未曾对该许可技术的开发做任何单项投入；③技术即使是单独开发的，企业的原始动机也是为本企业使用，并非以转让他人为目的；④企业使用技术过程中，已逐步将开发费用分摊到产品上，在进行许可时，开发费用实际已大部分或全部得到回收，而且在技术许可给被许可方后，许可方还可以继续在使用中进一步回收。

基于上述原因，需要分摊到技术使用费中的开发费用几乎为零。因此，在实际业务中，许可方一般并不强调技术研制费用的分摊问题，也就是说，技术研制费可以忽略不计，而将技术开发费用作为沉入成本。

（3）机会成本（opportunity cost）。机会成本，是指许可方因转让技术失去被许可方国家市场，或让给被许可方部分销售市场，失去销售机会所致的利润损失。

例如，美国一公司每年可向中国销售 1 亿美元的程控交换机，而转让制造技术后，向中国的出口减少 5000 万美元，如果该公司利润率为 20%，估计将损失 1000 万美元的利润，则 1000 万美元就是该公司转让技术的机会成本。因此，许可方考虑技术使用费时，就希望将其丧失的销售机会所致利润损失，通过使用费获得一定的补偿。

另外，机会成本估计取决于许可方对目标市场的预测。如果许可方从未向被许可方市场直接销售过产品，意欲通过转让技术打入被许可方市场，那么许可方转让技术的机会成本为零。如果已经销售过产品，意欲通过技术转让进一步扩大在被许可方市场上的占有率，销售产品机会不但未受影响反而增加，机会成本为正数。总之，机会成本的大小，主要取决于许可方对销售市场前景的估计，如果估计市场销售前景暗淡，机会成本就小；如果估计市场销售前景看好，机会成本就大。总之，机会成本估算的伸缩幅度很大，其对基本使用费的影响有限。

（4）对被许可方新增利润的估计。许可方对被许可方新增利润的估计，是影响基本使用费的最重要因素。新增利润一般称为“边际收益”（marginal return），又称“新增价值”。新增价值的估计与被许可方使用技术的目的有关。被许可方使用技术的目的有三种可能性：一是降低生产成本或节约费用；二是提高产品质量、性能、档次，增加产品售价；三是增加产品的销售量，扩大市场占有率。因此，许可方一般根据被许可方使用技术的目的和产品售价，估计被许可方新增利润总量，及其在新增利润中所占的份额，确定可能获得的技术使用费。以下介绍许可方估计新增利润的方法。

①对生产成本降低或费用节约产生的新增利润的估计。被许可方因使用许可技术带来了生产效率提高，或节约了原材料、能源消耗，使单位产品生产成本明显降低，利润比未使用技术前大大增加，增加的部分即为新增利润。其估算方法如下：

$$\mathrm{MR}=(C_1-C)\times Q\times N$$

其中，MR——利用技术后新增价值总量；

C——采用技术前的单位成本；

C_1——采用技术后的单位成本；

Q——产品的年产量；

N——合同有效年限。

如某企业引进电话机制造技术，引进前每台的生产成本为 10 美元，引进后的单位生产成本为 6 美元，年产量 50 万台，合同有效年限为 6 年，则 6 年的新增利润总量为

$$\begin{aligned}\mathrm{MR}&=(10-6)\times 500\,000\times 6\\&=12\,000\,000\text{（美元）}\end{aligned}$$

②对因产品质量、档次提高，而售价提高产生的新增利润的估算。引进技术的目的是提高产品质量，使产品更新换代，提高产品档次，从而使单位产品销售价提高，在产品生产成本不变的情况下，新老产品的销售价格差，即为新增利润，其估算方法与上述方法相同。

③对因销售量增加带来的新增利润的估算。被许可方在引进技术的同时，有时会同时引进许可方的商标使用权，假如技术对产品的生产成本和销售价并未产生很大影响，但因商标的信誉也会增加产品的销售量，从而使销售利润增加。新增的销售利润即为新增价值，估算

的方法与上述方法相同。

④各年成本或销售价不同条件下新增利润的估算。上述估算是在各年生产成本或销售价未变的情况下的估算。实际上成本或销售价完全不变的情况比较少。在这种情况下，应根据合同有效期内各年成本或销售价变化，分别计算各年的新增利润，然后相加，计算出合同有效期内各年新增利润总和。

（5）技术服务和技术咨询的数量。技术服务和技术咨询的费用是许可方垫支的，属于转让技术直接费用的一部分。被许可方要求的技术服务和技术咨询数量越多，许可方转让技术直接费用就越大；反之，转让技术直接费用就越小。这部分直接费用是一定要收回的。因此，被许可方要求服务和咨询数量的多少，直接影响许可方收取技术使用费的高低。

（6）竞争因素（competitive factors）。竞争因素是指许可方对其他外国企业报价竞争程度的估计。许可方如能确定提供技术的只有其一家，就会报出垄断性高价。如果国外其他企业也可提供相同或类似技术，为了获得生意，许可方就不得不报出有竞争性的价格。但是，许可方压低报价不是无限度的，最低也只能是转让技术的直接费用。因为许可方许可技术不想通过转让技术获利，而是以开拓产品市场为目的，使用费低于直接费用，就表现为交易上的直接损失。因此，无论竞争多么激烈，许可方也绝不会为了做成交易而承担直接经济损失。

（7）机动系数（flexible coefficient）。机动系数是指许可方在基本使用费基础上争取多收的部分。

许可方考虑了上述各种因素后，要制定出要求使用费的最低标准，即最低限度的技术使用费（minimum technical fee），又称“底价”（floor price）。其构成如下：基本使用费＝转让成本＋新增利润分成＋沉入成本系数＋机会成本系数＋技术服务数量＋其他因素。

2）被许可方考虑支付技术使用费的主要因素

在许可方考虑最低技术使用费的同时，被许可方也要考虑支付多少使用费，才能既获得许可的技术，又获得预期的经济利益。因此，被许可方也必须从自己的角度，考虑影响支付使用费的各种因素，综合平衡后，确定支付使用费的最高限度。其考虑的因素主要包括以下几方面。

（1）自行开发与拟引进技术的成本。被许可方为提高本企业技术水平，必须在自行研制和从国外引进技术之间做出抉择，即“做或买”（make or buy）。抉择的办法是，将自行开发成本与引进技术的费用进行比较，如果开发成本大于或等于引进技术的费用，引进技术比自行开发有利；反之，则自行开发比引进技术有利。

但是，被许可方考察开发成本不能只停留在静态考察层面，而应动态考察开发成本的时间价值和失败的风险。

（2）利用技术后的新增利润。被许可方愿意支付多少技术使用费的关键，取决于利用引进技术后能带来多少新增利润，新增利润是使用技术前和使用技术后所获经济效果（成本、节约、利润、售价）之差。但是，被许可方从自身的利益和掌握的信息出发，估计的新增价值与许可方的估计肯定有很大出入，不过被许可方可以不考虑许可方的估计，根据自己的实际情况自行做出估计，作为支付使用费的计算基础。被许可方估计新增利润的方法与许可方估计的方法基本相同，可以按前面介绍的方法去估算。

（3）对拟引进技术本身状况的了解。对拟引进技术本身状况的了解，主要是：①技术的法律保护状态，即保护的期限距离保护期届满所剩余的时间。②技术所处的生命周期阶段。技术生命周期分为研制期、成熟期和衰老期。拟引进技术所处的生命周期阶段不同，其技术价值不同，应支付的使用费不同。

（4）有无可供选择的技术供应者（technical supplier）（竞争因素）。有无可供选择的技术供应者，也是被许可方考虑支付使用费多少的依据之一。被许可方所需技术属许可方垄断的技术，又无类似的技术来源可供选择，被许可方往往要支付垄断高价。如果所需技术有多个供应来源，被许可方就有较大的选择余地，并且可以利用竞争，“货比三家”，从中选择条件相同技术使用费优惠者。

（5）间接成本（indirect cost）。间接成本是指被许可方除考虑支付多少使用费外，还必须适当考虑引进技术的间接成本，即技术消化吸收和创新、设备改造、上岗职工培训等费用。这些费用虽然对技术使用费总量不产生直接影响，但对衡量一项技术的总体经济效益是十分重要的。

在考虑了上述因素以后，被许可方要制定出愿意支付使用费的最高标准（maximum price）或顶价（ceiling price），其极限值为自行开发成本、预期新增利润总量、竞争价三者中的最低数值。

案例 5-2

引进费用与自行开发费用的比较

被许可方自行开发所需技术需 3 年时间，开发成本需 400 万元。而引进技术只需 1 年时间，技术使用费 400 万元，第二年就开始受益，每年可新增利润 300 万元，两年合计 600 万元。静态看，引进费用与自行开发费用相等。动态看，引进比自行开发多增效益 200 万元，时间节省两年。另外，被许可方还需考虑自行开发的风险因素，万一自行开发失败，研制成本和效益损失将大幅增加。

资料来源：根据周浩. 技术引进、研发外溢和二次创新[J]. 当代经济科学，2003（5）：59-64，94；饶友玲. 国际技术贸易理论与实务[M]. 天津：南开大学出版社，2006：254-255 等资料改编而成

思考题：技术引进中的引进费用与自行开发费用的利弊表现在哪些方面？

案例分析

被许可方为提高本企业技术水平，必须在自行研制和从国外引进技术之间做出抉择。抉择的办法是，将自行开发成本与引进技术的费用进行比较，如果开发成本大于或等于引进技术的费用，引进技术比自行开发有利；反之，则自行开发比引进技术有利。此案例中两种方式的费用都是 400 万元，同时，引进技术只需要 1 年时间，第二年就开始受益，而开发技术却需要 3 年时间，因此从短期看，采用引进技术对技术被许可方有利。

除非自行开发后的技术日后新增利润更大，每年高于 300 万元。同时，还要考虑引进技

术的间接成本，即技术引进后的消化吸收和创新、设备改造、上岗职工培训等费用，这些是技术引进方式必然存在的费用。

2. 影响基本使用费的合同条件

基本使用费与相关合同条件密切相关，两者必须达到平衡。换言之，合同条件的改变必然影响基本使用费的调整，反之亦然。影响基本使用费的合同条件主要有以下几点。

1）技术使用权的性质

技术使用权性质，是指独占使用权、排他使用权和普通使用权。许可方授权的性质不同，要求的使用费也不同。即独占使用权使用费最高，排他使用权使用费略低，普通使用权使用费最低。独占使用权使用费比普通使用权使用费一般高 20%左右。之所以如此，是因为使用权性质不同，对许可方获得使用费的保证程度不同。

2）产品的销售地域范围

被许可方利用许可技术生产的产品销售市场大小，是许可方重视的问题之一。因为，许可方让出的市场越大，机会成本越大。因此，许可方千方百计限制被许可方的销售地域范围，如果被许可方要求扩大销售范围，许可方就以提高使用费加以限制。如美国某公司转让制造柴油机技术，被许可方如在本国销售，提成率为 2.5%，如出口时，提成率为 7.5%。

3）支付方式选择

支付方式主要有三种：总付方式、提成支付方式和入门费与提成支付相结合方式。

（1）总付方式。被许可方要求使用总付方式，许可方可以较早地收到使用费，又不承担被许可方利用技术的风险，技术使用费最有保证，许可方要求的使用费较低，所减低的比率相当于现金折扣。

（2）提成支付方式。被许可方要求采用提成支付方式，因为技术使用费与被许可方使用技术的效果相联系，技术使用费没有确定的保证，许可方收取使用费的风险最大，故其要求的技术使用费最高。

（3）入门费与提成支付相结合方式。被许可方要求采用入门费与提成支付相结合方式，对许可方使用费收入保证程度略低，在合同生效后，许可方即可收到一定数量的入门费。

4）支付货币的选择

被许可方选择许可方国家货币作为支付货币，汇率的变动一般对使用费不产生影响。如被许可方选择本国货币或第三国货币作为支付货币，许可方要考虑汇率变动的风险，并将汇率变动风险加到使用费中。因此，被许可方选择许可方国家货币支付使用费，比使用其他国家货币支付使用费要低。

5）保证条款的严格程度

许可方保证技术资料完整、清晰和按时交付，并对产品质量达到合同规定技术指标等提供保证是其基本责任。但是，被许可方如果提出苛刻的保证要求，许可方一般均根据最高罚金金额，将风险因素加进所要求的使用费总额中，技术使用费就会提高。相反，被许可方将保证与罚金条件适当放宽，如资料交付日期放宽 1 个月，或将应交的履约保证金改由保函代替，许可方即会酌减使用费金额。

3. 技术使用费的谈判

1）谈判模式

双方经过准备和对使用费的估算，许可方按照估算出的使用费下限加一定比例的减价空间做出报价，被许可方按照估算出的使用费上限或许可方报价减一定比例做出还价。在此基础上，双方通过反复磋商，找出均可接受和比较满意的使用费总量。以下用图 5-2 说明技术使用费谈判的基本模式。

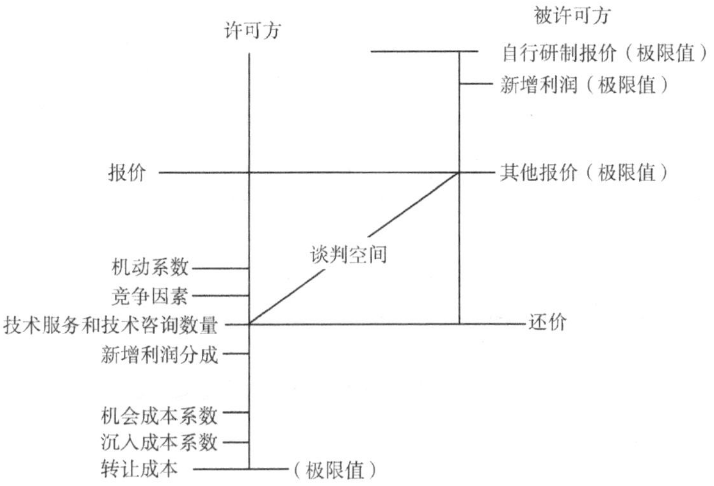

图 5-2　技术使用费谈判的基本模式

在谈判过程中，被许可方根据许可方报价进行还价，双方谈判的范围在许可方的报价之下、被许可方的还价之上，其平衡点主要取决于双方的谈判实力（bargaining power）和采取的对策，以及合同相关条件的变化。

2）谈判对策

谈判对策有很多种，但并非所有对策都适于技术使用费的谈判。技术使用费的谈判适合采用合作型对策（cooperative strategy），即对双方“双赢”的对策。从对策论的角度，就是从不平衡逐渐使之处于平衡状态。这种平衡状态称为纳什均衡（Nash equilibrium），也称纳什解（Nash solution）。合作型对策的出发点，是着眼于长期合作，不追求过高的利益分配份额，避免可能导致谈判失败的因素，不以“胜、负”为终结，不使谈判的结果出现一方赢得较高份额，另一方吃亏的局面。因此，合作型对策是使用费谈判的首选对策，它有利于双方长期合作，合同顺利履行，较好地实现被许可方顺利引进技术的目标。

4. 其他外部因素

估算使用费主要是以基本费用、合同条件和双方谈判实力三方面因素为依据，得出许可方可以接受、被许可方愿意支付的使用费数值，是当事人估定使用费最基本的、决定性的因素。在上述三种基本考虑之外，实际使用费还受其他外部因素的影响，即当事人所属部门利润率水平的影响。

专栏 5-1

不同产业部门的技术使用费

根据联合国工业和发展组织的调查，不同产业部门的使用费水平是不同的，各产业门类使用费水平可参照表 5-2。

表 5-2 各产业门类使用费水平

部门	被许可方销售利润等级	使用费比率等级/%				
		1～2	2～3	3～4	4～5	5～6
基础工业	10～20	5～20	10～30	15～40	20～50	25～60
工业中间产品	20～30	3～10	7～15	10～20	13～25	17～30
耐用消费品	30～40	2～7	5～10	7～13	10～17	12～20
非耐用消费品	40～50	2～5	4～8	6～10	8～13	10～15
高级技术产品	50～60	1～4	3～6	5～8	6～20	8～12

一般来讲，许可方在被许可方利润中所占的份额不应超过 30%。这样，从表 5-2 中可以得出使用费率大致概念。

基础工业为 2%～3%。

工业中间产品为 3%～4%。

耐用消费品为 3%～4%。

非耐用消费品为 4%～5%。

高级技术产品为 4%～5%。

当事人有了这个总的概念，就可以在洽谈具体技术许可合同时，结合行业、门类因素，对基本技术使用费进行调整。

资料来源：王玉清，赵承壁. 国际技术贸易[M]. 北京：对外经贸大学出版社，2013：189

5.2 技术使用费的支付方式

使用费的支付方式，是将双方谈判的使用费具体化，计算出一次或分期支付的使用费金额。在国际技术贸易交易中，使用费支付方式主要有以下三种。

5.2.1 总付

1. 总付的概念

总付，是指在签订合同时，许可方与被许可方谈妥一笔固定的使用费金额，在合同生效后，由被许可方按合同约定，一次或分期支付的办法。如果一次付清，支付时间可确定为合同生效后 30 天，或第一批资料交付时；如果分期支付，一般按合同执行的进度，如资料交付、技术培训和产品开始商业化生产等过程，分若干批次支付，也称“里程碑”式支付。

2. 总付方式的特点

1）被许可方支付使用费的时间早

在合同生效后，被许可方使用技术之前，就得按合同约定支付技术使用费，支付时间早于其他支付方式。

2）总付金额在合同有效期内不变

总付金额是双方签订合同时商妥的，不随被许可方利用技术的效果、市场销售量、价格变动而变动，即使被许可方受上述不利因素影响，未得预期的经济利益，规定的金额也得照付。

3）使用技术的风险全部由被许可方承担

合同签订之后，许可方只要履行了合同规定的义务，被许可方就得支付使用费，使用技术的效果与其支付使用费无关。因此，被许可方承担了使用技术的全部风险。

4）许可方提供技术协助不积极

总付方式对许可方使用费收入有确定的保证，致使其积极提供服务，使用费收入不会增加；不积极提供技术服务，技术使用费收入也不会减少。因此，在提供技术服务方面，许可方缺乏积极性、主动性。

3. 总付方式的利弊

总付方式对许可方和被许可方各有利弊。总的来说，对许可方利多弊少，对被许可方则利少弊多。

1）总付对许可方的利弊

（1）有利方面。①许可方使用费不受被许可方生产状况、产品销售量和销售价格变化等因素影响，收入有保证；②避免大量查账、计算使用费等烦琐工作。

（2）不利方面。签订合同时，许可方如果对被许可方可能获得的新增利润估计不足，而被许可方生产状况或销售状况好于预期，取得了预期的新增利润，许可方无权要求分享超额利益。

2）总付对被许可方的利弊

（1）有利方面。①有利于较快地摆脱对许可方的依赖；②避免货币汇率变动对支付产生的汇率风险等。

（2）不利方面。①财务负担重。在实际使用技术前，被许可方就要付出大笔资金。如果此项资金需向银行借贷，由于融资费用高，经济负担比较重，可能影响其资金周转。②技术风险大。总付金额是固定的，可能产生类似一笔销售或购买行为的财务效果，市场萎缩、技术效果差和价格低等风险与许可方无关，一切风险全部落在被许可方身上。③许可方技术服务不积极。合同规定许可方须承担技术服务义务，但由于被许可方生产量、销售额的增加，对许可方没有直接好处或收益。因此，许可方多采取表面上履行，实际并不完全履行，或者只提供一些简单的技术情报，真正有价值的技术情报则不提供。

4. 国际上对总付方式使用的限制

鉴于总付方式对被许可方存在明显的不利，世界上很多国家，特别是发展中国家，往往通过法律或审查转让合同等行政措施，对总付方式使用加以限制，限制方式有以下几种。

（1）规定总付金额。总付金额必须在估计的销售额基础上确定，并且该金额应当是在对该部门或该项产品所能规定的最高金额以内。例如，印度有关部门规定，可以批准的使用费通常为净销售价的 5%，并且规定采用分期支付。

（2）有条件地采用总付方式。例如，新西兰政府规定，一次总付的合同通常不予批准，除非它能表明这种支付方式是完全合理的。

（3）拒绝采用总付方式。例如，斯里兰卡政府规定，列有总付方式的合同将不予批准。

（4）限定总付方式的适用范围。例如，澳大利亚政府规定，通过转让取得专利权以及购买某些类型的技术服务时，才允许采用总付方式。用于消费品、一般原料的生产、机器、设备或其他资本货物的技术转让或许可合同，不允许采用总付方式，只能采用提成支付方式。

5. 总付方式的使用条件

总付方式虽然对当事人双方利益存在明显的不均衡，不少国家对使用总付方式存有疑虑，但是，有的国际组织认为，如果被许可方具备以下条件，也可以考虑使用总付方式。

1）被许可方有能力接受并掌握许可的技术

在短时间内，许可的技术可以全部转移给被许可方，而且被许可方又有能力全部接受并能很快掌握所许可的技术。

2）被许可方不需要许可方不断提供技术协助

许可的技术并非尖端的、复杂的技术，被许可方不需要许可方不断提供有关技术进步或产品推销方面的技术情报，也不需要许可方不断提供技术服务与协助。

3）被许可方有充足的资金，并打算尽快摆脱对许可方的依赖

如果具备此条件，被许可方也可以适当使用总付方式。

5.2.2 提成支付方式

提成支付（royalty payment），是指在签订合同时，当事人双方约定一个提取使用费的百分数，待被许可方利用技术开始生产并取得经济效果（产量、销售额、利润等）之后，以经济效果为基础，定期（每 6 个月或 12 个月）连续提取使用费的办法。

1. 提成支付的特点

1）支付使用费的时间较晚

合同生效后，被许可方不支付使用费，只有当其利用技术并取得实际经济效果之后，才按期将使用费支付给许可方。因此，使用费的计算与支付时间比总付晚。

2）使用费数额与被许可使用技术的效果直接联系

在提成支付方式下，当事人的利益和风险捆绑在一起，利益共享，风险共担。被许可方利用技术效果好，许可方获得的使用费多。相反，许可方获得的使用费少，甚至完全收不到使用费。

3）许可方提供技术服务和技术协助积极主动

由于许可方获得多少使用费，完全取决于被许可方利用技术的效果，因此许可方为自身利益，往往积极主动提供技术服务和技术协助，甚至主动提供技术情报和产品销售市场。

2. 提成支付方式下，当事人应确定的基本数据

为了准确计算提成费，当事人应确定四个基本数据：提成基础、提成率、提成期限和支付提成费的时间。

1）提成基础

提成基础有三种：产品产量、产品销售价、利润。有时还在上述提成基础上，附加一些调整方法，以下就三种提成基础和附加的调整方法分别加以说明。

（1）以产品产量为提成基础。以产品产量为提成基础，是指提成费按照所制造的每件产品、每单位产品重量或容积或符合产品特点的其他单位等，规定一个固定的提成金额（如每单位产品支付提成费××美元），以单位产品提成额乘以一定期限的产品总产量，即为应支付的提成费。因此，这种做法又称固定提成（fixed royalty）。

例如，法国雷诺公司与日本一家公司签订技术转让合同。规定被许可方每装配一辆汽车，支付技术使用费25美元。美国威斯康星制铝公司转让生产维生素D的技术，规定被许可方每生产维生素D 100万单位，支付技术使用费 10 美分。

①固定提成的特点。

第一，使用费金额与生产成本、销售价格和利润无关。被许可方只要开始生产，就可以根据总产量计算出技术使用费总量，这种做法对许可方十分有利。因为许可方不必过问产品是否售出，或售出后是否有盈利，被许可方只要生产出产品，许可方就可获得使用费收入，而且被许可方生产量越大，许可方的使用费收入越多。

第二，被许可方的产品产量与许可方的收益直接关联，因此，许可方愿意提供技术改进和技术协助，以增加被许可方的产品产量，因为被许可方产品产量的增加会直接导致许可方技术使用费收入增加。

②被许可方使用固定提成应注意的问题。

第一，谨慎地确定产品的单位金额。笼统地按产品产量确定单位金额，对被许可方不利。因为单位产品除了包括许可技术创造的价值外，还包括许可方所供的零部件或中间产品或原材料价值，被许可方投入的人工、材料、设备折旧费，自身和其他来源的技术创造的价值等。所有这些因素都是产量的组成部分，如果不加区别，笼统地按产量单位计算提成金额，就等于被许可方多支付了使用费。因此，被许可方应将上述非技术因素创造的价值从总产量中扣除，只计算许可技术所创造的产量部分。解决这个问题的办法，是在确定产品单位提成金额时，扣除非许可方技术所创造的产量部分。例如，在不做任何扣除的情况下，单位产品的提成费为10美元，扣除许可方提供的原材料2美元，自有和其他来源技术1美元，被许可方本身投入的设备、原材料、劳动力成本 2 美元，最后确定单位产品的提成费应为 5 美元。

第二，确切规定单位产品的衡量标准。单位产品产量的衡量标准，应选择最能代表一项产品生产量的主要指标，如尿素的产量，既可按自然吨计量，也可按产品中的含氮量折成标准吨计量，确定提成金额时，按标准吨计量比按自然吨计量对被许可方有利。

第三，注意某些国家的法律规定。有的国家不允许根据产量计算提成费，而要求按产品的销售价格计算提成费，也有的国家规定，只有利用技术生产的产品国内价格比国际销售价格高得多时，才允许按每一单位产品的固定金额计算提成费。

值得注意的是，上述措施有助于保护被许可方利益。但许可方也应采取措施，维护自身利益，主要是防止被许可方将所转让技术束之高阁，不尽早进行商业化生产。为此，许可方应要求被许可方保证在合同生效后，尽早开始商业化生产，以免许可方无法获得技术使用费收入。

（2）以产品销售价为提成基础。以产品销售价为提成基础，是指以产品的销售价格为基础，提取一定百分比，如3%或4%的使用费，此种方式又称从价提成（ad valorem royalty）。

①从价提成的特点。

第一，被许可方利用技术生产的产品实际售出后，有了实际销售收入，才开始计算和支付使用费。

第二，支付提成费与产品出售后是否获得利润无关。也就是说，被许可方产品售出后，有盈利要支付使用费，无盈利也要支付使用费。

②以销售价作为提成基础应注意的问题。

第一，确定销售价的概念。产品销售价分总销售价和净销售价，不同国家的总销售价概念是不同的。有些国家技术转让的法律将总销售价定义为：工厂实际销售产品或付出劳务的发票价值。值得注意的是，按总销售价计算提成费简便易行，只要检查被许可方的销售发票或销售账册，即可确定应付提成费金额。但是，以总销售价为基础计算提成费，对被许可方不利。因为总销售价中不但包含许可技术所创造的价值，也包含非该技术所创造的价值。很显然，以总销售价为基础，增加了许可方额外收益，被许可方多支付了技术使用费。因此，有些国家法律不允许以总销售价作为提成基础，要求用净销售价作为提成基础。

第二，以净销售价为提成基础。净销售价，是指从产品总销售价中扣除其他特定项目的成本、价值或费用而得出的价格。在实际业务中，扣除的项目主要取决于当事人的愿望、产品性质、销售习惯，以及各国技术转让法律的规定。一般应扣除的项目主要有：包装费用，保险费用，运输费用，出口税和进口税、海关关税，增值税或销售税，普通商业折扣，退回货物的价值，在产品使用地的安装费用，许可方供应的原料、中间货物、零部件的价值，购入设备的价值，产品价格中反映提成费的部分，被许可方为维持专利或商标的效力而付出的费用，等等。各国法律对扣除项目规定不尽相同，当事人谈判时，应根据法律规定和国际惯例，通过协商确定。

（3）以利润为提成基础。以利润作为提成基础，是指以产品销售后被许可方所获利润为基础。从理论上讲，以利润作为提成基础比较合理。因为被许可方使用引进技术后，提高了劳动生产率，改善了生产管理，提升了原有产品质量，增加了产品销售价，获得了更多利润。所以，以利润作为提成基础比较合理。但是，以利润作为提成基础存在一些实际困难，主要有以下两个原因。

第一，许可方不接受以利润作为提成基础。因为被许可方使用技术初期，常因掌握技术不熟练，或由于市场尚未打开，不得不薄利推销，甚至亏本出售，不能获得利润，导致许可方长期无法提取技术使用费。

第二，以利润为基础，双方很难确定利润的标准。其一，确定利润的定义分歧很大；其二，许可方要了解和确定企业真实利润存在很大困难，因为企业大多不愿意公布实际利润；其三，确定税前利润和税后利润困难，按税前利润对被许可方不利，按税后利润会影响许可方的实际使用费收入。

由于以上原因，在国际技术转让交易中，当事人采用利润为基础计算提成费的极少，除非许可方直接负责引进企业的经营管理，并对获利的前景极为乐观。否则，许可方一般不会接受以利润作为提成基础。

（4）提成基础的调整方法。提成基础的调整方法，是指在基本提成基础上，许可方或被许可方为了维护自身利益采取的变通办法，常用的调整办法有以下几种。

①按公平市场价格。以销售价为基础计算提成费时，许可方担心被许可方以低价将产品销售给有特别关系的第三者或其子公司，使其提成费减少。为避免这种损失，许可方要求以该产品的“公平市场价格”（fair market price）或“现行的国际市场价格”或其他类似的价格作为提成基础。国际上确定公平市场价格，一般采用下列三种办法。

第一，自由价格法，是指被许可方向与其无特殊关系的第三者提出的报价，或达成的成交价，或类似产品的成交价，作为公平市场价格。

第二，转售价格法，是指被许可方产品的买主转售产品的价格扣除该买主转卖时的加价部分。

第三，成本加利润法，是指被许可方产品生产成本加一定的百分数，或一个固定金额的利润计算的价格。

②最低提成费（minimum royalty）。最低提成费，是指以产品产量或以产品销售价为提成基础的同时，双方确定一个最低限度的提成费金额。当按提成方式计算的使用费金额大于最低提成费金额时，被许可方支付按提成方式计算的提成费；如果提成计算的使用费金额小于最低提成费金额，被许可方支付最低限度的提成费。许可方要求规定最低提成费的目的，是为保证许可方获得最低限度的使用费收益。尤其是授予被许可方独占使用权利情况下，许可方不能再向其他第三者许可合同项下技术使用权，使用费收入只能依赖该被许可方的生产和销售能力。因此，最低提成费一方面作为许可方取得一定收益的保证措施，另一方面促使被许可方尽快安排生产，扩大生产，充分发挥引进技术的作用。

值得注意的是，此种做法对被许可方不利，因为这等于解除了使用费与使用技术效果的联系。因此，被许可方应该采取一些对应措施。

例如，限定最低提成费不超过预计提成费的一定百分比；提成率按照递增原则来确定，即在合同生效开始阶段规定较低的比率，以后按产品生产或销售情况适当加大比率；将最低提成费视为定金或预付的金额贷记在账上；以规定最高提成费限额与最低提成费限额相对应；要求许可方承担完成最低出口量的义务等，以加重许可方的责任。

另外，当事人还应注意有关国家技术转让的法律，如印度、哥伦比亚、新西兰等国法律规定，不允许支付最低提成费，或合同中已规定按产量或销售价确定提成费时，就不得再规定最低提成费，或有最低提成费规定的合同将不予批准。

③最高提成费（maximum royalty）。最高提成费，是指合同规定以生产量、销售价为提成基础时，被许可方要求规定的最高提成费限额，即在实际提成费超过限额时，被许可方对超过限额的部分不再支付提成费，以保护被许可方利益。在实际业务中，最高提成费限额规定，多是作为被许可方接受最低提成费限额的对等条件使用的。

另外，被许可方要求规定最高提成费限额，应考虑使用技术的状况，如果估计销售价格或销售量稳步上升，市场不断扩大，销售前景较好的情况，就有必要规定最高提成费限额。如果被许可方估计消化、吸收技术的能力有限，在短期内又不能使销售价或销售量迅速增加，最高提成费限额规定即无实际意义。

④递减提成费（decreasing royalty）。递减提成费，是指根据生产量或销售价计算提成费时，提成比率随生产量或销售价增加而逐步减低提成率的做法。例如，产量为1000台时，提成率为3%；1001～5000台时，提成率减为2%；5000～10 000台时，提成率减为1.5%。

递减提成费是对当事人双方都有利的一种做法。一方面，被许可方可以不必因生产量或销售价的增加支付过多的提成费，还可以收到生产量或销售价增加部分的好处。另一方面，这种做法对许可方也无不利，因为提成率虽然减低了，但被许可方生产量或销售价增加了，提成费绝对金额不但不会减少，还可能略有增加。因此，递减提成费安排对双方都是有利的，而且可起到鼓励被许可方扩大生产和销售的作用。

⑤滑动提成（sliding royalty）。滑动提成，是指在按单位产品固定金额计算提成费时，许可方担心被许可方国家发生通货膨胀，造成技术使用费收入减少，要求按签订合同时的工资和原材料物价指数，调整单位产品提成费金额的做法。

2）提成率

提成率（royalty rate），是指许可方在被许可方新增利润中所占份额以百分数表示的比率。在国际技术贸易合同中，一般不直接将许可方在新增利润中所占份额表示出来，而是采用间接表示方式，即将许可方所占份额换算为一个百分数，通称提成率。但是，如上所述，直接使用新增利润作为提成基础有很多困难。因此，国际技术贸易合同规定提成基础多使用产品净销售价、产品产量等代替。换算的方法如下：双方经过谈判确定，许可方在估计的产品净销价中占20%份额，利用技术后，单位产品净售价从8美元提高到10美元，提成率应为

$$R=S(P_1-P)\div P$$

式中：R——提成率；

P——单位产品原售价（8美元）；

S——供方所占净销价份额（20%）；

P_1——单位产品现售价（10美元）。

将数值代入公式，得：提成率：20%×（10－8）÷8＝5%。

3）提成期限

提成期限（term of royalty），是指许可方从开始提取技术使用费到终止提取技术使用费的实际年限。提成基础和提成率确定以后，提成年限的长短直接关系到被许可方支付使用费总量。提成年限越长，支付的使用费就越多。因此，被许可方应力争较短的提成年限。一般提成期限有两种规定方式：一是提成期限与合同有效期相等，二是提成期限较合同有效期短。

值得注意的是，提成期限不得长于合同有效期。因为各国法律一般都禁止合同有效期届满后，被许可方继续支付使用费，并将此作为一种限制性商业惯例对待。那么，提成期限比合同有效期短，对许可方是否有影响？其理由如下：合同生效后的最初年份，被许可方生产量和销售价较低，许可方一般提取不到技术使用费。被许可方只有正式商业化生产后，产品

才能批量化，产品销售价才会提高。因此，在提成期限较合同期限短时，对许可方使用费收入不会产生太大影响。

4）支付提成费的时间

注意提成费的支付应该从何时算起，这是技术贸易双方，特别是技术的受方要着重考虑的问题。例如，以销售价为提成基础的提成率为 6%，产品销售价格为 5 美元 / 千克，提成费为 0.3 美元。当被许可方利润较高，为 1.5 美元 / 千克（销售利率为 30%）时，许可方在被许可方新增利润中所占的份额（分成率）为 20%。而当被许可方利润较低时，如仅为 0.5 美元 / 千克（销售利率为 10%）时，许可方使用费在被许可方产品利润中的份额为 60%。这种情况表明，当被许可方利润率下降时，收入分配有利于许可方。为了防止这种不利的分配情况，技术使用费应推迟到被许可方盈利较高时再支付，直到合同期满。

5.2.3　入门费与提成费相结合方式

1. 入门费与提成费相结合方式的概念

入门费与提成费相结合方式（admission payment and royalty），是指合同生效后若干天内或收到第一批资料后若干天内，由被许可方先行支付一小笔约定的费用，其余的使用费在被许可方利用技术开始生产并取得经济效果之后，再按规定的提成办法提取。这笔合同约定的先行支付的费用通称入门费或初付费（admission payment）。

2. 入门费的性质

（1）入门费不同于总付，总付是支付技术使用费的全部金额，而入门费是技术使用费的部分金额。

（2）入门费不同于定金，定金是履约保证金，如果支付定金的一方违约，定金不能退回。

（3）入门费实质是预付的提成费，被许可方支付入门费前，可以要求许可方出具保函，并要求从其后支付的使用费中扣除。

3. 入门费的作用

（1）有利于许可方尽早收回垫支的直接费用。

（2）补偿许可方提供某些特殊或专门技术协助所垫支的费用，如为适应被许可方的特殊需要，进行某些专门设计，或修改原设计参数等花费的费用。

（3）作为披露技术的补偿费或称“技术公开费”，被许可方引进技术之前，许可方需要对技术的有关情况进行介绍，或邀请被许可方到其工厂进行考察，许可方要向被许可方披露一些技术内容。许可方为弥补披露技术可能的损失，往往以入门费作为经济补偿。

（4）作为履约保证，许可方估计，在合同初期被许可方吸收消化技术的能力较差，收益没有确实保证，一般要求较高的入门费作为最低限度收益的保证。

4. 值得注意的问题

（1）目前，国际上出现不要或少要入门费的趋势，主要因为技术转让交易可以使许可方的制造和销售工作转由被许可方承担，许可方省去了自己在海外建立销售网点，以及从事直接出口所花的费用。因此，国际上，许可方要求支付入门费的情况已日趋减少，即使要求入门费，金额一般也不多。

（2）在实际业务中，我国技术引进企业支付入门费一般偏高，其主要原因是：①我方对技术资料选择不细，要求许可方提供资料种类和套数偏多。②我方要求派遣的培训人员数量较多，而且培训人员费用通常包括在合同中，结果增加了入门费金额，加重了我方的经济负担。因此，在技术引进中，我方应力争不付或少付入门费，如果我方须支付入门费，应明确规定入门费应在将来支付提成费中予以扣除。

5.2.4 各种支付方式的运用

各国技术转让法律都有一种明显的倾向，即尽可能保护被许可方的利益，避免使被许可方单独承担风险。同时，强调正确选择和运用各种支付方式，并将支付与传授技术的进度紧密联系。为此，被许可方选用各种支付方式时，必须进一步注意以下两个问题。

1. 总付方式与提成费支付的关系

总付方式实际是提成费支付方式的一种替代办法。因为它们不仅在概念上相同，而且在计算上也基本相等。换句话说，使用费的总付金额可以换算为整个合同期间的平均提成比率。

用提成费支付方式，主要是因为，提成支付方式有利于维持双方的长期合作关系，不断从许可方得到技术改进情报，双方共同承担转让技术的风险，减轻被许可方一笔总付的沉重经济负担。

2. 提成支付方式和入门费与提成支付结合方式的关系

入门费与提成支付结合方式，实质上就是提成支付。因为入门费是可以从提成支付金额中扣除的，入门费实质是预付的提成费。因此，入门费与提成支付结合方式只是提成支付方式的灵活运用，两种支付方式并无原则区别。

5.3 技术使用费的清算

使用费的各种支付方式，不仅与被许可方利用技术的经济效益有着直接联系，而且与许可方提供资料、派遣人员、传授技术等履行合同过程也有直接联系。因此，支付与计价方式解决的问题，是如何计算和提取使用费。而使用费安全地从被许可方转移给许可方是一个清算过程。这个过程涉及支付工具、支付时间、账册建立及审核等环节。

5.3.1 支付工具

国际技术贸易中，清算使用费所使用的支付工具主要是货币和汇票。

1. 货币

货币分为两种：一种是作为支付义务尺度的货币，另一种是用来支付款项以解除付款义务的货币。通常将前者称为债务货币，后者称为支付货币。

1）债务货币

当事人要依据技术贸易的方式和惯例，选用不同的债务货币。例如，在总付方式下，债务货币可以是许可方国家的货币，也可以是被许可方国家的货币，还可以是第三国货币。

在提成支付的情况下，提成费和产量联系在一起时，债务货币可以是生产国的货币，也可以是第三国货币。提成费与销售价相联系时，债务货币可以是被许可方国家货币或出口地区国家的货币。提成费与被许可方利润相联系时，一般使用该国法律允许的货币。

技术服务与协助费用，债务货币可选用委托方国家货币，或受托方国家的货币。但专家生活费和其他医疗保险、交通等费用大多使用委托方国家当地货币。

2）支付货币

支付货币，是指被许可方履行偿付义务的货币。支付货币可以和债务货币是同一种货币，也可以是双方同意的其他货币。

选择支付货币时，要考虑下列因素。

（1）货币在货币发行国的通货膨胀率及其在国际市场上的稳定性。

（2）支付货币与债务货币不是同种货币的情况下，当事人要选择适当汇率进行折算，并明确是官方汇率还是商业汇率；是该货币的卖出价还是买入价，或是两种货币汇率的中间价，以及折算的具体时间。

（3）根据贸易习惯选择支付货币，在技术引进中，大多使用许可方国家货币，或双方同意的其他货币。例如，被许可方从美国引进技术使用美元，从英国、德国引进技术用欧元，从日本引进技术用美元或日元。

2. 汇票

债务货币和支付货币只用于计价，实际支付并不直接用货币，而是使用票据作为支付工具。业务中主要是用汇票，汇票是一个人向另一个人签发的、要求受票人即期或规定期限内、向某人或其指定人支付一定金额的无条件书面支付命令。

按付款时间，汇票可分为即期汇票和远期汇票。按出票人，汇票可分为商业汇票和银行汇票。按收款人抬头，汇票可分为限制性抬头汇票、指示性抬头汇票和来人抬头汇票。

在技术转让交易中，许可方一般开立即期汇票连同有关单据，通过银行向被许可方办理托收。或者在双方核实账目之后，由被许可方使用银行汇票主动付款。

5.3.2　支付时间

国际技术转让交易是一个较长的过程，被许可方为尽可能减少技术风险和商业风险，通常将支付使用费的时间与许可方履行义务的环节联系起来，用支付使用费制约许可方履行合同义务的质量和进度。

1. 在总付方式下的支付时间

总付方式下，被许可方支付使用费，通常采用分期支付，支付的时间、次数和比例根据技术的难易程度、金额大小和传授技术的环节，由双方协商确定。

例如，合同生效后 30 天内，支付合同金额 10%；合同生效后 3 个月，收到第一批资料后 30 天内，支付合同金额的 15%；合同生效后 12 个月，完成技术培训后 30 天内，支付合同金额的 15%；合同生效后 18 个月，收到第二批资料后 30 天内，支付合同金额的 15%；合同生效后 24 个月，完成产品考核验收合格后 30 天内，支付合同金额的 20%；合同生效后 36 个月，支付合同金额的10%；合同生效后第4年至第6年，每年支付合同金额的5%。

2. 在提成费支付方式下的支付时间

提成费支付方式下，技术使用费支付时间一般规定为季度、半年或一年，然后据此计算每个时期的提成费总金额。每个付款期的最后一天作为结算日，如在第一季度终了（3月31日）后30天内支付，或年终结算（12月31日），或次年30天内支付。

5.3.3 使用费的清算方式

1. 托收

托收是指许可方开立即期汇票，连同有关单据一起通过许可方所在地银行，由该行委托被许可方所在地银行向被许可方收取技术使用费的一种方式。托收使用费时，许可方应提供的单证有下列几种。

（1）商业发票，是许可方寄送资料、履行某项责任义务的总说明，是双方核对账目、记账、报关交税的依据。在不用汇票的情况下，商业发票可替代汇票作为支付工具，根据需要规定正、副本份数。

（2）邮寄技术资料的凭证，如正式邮运单或空运单复印件，以证明许可方履行寄送技术资料责任的真实日期和情况。一般要求一式两份。

（3）许可方政府出具的有效出口许可证，或不需出口许可证的证明文件。有些国家对高技术出口有限制，许可方需先行办理上述有关文件，并寄交被许可方后，经被许可方审核无误，再办理支付，以保证支付款项的安全。

（4）汇票（即期）正副本各一份。

（5）保函（letter of guarantee，L/G），保函是银行应债务方（许可方或被许可方）申请所开立的保证信，保证在责任方未履行或未完满履行其应承担的责任时，出示证明，保证对遭受损害的一方给予经济上的补偿。

合同生效后，被许可方如需先行支付入门费或预付款，许可方需要通过银行出具保函做担保，以减少被许可方支付这部分款项的风险。相反，如果许可方担心，其履行所承担的义务后，被许可方不付或迟付使用费，也可要求被许可方通过银行开立保函作为支付保证。

在签订合同时，保函由当事人双方草拟，并作为合同附件，附于合同之后。但双方草拟的保函格式须先征得有关银行的同意，方为有效。

2. 汇付

汇付，是指被许可方购买银行汇票，主动向许可方支付款项的一种方式。在入门费与提成支付相结合方式下，被许可方先根据合同规定，将入门费汇付给许可方。许可方通过银行开立以被许可方为受益人的保函，收到入门费后，如不履约或违约，银行保证退回受益人所付入门费连同利息。

5.3.4 账目的建立与审核

在以产量或净销售价为提成基础的情况下，被许可方应本着诚信的原则，如实将实际产量或销售价告诉许可方，并据以计算提成费。但是，许可方对被许可方所提供的情况并不完全信任，故要求建立必要账目，并保留检查该项账目的权利，以便核对被许可方计算提成费是否有误。例如，被许可方同意检查有关账目，双方应进一步明确会计师或审计师人选、受检查的账目、查账的时间和地点、查账费用的分摊等。

例如，许可方有权检查有关生产、库存变动量及工厂销售发票，被许可方应建立专门账册，记载订货销售情况，并于每年 6 月底、12 月底分两次将正式销售记录副本寄交许可方。

5.4　国际技术贸易中的税收

5.4.1　国际技术贸易中的税收种类

在国际技术贸易中，技术的供方与受方均需履行依法纳税义务。从各国税收体系来看，税种大致可分为三个类型：所得税类，如个人所得税、企业所得税；财产税类，如房产税、土地使用税；流转税类，如增值税、关税，三类税收在国际技术贸易中都有涉及。

1. 所得税

所得税是以企业或个人的纯收入或纯利润作为征税对象的。国际技术贸易中主要涉及的就是技术使用费收入的所得税。所得税的征收往往会涉及双重管辖权。技术使用费是特许权使用费的主要组成部分。根据《联合国税收协定范本》规定，特许权使用费是指由于使用，或有权使用任何文学、艺术或科学著作，包括电影影片、无线电或电视广播使用的胶片、磁带的版权，任何专利、商标、设计或模型、计划、秘密配方或程序作为报酬的各种款项；或者由于使用，或有权使用工业、商业或科学设备，或有关工业、商业或科学经验的情报作为报酬的各种款项。

《欧盟对适用于不同国家关联公司间对支付利息和特许权使用费征税的共同制度指令》规定的特许权使用费是指为使用文学、艺术或科研作品，包括音像制品、软件、专利、商标、设计或模型、图纸、秘密流程，或有关工业、商业或科研的秘密等，或获得其使用权而支付的对价。为使用工业、商业或科研设施而支付的款项也应被视作特许权使用费。

我国国家税务总局于 2009 年 10 月 1 日开始执行的《国家税务总局关于执行税收协定特许权使用费条款有关问题的通知》规定，下列款项或报酬不应是特许权使用费，应为劳务活动所得：

（1）单纯货物贸易项下作为售后服务的报酬。

（2）产品保证期内卖方为买方提供服务所取得的报酬。

（3）专门从事工程、管理、咨询等专业服务的机构或个人提供的相关服务所取得的款项。

（4）国家税务总局规定的其他类似报酬。

上述劳务所得通常适用税收协定营业利润条款的规定，但个别税收协定对此另有特殊规定的除外（如中英税收协定专门列有技术费条款）。

2. 财产税

财产税是以财产的数量或价值作为征税对象的。在技术贸易中，财产税只涉及技术转让方，只与技术转让方所在国的有关技术许可或转让的税法有关。

3. 流转税

1）关税

国际技术贸易一般不与海关发生直接联系，但是当技术贸易涉及引进技术设备、仪器，则应对引进的技术设备、仪器征收关税。此外，根据《中华人民共和国海关审定进出口货物完税价格办法（2013）》第十一条的规定，以成交价格为基础审查确定进口货物的完税价格时，未包括在该货物实付、应付价格中的特许权费用应当计入完税价格，但是符合下列情形之一的除外。

（1）特许权使用费与该货物无关。

（2）特许权使用费的支付不构成该货物向中华人民共和国境内销售的条件。

把特许权使用费计入进口货物的完税价格，就意味着海关要对包括特许权使用费在内的进口货物整体价格征收关税。

2）增值税

增值税属于流转税的一种，是以法定商品和劳务为征税对象并以增值额作为计税依据征收的一种税。对技术贸易而言，引进方利用引进技术生产产品所交的增值税，属于国内税的范畴，与技术输出方并无直接联系。但增值税会影响实际的收益分成，因而合同中规定利润分成时，应明确是税前利润还是税后利润。

5.4.2 国际双重征税

1. 税收管辖权原则

税收管辖权是指一国政府根据法律规定对征税对象和纳税人进行管理的权限范围。任何主权国家的税收管辖权都应该是独立自主的，纳税人、纳税种类和税率由各国政府自行规定，不容外力干涉和控制。各国税收管辖权的行使有两个重要原则。

1）领土原则

领土原则是指一国政府对其所属领地的一切人和物以及所发生的事件，有权按照本国的法律、政策和习惯实施管辖。领土原则是由属地最高权原则引申而来的管辖权原则，因此可以称为“属地主义原则”。

2）国籍原则

国籍原则是指国家有权对一切具有本国国籍的人实行法律管辖而不问其居住在国内或国外。国籍原则是由属人最高权原则引申而来的管辖权原则，因此可以称为“属人主义原则”。

2. 税收管辖权类型

1）收入来源管辖权

收入来源管辖权是属地主义原则在国际税收关系上的反映。按照这一原则，一国政府以纳税人的收入来源地或经济活动地为标准行使征税权力，即不论纳税人是哪个国家的公民或居民，只要有来源于本国境内的所得，收入来源国就要对其行使征税权力。

2）居民税收管辖权

居民税收管辖权是属人主义原则在国际税收关系上的反映。按照这一原则，凡属本国的居民或公民无论其所得是来源于国内或是来源国外，本国政府都有权对其来自国内外的一切收入所得行使征税权力。对公民身份的判定，是以纳税人（包括自然人和法人）具有或被认定的国籍为标准。对居民身份的判定，各国采用的标准不一。自然人一般指在本国有住所或在本国居住达一定时期（半年或 1 年以上）的自然人；法人居民一般指在本国注册登记的法人或总机构（管理机构）设在本国的法人。

3. 国际双重征税产生的原因

国际双重征税是指两个国家或地区各自基于其税收管辖权的行使，对同一跨国纳税人，就同一征税对象，在同一税收期限内，征收同一或类似的税收。

除经济活动的国际化和经济收入的国际化等经济因素外，就税制本身而言，各国行使不同的税收管辖权是造成国际双重征税的根本原因。目前世界大多数国家对于跨国收入的征税，都同时行使收入来源管辖权和居民管辖权两种不同的税收管辖权，即既对来源于本国境内的一切收入行使征税权，又对本国居民来源于国外的一切收入行使征税权，从而形成两个国家或地区对同一收入的双重征税。

4. 避免双重征税的办法

两个国家或地区往往通过签订税收协定，以协调双方税收利益分配关系，进而避免跨国纳税人的双重征税负担。世界各国对外税法和签订的税收协定中，通常采用的税收抵免法，消除国际双重征税。

1）全额抵免（自然抵免）

全额抵免（tax credit in full），是指在许可方国家和被许可方国家的所得税率相同，或者双方国家签有避免双重征税协定的情况下，许可方来源于被许可方的使用费已在所得来源国缴纳所得税，其回国后，提供已纳税证明，经本国税务部门审查核实，被许可方在本国不再纳税，即全额抵免。

2）补差抵免（差额抵免）

差额抵免（balance of tax credits），是指在许可方国家所得税税率高于被许可方国家所得税税率情况下，许可方可办理申请抵免。首先向本国税务部门提交申请税收抵免书，并须附上在所得来源国的纳税证明。经本国税务部门核准后，即抵免许可方在国外所缴纳税款之后，还要按照本国和外国的所得税税率之差，向本国税务部门补交差额税款。

例如，许可方国内所得为 8000 美元，来自被许可方所得为 2000 美元，许可方国内税率为 40%，国外所得税税率为 30%。许可方全部所得为 10 000 美元。许可方向被许可方国家缴纳使用费所得税后，再向本国政府补交税款。具体计算公式为

$$[(8000+2000)\times 40\%]-(2000\times 30\%)=3400\text{（美元）}$$

须向本国税务部门补交的因外国所得税税率低于本国所得税税率而形成的差额税款为

$$(2000\times 40\%)-(2000\times 30\%)=200\text{（美元）}$$

任何居民应缴纳的所得税，绝不能低于其原应该在国内所承担的本国税赋。

3）最高限额抵免

最高限额抵免（maximum amount of tax credits）是指在许可方国家所得税税率低于被许可方国家所得税税率的情况下，如许可方国家税率为20%，被许可方国家税率为30%。许可方国内所得为8000美元，来源于被许可方的所得为2000美元；许可方在本国的最高抵免限额为

最高抵免限额＝许可方全部所得应缴纳的本国的所得税×（来自被许可方所得÷许可方全部所得）

最高抵免限额＝（8000＋2000）×20%×（2000÷10 000）
＝10 000×0.2×0.2＝400（美元）

这说明，许可方来源于被许可方的所得为2000美元，已缴纳所得税：2000×30%＝600（美元），国内最高抵免限额为400美元，许可方境外所交600美元税款，只能抵免400美元，其余200美元境外所得税不能抵免。

4）费用扣除法

费用扣除法（fees deduction of credit）是指跨国纳税人将其国外已缴纳的所得税作为已开支费用，从其总所得额中扣除，汇回本国，按本国所得税税率进行纳税。例如，许可方来源于被许可方的10 000美元技术使用费，被许可方国家所得税税率为20%，许可方国家所得税税率为30%。按费用扣除法计算，结果如下：

税前所得10 000美元扣除被许可方国家所得税20%后的余额
＝10 000－（10 000×20%）＝8000（美元）

则许可方在本国应纳税额为

纳税额＝8000×30% ＝2400（美元）

许可方少交所得税＝3000－2400＝600（美元）

5）使用税收抵免法应注意的问题

（1）解决双重征税的四种抵免法，在一个国家是根据情况同时使用的，并不是只使用一种。

（2）在实际业务中，一个跨国纳税人同期向数个国家出售技术，并同时向数个外国税务局缴纳所得税。在这种情况下，一般采用“分国不分项限额法”，即将来源于同一个国家的所有收入（技术使用费、特许权使用费、红利等）汇总，统一办理所得税抵免。

（3）根据本国税法办理所得税抵免，纳税人须提供在所得来源国已纳税的证明，经税务部门审查后，才可以进行抵免。

5. 我国避免双重征税的办法

发达国家和发展中国家对税收饶让条款的态度存在很大不同。发展中国家涉及同其他国家的税收关系，迫切需要同有关国家签订税收协定来积极、稳妥、规范地解决国际双重征税等问题。

我国对外税收协定的条文结构基本以中国对外缔结避免重复征税税收协定的工作文本为基础，这一工作文本全称是《中华人民共和国政府和××国政府关于对所得避免双重征税和防止偷漏税的协定》。我国对外签订的税收协定中一般由双方分别决定消除重复征税的具体

方法，主要类型包括以下两种。

1）限额抵免

中国与芬兰签订的双边税收协定中规定："中国居民从芬兰取得的所得，按照本协定规定在芬兰缴纳的税额，可以在对该居民征收的中国税收中抵免。但抵免额不应超过对该项所得按照中国税法和规章计算的中国税收数额。"在我国和加拿大、丹麦等国的税收协定中一般都做类似规定。

2）税收饶让

第一个与我国签订饶让抵免条款的发展中国家是马来西亚，协定第二十三条规定了双方相互给予税收饶让待遇。我国与泰国 1986 年在曼谷签订的税收协定中第二十三条规定："对于双方为促进经济发展所制定的特别鼓励法给予的减免税视同已征税相互给予饶让抵免。"此后，在我国与发展中国家签订的税收协定中，相互承担税收饶让义务的有马耳他、巴基斯坦、印度、越南等。

1983 年，我国与日本签署了第一个《关于对所得避免双重征税和防止偷漏税的协定》，协定中第二十三条首次采用了饶让抵免条款来解决两国间双重征税问题。后来，中日两国进一步通过签署《有关减免税视同已征税抵扣税收换函》的形式明确了饶让抵免的使用。此后，在我国与发达国家签订的税收协定中许多规定有税收饶让条款，并且是发达国家单方面给予我国饶让抵免待遇，如加拿大、丹麦、芬兰、新加坡等。

5.4.3　中国对技术贸易的征税规定

1. 税收来源地的规定

在税收管辖权方面，我国立法和实践中都是采用了"居民管辖权与来源地管辖相结合，以来源地管辖权为主"的原则。我国纳税主体分为企业（机构）和个人两类，这两类主体在所得来源地判定标准方面存在较大差异。

有关企业（机构）所得来源地判定标准的法律依据是《中华人民共和国企业所得税法》。该法第三条规定："居民企业应当就其来源于中国境内、境外的所得缴纳企业所得税。非居民企业在中国境内设立机构、场所的，应当就其所设机构、场所取得的来源于中国境内的所得，以及发生在中国境外但与其所设机构、场所有实际联系的所得，缴纳企业所得税。非居民企业在中国境内未设立机构、场所的，或者虽设立机构、场所但取得的所得与其所设机构、场所没有实际联系的，应当就其来源于中国境内的所得缴纳企业所得税。"《中华人民共和国企业所得税法实施条例》第七条第五项对企业（机构）特许权使用费所得来源地做了详细规定："利息所得、租金所得、特许权使用费所得，按照负担、支付所得的企业或者机构、场所所在地确定，或者按照负担、支付所得的个人的住所地确定。"

有关个人所得来源地判定标准的法律依据则是《中华人民共和国个人所得税法》，该法第 1 条规定：在中国境内有住所，或者无住所而一个纳税年度内在中国境内居住累计满 183 天的个人，为居民个人。居民个人从中国境内和境外取得的所得，依照本法规定缴纳个人所得税。在中国境内无住所又不居住，或者无住所而一个纳税年度内在中国境内居住累计不满 183 天的个人，为非居民个人。非居民个人从中国境内取得的所得，依照本法规定缴纳个人所得税。《中华人民共和国个人所得税法实施条例》第二十一条规定：个人所得税法第七条所称已在境外缴纳的个人所得税税额，是指居民个人来源于中国境外的所得，依照该所得来源国家（地区）的法律应当缴纳并且实际已经缴纳的所得税税额。个人所得税法第七条所称纳税人境外所得依照本法规定计算的应纳税额，是居民个人抵免已在境外缴纳的综合所得、经营所得以及其他所得的所得税税额的限额（以下简称抵免限额）。

2. 避免双重征税的规定

《中华人民共和国个人所得税法实施条例》第二十一条还规定：除国务院财政、税务主管部门另有规定外，来源于中国境外一个国家（地区）的综合所得抵免限额、经营所得抵免限额以及其他所得抵免限额之和，为来源于该国家（地区）所得的抵免限额。居民个人在中国境外一个国家（地区）实际已经缴纳的个人所得税税额，低于依照前款规定计算出的来源于该国家（地区）所得的抵免限额的，应当在中国缴纳差额部分的税款；超过来源于该国家（地区）所得的抵免限额的，其超过部分不得在本纳税年度的应纳税额中抵免，但是可以在以后纳税年度来源于该国家（地区）所得的抵免限额的余额中补扣。补扣期限最长不得超过5年。第二十二条规定：居民个人申请抵免已在境外缴纳的个人所得税税额，应当提供境外税务机关出具的税款所属年度的有关纳税凭证。

本章小结

在国际技术贸易中，交易双方大都是交易技术的使用权，但并非所有的交易都只涉及使用权，也有少数是交易技术的所有权。技术受方为获得技术的使用权要支付技术使用费，技术交易的买方为获得技术的所有权要支付技术的交易价格。技术的使用费和技术的交易价格都是技术的价格具体表现形式，要受到诸多因素的影响。本章介绍了几种技术使用费的支付方式及每种支付方式的特点和利弊，交易双方如何进行技术使用费的清算。

国际技术贸易中的重要税种是所得税。各国的税收管辖权原则可以分为领土原则和国籍原则，具体的税收管辖权又可包括收入来源管辖权和居民税收管辖权。由于两个国家或地区各自基于其税收管辖权的行使，对同一跨国纳税人，就同一征税对象，在同一税收期限内，征收同一或类似的税收，因而就产生了国际双重征税。避免双重征税的办法有免税法、抵免法和税收饶让。国际上各国相互之间大都签订了避免双重征税的协定，联合国和OECD也制定了供参考的避免双重征税的协定，欧盟对区域内部的双重征税做了统一规定。中国不仅和相关国家缔结了避免双重征税的协定，而且制定了本国的避免双重征税的国内法规。

名词解释

技术使用费　技术生命周期　技术的市场费用　沉入成本　机会成本　机动系数　间接成本　总付方式　提成支付方式　债务货币　支付货币　税收管辖权

复习思考题

一、简答题

1. 影响技术使用费的主要因素有哪些？
2. 技术使用费与商品价格的区别表现在哪些方面？
3. 如何进行技术使用费的估定？
4. 影响技术使用费的合同条件有哪些？
5. 常见的技术使用费的支付方式有哪些？
6. 简述总付方式和提成支付方式的关系。
7. 技术使用费的清算方式有哪些？如何应用这些清算方式？
8. 国际技术贸易的税收可以分为哪些种类？
9. 国际双重征税产生的原因是什么？
10. 我国避免双重征税的法律规定包括哪些内容？

二、计算题

1. 美国一公司从日本取得10 000美元技术使用费，日本的所得税税率为20%，美国的所得税税率为40%。按照费用扣除法计算：该居民在此纳税期间应交多少税？

2. 在某一纳税期间，乙方从本国取得收入为8000美元，从转让给甲方的技术中获得技术使用费为2000美元，甲方和乙方所在国家的所得税税率都是30%，计算在此纳税期间，乙方应缴纳多少所得税？

三、案例分析题

案例 1：涉案的两家公司都是通信领域的巨头。一方是以美国交互数字公司（IDC 公司）为首，集合其旗下通信、技术、专利控股以及 IPR 许可四大全资子公司。手上掌握了无线通信领域从 2G 时代一直到 3G/4G 的许多核心专利，其中部分专利已经成为该领域的国际标准，这些专利的许可使用正是其收入的重要来源。诉讼另一方华为公司是全球重要的电信设备提供商，要生产符合标准的手机等通信设备，就不可能绕过对对方专利的使用。每次使用就意味着付费，费用怎么定一直就是专利供方说了算，华为的这一案叫板的就是这个费率。

2008 年 11 月开始，华为公司与 IDC 公司就多项标准必要专利的许可使用费进行多次谈判。2011 年 7 月，IDC 公司将华为公司起诉至美国特拉华州法院，并向美国国际贸易委员会（International Trade Commission，ITC）起诉，称华为公司涉嫌侵犯其在美国享有的 7 项标准必要专利，请求对华为公司启动“337 调查”，并禁止华为公司制造、销售、进口相关产品。

2011 年 12 月，华为公司将 IDC 公司诉至深圳市中级人民法院，认为 IDC 公司违背了其承诺的义务，请求法院判令其按照“公平、合理、无歧视”原则，确定 IDC 公司就其标准必要专利许可华为公司的许可费率或费率范围。据了解，IDC 公司于 2009 年 9 月加入欧洲电信标准化协会（European Telecommunication Standards Institute，ETSI），并声明承诺给予标准必要专利实施人以公平、合理、无歧视条件的授权许可。

在美国启动对华为等公司的337调查前，IDC公司曾于2012年发出最后“通牒”，要求华为从2009年到2016年按照销售量确定支付许可费率为2%。但无论是以一次性支付专利许可使用费为标准，还是以专利许可使用费率为标准，IDC公司拟授权给华为公司的专利许可费均远远高于苹果、三星等公司。但其许可使用费率却是许可给三星、苹果的10倍乃至数十倍。

深圳中院经审理认为，IDC公司是中国电信领域（移动终端和基础设施）技术标准的必要专利权人。根据我国法律，IDC公司应将其标准必要专利以公平、合理、无歧视的原则授权给华为公司使用。2013年2月，深圳中院做出一审判决，确定根据“公平、合理、无歧视”原则，标准必要专利许可使用费率应为0.019%。省高院最终认定，IDC公司许可给华为公司的费率是许可给苹果公司的百倍左右，是三星公司的10倍左右，明显违反了FRAND原则，法院判决直接确定IDC公司在中国的标准必要专利许可费率为不超过0.019%。

许可费率确定可主要考虑的六大因素：专利对产品的贡献率、专利对标准的贡献率、同样专利对他人收取的许可费、使用人就类似专利缴纳给他人的许可费、市场经济环境和科技发展状况以及双方在前期磋商中的意思表示。

本案就如何确定标准必要专利使用费问题，首次适用FRAND原则作为裁判论述的依据，并提出计算的具体参照因素。这些都将对今后类似案件的处理和专利法的修改提供有力支撑。

资料来源：《华为诉IDC：标准必要专利使用费案开创先河》，国家知识产权战略网，2014-06-03；《深圳市中院首次披露华为诉美国IDC公司案件审理过程》，深圳特区报，2014-01-14；有改动

思考题：上述资料中，技术使用费应该以什么方式支付较合理？为什么？

案例2：考虑到产品的最终销售和生产商应当获得的经济利益，一个占主导地位的观点是，一个产品的专利权人所收取的累计许可费率不应超过该产品销售价的10%，否则就是对生产商的巧取豪夺。

在国家发展和改革委员会发布整改要求后，高通已经重新与包括华为、中兴、TCL、小米、奇酷、天宇朗通、海尔、联想、格力、酷派和OPPO等在内的超过110家国内手机厂商、零部件厂商、模块厂商达成新的专利许可协议。高通特别强调，“这些厂商应支付的专利费用与高通向中华人民共和国国家发展和改革委员会所提交的整改措施条款相一致”。

高通在中国收取专利许可的解决方案，是经过国家发展和改革委员会认可的，是依据国家规定收取费用，是具有法律依据的：对于为在中国使用而销售的品牌设备的高通3G和4G必要中国专利的许可，高通将会对3G设备（包括3G/4G多模设备）收取5%的许可费，对包括3模LTE-TDD在内的4G设备如果不实施CDMA或WCDMA，则收取3.5%的许可费，在上述每种情况中许可费基数为设备净售价的65%。

高通在中国拥有标准必要专利1000多项，非标准必要专利8000多项。标准必要专利的意思就是，只要你设计的手机支持中国的3G/4G网络，就会不可避免地用到高通的专利。

高通的专利主要集中在3G领域。资料显示，高通在CDMA上拥有包括600多项核心专利在内的共计3900项专利，占CDMA所有专利的27%，垄断了全球92%以上的CDMA市

场。在中国，这一比例几乎达到 100%。这意味着在 3G 时代，国产手机厂商几乎绕不过去高通的专利墙，只要是 3G 手机，每部手机都要向高通上交一定比例的专利费。

4G 时代下，这种情况稍有转变，目前全球范围内包括高通、联发科以及华为的海思都在研发手机芯片。以华为为例，大多数旗舰手机都会采用自家芯片，其他型号手机或许会采用高通芯片。其他手机厂商在推出旗舰机时通常会采用高通最新的芯片，如小米 5、ZUKZ2、努比亚 Z11 等都是采用了最新的高通骁龙 820 芯片，在其他千元机型号中，则倾向于使用联发科的芯片。

一部 2000 元的手机，需要缴纳 2000 元×65%×5%＝65 元的专利费。

2015 年 2 月，国家发展和改革委员会对高通开出了一张高达 60.88 亿元人民币的巨额罚单。并对高通提出了整改措施，其中比较重要的两个大变化是：①对销往中国境内的手机，按照整机批发净售价的 65%收取专利许可费；②不强制我国手机厂商将专利进行免费反向许可。

资料来源：根据《对高通反垄断调查重建公平竞争环境》，人民网，2015-02-25；《高通收取的专利费用标准到底贵不贵？》，中国经营网，2016-06-30；《高通咽下 9.75 亿美元罚单》，国际金融报，2015-03-02 等资料改编而成

思考题：

（1）国际技术贸易交易中的定价应该遵循哪些原则？

（2）美国高通公司的标准必要专利的许可费，是按照整机的最终销售额乘以一定的许可费率来计算。那么，以整机收取许可费是否合理？

第 6 章　国际技术并购

本章学习目标、重点与难点

学习目标：通过本章学习，学生对国际技术并购这种目前较常用的国际技术贸易方式的作用、类型、影响，使用国际技术并购这种贸易方式应该遵循的理论、面临的风险种类和防范措施等内容，有了全面、深入的理解和掌握。

重点：国际技术并购的类型、作用、影响，应用国际技术并购应该遵循资源基础理论和技术追赶理论，进行国际技术并购面临的风险种类及防范措施。

难点：国际技术并购面临的风险种类及防范措施。

6.1　国际技术并购概述

20 世纪 90 年代，美国思科公司连续 6 年花费 188 亿美元完成了 42 起并购案，被并购方多为拥有新技术的成长型小企业；微软公司也发起一系列以获取技术资源为意图的并购。2000 年，Intel 公司用约两倍于其内部研发投入的资金收购了行业内多种尖端技术。很多发展中国家的企业也通过技术并购来提升其技术能力，如联想、TCL、吉利等很多中国企业也以技术并购的方式获取技术资源并提升其技术能力，进而进军国际市场。

6.1.1　国际技术并购的基本概念

企业外部技术获取的方式包括技术购买、技术联盟和技术并购。

1. 技术购买

技术购买是企业早期技术依赖阶段，购买的一般是发达国家的成熟技术，是零散技术引进，引进的技术不具有市场竞争力，如果不能吸收、消化、创新，就会一直处于技术落后阶段。我国对国外技术具有很强的依赖度，技术购买是我国获取技术的主要方式。

2. 技术联盟

技术联盟的概念可以追溯到战略联盟。按照国外许多学者的观点，技术联盟是战略联盟的特例。其中，根据索奇加德（Maura Soekijad）和安德里森（Erik Andriessen）的解释，技术联盟是指由两个或两个以上有共同战略意义和对等经营实力的企业（或特定事业和职能部门等），为了达到技术创新而拥有市场、共同使用研发资源等战略目标，通过各种协议、契约而结合成的优势互补或优势相长、风险共担、生产要素水平或双向或多向流动的一种松散的合作模式。

国内学术界普遍流行的定义是钟书华（1998）提出的，他认为企业技术联盟是两个或两个以上的企业出于对市场预期目标的考虑和各自总体战略目标的需求，为了达到技术交流、合作研发、降低风险、提高效益以及实现资源的优化配置等目的，通过各种协议形成的一种优势互补、风险共担的组织。

本书认为，技术联盟是由一家企业与其他企业或研究机构、大学等组织为了达到共同的技术创新目标，采取的股权与非股权形式的、共担风险、共享技术成果与利益而建立的合作关系。

3. 技术并购

数据显示，技术并购（technology acquisition）成为企业获取技术资源的重要手段之一。众多文献显示，技术并购是企业适应技术环境变迁的产物，收购企业希望通过技术并购，在短时间内获取目标企业的技术，提高企业技术能力，并且通过发挥并购方的资源性优势，使目标企业克服由于其资源障碍所带来的种种威胁。

根据相关文献的论述，技术并购是为开发新产品和工艺、提升技术能力和生产率而进行的技术知识与资源的战略性并购活动，是一种资源更新和扩张战略，能使并购方获得稀缺和有价值的资源、提升市场力量、启动战略变革进而建立竞争优势的经济行为。

技术并购也被称为BKT并购（基于知识和技术的并购），即一个大公司为了获取研究与开发，通过一定的渠道和支付手段，将另一创新公司的整个资产或足以行使经营控制权的股份买下来的经济行为。

国际技术并购是指通过收购和兼并方式，获得高知识存量的国外企业，获取目标企业的知识，并将这些知识转移到并购企业的其他部分，从而增加企业的知识存量、提升企业的技术绩效的经济行为。

近年来，随着技术更替速度加快，越来越多的公司通过技术并购这种开放式创新方式来提升创新能力。技术并购是指企业以获得外部技术、提升技术能力为主要目标的并购行为，有利于很快获取目标技术和技术能力，降低技术壁垒，获得营销渠道、品牌、市场。同时，技术并购是一种高风险的战略并购行为，并购整合复杂、难度高。

4. 三者的关系

早期的技术外取主要是以购买技术、技术联盟等非资本联结方式为主。技术并购行为可以克服技术知识的许可或战略联盟等方式下知识吸收受到阻碍的困难。

战略联盟和技术并购是国外大企业获得技术的主要方式，能够获得新兴技术、技术诀窍及核心技术，实现技术超常发展。

公司要获得技术是通过研发，但有时会受到时间效率、技术研发能力等的限制影响，未能达到目标。市场中激烈的竞争和技术的快速变化，使许多公司通常会放弃内部技术研发，而采用外部技术并购来完成变革。公司也能通过战略联盟获得技术，但是这种方式会暴露公司的技术能力或商业秘密，导致研发过程中知识和成果很难达到预期，尽管技术开发已经完成，却带来很多风险。

6.1.2 国际技术并购的类型

1. 水平并购

水平并购是指处于相同市场层级，生产销售相同或相近产品，具有竞争关系的兼并收购行为。并购效率理论认为，水平并购具有经营、管理协同效应，增强了主营业务能力。

技术并购的战略包括技术互补和技术强化。通过技术互补，增强了企业竞争优势。通过技术加强，进行技术升级，提升技术水平，弥补技术不足。市场势力理论认为水平并购会减少企业数量，不利于自由竞争，垄断会提高产品价格或打压原材料价格，产生垄断利润，降低社会效益，需要政府管制来抑制水平并购的负外部性。

在水平并购中，收购企业与被并企业的技术相关性较高，关于水平并购对并购绩效的影响表现在两个方面：①基于协同效应角度，技术相关度较高的企业并购在短期内更容易实现技术协同，企业整合过程相对容易，通过消化吸收产生规模经济和范围经济效应，因此，企业并购绩效会得到一定提升；②基于替代效应角度，认为水平并购对企业内部研发具有替代效应，当收购企业获得被并企业的核心技术后，容易出现自满情绪，致使创新积极性降低，自主研发投入减少，抑制企业本身研发能力的增长，企业技术创新速度降低，无法达到原来预期的并购效果。

2. 垂直并购

垂直并购是指上下游企业处于同一产品不同的产业链环节，它们之间没有竞争关系，通过一体化以组织内部交换取代市场交易的并购模式。垂直并购的理论基础是“交易费用”理论，市场信息不对称、机会主义、资产专用性、有限理性等产生交易费用。

垂直并购更多地表现为纵向一体化，通过一体化形成共享资源，企业组织行为可以降低市场交易费用，随着一体化，上游企业的研发支出会降低，下游企业产量、利润，还有社会效益会升高。纵向一体化增强了企业研发能力，降低了贸易壁垒，减少了重复研发，技术互补提高，增强了研发效率，优化了资源配置。向前并购能降低采购成本，增强对原材料、零配件供应的控制力；向后并购可以获得中间费用，产品需求信息更明确。纵向一体化能够稳定经营环境，规避经营风险，在原材料紧缺时保证供应，在市场疲软时保证产品销路。但是，过度并购会导致内部组织成本、代理成本上升。

3. 混合并购

混合并购是指不同企业在产业链、行业不相关的并购行为。混合并购是不同行业、不同地区并购，财务协同效应显著。其主要是联合保险效应和风险分散效应。联合保险效应指业务相异带来经营现金流相异，降低企业偿债风险和违约率，提升举债能力，降低税负，企业集团内部损益抵消也具有税盾作用。风险分散效应指多元化经营，经营相关性低，是有效的风险投资组合，分散经营风险和投资风险。

混合技术并购的目的在于实现企业技术多元化的战略。通过技术并购，企业不但可以获得异质性技术资源，在不同行业占得先机，而且可以实现企业经营重心的转移，分散经营风险。因此，混合技术并购可能促进并购绩效。但是，由于混合并购后企业资金和管理人员精力被分散，后续研发能力可能受到影响，并且由于混合技术并购中，主并企业与目标企业技术差异较大，自身技术与并购企业核心技术相差较远的技术人员以及在并购前技术团队中起沟通桥梁作用的技术人员最容易离开合并后企业。

总之，水平并购易于技术互补型企业，垂直并购易于技术替代型企业，混合并购易于技术通用型企业，与垂直、水平并购相比，混合并购风险较高。但是，混合并购能够达到技术多元化的战略目的，并吸收异质性技术资源，获得竞争优势，实现经营重心转移，快速扩张。

专栏6-1

万华海外并购，为更多"走出去"的中国企业搭建欧洲海外发展平台

成立于 1978 年的烟台万华聚氨酯股份有限公司（以下简称"烟台万华"）坚持自主创新，于 2001 年成功开发出具有自主知识产权的异氰酸酯（methane diisocyanate，MDI）。在技术创新的同时，公司产能也迅速提高，经过发展，跃升为亚太地区最大、全球第四大异氰酸酯供应商。

地处欧洲大陆的 BorsodChem 化工集团（以下简称"BC 公司"）则是匈牙利最大的化工企业，是世界上少数具备异氰酸酯生产能力的公司之一，其产品主要面向欧洲市场，有少量产品销往中东、非洲及亚洲等地区。在 2008 年全球金融危机以及其后的欧债危机影响下，整个欧美市场经济萧条，生产销售不畅，资金回笼困难，大部分企业处于停产或半停产状态。在经济大环境及行业均不景气的双重压力下，欧美的化工企业大都受到较大影响。此时的 BC 公司也在内外部环境的影响和压力下，财务状况持续恶化，公司的运营陷入困境。

并购专家代表团在多次被BC公司拒绝后，最终以债权人的身份参与到BC公司的重组事项中，通过努力，最终得到有关各方的理解和支持。在对 BC 公司的债务结构进行深入调查研究的基础上，达成了如下协议：烟台万华提供 1.4 亿欧元借款，用于推动 BC 公司第二套 16 万吨/年甲苯二异氰酸酯（turbo direct injection，TDI）的装置建设；为 BC 公司提供 9 亿欧元的银团贷款，用以置换 BC 公司原有 9 亿欧元贷款（原贷款利率最高至 15%），BC 公司为承贷方；为收购 BC 公司股权及支付中介费用合计 2.23 亿欧元。并购的全部交易金额为 12.63 亿欧元，并于 2011 年 1 月 31 日结束。烟台万华取得了 BC 公司 96%的股权，成功实施了对 BC 公司的并购。又追加投资 3 亿欧元，完成了年产 16 万吨甲苯二异氰酸酯项目新生产装置建设，提高了公司的盈利能力和抗风险能力。在提供资金支持的同时，烟台万华运用信息技术加强集团与各公司之间的信息交流和互动，提高管理效率和效益，实现集团内部的战略协调一致性。在双方的共同努力下，BC 公司很快恢复正常生产，并于 2012 年 5 月实现盈利。

有研究表明，那些不能被公司财务系统衡量的无形资产通常占到公司价值的 75%以上，而公司的有形资产只代表了不到 25%的市场价值，如 BC 公司的甲苯二异氰酸酯技术优势等都是优质的无形资产。

BC 公司是匈牙利最大的化工公司，"从着手到并购成功，经历了半年时间。"烟台万华工作人员介绍，从全球视角上看，异氰酸酯产品仅有 4 个国家 6 家公司能够大规模制造，是寡头垄断行业，烟台万华是唯一能够生产并拥有全球最领先异氰酸酯核心技术的中国企业。

匈牙利属于欧盟国家，地处欧洲中心，BC 公司与烟台万华形成明显的区位互补优势。收购 BC 公司可以大大缩短烟台万华的全球化进程，使烟台万华直接取得欧洲主流供应商的地位，帮助其在欧洲市场站稳脚跟。

资料来源：根据《烟台万华实业收购匈牙利 BC 公司案例》，中国网，2012-10-19；《收购海外资产 烟台万华跻身全球前三》，理财一周报，2011-02-18 等资料改编而成

6.1.3 国际技术并购的作用及影响

1. 国际技术并购的作用

首先，企业通过技术并购可获得经济收益和战略收益。由于技术本身和技术背后隐含的知识对创新的重要性不断提升，并购企业通过技术并购不仅能获得技术资源、构建技术能力以及在战略技术竞争中占得先机，进而提高已有产品的技术水平，促进新产品的推出，加速产品的商业化进程，而且部分并购会使并购企业获得市场或垄断力量。

其次，技术并购能提高企业效率和降低成本。技术并购能使并购企业缩短研发周期、降低研发投入、提高生产效率，进而以较低成本超越技术壁垒，达到获得技术和市场的双重目的。水平技术并购中，联合或互补的技术资源能使并购企业实现规模经济和范围经济。垂直技术并购中，与上下游技术合作方的整合会使并购企业降低交易成本。

最后，技术并购会使企业获取全面的经济收益，提升并购企业的经济绩效。经过正确的并购战略制定、实施和并购后整合等环节，会使并购方获益，还会因更深层次的机制使并购企业实现规模经济、范围经济、空间经济和速度经济。

案例 6-1

国际技术并购对汉能控股集团的技术提升的重要作用

汉能控股集团有限公司（以下简称“汉能”）是全球化的清洁能源跨国公司，全球薄膜太阳能发电领导者，致力于“用薄膜太阳能改变世界”。公司成立于 1994 年，总部设在北京，2017 年 12 月员工已达 15 000 人，在国内多个省份以及美洲、欧洲与中东、亚太、非洲等地区设有分支机构，业务横跨水电、风电、薄膜太阳能发电。通过全球技术整合和自主创新，汉能薄膜发电技术已达到国际领先水平。2018 年，汉能的铜铟镓硒（CIGS）组件经德国弗劳恩霍夫太阳能系统研究院（Fraunhofer ISE）认证的最高转化率达到 21%；2019 年，砷化镓（GaAs）组件获得美国国家可再生能源实验室（National Renewable Energy Laboratory，NREL）认证，以单结电池 29.1%、双结电池 31.6%的转化效率，成为柔性薄膜电池的双料世界冠军。薄膜发电技术具有柔性可弯曲、质量轻、弱光性好、颜色可调、形状可塑等优势，可广泛应用于薄膜发电建筑一体化（building integrated photovoltaics，BIPV）、户用发电、农业应用、汽车应用、电子产品、通用产品、特种产品及商用无人机等领域。

2012 年 6 月 5 日，民营清洁能源企业汉能宣布正式收购德国 Q-Cells 薄膜子公司 Solibro 100%的股份，这是汉能海外并购的第一单。2012 年 11 月，汉能与德国太阳能电池制造商

Q-Cells 签署收购 Q-Cells 子公司 Solibro 股权的协议，此项投资将提升汉能在薄膜太阳能电池技术领域的地位。德国 Q-Cells 一度是世界最大的光伏组件制造商，其子公司 Solibro 生产的薄膜太阳能电池具有全球最高的模组转换效率，达到 17.4%。完成收购后汉能计划将 Solibro 位于德国泰尔海姆（Thalheim）的工厂年产能提升至 100 兆瓦，产品主要提供给汉能在欧洲的客户。在铜铟镓硒技术中，Solibro 100 多兆瓦的产能已经排名全球前三，17.4%的高转换效率也是行业佼佼者。其中，Solibro 公司 429 人的团队，会补充汉能现有的硅基薄膜电池业务。

2013 年 1 月，经中美两国政府允许，汉能完成对美国硅谷企业 MiaSolé 的 100%并购。收购完成后，MiaSolé 将作为汉能的全资子公司运营，在美国 Sunnyvale 的工厂和员工被保留。位于美国加利福尼亚州的 MiaSolé 是全球领先的铜铟镓硒薄膜太阳能组件制造商，在 10 年的发展中得到投资者逾 5.5 亿美元的投资，市值超过 20 亿美元。MiaSolé 的薄膜光伏组件量产转化率已达 15.5%，预计在 2014 年，其转化率将提高至 17%以上，并在两年内将生产成本降低到每瓦 0.5 美元。本次并购使汉能获得全球转化率最高的铜铟镓硒技术，成为在规模、技术上皆领先全球的薄膜太阳能企业。此举是汉能继 2012 年 6 月成功收购德国光伏巨头 Q-Cells 旗下全资子公司 Solibro 后，再次顺利完成对美国企业的并购，这两次成功的海外并购显示了中国民营企业“走出去”的独特优势和强大的国际竞争实力。

2013 年 8 月，汉能宣布成功并购美国 Global Solar Energy 公司，借助此次并购成为全球首家实现柔性薄膜太阳能组件大规模量产的企业，不仅是汉能全球技术整合战略的重要里程碑，更重要的是将大幅加速中国光伏产业的转型升级。由于薄膜光伏组件具有能耗低、无污染、柔性可弯曲、弱光响应性好、光照角度要求低等优势，最适合分布式发电的太阳能电池技术需求，已在日本、美国等被广泛应用于光伏与光伏建筑一体化。而在国内，薄膜技术长期拖后腿。

继 Solibro、MiaSolé 和 Global Solar 后，2014 年 8 月 13 日，汉能宣布完成对美国阿尔塔设备公司（Alta Devices）的并购，发展移动太阳能。阿尔塔提供的资料显示，其生产的柔性砷化镓太阳能电池片，产生的效能比全球量产的单晶硅技术提高 8%，比多晶硅高出 10%；相同面积下，其产生的效能可达普通柔性太阳能电池的两倍到三倍。经美国国家可再生能源实验室认证，阿尔塔单结电池片效率为 28.8%、双结电池片效率达到 30.8%。2014 年 8 月前，这是薄膜太阳能电池技术转化率最高的世界纪录。

资料来源：根据《太阳能光伏进入“中国收购”时间》，北京日报，2012-08-08；《汉能控股收购德国 Q-Cells 子公司》，www.china.com.cn，2012-06-08；《汉能并购美国太阳能企业　成最大规模太阳能企业》，南方日报，2013-01 -12；《汉能完成对美国阿尔塔设备公司并购》，搜狐财经，2014-08-13 等资料改编而成

思考题： 这些国际技术并购对汉能技术发展和创新起到了哪些作用？

案例分析

传统能源行业谁有资源谁支配能源，而新能源里面，谁有了技术谁有能源。汉能通过诸多国际技术并购，在这个行业里面占领了技术最高点，薄膜太阳能规模也做到了世界第一。

汉能完成并购 MiaSolé 和两家美国全球领先的铜铟镓硒薄膜太阳能组件制造企业后，其薄膜太阳能产能已达到 3GW。因此，汉能也超过了美国第一太阳能（First Solar）公司，成为世界上规模最大的薄膜太阳能企业。同时，汉能拥有非晶硅-锗、非晶硅-纳米硅、铜铟镓硒等 7 条全球领先的薄膜技术路线，薄膜太阳能组件量产转化率已达到 15.5%，其研发转化率最高已达 18.1%。

另外，阿尔塔的薄膜技术可以应用在各类移动电源领域，这将改变太阳能的利用方式。本次并购将使汉能有能力为任何移动、可携带及可穿戴设备提供高效、稳定的薄膜发电电力供应。通过与阿尔塔的技术整合，积极开拓在消费类电子设备，如手机应急充电、远程勘探、电动车等移动电源领域的业务发展。

2. 国际技术并购对技术并购双方的作用

对兼并方来说，技术并购可以获得重要的战略资源（技术和产品、创新能力、隐性知识），增强市场控制权（扩大销售地域和消费群体、铲除竞争者），重塑企业战略（重新整合资源、提高环境适应力）。对被兼并方来说，技术并购可以帮助它们快速获得关键的战略资源和减少经营压力。

3. 影响国际技术并购的因素

1）文化因素的影响

国家文化和国家之间跨文化的差异影响企业间的国际技术并购。文化环境包括单一文化背景、混合文化背景和多文化背景三种类型。其中，单一文化背景具有强烈的同化性，并且接受不同文化类型的倾向很低；在混合文化环境里，缺乏多样性的有效同化模式，会导致不同文化间的冲突，使合作变得困难；只有在多文化背景下，合作才更简单、更自发，合作关系存在的环境才真正存在。因此，不同国家的文化环境不仅影响合作企业之间的合作关系，还会影响双方之间的技术转移过程。

2）法律因素的影响

国际技术并购涉及知识产权转移问题，而知识产权转移涉及法律因素。不同国家的知识产权保护程度不同，对国际技术并购的影响不同。普遍认为加强发展中国家知识产权保护，会提高发达国家的技术创新水平和促进对发展中国家的技术转移；相反，技术领先国家为保护创新成果，会进行保护性研发，使得研发成果难以被模仿以减少技术溢出，从而降低技术转移。

除了把专利法列入法律环境之外，还应把东道国对技术争端的解决手段以及对技术转移和技术产权保护的相关规定也列入影响国际技术转移的法律因素中。

3）政策因素的影响

企业进行国际技术并购时，涉及本国和东道国所设置的各种政府政策，如受关税或削减配额、汇率、外国政府管制等政策影响。例如，我国企业近几年的国际技术并购，常常以资源储量丰富的国家和在高科技领域处于领先地位的欧美等发达经济体为主要目的地。能源与矿产资源都是稀缺的战略资源，往往关系着一个国家经济发展的命脉。同时，发达经济体也有借助高、精、尖技术保持领先或垄断地位的思想倾向。因此，东道国出于保护本国政治与经济利益的考虑，往往会对中国企业获取优势无形技术资源的并购活动，设置各种形式的政治壁垒，并以国家安全为由进行严格的审查。

6.2 国际技术并购的相关理论

6.2.1 资源基础理论

1. 资源基础理论产生背景

1984 年，沃纳菲尔特（Wernerfelt）“企业的资源基础论”一文的发表，意味着资源基础论的诞生。

资源基础理论的假设是：企业具有不同的有形和无形的资源，这些资源可转变成独特的能力，资源在企业间是不可流动的且难以复制，这些独特的资源与能力是企业持久竞争优势的源泉。

2. 资源基础理论的基本思想

资源基础理论的基本思想是把企业看成资源的集合体，将目标集中在资源的特性和战略要素市场上，并以此来解释企业的可持续的优势和相互间的差异。只有在资源符合 VRIN 框架时，才可以作为竞争优势的基础。

VRIN 的含义是：valuable，即有价值的资源，它是公司构想和执行企业战略、提高效率和效能的基础。rare，即稀缺的资源，资源即便再有价值，一旦为大部分公司所拥有，它也不能带来竞争优势或者可持续的竞争优势。imperfectly imitable，即无法仿制的资源，一般需同时具备以下三点特征：历史条件独特、起因模糊、具有社会复杂性。non-substitutable，即难以替代的资源，不能够存在一种既可复制又不稀缺的替代品。

3. 资源基础理论的主要内容

资源基础理论认为，企业要想保持长期竞争优势和取得绩效提高，必须拥有异质性的、非常难以模仿的、效率高的专有资源。与技术型小企业的功能性优势不同，大企业拥有资源优势、丰富的管理经验、较大的市场影响力，包括对外联系、市场营销、制度环境支持等，有能力从事基础性的研发活动。但大企业也有其不利之处，即传统的惯性、僵化的机制、迟钝的信息反馈等，突破性创新的能力较为缺乏。通过收购一家创新型的小企业就可以弥补该劣势。同时并购之前，大企业相对于小企业的资源性优势只是一种“可能性”，技术型小企业相对于大企业的创新技术优势和强大的成长潜能也只是一种“可能性”优势。如果不实施并购，双方的优势将只停留在可能的层面。大企业的优势会因没有实施并购难以发挥应有的作用，失去一次获得强大成长力的机会；或者失去低风险、低成本地进入某一新产业技术领域的机会。小企业的优势则会随着时间的推移而消失，并因缺乏足够的资源支撑而丧失其强大成长力，最终走向衰亡。若互补性强的大、小企业（经过市场检验的技术型小企业）实现成功并购，其各自的相对优势就能得以发挥，发展之道将进入良性循环。此外，由于大企业想要获取的知识通常较为复杂、隐性，建立在经验积累之上且具有嵌入性，这些特征决定了通过战略联盟和自主创新很难实现知识的转移，而通过并购能较好地克服这些困难。

资源基础理论强调的是企业通过并购可以获得在本领域发展和升级的技术资源。另外，技术并购还有利于并购企业跨越原有技术领域，实现战略重生，弥补自主创新路径依赖的缺陷。事实上，每一次重大技术跃迁都会使产业领袖发生易位，其原因就在于原领袖企业在既定技术轨道惯性的作用下，不能成功转入新的技术轨道，技术并购有助于这一问题的解决。

资源基础理论认为，企业是各种资源的集合体。由于各种不同的原因，企业拥有的资源各不相同，具有异质性，这种异质性决定了企业竞争力的差异。概括地讲，资源基础理论主要包括以下三方面的内容。

1）企业竞争优势的来源：特殊的异质资源

资源基础理论认为，各种资源具有多种用途，其中又以货币资金为最。企业的经营决策就是指定各种资源的特定用途，且决策一旦实施就不可还原。因此，在任何一个时点上，企业都会拥有基于先前资源配置基础上进行决策后带来的资源储备，这种资源储备将限制、影响企业下一步的决策，即资源的开发过程倾向于降低企业灵活性。例如，拥有 1 亿元货币金的企业几乎可能涉足任何产业，但它一旦将这 1 亿元资金用来购买化工设备及化工原料，它就只可能从事特定的化工生产。尽管如此，企业仍然热衷于资源的开发利用，因为资源的开发增加了资源的专用性，有可能提高产出效率及资源的价值。如果决策得当，上面那家只能从事化工生产的企业也许会从化工生产中赚回 2 亿元。

一般说来，企业决策具有以下特点。

（1）不确定性，即决策者对社会、经济、产业、技术等外部环境不可能完全清楚，对竞争者的竞争行为、消费者的偏好把握不可能绝对准确。

（2）复杂性，即影响企业外部环境的各种因素的相互作用具有复杂性，竞争者之间基于对外部环境的不同感受而发生的互相作用具有复杂性。

（3）组织内部冲突，即决策制定者、执行者、相关利益者在目标上并不一致，各人都将从最大化自己的效用出发影响决策行为。这些特点决定了任何决策都具有较大范围的自由裁量，结果也会各不相同。因此，经过一段时间的运作，企业拥有的资源将会因为企业复杂的经历及难于计数的小决策的作用表现出巨大差异，企业一旦陷入偏差，就可能走入越来越难于纠正的境地。

资源基础理论认为企业在资源方面的差异是企业获利能力不同的重要原因，也是拥有优势资源的企业能够获取经济租金的原因。作为竞争优势源泉的资源应当具备以下五个条件：①有价值；②稀缺；③不能完全被仿制；④其他资源无法替代；⑤以低于价值的价格为企业所取得。

2）竞争优势的持续性：资源的难以模仿性

企业竞争优势根源于企业的特殊资源，这种特殊资源能够给企业带来经济租金。在经济利益的驱动下，没有获得经济租金的企业肯定会模仿优势企业，其结果则是企业趋同，租金消散。因此，企业竞争优势及经济租金的存在说明优势企业的特殊资源肯定能被其他企业模仿。资源基础理论的研究者们对这一问题进行了广泛的探讨，他们认为至少有三大因素阻碍了企业之间的互相模仿。

（1）因果关系含糊。企业面临的环境变化具有不确定性，企业的日常活动具有高度的复杂性，而企业的租金是企业所有活动的综合结果，即使是专业的研究人员也很难说出各项活动与企业租金的关系，劣势企业更是不知该模仿什么、不该模仿什么。并且，劣势企业对优势企业的观察是有成本的，劣势企业观察得越全面、越仔细，观察成本就越高，劣势企业即使能够通过模仿获得少量租金，也可能被观察成本抵消。

（2）路径依赖性。企业可能因为远见或偶然拥有某种资源，占据某种优势，但这种资源或优势的价值在事前或当时并不被大家认识，也没有人去模仿。后来环境发生变化，形势日渐明朗，资源或优势的价值日渐显露出来，成为企业追逐的对象。然而，由于时过境迁，其他企业再也不可能获得那种资源或优势，或再也不可能以那么低的成本获得那种资源或优势，拥有那种资源或优势的企业则可稳定地获得租金。

（3）模仿成本。企业的模仿行为存在成本，模仿成本主要包括时间成本和资金成本。如果企业的模仿行为需要花费较长的时间才能达到预期的目标，在这段时间内完全可能因为环境的变化而使优势资源丧失价值，使企业的模仿行为毫无意义。在这样一种威慑下，很多企业选择放弃模仿。即使模仿时间较短，优势资源不会丧失价值，企业的模仿行为也会耗费大量的资金，且资金的消耗量具有不确定性，如果模仿行为带来的收益不足以补偿成本，企业就不会选择模仿行为。

3）特殊资源的获取与管理

资源基础理论为企业的长远发展指明了方向，即培育、获取能给企业带来竞争优势的特殊资源。由于资源基础理论还处于发展之中，企业决策总是面临诸多不确定性和复杂性，资源基础理论不可能给企业提供一套获取特殊资源的具体操作方法，仅能提供一些方向性的建议。具体来说，企业可从以下几方面着手发展企业独特的优势资源。

（1）组织学习。资源基础理论的研究人员几乎毫不例外地把企业特殊的资源指向了企业的知识和能力，而获取知识和能力的基本途径是学习。由于企业的知识和能力不是每一个员工知识和能力的简单加总，而是员工知识和能力的有机结合，通过有组织的学习不仅可以提高个人的知识和能力，而且可以促进个人知识和能力向组织的知识和能力转化，使知识和能力聚焦，产生更大的合力。

（2）知识管理。知识只有被特定工作岗位上的人掌握才能发挥相应的作用，企业的知识最终只有通过员工的活动才能体现出来。企业在经营活动中需要不断地从外界吸收知识，需要不断地对员工创造的知识进行加工整理，需要将特定的知识传递给特定工作岗位的人，企业处置知识的效率和速度将影响企业的竞争优势。因此，企业对知识微观活动过程进行管理，有助于企业获取特殊的资源，增强竞争优势。

（3）建立外部网络。对于弱势企业来说，仅仅依靠自己的力量来发展它们需要的全部知识和能力是一件花费大、效果差的事情，通过建立战略联盟、知识联盟来学习优势企业的知识和技能则要便捷得多。来自不同公司的员工在一起工作、学习还可激发员工的创造力，促进知识的创造和能力的培养。

6.2.2 技术追赶理论

1. 技术追赶理论的假设

（1）传统研究中后发企业的追赶起点大多建立在发展中国家企业面临的技术和市场双重劣势。在这种情形下，后发者与领先企业之间地位极不平等，往往只能通过引进、合资、贴牌代工等方式学习成熟技术，积累初始知识基础。

然而，在“新型技术追赶”阶段，后发者的两大劣势逐渐减小，甚至已经具有优势。随着中国经济的快速发展和后发企业国际化程度加深，开放式创新成为打破技术隔离的有力武器，适时地整合运用内外部知识，以新颖、独特的方式创造新产品和服务。

（2）许多追赶理论模型（如 OEM[①]—ODM[②]—OBM[③]）都局限于特定的产品或技术范畴，没有考虑到在接近前沿的过程中后发者已经掌握了较深较广的知识基础，有能力从其他领域吸收技术知识，形成多样化、非线性的跨领域追赶。另外，以往研究常常用技术或研发实力表征企业创新能力，因此容易将追赶范围局限于与技术有关的维度。随着组织的发展壮大和环境的日益动荡，仅从技术研发已经难以评价后发企业创新能力的全貌，无法回答为什么在水平相当的情况下，有的后发者能抓住新的技术机会一跃而上，但有的却不能。“新型技术追赶”条件下后发企业的追赶范围（广度和深度）都有了明显的提升，多产品、多市场层级，甚至跨产业、商业模式等非技术领域的追赶案例有待进一步检验。

（3）由于大多数追赶起点较低，需要数十年的漫长过程，因此许多研究都“约定俗成”地认为后发追赶总发生在变化缓慢的环境中，很少考虑日新月异的外部环境可能会显著改变追赶速度。而“新型技术追赶”背景下，许多后发者取得能力跃迁的时间相较于从前或领先企业更短。

2. 技术追赶理论的主要内容

后发企业是指在出口市场展开竞争且技术落后、市场欠发达和用户不成熟的制造企业。后发企业技术基础设施不发达，研发能力较差，远离发达国家技术创新，本地市场规模小，用户不成熟。后发企业要设法克服进入壁垒，使生产和成熟用户相联系，实现科技进步。分包和 OEM 使后发企业绕过了贸易壁垒，吸收先进设计技术和制造。通过学习、改进，满足多样化客户需要，增强式的产品创新使后发企业具备产品设计能力，于是迈向 ODM 阶段。后发企业渐渐摆脱了技术和市场劣势，但是没有品牌优势，研究与开发投资能力不足，主要是渐进性创新和模仿性增长，进行混合型追赶。一部分企业研究与开发投入不断增加，以 OBM 方式打造品牌影响，并与技术领先企业结成战略伙伴，以获得先进技术。

后进国家企业技术创新是从成熟技术到创新早期阶段的逆向选择，在创新早期阶段，工艺创新发展慢，产品创新发展快。在过渡阶段，供应商工艺技术创新，市场买家引导设计。第三阶段，技术基础成熟，主要是工艺改进。后发企业技术发展也可能不是简单的路径跟随，而是进行跳跃式发展。

3. 企业的技术追赶模式

企业的技术追赶模式分为以下五类。

（1）合资主导模式。此类企业主要采取与国外跨国公司建立合资企业的方式进行技术追赶。企业通过合资首先培养制造能力，生产国外合资伙伴的产品、迅速抢占市场，然后通过生产过程、直接和间接的技术交流、强化技术学习和技术积累来逐渐培育自主开发能力。这

① OEM：original equipment manufacturer，原始设备制造商。
② ODM：original design manufacturer，原始设计制造商。
③ OBM：original brand manufacturer，代工厂经营自有品牌。

一过程也是“OEM－ODM－OBM”追赶模式。

（2）引进主导模式。此类企业主要通过持续引进国外技术进行技术追赶。企业首先寻找适合市场的现成技术，在成功引进该技术后迅速进行生产。企业对能降低成本的国产化很感兴趣，也会进行一定程度的本土化适应性改进。虽然企业对如何使用引进技术生产产品很感兴趣，但是对如何开发类似技术却缺乏学习热情。在引进的技术不能满足市场需求时，企业更倾向于通过引进而非自主开发来获得新一代的技术。

（3）引进辅助模式。此类企业主要通过消化吸收引进的国外技术进行技术追赶。企业首先有选择性地引进技术，在利用引进的技术进行生产时注重对引进技术的学习，通过持续的模仿来消化吸收引进的技术，逐渐培育并提高自身研发能力。在引进技术逐渐落后时，企业不会立刻决定继续引进技术，而是更积极地考虑自己开发新的技术。

（4）自主开发模式。此类企业主要通过自主开发进行技术追赶。此类企业技术追赶阶段的过程：从模仿市场中现有的成熟技术开始，经过不懈努力完成对成熟技术的消化和吸收工作，最终结合自身特色进行自主创新。此类企业并非自己开发全部技术，而是在坚持以自主研发为主导的前提下采取了逆向工程、产学研结合、并购等多样化方式来获取新技术。

（5）合作开发模式。此类企业主要通过合作开发进行技术追赶。企业努力获得各方面的合作者，并采取合作开发的形式从合作者处获得最初所需技术。当获得的技术逐渐落后时，企业倾向于继续通过合作开发来获得新技术，但是合作的形式和程度会随着企业对合作者的依赖程度的不同而有所变化。

专栏 6-2

中国应该走一条什么样的技术追赶道路
——技术追赶的“机会窗口”及其历史经验

经济史研究表明，自英国工业革命以来，世界经济每五六十年就会发生一次技术革命。每次技术革命的生命周期，都要经历初创、成长、成熟和衰退四个阶段。对于发展中国家来说，进行技术追赶虽存在“机会窗口”，但在技术革命的四个阶段上存在质的差别。一般来说，第一阶段甚或第二阶段，由于技术创新盈利机会和增长潜力大，因而为技术追赶提供了广阔天地；而在第三、第四阶段，因新技术的广泛扩散引起创新收益下降，技术追赶的“机会窗口”迅速降低甚至关闭。

对发展中国家来说，技术追赶的最大可能性存在于新技术革命的初期阶段。在这个阶段，虽然新技术最初出现在发达国家，但由于其技术体系处于最原始的早期阶段，科技知识大都处于公共知识领域和实验室阶段，知识的意会程度、经验和技能要求都很低，产业的进入壁垒也很低，处于该阶段的新技术革命几乎会将所有国家都“拉回到同一起跑线上”。这就意味着，如果发展中国家在新技术革命的初期阶段，能够通过自主技术创新，以更快的速度进入新技术体系，不仅可以有效缩小与发达国家的技术差距，而且有可能像 19 世纪最后 30 年美国和德国取代英国的技术领先地位那样，依靠技术创新引领实现跳跃式发展。

从历史经验看，19 世纪最后 30 年是第二次工业革命开始期，这是一个生产技术大革新和工业生产大发展的时期。美国、德国这两个年轻的资本主义国家，在工业生产上实现了跳跃式发展，超越了当时处于世界工业霸主地位的英国。几乎所有的经济史教科书都指出了这样一个事实，抓住第二次工业革命主导部门技术革新的机会，是美国和德国工业出现跳跃式发展、迎头赶上并超过英国等老牌工业化国家的决定性因素。美国在19世纪的最后30年，一系列新工业部门迅速发展起来，到1894年美国工业产值已居世界第一。美国从欧洲工业的边缘地区和模仿者一跃而为工业领头人。在德国，从1871年统一到第一次世界大战，德国工业出现了跳跃式发展，它在钢铁、化学、电气、内燃机等方面走在世界前列，承担了开拓者的角色。

即使是这样，在第一次世界大战前夕，美国和德国的大部分传统产业仍落后于英国。以棉纺织业为例，美国虽然在技术上也有很大改进，但直到第一次世界大战前，其生产仍不能满足国内需求，在大量出口新兴工业品的同时，仍是棉织品净进口国。在德国，纺织业技术革新迟缓，英国的生产率要比德国高得多，直到1914年德国的手织机还未完全被淘汰。而英国在棉纺织业以及在炼铁焦炭的利用方面，生产率在19世纪80年代就达到了很高的水平。

美国和德国的经验表明，在成熟产业上不存在技术追赶的“机会窗口”，因为发达国家已经占据了这类产业的技术制高点，落后国家无论怎样追赶，也无法缩小技术与经济差距。在19世纪下半叶，当第二次工业革命处于酝酿之时，作为第一次工业革命的落伍者，美国和德国并没有按照静态的比较优势原则，从英国处于世界领先地位的棉纺织业、炼铁和煤炭业亦步亦趋地追赶；相反，却是从第二次工业革命的战略性新兴产业率先入手的。

在历史上也曾经是欠发达国家的英国、德国、美国和日本，在它们相继崛起过程中为什么抓住了当时的战略性新兴产业就抓住了国家致富的关键？与目前的“新国际分工”相比较，显而易见的原因就在于，当时由于整个工业的产业价值链基本上都在一国之内，因此抓住了战略性新兴产业就抓住了具有报酬递增特征的高创新率、高附加值、高工资和高就业的高质量经济活动，这些国家在半个世纪左右的时间内就实现了国家崛起。而在当今的“新国际分工”中，由于价值链在国家之间的分解，高质量的经济活动通常仍集中和保留在发达国家占据的高端环节上，而跨国公司则把那些惯例化、低附加值、几乎没有创新机会窗口、进入壁垒很低的价值链低端环节转移到发展中国家。

资料来源：贾根良. 中国应该走一条什么样的技术追赶道路[J]. 求是，2014（6）：25-28

6.3 国际技术并购的风险防范

6.3.1 国际技术并购中面临的风险类型

与国内并购相比，国际并购由于涉及不同的国家与地区，所以在并购的整个过程中潜在一些特殊类型的风险，这些风险在一定程度上会影响企业海外并购目标的实现。

1. 政治风险

国际技术并购中的政治风险是东道国政治力量而引起的宏观经济与社会政策的变化，使跨国并购等对外直接投资的企业预期收益受到负面影响的可能性。政治风险通常包括由于战争、内乱、国有化征用征收以及汇兑等政治因素所造成的风险。在近年来以获取专利、技术等优势无形资源为目的的海外并购中，中国企业所遇到的政治风险主要表现为并购前遭受苛刻的政治审查或被否决，以及在并购交易完成后被迫剥离原来所收购的资产等。

2. 法律风险

世界各国都会出于维护本国的政治、经济利益的考虑，出台相应的法律法规对来自国外的投资在投资的领域、行业等方面进行限制，以便对本国的某些产业或行业进行保护。在国际技术并购过程中，应着重关注的法律风险主要有三种：一是市场准入型法律风险，二是劳工纠纷型法律风险，三是知识产权保护型法律风险。在国际技术并购中，不可避免地会涉及知识产权的跨国转移与扩散，在此过程中很可能出现知识产权方面的纠纷。专利、商标等知识产权都受到法律的保护，对国际贸易往来中知识产权方面的纠纷，联合国曾明确规定东道国政府有权对跨国公司进行相应的处理。

一些国家还以立法的形式对来自国外的并购进行严格的审查，缺乏海外并购经验的中国企业对东道国的法律制度以及国际上通行的惯例往往难以了如指掌，在并购交易以及整合过程中往往会陷入被动的境地。

3. 文化风险

企业国家并购中的文化风险，是指企业在海外并购过程中并购双方国家文化与企业文化差异，而使企业的经营受到影响，未来收益可能偏离预期而遭受损失的可能性。跨国并购中的文化风险具有以下方面的特征：一是客观存在性，文化风险是客观存在的。二是根源性，在海外并购中企业所面临的政治风险、法律风险和财务风险等，都可以从中外双方文化的不相兼容性以及由此产生的分歧等方面追溯到根源，这些风险都源于双方价值观念、思维方式和行为规范的差异。三是双效性，并购双方的文化差异和由此造成的风险，可能会加大企业并购整合的成本，给优势无形资源的跨国转移扩散造成障碍，但同时也给并购双方提供相互借鉴与吸收对方优秀文化元素的机遇。四是可控性，并购双方可以通过分析文化差异对文化风险进行识别与判断，然后制定有效的文化融合策略，对文化风险进行控制与防范。

4. 战略规划风险

企业国际并购的战略举措应在国家的宏观调控政策指引下，有步骤、有计划地实施“走出去”战略，在对外投资的方式、目标区位的选择以及行业分布上都应有一个统筹规划。如果宏观层面的规划出现失误或偏差，那么所导致的后果将会是灾难性的，并且其影响也将会比较深远。从微观的企业层面来说，意欲走向国际化的企业在战略规划上也应有一个全局性和长远性的谋划。就某项具体的并购而言，从并购之前的寻找目标企业和对目标企业的调查了解到交易模式的设计，从并购后的整合到对并购风险的防控以及事后总结评价等，都应该有一套完整的方案。然而纵观我国企业海外并购的发展历程，一些中国企业在并购之前在人力资源储备不足以及战略规划还不成熟时就盲目出手，并购后所制订的整合方案也未能充分考虑东道国及目标企业的实际情况，最终导致其并购失败也是在所难免。

5. 信息不对称风险

信息既属于无形资源的范畴，同时对优势无形资源的转移扩散也具有不小的影响。由于并购双方企业在地理位置上相距较远以及语言文化的不同，收购企业要想全面详细透彻地了解国外目标企业的真实经营情况往往面临不小的困难；同时国外目标企业在会计核算上所采用的会计政策可能不同于主并企业，收购企业对目标企业未来发展前景的预测也可能会出现偏差；有的收购企业聘请海外的中介机构来做尽职调查，但是海外的中介机构在对目标企业评估时往往难以与收购企业的自身实际及战略意图有机结合起来。因此，收购企业在进行海外并购的过程中面临着不同程度的信息不对称问题，信息不对称的程度越严重，并购交易以及之后的整合所面临的不确定性因素就越多。

6. 人力资源风险

收购企业海外并购的组织与实施并购后的整合最终都需要由人来完成。可以说人力资源既是知识、技术等优势无形资源承担者，又是优势无形资源获取的驱动者。中国企业海外并购的成功实施需要一大批既熟悉中外双方语言文化、又具有相关领域专业知识的人才，然而目前中国企业在人才储备方面的状况却与持续高涨的海外并购不太匹配，人力资源的匮乏是制约优势无形资源向中国企业转移与扩散的一个瓶颈。

案例6-2

华为技术有限公司国际技术并购的失败与成功

华为技术有限公司（以下简称“华为”）成立于1987年，总部位于广东深圳市，是一家全球领先的提供信息与通信解决方案的民营通信科技公司，其经营范围包括无线电、微电子、路由器和交换器等。到2016年6月华为的电信网络设备、IT设备和解决方案以及智能终端已应用于全球170多个国家和地区，其年销售额已突破2880亿元人民币，并跻身世界500强企业。

2007年华为收购美国网络设备提供商3COM

美国网络设备提供商3COM成立于1979年，曾是现代网络通信技术的始祖之一，其创始人鲍勃·梅卡夫（Bob Metcalfe）是以太网技术的发明人。3COM公司具有前瞻性的渗透性网络理念，受到了全世界的广泛认同和支持。几乎每一台个人计算机都配置了网络连接或调制解调器，多数企业都在网络承载的信息平台上开展基础业务，服务供应商纷纷转向IP技术来提供新业务，并因此极大地降低了运营成本。在2001年IT泡沫破灭后，华为与3COM合作，在2003年11月成立合资公司H3C，其后H3C实现了超过65%的复合年增长率。2006年11月，华为将在H3C中的49%股权以8.8亿美元出售给3COM。2007年，H3C是3COM唯一盈利的部门，贡献了公司全部销售额的一半和全部毛利。

2007年，华为联手私人股权投资基金贝恩资本竞购3COM公司。按照双方最初协议，华为将获得被收购公司16.5%的股份，而之后还可以继续追加5%的3COM股份。根据贝恩资本的提议，华为对3COM将不会拥有运营控制权或该公司的决策权，在华为遵守此提议下，3COM公司同意了这笔价值22亿美元的交易。尽管如此，数位美国国会议员仍然控诉称，该收购交易将威胁美国的国家安全，他们声称华为与中国军方有联系。6个月后，由于美国外国投资委员会（Committee on Foreign Investment in the United States，CFIUS，美国外国投资委员会是美国管理外国投资的专门部门，设立初衷是保障美国国家安全）表示要阻止该交易，导致贝恩资本退出，交易夭折，华为宣布暂时退出联手贝恩资本收购 3COM 的计划。

2010 年华为收购美国服务器技术公司 3Leaf Systems

美国服务器技术公司 3Leaf Systems 成立于 2004 年，总部位于美国圣克拉拉市，其主要经营项目为电脑服务器，该公司的主要工作是将不同服务器整合在一起，让虚拟资料看起来就像在本地连接的服务器一样，以解决企业在增加更多服务器时遇到的 I/O 瓶颈。

2010 年 5 月，华为宣布以 200 万美元收购美国已宣布破产的服务器公司 3Leaf Systems，3Leaf Systems 公司发明的技术能够让一组电脑捆绑，使之成为一台功能更加强大的电脑。华为收购了这一技术的知识产权及其他资产和部分员工。2010 年 9 月，华为收购 3Leaf Systems 公司资产的申请得到了美国商务部的批准。同年 11 月，华为将此收购案上报美国外国投资委员会。然而，2011 年 2 月，美国外国投资委员会认为这笔交易将对美国国家安全构成威胁，要求华为剥离收购 3Leaf Systems 所获得的科技资产，建议华为撤回收购 3Leaf Systems 特定资产交易的申请。最终华为接受美国外国投资委员会的建议并撤回申请，撤销了对美国小型科技公司 3Leaf Systems 的收购。

2012 年华为收购英国集成光电器件公司

英国集成光电器件公司（Centre for Integrated Photonics Ltd.）是一家光电子研究实验室，在光纤网络的研发和投资上，一直是该技术领域的创新者。华为耗巨资从东英格兰经济发展署（East of England Development Agency，EEDA）手中收购了英国集成光电器件公司（一家光电子研究实验室）的资产，保留该公司的研究团队（位于伊普斯维奇），进而形成华为英国研发中心的新核心，作为其全球研发网络的一部分。华为表示，公司将继续向光纤研发投资，以确保该集成光电器件公司仍然是这一技术领域的创新者。

资料来源：根据《华为发布退出收购 3COM 声明》，京华时报，2008-02-25；《华为收购 3COM 失败内幕：触动美国家安全神经》，凤凰网科技，2010-07-10；《美国公司对华为收购 3COM 受阻表示遗憾》，国际先驱导报，2008-02-26；《华为负责人证实华为撤销在美收购 3Leaf 特定资产的交易》，国际在线，2011-02-21；《华为放弃收购 3Leaf》，深圳商报，2011-02-21；《华为在英国成功的背后》，经济参考报，2015-07-06；《任正非的传奇人生（创新名家）》，《人民日报海外版》，2016-06-08 第 07 版等资料改编而成

思考题：

（1）简述华为收购 3COM、3Leaf Systems 公司失败的原因。

（2）简述华为成功收购英国集成光电器件公司的经验。

案例分析

华为并购 3COM 失败的原因分析

因为 3COM 的产品中包含一项入侵检测技术，可以帮助客户抵御黑客的入侵，而美国国防部正是 3COM 的主要客户之一。2008 年 3 月，华为联手贝恩资本高达 22 亿美元收购美国 3COM 的计划，因美国政府以华为公司所谓的背景问题将威胁美国国家安全为由断然否决。

华为收购 3COM 失败的主要原因，是来自美国相关部门与人士对美国国家安全的担心。

3COM 此前也曾表示，华为不会拥有运营控制权或者该公司的决策权。尽管如此，数位美国国会议员仍然控诉称，该收购交易将威胁美国的国家安全，他们声称华为与中国军方有联系。

在 3COM 公布了华为和贝恩资本退出收购 3COM 后，华为正式对媒体发布其退出 3COM 收购的声明，并针对美国部分官员质疑华为收购 3COM 会威胁美国国家安全的论调称，华为收购 3COM 目的仅为商业投资。华为方面退出的原因在于，由于收购程序复杂，成本增长，加上股市环境与一年前相比也有很大的变化，贝恩、华为已经撤回申请，3COM 也表示理解并同步撤回申请。

华为并购 3Leaf Systems 公司失败的原因分析

3Leaf Systems 公司是美国硅谷的一家高科技企业，虽然在 2010 年由于经营不善濒临破产，但是拥有的专利涉及云计算，谁掌握了云计算里面的关键技术，将来就会对互联网产生巨大影响。作为一家高科技通信企业，华为之所以出手收购 3Leaf Systems 公司，一方面是想借此拓展海外市场，另一方面则是看重 3Leaf Systems 公司的云计算技术。对于一直在通信与互联网领域保持领先地位的美国来说，尽管华为是一个民营企业且并购交易的金额也较小，但其对美国关键信息技术专利的收购却触动了美国的敏感神经。在美国外国投资委员会对华为并购案进行审查期间，5 名国会议员致信美国财政部与商务部，称华为与中国军方有着千丝万缕的联系，这桩收购案会给美国的信息安全带来隐患。尽管华为在这桩收购案中没有任何不合规范的行为，但是最终还是在美国政府巨大的政治压力下，撤回收购 3 Leaf Systems 公司特定资产交易的申请。

华为成功收购英国集成光电器件公司的经验

积极实行本土化经营

华为英国公司成立于 2001 年，总部位于伦敦附近的雷丁，业务涉及从智能手机到电信技术设备。华为每年都在英国公司投入巨资，并借伦敦辐射整个欧洲市场。到 2015 年 10 月，华为在英国的 15 个办公室中，英国员工的比例已经达到 70%～75%。华为在东道国的技术培训和研究合作客观上拉近了母国与东道国的距离，通过技术共享、人员往来、资金流动等多方面的合作交流，大大促进了公共外交的和谐发展。

根据英国牛津经济研究所发布的调研报告，在 2012 年至 2014 年期间，华为对英国经济的贡献为 9.56 亿英镑，其中包括 2.31 亿英镑的直接经济贡献、4.35 亿英镑的间接贡献和 2.90 亿英镑的伴生经济贡献，另外产生约 4.11 亿英镑的英国税收。截至 2014 年，华为通过三个渠道在英国新增 7386 个就业岗位，如该公司在英国 15 个地区采购产品与服务，供销商更是遍布英国各地，是典型的英国“大客户”与“大雇主”。

在科技研发方面，科研支出从 2012 年的 3060 万英镑扩大至 7840 万英镑。其中大手笔包括收购集成光子中心（Centre for Integrated Photonics，CIP）并对之进行投资扩容，收购位于剑桥的科技公司 Neil，以及在布里斯托尔开设新的科研中心。

尽量规避东道国的政治风险

中国企业在“走出去”的过程中，首先需要熟悉东道国的政策和法律法规，通过了解东道国的社会政治、法律制度，对其政治风险和政策风险做一定的预测。其次，与当地政府积极沟通配合，加强信息和观点的交流。通过提高跨国企业自身的透明度，以期消除误解和不信任，减少东道国政府和并购合作伙伴的不确定性。最后，可以积极运用东道国游说公关团体。在许多西方国家游说都是合法的，如在美国很多游说团体的工作人员都是退休的参众议员和政府官员，他们不仅熟知当地的法律、政治问题，更有巨大的人脉资源和丰富的经验，可以帮助跨国公司在进行海外并购的过程中更好地和当地政府进行沟通，更好地表达跨国企业的诉求。

6.3.2　中国企业海外并购风险的防范与化解策略

为了促进中国企业通过海外并购更好地实现优势无形资源优化升级的目的，中国政府和中国企业应从宏观与微观两个层次，针对海外并购中所遇到的特殊风险，认真进行防范化解。

1. 宏观与微观互动，切实解决信息不对称问题

一方面为防范海外并购中风险，我国政府应根据我们国家的中长期发展战略，为中国企业海外并购提供政策层面的指导性信息。同时，国家还应注重收集与汇总不同国家和民族的政治法律制度、宗教信仰以及民族文化等方面信息，从宏观层面为中国企业走向国际化提供信息服务，降低中国企业海外并购的信息收集成本和信息不对称风险。另一方面，“走出去”进行海外并购的中国企业，不仅应熟悉我国的产业政策和宏观调控政策，通晓国际上通行的商业运行规则与惯例，而且在并购之前要对目标企业认真进行调查了解，必要时聘请中介机构等第三方来帮助中国企业进行并购前的尽职调查，以全面详细地掌握目标企业的真实经营情况，认真分析并购过程当中以及并购之后可能遇到的风险因素，为并购谈判、拟定并购条款、签订并购协议以及并购后的有效整合做好充分的前期准备工作，同时有针对性地制订出防范与化解并购风险的预案，尽可能地把潜在的风险消灭在萌芽状态。

2. 强化政治风险意识，增强风险防范能力

无论是中国政府还是中国企业，都应进一步强化政治风险意识，注重政治风险的防范。一方面在设计并购交易结构时，可通过签订补偿协议、向保险公司投保等方式，采取多种措施对未来可能出现的政治风险加以防范。另一方面，在制订并购整合方案时，应着眼于无形资源整体系统的优化，本着促进中外双方互惠双赢的原则，以豁达的胸襟逐步赢得东道国政府及企业的尊重、理解与支持，为促进优势无形资源向中国企业进行转移与扩散创造良好的外部环境。

3. 促进跨文化沟通，增强互信与交流

为了有效地克服中外双方语言不通、文化相差悬殊带来的障碍，避免并购整合阶段出现文化冲突，中国政府应注重加强与优势无形资源比较丰富的国家和地区之间的互信往来，增进双方的交流与合作，建立双边或多边互惠互利的合作关系，为促进中国企业更好地“走出去”搭建良好的平台。作为出海并购的具体实施者，中国企业在并购之前应注重了解不同国家与地区的文化特点、政治体制与法律制度，为以后的跨文化管理和政治法律风险的防范做好铺垫；建立与目标企业高管或核心技术人才的互访机制，以增进双方的相互了解与信任，在此基础上为未来优势无形资源向中国企业转移与扩散奠定良好的基础。

4. 认真制订战略规划，做好总体战略协调

中国企业的海外并购行为既然涉及国家与企业宏观与微观两个层面的问题，那么，我国政府就应站在整个国家宏观全局的高度，着眼于我国国际地位的提升与综合竞争实力的增

强，对中国企业的海外并购搞好战略规划，对“走出去”的步骤、方式方法、目标国家和地区以及并购行业与领域的选择等问题做好“顶层设计”，以更好地指导中国企业实施“走出去”战略。微观层面，中国企业则应根据国家的宏观战略规划，根据自身无形资源的特点，合理选择出海并购的国别地区和行业领域以及具体的并购对象，切实把微观层面的运作与宏观层面的协调有机地衔接起来。

5. 加强国际化人才的培养，增强无形资源优化升级的驱动力

优势无形资源的跨国转移扩散需要借助人力资源这一载体，中国企业无形资源体系的优化升级也离不开人才来驱动。针对中国企业在海外并购中普遍面临的国际化人才匮乏的现状，我国政府应从制订国际化人才培养与引进的长期战略规划，出台相应的人才倾斜政策，增强对优秀人才的吸引力，为中国企业海外并购战略的实施提供人力资源方面的支撑。与此同时，中国企业也应做好国际化人才的储备与培养，在具体人才政策方面应统筹兼顾内部培养与外部引进的关系，在促进无形资源优化升级的过程中充分发挥国际化人才这一元素的驱动力。

6.4 国际技术并购的流程

企业要想通过并购获得先进企业的技术，提高自身的技术能力，其在并购的整个过程中就要紧盯技术，包括在并购前对技术（合适并购对象的搜寻）的识别和确认、并购过程中对技术的获取、并购后对技术的转移等。

6.4.1 跨国并购前期工作流程

企业进行跨国技术并购交易前期工作流程包括以下几个基本环节。首先要明确技术并购动因，并在此基础上进行总体规划设计；然后在总体规划的指引下拟定并购形式、并购方法以及支付和融资手段等；最后企业应基于具体并购需要建立起一支符合并购特点、集中多方资源的并购团队，以完成对目标公司的选择及其价值评估工作，并指导整个并购过程顺利完成。跨国并购交易前期工作流程如图 6-1 所示。

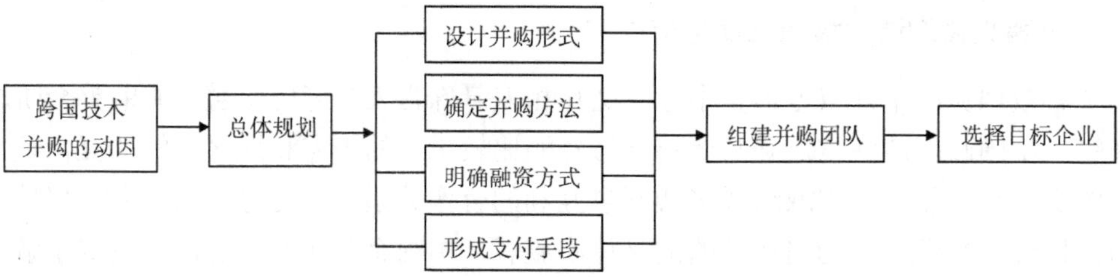

图 6-1 跨国并购交易前期工作流程

1. 跨国技术并购的动因

1）获得先进技术和前沿信息

在知识经济和信息经济的推动下，科学技术正朝着高度化和集成化的方向发展，研发支出日益增加，科技创新几乎要涉及多种尖端技术的综合开发，技术创新的门槛不断提高。企业以跨国技术并购为跳板，跻身新兴领域。有研究资料表明，开发一种新药的研发费用是 5 亿美元，开发一代芯片需要 10 亿美元，开发一种新车型需要 20 亿美元，开发一种新型大型客机需要 100 亿美元。如果单凭自身发展无疑是一道难以跨越的鸿沟，而通过并购则可在短时间内以最低的成本获取企业发展所需的关键技术，提升企业的技术实力。

2）获得国际市场营销渠道

并购可以使企业迅速扩张，让企业更快、更方便地进入海外市场，节省在海外另起炉灶的过程。一些企业在走向国际化的过程中，常常利用国外的品牌，采用贴牌生产方式，在本国生产然后以对方的名义销售，这种方式一般仅能获取微薄的利润。而借助技术进行跨国并购，企业在获取技术的同时，有望获得国外公司的品牌，从而改变这一现状。也可以使用收购企业的品牌，拓展对其他国家和地区（包括国内）的市场。

从当前国际竞争的特点看，企业间竞争的战场正在逐步从生产竞争、技术竞争、产权竞争向品牌竞争转化。跨国企业卓越的品牌营销力正在成为其摧城拔寨的利器，不断敲开主要消费市场的大门。然而品牌的建立是长期发展的结果，离不开企业的精心呵护和全力营销，世界知名品牌的确立更非一朝一夕就可轻易获得。因此，获取知名品牌最便捷有效的方法就是通过并购海外知名企业，通过此举不但可以叩开国外市场，而且借助此品牌可以提升企业的知名度。

3）整合产业链资源提高附加价值

企业竞争表现为产业链的竞争，通过对产业链资源的整合占据价值链中利润丰厚的关键环节是发达国家企业取得成功的关键。对于广大中国企业而言，通过实施并购，延伸企业价值链，整合产业资源，提升企业在产业链中的位置，并通过对相关资源的整合发挥协同效应，实现规模经济和范围经济。

价值链延伸与整合可以分为向上游资源延伸和向下游资源延伸两种。通过并购上游企业，可以获取企业产品生产所必需的原材料、技术以及研发人员等关键资源，从而降低成本压力和生产安全风险。并购下游企业，则可以获取产品销售所必需的分销渠道和产品市场等资源，实现销售量的飞速增长。

2. 总体规划

并购本身是一种市场交易行为，要想在关键的时候抓住机会，获得自己中意的企业，必须在并购之前做好充分的准备。一是对整个行业技术发展状况的把握，特别是现有技术的生命周期、未来技术的发展方向、行业主导性技术的变化等；二是明确本企业的技术差距以及技术需求；三是选择有效的并购形式和方法，跟踪潜在并购对象的技术、战略发展状况，把握恰当并购时机；四是组建并购团队、确定并购目标企业。

3. 设计并购形式与方法

在企业基于自身发展战略确定实施并购的具体形式后，就开始进入具体的并购方法设计阶段。具体而言并购大致包含以下几种：直接并购、成立合资公司并购、新设控股公司并购、境外子公司并购和换股并购。

1）直接并购

直接并购是指企业直接和被收购方谈判，使用现金作为支付手段，购买被并购方的股份，从而获得对方资产的一种并购方法。目前，由于中国金融市场尚不够健全，企业融资渠道受限，并与国际社会不接轨，因此，直接融资并购仍然是中国企业开展海外并购的主要方法。联想、大连路明等选用的并购方式均属此类。

2）成立合资公司并购

成立合资公司并购是指并购双方设立一个新的合资公司、将并购方的部分资产和被并购方的资产合并到新的公司中，从而完成并购。在成立合资公司的操作方式中，和普通合资公司的最重要的差别在于该种类的并购中被并购方的目的是获取并购方的母公司的部分股权。TCL 并购汤姆逊、京东并购现代显示技术株式会社均属于此类性质的并购。

3）新设控股公司并购

新设控股公司并购是指企业为了实现对目标公司的并购而专门成立一个控股公司来进行运作，由该控股公司出面进行并购，在成立控股公司时通常与其他实力强大的战略投资者达成战略联盟以降低并购风险。这种并购的主要特点是增强并购实力，降低并购风险。TCL 并购德国施奈德、中国网通并购亚洲环球电讯（由美国新桥投资、软银亚洲投资基金作为战略投资者）等就属于这种形式。

4）境外子公司并购

境外子公司并购是指通过母公司设在境外的子公司发起的并购，整个操作过程都由子公司实施，母公司只为并购提供必备的资源支持。利用境外子公司进行并购可以降低外汇管理壁垒，减小并购阻碍，同时设置于海外的子公司与被并购企业的企业文化也往往更为相似，因而能够提高后期整合的成功率。万向集团通过全资海外公司万向美国公司在美国开展并购，华立集团通过美国华立通信集团公司并购美国菲利普 CDMA 事业部等就属于这种形式。

5）换股并购

换股并购即以股票作为并购的支付手段，通常由并购方增发新股，然后与目标企业进行股票互换。换股并购的主要特点在于这种方法使得并购企业可以不受自身规模的限制开展并购。对于自有资金不足又希望进行大规模并购的企业来说，换股并购是可以利用的主要方法。上工股份并购 FAG 子公司就是成功的换股并购案例。

4. 确定支付与融资方式

1）并购支付方式

由于跨国并购往往耗资巨大，因此对于并购资金支付方式的选择往往为左右并购效果的一个重要因素。从现有支付方式构成来看，主要包括现金支付、股权换购、债务承担以及多种方式混合的混合支付方式。资金来源则为企业自由资金、股票融资、银行贷款、风险投资资金等。在海外并购中，不同的支付方式对最终的并购结果产生不同的影响。

2）并购融资模式

并购融资模式是指企业为筹集并购所需资金而选取的融资模式，融资模式在很大程度上取决于所采用的支付方式。按照资金来源的不同可以分为企业自有资金、银行贷款、股票融资等，目前由于欧、美、日等发达国家具备较为完善的金融体系和股票市场，因此企业在进行并购融资时多采用以股票融资为主、多种其他方式为辅的综合融资模式。对于中国企业而言，由于中国金融市场的不健全，企业融资渠道相对有限，所以中国企业的融资方式主要以自有资金和银行借贷为主，承担着巨大的资金压力。

5. 组建并购团队

国际技术并购是一项极其复杂的商业行为，在整个并购过程中涉及众多方面的专业知识，并购企业不仅需要一定的资金实力，还需要专业化的并购团队。并购团队可以通过国内并购重组中进行培养，还可以借助外部资源获取企业欠缺的专业知识和关系网。例如，借助国际中介机构和咨询公司。同时，大量互补性外部资源信息的注入，将进一步减小信息不对称性，从而提高企业实施并购的成功率。

6. 选择目标企业

目标企业选择作为并购具体实施的第一步，在决定并购成功与否上发挥着重要作用。对于适合企业发展的目标企业实施并购，不但能够实现双方的优势互补，发挥协同效应，还有可能建立一种战略联盟关系，从而有利于日后企业发展。如果目标企业选择不当，则可能造成后续一切行动偏离正确方向，所有的努力都可能化为乌有。同时，目标企业的选择也直接决定了并购交易完成后整合的难易程度。

6.4.2　跨国并购交易流程

在进行充分的并购交易前期准备后，企业就将进入具体的并购交易环节。并购交易作为一项复杂的系统工程，整个交易流程具有严格的逻辑顺序。既包括并购企业自身的准备工作，又需要目标企业大力配合；既需要并购企业和目标企业相互协商，又需要双方共同与目标企业东道国周旋谈判。整个过程短则几个星期，长则 1 年以上，因此对于并购交易流程的掌握驾驭能力，不仅决定整个并购的顺利与否，更影响最终并购收益的大小。为此，加强对并购交易流程的了解，增强企业的大局观，对于完善并购理念、理清并购思路、加强双方交流、提高谈判能力和整合能力，进而确保最终的并购成功意义重大。

1. 跨国并购交易流程概述

通常而言，一个完整的并购交易流程要经历战略规划、目标公司要约、秘密接触、签订保密协议、价格与条款谈判、签订并购意向书、宣布并购交易、签订并购协议、报政府有关部门备案审查（或批准）和实现初步整合等多项具体实施环节，需要在并购团队的指引下，通过并购双方各部门的通力协作共同配合才能最终完成整个并购交易。需要注意的是，企业并购特别是跨国并购，不但牵扯两家企业，更不可避免地要受到目标企业东道国政府的审查，而政府批准与否同样是决定最终并购能否实施的关键。跨国并购交易基本流程如图 6-2 所示。

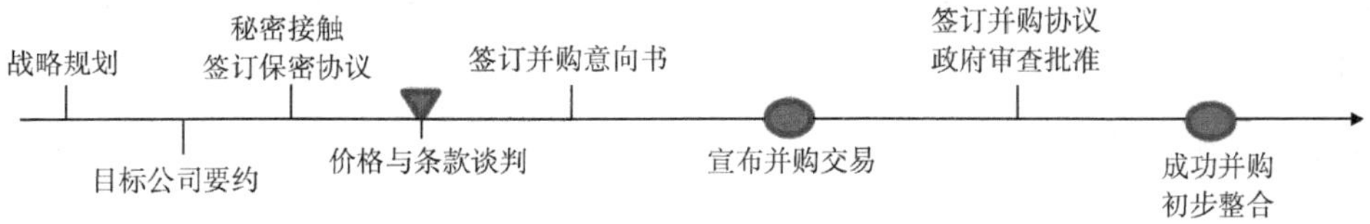

图 6-2　跨国并购交易基本流程

2. 并购交易中的策略

1）并购时机的把握

企业日常经营活动都会受到政治环境、宏观经济环境和产业竞争环境等外部环境因素的影响，因此对于海外并购而言，外部环境要素分析基础上的并购时机把握至关重要。成功地把握住并购时机不但有助于并购的顺利实施，还有助于在并购过程中占据主动的地位，从而得到更加优惠的并购价格。除了政治环境外，对市场需求和技术发展趋势的准确把握，对于最终并购定价也同样非常重要。

为成功实施海外并购，企业不仅要对当地的政治体制和决策机构有充分了解，同时要在对各种商业、技术信息的收集和深入分析的基础上，挑选合适的并购时机，巧妙利用外部影响因素实现成功并购。

2）并购交易结构安排

并购交易结构安排是并购方与被并购方为完成最终交割而对企业在资产、财务、税务、人员、法律等方面进行的重组，设计出一个更易为市场所接受的“商品”过程。交易结构通常包括四种形式：资产并购、股权式并购、法定兼并、股票收购，以这四种基本形式为基础，还衍生出一系列的交易结构创新。例如，三角兼并、从属兼并等。

（1）资产并购。资产并购是指收购公司为了取得被收购公司的经营控制权而对其主要资产、重大资产、全部资产或实质性的全部资产进行并购的投资行为。按具体支付手段不同，又可分为以现金为对价受让目标公司的资产和以股份对价受让目标公司资产两种资产并购形式。

（2）股权式并购。股票要约并购是股权式并购中最重要的一种，由并购公司或自然人直接对目标公司股东发出要约，以特定价格并购他们手中所持股份，并购行为可以是善意的，也可以是恶意的。股票要约并购主要针对上市公司并购，交易价格同样可用现金、股票、债券和其他资产支付等多种形式，最大优点在于没有烦琐的手续，因而可以节约大量的时间。

（3）法定兼并。法定兼并是指被并购企业在当地或国外的企业资产或运营活动被完全并入一个新的经济实体，并购完成后被并购企业的法律实体地位将不复存在，两个或两个以上的法人合并成为一个法人。法定兼并是并购交易的基本形式，常常受到各个国家甚至各州法律条款的限制。法定兼并的基本要素包括：规定交易有效赞成票的比例数，谁有资格投票，如何计票，对交易或交易条款投反对票者的权利，等等。

（4）股票收购。股票收购是指公司不以现金为媒介完成对目标公司的收购，而是收购者以新发行的股票替换目标公司的股票。其特点是不需支付大量现金，不影响收购公司的现金状况，目标公司的股东不会失去股权，只是从目标公司转移到收购公司，但通常情况下，会失去控制权。通常在行业低迷的时候收购公司股票最佳。主要类型有吸收合并与新设合并、相互持股合并和股票换资产合并等。股票收购在购并活动中不发生任何税费支出，但会影响企业将来的税负。

6.4.3 并购整合基本流程

企业并购整合是指并购方企业和目标企业在通过收购与兼并等形式进行资产重组的情况下，通过整合管理，使双方企业的有形资产与无形资产有机地融合、企业的经营结构更加合理，企业的管理体制与组织结构更加完善，企业的人力资本更加高效地运用，从而实现企业并购前预期的价值创造目标的过程。

1. 并购整合概述

企业并购整合是一个动态的过程，除了事前的精心准备外，需要企业针对具体情况灵活应对，从基础的静态资产整合到动态的经营整合，最终到企业文化整合，使这个过程构成一个复杂的系统工程，需要在并购整合小组的指挥下，通过各方的通力合作才能顺利完成，并最终发挥整合后企业的协同效应实现并购目标。并购整合流程如图 6-3 所示。

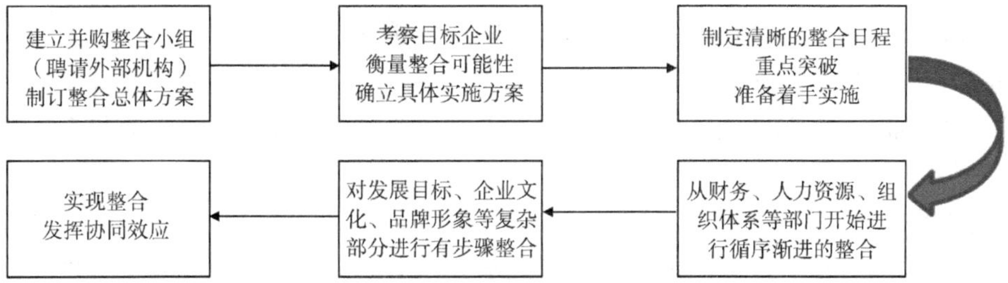

图 6-3　并购整合流程

2. 并购整合具体问题

1）战略目标整合

企业战略目标整合是指并购方在综合分析目标企业之后，将目标企业纳入其发展战略之内，使目标企业的各种资源符合并购方的总体战略及相关安排与调整，从而取得一种战略上的协同效应。其具体包括战略决策组织的一体化和各子系统战略目标、手段、步骤的一体化。企业战略目标整合是其他整合环节的先导，只有双方拥有共同目标才能为以后的整合工作奠定良好的基础。

2）财务整合

在企业并购中，财务整合是一项复杂的系统工作，是为实现企业并购战略目标对财务管理体制、融资管理、投资管理、营运资本管理、股权分配政策、税收管理以及资产负债等多项指标进行合理改进。企业应在遵循协调性、统一性、匹配性、效益性等多项原则的基础上，依据企业的并购对象特点、并购不同阶段、双方文化背景和业务关联程度、被并购企业对集团文化和总体发展战略的认可度、信息和网络技术的发展情况、并购方式以及并购企业财务管理能力的高低等全面考虑，进而选取适当的并购整合模式，通常有移植模式和融合模式两种。

3）治理结构整合

跨国并购治理结构整合面临企业的代理链加长、文化经营环境复杂等不利因素，都为整合增加了难度。同时跨国并购的风起云涌也加速着公司治理结构的变革，各国公司治理结构正在朝着加速渗透和交织的方向进行。由于治理结构整合的成功与否直接决定了企业能否在未来对被并购企业实现有效控制，因此公司治理结构整合问题正成为并购整合的又一关键环节。

公司治理结构整合意味着企业所有者在分析并购双方现有公司治理结构差异的基础上，重新提出一套包括正式和非正式的、内部的和外部的制度或机制，以保证公司决策的科学化，从而实现股东利益最大化，同时维护公司各方的利益。其具体包括权力机构整合、监控机制整合、公司利益相关者关系整合以及信息披露等各方面。

4）人力资源整合

对于科技型企业而言，获取核心研发人员和经营管理人才是实施并购的基本动机，因此通过迅速、高效而富有针对性的人力资源整合，留住企业核心员工，做到各尽其职，是整合工作的重中之重。

科技人员作为企业未来发展所依靠的核心资产，在对其进行整合的过程中，应尽量做到快、准、稳，所谓快就是说在并购实施过程中应尽快通过信息传递机制，让广大被并购企业人员对并购相关事宜进行充分了解以打消其疑虑，从而降低人员流失率并打破整合无效率的局面；同时应准时、准确地确定出对方的核心人员，并对其制订有针对性的整合方案，通过适宜的薪酬激励和人文关怀留住核心人员。

5）文化整合

企业文化是企业核心能力构成的重要组成部分，文化整合在实现并购整合目标中发挥基础作用。文化整合的顺利进行有利于带动双方在发展战略、组织结构、人力资源管理及财务制度等多方面的整合速度，相适应的企业文化可与管理要素相辅相成共同推进企业的健康发展。了解文化差异是实现文化整合的前提，跨国并购文化面临的文化差异包括宏观的民族文化差异和微观的企业文化差异两个方面。因此，要实现并购文化整合，就必须针对两种差异的不同特点进行有针对性的差异整合策略。

6）品牌整合

品牌代表着产品的质量、性能、顾客满足感以及市场定位、文化内涵和消费者忠诚度等，是产品质量和企业信誉的重要标志，品牌整合正在成为企业迎合消费需求、扩展产品市场、实现竞争优势的重要武器。并购交易的成功仅是品牌获取的第一步，成功的品牌整合才是实现战略目标的关键。对并购双方而言，品牌整合不仅关系到被并购企业品牌的存亡，更关系到并购企业的形象。如果整合取得成功，会有力提升企业品牌的知名度、美誉度和忠诚度，从而实现价值增值；相反，则会由于整合不利而出现顾客流失、品牌受损，严重时更会直接危及整个并购的成功与否。

总之，并购整合实际上是一套集全球战略、管理思路和整合方式为一体的系统工作，涉及战略、财务、人力资源、品牌、文化等多个方面。整合的目的在于通过企业生产要素的重新配置发挥协同效用，以实现价值增值和企业的战略目标。

6.4.4 中国企业跨国技术并购的战略

1. 准备阶段战略规划

在跨国并购的准备阶段，企业一定要有清晰的战略规划（strategic plan），并以此规划为核心来布局整个并购过程。战略规划简而言之就是为什么要进行并购，为什么要跨国并购而不是本国并购，为什么选择这家企业而不是另外一家企业，在这家企业里可以获得什么。

2. 实施阶段的快速并购

在实施并购的过程中，会受到来自各方的阻力干扰，如竞争对手、被收购方管理层、本国政府部门、外国政府部门、工会等。因此在进行并购程序时，要加快速度（speed up）来降低这些阻力对并购造成的风险。这里的快主要指两个方面：一是在并购机会出现以后，要快速接洽，以争取拿下并购机会；二是开始并购程序以后，要快速开展并购工作，以确保并购的顺利和成功。在并购机会出现后，企业要快速出击，立即与并购目标开始实质性的谈判，占据先动优势往往可以在并购中取得主动，在同等条件下比竞争对手拥有更大的谈判筹码，从而最后取得并购的成功。

在并购过程中，一桩并购在宣布后最后得以完成还是中途放弃，制度环境差异和文化环境差异都是影响结果的原因①。对于中国企业来说，以知识转移为目的的并购目标大多是西方国家企业，在这样的情形下制度环境和文化环境的差异是显而易见的。在中国企业“走出去”的过程中，审批程序是企业面临的一个头痛问题，国内烦琐的审批使企业贻误最佳时机的例子时有发生。同时中国企业又由于缺乏跨国并购的经验，对西方的并购程序和法律法规了解不足，并购过程经常节节受阻。若并购方母国政府因政治等因素不愿意让优势资源流入中国而进行行政干预，并购失败的可能性就进一步增大了。降低这些不利因素影响的最好办法就是提前做好准备、做好功课，用更多的准备工作去克服双方制度上差异所带来的阻力，以确保并购过程顺利进行，也就是前文所提到的快速并购。

3. 并购之后的慢速整合

并购后的整合阶段是整个并购过程中最关键的一环，能否达到预期的知识转移的目的完全依赖于是否能够成功地进行整合。在整合阶段我们提出要放慢速度（slow down），慢速整合主要指两个方面：一是在管理控制战略上要采取弱控制战略，即不要急于将母公司的管理团队、组织架构、经营战略应用到子公司中。二是在知识的转移和吸收上要放慢速度，先全盘照收再改进优化。

现有研究理论大多推崇对子公司实施强控制战略，在强控制战略下更有益于各项工作的进行以及双方的交流，因而知识在双方间的转移也更为顺利。但中国与西方发达国家相比，企业存在吸收能力弱和文化差异大这两大问题，大多数中国企业缺乏向发达国家目标公司学习的相关经历。因此，中国企业在跨国收购后的整合中往往会发现，由于吸收能力的不足，它们难以从其收购的发达市场企业中学到期望的管理和技术能力。而文化差异是指企业文化之间不相匹配，组织文化方面的相似度较低，带来的直接影响就是双方在知识转移过程中交流存在障碍和无效率。以上两点都会很大程度上影响预期并购目标的达成。而弱管理控制可以增强被并购方员工的合作意愿，进而提高母公司的吸收能力，加强并购公司与目标公司间的合作，促进跨境收购后中国公司的知识转移。同时弱控制可以通过暂时减少双方并购初期的大范围交流，缓和跨国收购中常见的文化障碍，从而减轻文化差异对发达国家目标公司向中国公司知识转移过程的阻碍作用。

中国企业在技术优化反向工程上一直有着自己的过人之处，善于将外来的技术和专利进行改进与优化，但是这种优化在跨国并购的知识转移中有时候反而会起到负面的作用。在技术密集型的行业中，发达国家企业经过几十年甚至上百年的发展，形成了独有的一套管理方

① Dikova D，Sahib P R，Van Witteloostuijn A.Cross-border acquisition abandonment and completion: the effect of institutional differences and organizational learning in the international business service industry，1981-2001[J].Journal of International Business Studies，2009（41）：223-245.

法和研发体系，这套体系正是其在行业中保持领先地位的核心所在。但在过去，很多中国企业在并购后拿到了先进的技术就马上开始“中国化”，最后往往把对方最核心和精髓的部分给丢了。陈惠仁先生任沈阳机床董事长的时候，他提出了“僵化、固化、优化”的理念。即在整合初期应该带着一些教条主义的思想去学习对方的整套体系，即使有一些与国情不太符合的地方也要照着做，在较长时间的僵化之后，对方的先进体系在企业内固化下来形成了一套规范，此时再发挥中国人善于变通的优点进行优化，最后做到并购的为我所用，也就是我们所提出的慢速整合。

专栏6-3

从“门外汉”到世界500强——中国民营车企的国际技术并购之路

浙江吉利控股集团（以下简称“吉利”）始建于1986年，1997年进入汽车行业。总部设在杭州，旗下拥有沃尔沃汽车、吉利汽车、领克汽车、Polestar、宝腾汽车、路特斯汽车、伦敦电动汽车、远程新能源商用车等汽车品牌，规划到2020年实现年产销300万辆，进入世界汽车企业前十强。旗下汽车企业在中国上海、杭州、宁波，瑞典哥德堡，英国考文垂，西班牙巴塞罗那，美国加州建有设计、研发中心，研发设计、工程技术人员超过2万人，拥有大量发明创新专利，全部产品拥有完整知识产权。在中国、美国、英国、瑞典、比利时、白俄罗斯、马来西亚建有世界一流的现代化整车工厂，产品销售及服务网络遍布世界各地。

收购澳大利亚自动变速器公司DSI

澳大利亚DSI公司即Drivetrain Systems International，成立于1928年，是一家集研发、制造、销售为一体的自动变速器专业公司，是全球仅有的两家独立于汽车整车企业之外的自动变速器公司之一，距今已有80多年历史，拥有雄厚的技术积累和产业经验。DSI是全球知名的高端汽车自动变速器供应商，拥有完整的汽车自动变速器系列产品，在排量为1升至2.5升的汽车自动变速器领域具有世界领先地位，具有年产18万台自动变速器的生产能力。DSI公司有一批世界级的优秀工程师，其产品覆盖了四速和六速前后驱动及全驱动大扭矩自动变速器，为福特、克莱斯勒及韩国双龙等世界著名汽车公司配套，目前正在研发世界先进水平的八速前后驱动自动变速器、DCT（dual clutch transmission，双离合变速器）及CVT（continuously variable transmission，无级变速器）。

2009年3月27日，吉利收购澳大利亚汽车自动变速器公司DSI，以7000万澳元（1美元约合1.25澳元）的价格全资收购了这家全球排名第二的汽车自动变速器独立生产商，填补了当时中国没有自动变速器的空白。2009年12月7日，落户湖南湘潭的DSIH基地是国内第一家拥有六速自动变速器开发和生产能力的自动变速器生产制造基地，是吉利汽车最先进、规模最大的自动变速器生产制造基地。2010年6月8日，山东吉利变速器公司奠基仪式在山东济宁举行，标志着吉利“走出去、参与国际竞争，引进来、全球资源整合”战略正式启动，及澳大利亚DSI正式开始“本土化”进程。2011年12月13日，浙江吉利动力总成有限公司与长城汽车股份有限公司正式签署DSIH 6AT变速器项目开发合同，标志着吉利收购国外企业的吸收消化推广工作取得了重大突破。2011年12月15日，吉利全球鹰GC7在长沙举行首发仪式，这是A级车市首款搭载六速手自一体变速器的全新家轿，也是吉利自收购DSI

后，首次将六速自动变速器技术用于旗下车型。DSI 6AT 在吉利车型上，匹配了 6 款发动机（包括一款后驱发动机）、14 个动力总成项目，共涉及 11 款车型，其中 7DCT 是一款具有 7 个前进挡的双离合自动变速器，也是我国第一款自主研发的双离合自动变速器。吉利已大规模生产 DSI 自动变速器，并已在帝豪的 EC8、英伦的 SC7 以及全球鹰的 GX7 和 GC7 上搭载。此外，DSI 6AT 还为美国福特、韩国双龙、澳大利亚豪盾等国际知名汽车公司进行匹配开发。

收购沃尔沃

沃尔沃集团总部位于瑞典，是全球领先的卡车、客车、建筑设备、船舶和工业发动机的制造商，旗下拥有沃尔沃卡车、UD 卡车、雷诺卡车、沃尔沃客车、新星客车、佩沃客车、沃尔沃遍达发动机等品牌。

2010 年 3 月 28 日，吉利与美国福特汽车公司在瑞典哥德堡正式签署最终股权收购协议。经过一年多的艰苦谈判，中国民营企业吉利终于以 18 亿美元的代价，获得了拥有 80 多年历史的豪华汽车品牌沃尔沃轿车公司（以下简称“沃尔沃轿车”）100%的股权以及相关资产（包括知识产权）。同年第三季度完成交割后，吉利将保留沃尔沃轿车在瑞典和比利时现有的工厂，同时也将适时在中国建设新的工厂。

吉利将 100%拥有沃尔沃轿车品牌，同时拥有沃尔沃轿车的 9 个系列产品、3 个最新平台的知识产权，接近 60 万辆产能、自动化程度较高的生产线，以及 2000 多个全球网络及相关的人才和重要的供应商体系，这包含了沃尔沃轿车的所有资产及知识产权。从技术上看，虽然“嫁入”福特之后，沃尔沃轿车的部分产品平台和动力总成与福特共用，但是，沃尔沃轿车仍是一家具备造血和持续发展能力的公司，拥有 4000 名高素质研发人才队伍与体系能力，拥有可满足欧 6 和欧 7 排放法规的车型和发动机等低碳发展能力。特别是沃尔沃轿车在汽车主动、被动安全领域的众多领先技术，以及研发、生产豪华车型的体系能力，更是吉利所缺乏并且孜孜以求的。

2017 年 12 月 27 日，吉利将收购其持有的沃尔沃集团（AB Volvo）8847 万股的 A 股股票和 7877 万股的 B 股股票。项目交割后，吉利将拥有沃尔沃集团 8.2%股权，成为其第一大持股股东，并拥有 15.6%的投票权。吉利将汲取与沃尔沃轿车的成功合作经验，尊重并传承沃尔沃集团所拥有的斯堪的纳维亚历史与文化、领先的市场地位、卓越的创新能力以及节能环保技术，与沃尔沃集团深化合作，发挥吉利在中国的市场拓展经验，探索在电气化、自动驾驶、车联网等前沿领域的合作机遇。

收购伦敦出租车公司

伦敦出租车位于考文垂的工厂早在 1948 年起开始生产经典黑色出租车，具有近 70 年的历史，生产的车型服务于伦敦市及整个英国。公司专注于客户关爱，在不改变出租车外形和品牌的前提下持续提高车辆的可乘坐性、舒适性、排放性、能可操作性和持续性。除英国以外，黑色出租车已经在全世界超过 40 个主要城市使用。

吉利自 2006 年开始投资伦敦出租车公司，并于 2013 年 2 月 1 日，以 1104 万英镑全资收购了伦敦“黑色出租车”生产商英国锰铜控股。收购资产包括厂房、设备、不动产、全部无形资产（包括知识产权、商标、商誉等）、锰铜与吉利在中国设立的合资工厂中的 48%的股份以及库存车辆，分三步走对伦敦出租车公司进行整合：第一步，先降低黑色出租车的重量，实现“轻量化”，从而降低油耗，减少排放；第二步，沃尔沃有个先进的油混技术可以利用过来，可以在保持原有功能的同时达到超低排放；第三步，完全电动化，实现零排放，响应低碳出行。更好地利用双方的资源、技术和能力，共同打造新一代纯电动及超低排放的环保型伦敦出租车。吉利将采用最先进的环保技术开发制造下一代车型，在产品舒适度和性能上设立行业全新标杆。

2015 年 3 月 26 日，浙江吉利控股集团宣布将投资 2.5 亿英镑，为伦敦出租车公司建设一座高技术、现代化的全新工厂，用来生产下一代零排放及超低排放的伦敦出租车，这座新工厂将融研发和生产于一体，位于考文垂市的安斯蒂地区。首批下线的新一代伦敦出租车 TX5 预计将于 2017 年底在英国上市，并将于 2018 年登陆国际市场。工厂将采用沃尔沃轿车成熟的电动化动力总成系统，打造全新的轻量化电动车平台。工厂未来将主要研发、生产零排放和超低排放的伦敦出租车，以及一系列零排放的轻量化电动商用车。到 2013 年 4 月，在国内的北京、上海、广州、杭州、宁波等几大城市，大概有 500 辆英伦出租车在跑街，市场占比并不大。

收购美国飞行汽车 Terrafugia 公司

太力（Terrafugia）公司总部位于美国波士顿，由 5 位麻省理工学院的优秀毕业生于 2006 年创办。公司致力研发全新出行方式，专注于飞行汽车的设计与制造，在未来创新技术、工程与生产领域具有前沿优势，并已有多项影响世界的科研成果，计划于 2023 年推出全球首台垂直起降的飞行汽车。

2017 年 11 月 13 日上午，吉利宣布与美国飞行汽车公司太力达成最终协议，收购太力公司的全部业务和资产，此项交易已获得包括美国外资投资委员会在内的所有相关监管机构的批准。

此次收购之后，吉利集团将会在资金和科研上对太力公司以大力支持。目前，在吉利的帮助下，太力公司在美国的工程师团队人数扩充了 3 倍并成立了新的研究院。太力也已经在杭州建立了研发机构，未来将会在中国实现飞行汽车的量产。从太力的概念车 TF-X 图片来看，飞行汽车比普通汽车在车尾多了一对可折叠的“翅膀”。据悉，未来太力的注册地及总部将继续留在美国，并专注于现有的飞行汽车的研发和生产工作。吉利将利用技术和经验帮助和支持太力，来自中国的技术人员也会加入研发生产工作中。

资料来源：根据《从“门外汉”到世界500强 中国民营车企的全球化之路》，中国新闻网，2018-02-10；《吉利汽车 3 月 27 日成功收购全球第二大自动变速器公司》，中国广播网，2009-03-27；《世界第二大自动变速箱厂入湘 吉利 DSI 国内第一工厂落户湘潭，今年年底投产》，潇湘晨报，2010-03-11；《吉利成沃尔沃第一大股东》，北京商报，2017-12-27；《吉利控股集团 2.5 亿英镑投向伦敦出租车》，中华工商时报，2015-04-17；《吉利收购全球首家飞行汽车企业》，北京商报，2017-11-14；www.geely.com 等资料改编而成

本章小结

通过本章的学习，了解掌握国际技术并购的内涵、应用条件和作用。对应用国际技术并购应该遵循资源基础理论和技术追赶理论有全面、深入的学习，为企业今后进行国际技术并购，打开了理论视野。同时展现了具体企业国际技术并购案例，给予了欲进行国际技术并购的企业一定的指南作用。

名 词 解 释

国际技术并购　技术购买　战略联盟　加强型技术并购　互补型技术并购　资源基础理论　模仿成本　技术追赶理论　后发企业

复习思考题

一、简答题

1. 国际技术并购对于被并购企业技术发展有哪些影响？
2. 简述国际技术并购类型及其应用条件。
3. 资源基础理论对企业国际技术并购有哪些影响？
4. 技术追赶理论适用条件是什么？
5. 企业采取的技术追赶模式有哪些？
6. 跨国企业进行技术并购时，会面临哪些风险及其会采取哪些防范措施？

二、模拟讨论题

引用一个跨国企业进行技术并购的事例，分组讨论、模拟企业进行跨国并购的步骤，分析面临哪些风险，应该采用哪些防范措施。

三、案例分析题

北汽集团组建于 1995 年，主要从事整车制造、零部件制造、汽车服务贸易等业务，是北京市属最大的国有企业，也是中国第五大汽车制造公司。其前身是 1953 年建立的北京第一汽车附件厂，1958 年更名为北京汽车制造厂。至 2012 年，北汽员工达 8 万余人，当年汽车销售 170.1 万辆，并实现了 2100 亿元的营业收入和 170 亿元的经营利润。北汽的技术发展脉络主要经历了以下六个阶段：汽车配件起步、整车制造技术扩展、整车商品化、初试合资引进技术、高速扩张再引进、回归自主研发。其产品也由非核心配件逐渐转向多领域乘用车产品、高端发动机等。

资料来源：黄江明，赵宁. 资源与决策逻辑：北汽集团汽车技术追赶的路径演化研究[J]. 管理世界，2014（9）：120-130

思考题：北汽集团技术化道路遵循哪些技术并购理论？是否值得借鉴？

第 7 章　国际技术贸易的进口程序

本章学习目标、重点与难点

学习目标： 通过本章学习，将对国际技术引进整个流程有完整的认识和理解，深入理解完成一项技术进口需要技术交易前的准备、合同的签订和合同的履行三个主要环节。掌握国际技术贸易交易与其他类型的国际贸易交易流程的差异性，尤其是技术贸易合同的生效。会运用国际技术贸易的进口程序完成实际的技术进口事例，知道一项技术进口必须经过哪些环节。能结合我国技术引进的案例，完成技术引进的整个流程，同时对我国不同阶段技术引进的特点及管理方法进行认识。

重点： 技术进口前应做的准备工作、技术合同的签订和生效、国际技术贸易合同履行的注意问题、技术进口程序。

难点： 技术合同的签订、生效和技术进口程序。

技术交易的程序不同于一般商品贸易主要集中于谈判阶段和履行合同（出口商交货、收款；进口商收货、付款），国际技术贸易的交易程序远比一般商品贸易要复杂得多。除了谈判和合同的履行外，其前期准备工作以及引进技术后的消化、吸收和创新均是非常关键的环节。

改革开放以来，我国技术引进方式从传统的成套设备、关键设备和生产线引进为主，正在转为以专业技术许可、核心关键技术咨询、技术服务为主的方式。

虽然我国技术出口能力逐渐提升，但受外部经济环境的影响，我国技术贸易发展下行压力有所增加。本章将从进口角度介绍国际技术的引进相关流程。技术进口（technology import），习惯称为技术引进（technology introduction），是指技术进口经营者（technology import operator）通过许可贸易、外国直接投资、国际经济技术合作等方式，将国外先进软件技术、硬件技术，依法转移到我国境内的行为。

通常，完成一项技术引进工作要涉及如下几个阶段，如图 7-1 所示。这些阶段不是截然分开的，而是互有联系、并按照一定的顺序进行的。

图 7-1　技术引进工作一般程序

技术引进程序大体上分为以下三个阶段。

1. 技术引进的准备

（1）技术引进企业编制技术引进项目计划、技术引进项目建议书，并报有关部门审查批准。

（2）筹划项目所需外汇和人民币资金，报外汇管理部门审查批准。

（3）进行国内外市场调研，邀请外商进行技术交流，出国考察。

（4）编制项目可行性研究报告，报有关部门审查批准。

2. 签订技术贸易合同

（1）由外贸公司正式对外询价（inquiry），进行技术比较和价格比较。

（2）技术谈判和商务谈判。

（3）签订合同并将签订的合同报有关部门审查批准。

3. 履行合同

（1）对技术资料的验收。

（2）组织试生产。

（3）对引进技术进行消化、吸收和创新。

本章主要包括三大方面内容：7.1 节介绍拟引进技术交易前有关程序；7.2 节具体讲解技术引进的交易程序；7.3 节结合中国技术进口的基本情况，介绍中国技术引进的基本情况、存在问题及管理等。

7.1　拟引进技术交易前有关程序

国际技术贸易合同的谈判、签订和履行是一项涉及国家政治、经济、技术、政策和法律等的复杂工作，根据各国技术贸易的实践，要做好一笔技术转让交易，前期准备工作将起关键作用。前期准备工作如下。

7.1.1　选择技术引进项目

1. 技术引进的动机

技术引进项目要从宏观和微观两方面考虑，既要考虑一个企业的利益，也要考虑国家的利益。图 7-2 表明了受让方在进行技术引进时的公司动机、国家动机。

2. 拟引进技术的选择原则和标准

1）经济性

经济性是指技术的受方以最小的投资使得受让的技术产生较大的经济效益。衡量经济性主要考察直接经济效益和间接经济效益。技术项目规模的大小直接影响技术产品的成本和效益，关系到产品的市场竞争能力。规模过小，会使生产成本过高，产品价格上升，削弱产品的竞争力；规模过大，会使生产能力过剩，造成产品积压和浪费，影响企业的经济效益；合理的规模可以充分发挥项目的效能，取得最佳经济效益。

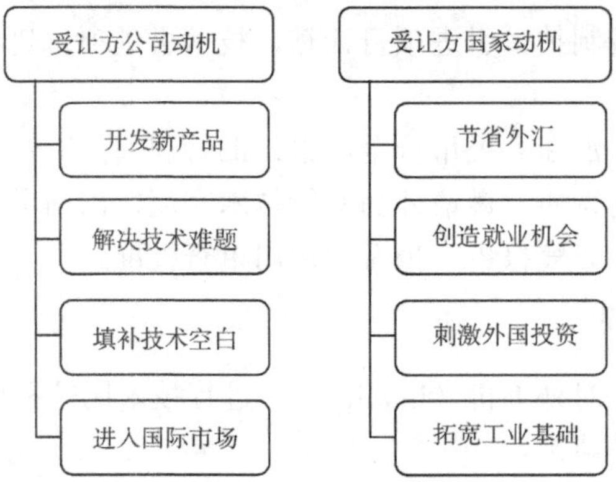

图 7-2 技术引进的动机

2）先进性

先进性是指拟引进选择的技术能够反映当前科学技术先进成果，在主要技术性能、自动化程度、结构优化、环境保护、操作条件、现代新技术的应用等方面具有技术上的先进性，并在时效性方面能满足技术发展要求，引入技术在同类技术中占领先地位。按水平，技术可分为高新技术和一般应用技术；按技术生命周期发展的不同阶段，技术可分为开发期技术、发展期技术和衰老期技术；按技术出现的时间，技术可分为 20 世纪 60 年代技术、70 年代技术、80 年代技术等。在一个国家和一个行业中，一般是不同水平、不同发展阶段和不同年代的技术同时并存的。技术的先进性是相对的，在一个国家属于先进的技术，在另一个国家不一定是先进的；在一个行业不属于先进的技术，当它应用于另一行业时却可能是先进的。

只有引入先进的技术，才能产生明显的经济效益。尤其是高新技术具有较大的潜在利益，能为企业带来长远的效益。高新技术通常是高起点的知识密集型的综合技术，引入这种技术需要较大的投资，技术在生产中实施的周期较长，往往在短时期内不能产生明显的经济效益，但一旦实施成功，产生的效益是巨大的。

3）适用性

适用性是指该项技术有利于经济发展的政策目标的实现。

世界银行提出了衡量适用性的四条标准。

（1）目标适用性。这是指引进的技术是否符合本国和本企业的技术发展战略目标，如果不符合，技术即使再先进也是不可取的。

（2）产品的适用性。这是指技术的最终产品在市场上是否受消费者欢迎，消费者是否有购买能力。

（3）工艺过程的适用性。这是指引进技术的工艺过程是否与企业原有的技术水平和技术经验累积具有相关性与连续性，企业是否具备消化和吸收引进技术的能力。

（4）文化和环境的适用性。这是指引进技术要符合引进国的环境和文化背景，即自然资源、运输条件、劳动力资源、气象等条件符合技术项目的要求。

4）合法性

合法性要求拟引进的技术符合所涉及法律法规、相关规划和评价标准等。例如，国家经济和社会发展的长远规划，部门与地区规划，经济建设的指导方针、任务、产业政策、投资政策和技术经济政策以及国家和地方法规；经过批准的项目建议书；经由国家批准的资源报告，国土开发整治规划、区域规划和工业基础规划；对于交通运输项目建设要有有关的江河流域规划与路网规划；国家进出口贸易政策和关税政策；当地的拟建厂址的自然、经济、社会等基础资料；有关国家、地区和行业的工程技术、经济方面的法令、法规、标准定额资料；由国家颁布的建设项目可行性研究及经济评价的有关规定；各种市场信息的市场调研报告；等等。

我国对于引进技术的选择标准有明确规定。根据我国《中国禁止进口限制进口技术目录》第二条，限制进口技术参考原则有：

（1）进口后将对国家安全、社会公共利益或者公共道德造成不利影响的技术；

（2）进口后将一定程度上影响人的健康或者安全，影响动、植物的生命或者健康，或者将对我国生态环境产生不利影响的技术；

（3）为建立或者加快建立国内特定产业，需要限制进口的技术；

（4）为保障国家国际金融地位和国际收支平衡，需要限制进口的技术；

（5）依据国家法律、行政法规规定不符合产业政策的技术；

（6）依照法律、行政法规的规定，其他需要限制进口的技术；

（7）根据我国缔结或者参加的国际公约、协定的规定，其他需要限制进口的技术。

在进行技术选择时，应注意把技术的经济性、先进性、适用性、合法性紧密结合。要防止两种倾向：一种倾向是脱离企业和国家的实际情况，片面强调技术的先进性，追求技术项目的高、大、洋，忽视了适用性，造成项目上马后既上不去、又下不来的局面，甚至成为企业的包袱，严重浪费人力、物力和财力，使企业蒙受巨大的经济损失。另一种倾向是片面强调现有基础，强调企业承受能力弱、技术消化吸收能力差，不愿引入高新技术，使引进的技术停留在低水平上。

3. 寻找技术来源

1）非正式查寻

获取新技术的愿望常常来自看到了使用中的技术。一位经理到国外去旅行、参观工厂时也许会得到能在国内作业良好的新思路。阅读文献时也有时会引发新想法。一位销售人员的来访会带来一种新思想。在这种情况下，公司有过接触，至少知道有一处使用这项技术，有时即使有替代的和更好的技术，而这种第一次接触具有决定性的意义。最好是商务人员在非正式接触之后紧接着做正式的查找，这种查找有利于产生替代方案并做到可行的选择。

2）通过商业展览会查寻

参加商业展览会是一种与特别领域接触的最好途径，是面对面的接触，而且参展者有可能急于销售在展览会上所展示的最新技术。联合国工业发展组织技术促进处、博览会、展览会、大会的日程表。日程表的作用是：通知发展中国家的企业家、投资者、工业家、计划人员和技术人员有机会获得不是在任何地方都能容易得到的设备与技术方面的信息，也可通过网络了解有关召开商业展览会的消息。

3）通过出版物与顾问查寻

许多出版物（包括咨询公司的许多出版物）都会包括现今的技术供求热线，也可通过顾问公司查寻。雇用顾问替你查寻有优点也有缺点。顾问了解市场情况，与市场也有许多接触。可是顾问追求利益，有时顾问对快速地回答比对正确地回答更有兴趣。

4）通过国际代理查寻

主要的国际代理与它们的服务机构中有许多能够帮助查寻的技术。这些国际代理通常可以帮助缺乏经验的中小企业，降低寻找外国技术转让的初始费用，也帮助其实施。它的专家能够帮助识别业务机会，选择有前途的合伙人，进行项目评估，并对请求政府批准提供指导。

5）通过政府信息系统查寻

政府与工业界在技术项目上能够共同工作，为了帮助企业查寻技术，许多政府设置一个信息服务部门。这就需要有一个理想的技术知识网络。理想系统的基础是有一套所有工业领域完整的技术分类，这个理想的系统列出每一项技术所有的现有来源。它可提供有意义的自我分析、转让方分析与技术分析所必需的数据，记录国际上转让此项目的经验，监视当前的发展，还有即将发布的技术是否会取代一切现有的技术。这个信息系统必须是容易接受的，又必须是非常有吸引力的，能促使商务人员与政府官员去利用它。这样的信息系统需解决好费用与组织的问题。在财力有限的情况下，政府必须决定优先顺序。应该把信息服务首先集中在最紧迫的领域及生产技术上，对科学与更高级技术的信息服务也许可以等到财力更富裕的时候再做。

6）通过竞争性投标查寻

大项目（通常由政府支付）对技术转让方更加具有吸引力，这使得通常的查找策略逆向进行，不是引进方寻求转让方，而是转让方来寻求引进方。这种体制是政府颁发招标书，当投标者投标时，由政府进行评估，政府或项目工程师会把招标书发给特别有愿望的转让方。

7）通过网络查寻

目前，网络技术、电子商务飞速发展，许多技术信息可以通过网络进行快捷、便利的查寻。

7.1.2 选择适当的技术贸易方式

前已述及，技术贸易有多种方式，企业应当根据项目的技术特点和受方的具体条件、需求及项目的经济性等来综合决定技术引进的方式。总体而言，国际技术贸易可以分为三类，即单纯的技术转让、引进技术与引进设备相结合、引进技术与引进外资相结合。其具体可以分为以下几种。

1. 转让与许可

工业产权和非工业产权的转让与许可是国际技术贸易的主要形式。

1）工业产权的转让与许可

与工业产权相关的国际技术贸易主要对象是受法律保护的专利、商标（不包括单纯的商标转让与许可）和计算机软件著作权等的转让与许可。

2）非工业产权的转让与许可

与非工业产权相关的国际技术贸易的主要对象是专有技术的转让与许可。

无论是工业产权还是非工业产权的国际技术贸易，通常都是进行使用权的许可，国际技术贸易实践中是通过所谓的许可贸易（licensing）来实现的。当然，国际技术贸易也包括上述对象的所有权本身的转让。

2. 咨询与服务

1）技术服务

技术服务（technology service）是指技术知识人接受委托为委托人解决特定的技术问题。比较常见的技术服务的内容包括员工培训、技术的指导和现场设备的安装与调试等。

2）技术咨询

技术咨询（technology consultancy）则是指技术知识人接受委托为委托人提供解决决策。常见的技术咨询包括有关技术运用的可行性论证、相关技术的调查、相关技术成果的分析和评估等。

3. 合作生产与设计

合作生产与合作设计就是通过双方的合作，利用各自拥有的技术共同完成有关的生产项目或共同开发有关的生产计划。发展中国家通过这种形式在引进外资的同时，也引进了经济发展所需的有关技术和技术设备。

4. 国际工程承包

国际工程承包通常通过国家间的招投标方式由中标人为招标人承建相关的工程项目。由于国际工程承包涉及咨询、勘探、评估、技术设备的提供、人员的培训、设备的调试、试生产等技术性服务，国际工程承包已经成为国际技术贸易的重要形式。

5. 国际直接投资

国际直接投资是投资方通过兼并、收购或建立新企业的方式，直接在东道国设厂生产。在当前国际经济全球化日趋深化的背景下，国际直接投资已经成为跨国公司实现全球化经营的重要战略内容。国际直接投资的投资方通常以现金资本的方式作为主要投资形式，以技术和技术设备作价作为投资的方式也日趋增多。

6. 设备买卖相结合

技术的引进方除了运用许可贸易方式引进软件技术之外，还通过购买有关产品生产的成套设备、流水线等硬件技术，提升企业的技术水平和生产能力，这种硬件技术的转让通常是发展中国家在经济发展初期较为常见的方式。我国在改革开放初期所引进的大量技术就是以成套设备为主的硬件技术。

7. 补偿贸易

所谓补偿贸易（compensational trade），就是技术引进方以融资的方式引进成套设备，通过生产的产品（或双方约定的其他产品）抵偿设备价款的方式。设备的引进方通过这种方式可以在设备提供方的帮助下获得相关的生产技术。有些学者将补偿贸易、加工贸易等方式合并在合作生产的技术贸易方式中。

8. 技术引进

使国外的技术转让到国内，就是技术引进。具体地说，技术引进是指一个国家或企业引入国外的技术知识和经验，以及所必须附带的设备、仪器和器材，用以发展本国经济和推动科技进步的做法。技术引进是一个特定的概念：①技术引进是一种跨国行为。②技术引进与设备进口有原则区别。人们常将技术广义化，把技术分为软件技术和硬件技术。软件技术就是前面提到的技术知识、经验和技艺，属纯技术；硬件技术是指机器设备之类的物化技术。只从国外购入机器设备而不买入软件技术，一般称为设备进口。若只从国外购入软件技术或与此同时又附带购进一些设备，这种行为才能称为技术引进。③技术引进的目的是提高引进国或企业的制造能力、技术水平和管理水平。要达到目的只有引进软件技术，通过自我消化吸收，才能做到。

7.1.3 对技术供方的调查和选择

技术贸易的供方，指专有技术、专利、商标、计算机软件等的所有者。供方是受方的技术伙伴和贸易伙伴。伙伴资信的好坏，不仅对顺利地达成协议或合同有重要的作用，而且与顺利地完成技术转让，圆满地完成合同规定的责任和义务有重大关系。因此在谈判之前，或者在签约之前，对供方要进行详细调查，以便选择。对供方的调查，一般从以下三个方面进行。

1. 对供方技术方面的调查

对供方技术方面的调查内容包括以下几点。

（1）供方是否是专有技术、专利、商标、计算机软件等的真正所有者。

（2）一个项目中涉及多种专有技术，除供方所有专有技术之外，是否还有他人的专有技术，供方是否有权转让。

（3）供方专有技术的可靠性、成熟性是否被公认。

（4）供方的技术发展前途如何，是单一的产品技术，还是可以发展为多产品的技术。

（5）供方的技术在我国的适用性如何，经济价值如何。

（6）供方专有技术的性质及其供方国的有关转让规定。

2. 对供方的资信调查

对供方的资信调查内容包括以下几点。

（1）资本额及其财务状况。

（2）业务能力及公司发展前景。

（3）商业道德、经营方针和经营手段。

3. 对供方法律地位的调查

调查供方的法律地位，主要是了解其承担法律责任的情况。从法律角度而言，供方企业可分为如下几种。

（1）独资企业：通常是一个自然人独立提供资金、单独经营的企业。独资者对企业的一切活动有权做出决策，也即有决定权、处置权和代表权，并单独对企业债务承担无限清偿责任。

（2）合伙企业：企业由两人以上投资，一种是合伙人共同经营、共同承担责任、共同分利，其中有一人拆伙，公司就要解散；另一种是由多人投资，由一人经营业务，出资者共同分利，合伙者负有限责任。

（3）公司企业：是依法申请登记，经有关当局批准正式具有法人地位的企业，该企业有独立清偿债务和支配财产的权力，有明确的组织机构。

根据股东对公司承担债务责任不同，供方企业可分为以下几种。

（1）有限责任公司。有两人以上的股东，各股东以其出资额对公司债务承担有限清偿责任。

（2）无限责任公司。有两人以上的股东，各股东以其出资额对公司债务承担无限清偿责任。

（3）两合公司。它是有限责任公司和无限责任公司的组合，各负其相应责任。

（4）股份有限公司。它是指公司资本金额分成股份，以股东认股的方式组成的公司，各股东以所认股份对公司债务承担有限清偿责任。

（5）跨国公司：跨国公司是以母、子公司各自为法人所组成的多实体企业，又称多国公司，其基本特点是母公司和子公司是分别在不同国家登记的独立法人。跨国公司分设在两个以上的国家，其中一个实体企业是以“全球战略”为依据的决策中心，其余实体企业为子公司，母、子公司间以“利润中心”建立多层次关系，以各方均获高额利润为目的。

对供方的调查应通过多种渠道进行，主要有：外国银行、商行，我国驻外机构，国际性咨询机构，商会或同业协会，我国外贸公司，各种刊物、样本及展览会等。

7.1.4 可行性研究

技术项目的可行性研究（feasibility study）是技术贸易的准备阶段，也是技术贸易的基础。不论是技术的供方还是技术的受方，在进行技术贸易谈判前，都必然会考虑和研究这笔技术交易是否可行，是否会成功，通过合作能否取得较好的效益和达到预期的目标，这是进行可行性研究的动机或目的。

技术贸易是一种买卖关系，技术的输出方是供方，技术的引进方是受方，可行性研究对受方来说自然更为重要。受方不仅要支付技术转让的费用，而且对引进的技术项目要进行投资，承担的风险较大。技术受方只有对拟引进的技术项目进行全面系统的分析研究和论证，才能对项目是否可行做出准确的判断，避免决策失误。可行性研究是技术引进前的一项十分重要和关键的工作，也是比较复杂的工作，下面主要从技术受方角度，介绍技术引进项目的可行性研究。

1. 可行性研究概述

可行性研究是指在从事某项工程建设、科学研究或其他经济技术活动前，对项目进行全面、系统、综合的分析研究，做出科学的论证和评估，为项目的决策提供可靠的依据和建议。

可行性研究广泛应用于新建、改建、扩建的工程项目，以及资源的开发和综合利用。还应用于科学研究项目的立项、新技术的开发和应用、技术引进和技术改造，乃至经济和技术政策的制定等方面。

技术贸易的可行性研究是对拟引进的技术项目，从技术、市场、财务和经济等方面进行全面的调查研究和分析评价。这种研究和评价一般有两个出发点：一个是从引进技术企业本身的利益出发，考虑项目对企业的经济效益；另一个是从国家的利益出发，考虑项目的国民经济效益和社会效益，如项目是否符合国家、行业或地区的发展规划和建设布局，是否符合技术和经济发展的方针与政策，是否有利于社会就业，等等。

2. 技术进口项目论证原则

（1）技术先进性与实用性相统一。在考虑技术项目先进性的同时，还要考虑采用此项目的投资能力、使用能力、生产条件和配套能力以及采用该技术的市场潜力，实现该项目的先进性和实用性相统一。技术市场中“短平快”的技术项目之所以受欢迎，就是因为这种项目体现了技术先进性与实用性的统一。

（2）项目的经济效益和各项成本相统一。技术进步能带来经济效益，但要付出一定的成本。为此，人们必须进行超前的研究、开发和技术储备，而技术的代价又使得一些技术难以被列入研究、开发和储备的议程。因此，必须遵循综合平衡、量力而行和突出重点的原则进行核算，决定项目的取舍。

（3）项目的特定目标与社会效益相统一。技术项目的实施是为了实现某一特定目标，如改进工艺、节约能源、节约原材料和开发新产品等，推进企业乃至整个行业的技术进步和经济发展。有些技术项目虽然能够给本部门带来较高的经济效益，但也对社会造成负面影响，如环境污染、生态平衡破坏等。因此，在进行项目论证时，必须对项目的特定目标与社会经济效益进行认真分析，顾及整体和全局利益，指导相应的预防措施。

3. 技术进口项目可行性研究的作用

（1）可行性研究可以避免技术引进项目失误。选择适当的技术是技术引进工作中首先要解决的问题。如果技术选择得当，则会以最少的花费获得最大的收益，取得事半功倍的效果。相反，如果技术选择不当或失误，轻则可能导致花费多、吸收慢、效益差，重则可能导致技术引进的失败。因此，技术选择的好坏，直接关系技术引进的成败。

（2）可行性研究能为项目决策提供依据。可行性研究是技术引进项目前期准备工作中最为关键的一个环节，这个环节工作质量的好坏，对项目的成败和决策的正确与否具有决定性意义。项目可行性研究的基本任务是进行项目规划、技术论证、经济核算和分析比较，为项目决策提供可靠的依据和建议。

因此，可行性研究必须有一定的科学性和精确度。项目可行性研究所采用的数据应尽量精确，但也不排斥采用某些推算和假设数据，只是必须做出说明，权衡精确性。

4. 技术进口项目可行性研究报告的内容

（1）总说明。其包括项目名称，项目主办单位及负责人，可行性研究的主要技术负责人和经济负责人，项目建议书的审批文件，可行性研究的总概况、结论与建议。

（2）承办企业的基本情况与条件。其包括产品名称、规格、技术性能与用途，国内需求情况调查、研究与预测，国外市场情况的调查、研究与预测，进入国际市场的设想与措施等。

（3）物料供应规划。其包括原材料、半成品、配套件、辅助材料以及其他公用设施等的使用、来源、价格，物料选用的几个可供选择方案的比较与论证、选定的理由。

（4）厂址选择。其包括厂址的自然、经济、社会、交通等条件的概述，几个可选择方案的比较与论证、选定的理由。

（5）技术与设备。其包括技术选定的几个可选择方案的比较与论证、选定的理由，技术来源、国别与厂商，技术转让费用的估算；设备选定的几个可选择方案的比较与论证、选定理由，进口设备的来源、国别与厂商，设备费用的估算。

（6）生产组织、劳动定员和人员培训计划。

（7）环境污染的防治。

（8）项目实施的综合计划。其包括询价、谈判、签订合同、工程设计、技术与设备的交付、工程施工、调试与正式投产日期。

（9）资金的概算与来源。项目的总用汇额包括准备工作阶段实际发生的费用，外汇资金来源与偿还方式，国内资金概算，项目全部资金需要量及其来源。

（10）经济分析。其包括生产成本与销售收益的估算；分年的现金流量；分年的损益计算表和资金平衡表；根据分年的现金流量，计算投资回收年限与投资回收率；按分年的现金流量，按“现值”法计算“净现值”与内部回收率；项目的敏感度分析和盈亏分析；其他经济技术指标分析。

7.1.5　对外询价

对外询价就是需要技术的一方公开地把自己的购买意图告诉拥有技术的一方，要求对方在指定的时间内，根据询价的要求向询价人提出项目的报价。询价的时间一般在可行性研究报告被批准后为宜。向外商发出的询价书应做到内容明确、要求具体，要把受方企业的具体条件介绍清楚。其主要内容包括技术要求和商务要求两部分。

1. 询价书的内容

（1）基本情况：主要介绍技术引进企业的一般情况和技术状况。

（2）技术条件要求：主要是拟引进技术所采用的工艺、产品应该达到的数量和质量的标准，总体经济技术指标以及对环境保护的要求等。

（3）商务条件要求：有关技术转让的方式、计价和支付方法，产品的生产领域和销售范围等。

拟定和发出询价书是一项十分严肃的工作，稍有差错就会造成时间、人力、财力的浪费，影响引进工作进度。错误严重的，还会对外造成不良影响。

2. 对外经营公司做询价书应特别注意以下问题

（1）询价书所列各项条件必须完整、具体、准确，不能有任何遗漏或差错。因为询价书是被询价方做出报价的基本依据。询价书的遗漏或差错不仅会造成被询价方报价不符合询价方要求，而且也会造成人力、物力的浪费。

（2）严格控制询价对象的数量，对外经营公司应选择最有成交可能的两三家国外企业，发出询价书，以便进行比较或利用竞争。如果对外经营公司发出的询价书过多，不仅会引起国外企业观望，而且会给成交可能性不大的被询价方造成不必要的损失，以致遭到抱怨，影响询价方的信誉。

（3）对外经营公司发给不同企业的询价书内容应完全一致，以利于比价工作。

（4）询价书发出前，对外经营公司还应进一步核实技术引进企业的各项准备工作。例如，应办手续是否完备；资金（人民币配套资金和外汇）是否到位；技术条件和技术范围等有无变化。对外经营公司如果发现有的事项尚未完全落实，应待问题解决后，再将询价书发出。否则，对外经营公司将陷入进退两难的境地。

7.1.6 技术比较和价格比较

1. 技术比较

技术比较是将国外厂商所报出的技术规格、性能等进行逐项的比较。根据技术要求做出技术比较表，研究厂商所报技术规格，对比其先进性、适用性、可行性和经济效益，为技术谈判做好准备。

2. 价格比较

1）价格比较含义

价格比较也称比价。比价是把国外厂商所报价格同当时的国际市场价格和历史价格进行比较。比价主要从四个方面进行：①不同国外厂商的报价比较；②历史价格比较；③地区价格比较，比较国外厂商对不同国家和地区的报价；④不同引进单位价格比较，即把一个国外厂商在相同时间内对我国不同引进单位的报价进行比较。

2）对外比价方法

对外比价方法指引进方收到外国企业的报价后，将其中的技术条件和商务条件，换算为同一基础加以比较，同时与本身掌握的资料进行比较，以确定报价的合理程度、条件优劣、价格高低的一种平衡选择过程。

对外比价方法主要有如下几种。

（1）直观法（direct-vision method）。直观法，又称简易比价法，是把国外各企业的报价条件换算为统一的基础，横向对比各企业报价的高低、条件优劣，从中选出价低、技术条件优者作为商谈的对象。

例如，国外企业 A 报价：总付 80 万美元，3 年内分 5 次支付；国外企业 B 报价：入门费 30 万美元，提成率为净销售价的 5%，提成年限与合同有效期相同，均为 7 年。产品预计销售 1000 台，每台净销售价 10 000 美元。假设其他条件均相同，比较 A 企业和 B 企业的报价。

B 企业总的使用费为：

300 000＋10 000×1 000×5%

＝300 000＋500 000

＝800 000（美元）

结果是 A 企业和 B 企业报价均为 80 万美元。简单的结论是，B 企业的报价比 A 企业报价对引进方有利，因为与 A 企业成交，在 3 年内需付完使用费，而与 B 企业成交，7 年才付完使用费。

（2）类比法（method of analogy）。类比法，是指利用历史资料或其他类似技术合同条件，与现有的报价进行对比。类比法通常用于两种情况：一是只有一家报价，无法横向比较；二是衡量现实的报价水平。值得注意的是，类比法使用的资料是历史资料，与现实的报价资料不一定完全对应。为了解决不对应的问题，对外经营公司可以要求国外企业把拟引进技术分解为若干技术单元，分项进行报价，再以技术单元报价与历史资料的可比内容进行比较，以得出现有报价高低的一般概念，作为将来讨价还价的依据。

（3）经济效益评价法（evaluation method of economic benefit）。经济效益评价法，是指将报价中估计的经济效益与引进方期望的经济效益进行对比，以得出报价与期望利益的差距，即报价降低到什么程度才能达成交易。

例如，目前，引进方每件产品成本为 9 美元。利用技术后，每件产品单位生产成本可降低 2 美元，年产产品 1 万件，可获增值利润 2 万美元，合同期为 6 年，可得增值利润总额 12 万美元，如把其中 20%作为使用费给许可方，则应支付 2.4 万美元。报价为提成率 5%。引进方能否接受，实际差距又是多大呢？

现利用提成率的公式进行计算：

$$R=S\times(C-C_1)\div C$$

其中，R＝提成率；S＝许可方占引进方新增利润的比率；C＝原生产成本；C_1＝利用引进技术估计成本。

代入数据得，$5\% = S\times(9-7)\div 9$

因此，$S=5\%\div[(9-7)\div 9]=22.5\%$

120 000×22.5%＝27 000（美元）

这就说明报价提成率 5%，许可方在新增利润中占 22.5%，比原估计的 20%多 2.5 个百分点。实际使用费金额比原预计 24 000 美元多 3 000 美元。这就说明报价是基本可以接受的，可以作为谈判的基础。

7.1.7　决策

技术引进工作过程也是一个决策过程，只有正确决策，项目才能取得好的效果。

7.2　技术引进的交易程序

技术引进交易程序（the procedures of technology import transactions），是指技术进口

企业和代理技术进口企业按批准的可行性研究报告，实施技术引进工作的业务环节，包括准备工作、对外初步询价、考察、技术交流、选择国外技术供方、谈判、拟订合同条款、签订合同等，以及当事人在各环节应做的工作和应注意的问题。

技术进口是一项系统工程，业务环节多，涉及面广，法律性强。因此，技术进口企业，或者受技术进口企业委托代理技术进口业务的对外经营公司，都必须事先做好准备工作，以防止因考虑不周延误工作进度，或承担不必要的经济风险和技术风险。7.1 节已经介绍了前期需要做好的准备工作，本节重点讲解技术引进的交易程序，如图 7-3 所示。

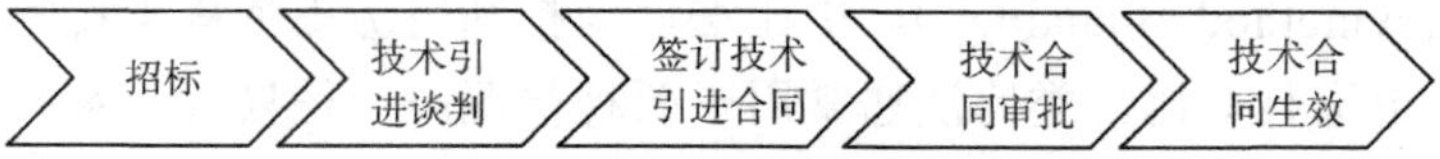

图 7-3　技术引进的交易程序

上文已介绍过可行性研究，本节重点介绍技术招标、技术引进的谈判、合同的签订与生效、技术合同的审批、技术合同的履行。

7.2.1　技术招标

1. 技术招标的含义

技术招标是指技术招标人将所需要的技术，通过招标的方式，提出自己对其的具体要求和条件，以吸引多家技术提供者前来投标，从中选择提出最优条件的投标人与之订立技术合同的一种技术交易活动。

其基本做法是由招标人发出招标通告，说明拟采买的工艺操作方法与技能、生产的工艺过程或作业程序和方法、所需的专业生产劳务以及一些必要的生产工具设备等，并说明有关交易的条件、交易程序和注意事项，要求投标人在指定期限内进行投标，最后由招标人组织开标。招标人根据各投标人的报价，并综合考虑投标人的技术水平、经营管理水平、信誉和财务状况等，择最优报价和条件者达成交易。

2. 技术招标的特点

（1）招标具有公开性、公平性和公正性，这就决定了技术招标竞争性强。

（2）技术招标为企业生产和解决引进技术的难题创造了有利条件，通过技术招标与投标，技术供需双方都能满足自己的技术与经济需求，因此技术招标目标明确、针对性强，具有较强吸引力。

（3）投标方要想在众多的投标者中取胜夺标，必须具有成熟的技术，并且要新颖、先进、实用。这就要求投标者千方百计地钻研和改进技术，真正使自己的技术独占鳌头，技胜一筹，否则就会在竞争中被淘汰。这种竞争机制必然加速技术商品化的进程，促进技术的更大进步，同时技术招标的价格也趋向合理。

3. 技术招标内容

技术招标有公开招标和非公开招标两种。根据技术招标的种类不同，技术招标大致可分为技术难题招标、国家重点科研项目的招标、引进技术和进口设备在技术市场上的招标，技术招标一般应包括以下内容。

1）项目的具体要求

项目的具体要求包括对技术项目的具体要求，以及对所要购买和出售的技术品种、指数、性能、完成期的具体详细要求。

2）投标人资格

在某些项目招标条件中，对参加投标的人有一定的规定和限制。有的项目欢迎国内外企业共同竞争投标，而有的项目只允许本国人或在本国注册的企业参与投标；有的项目允许外国企业直接参与投标，而有的项目只让外国企业通过其驻招标国的代理人代理；还有的项目对投标企业的资金状况、施工及研制能力也做了一些相应的规定。符合投标资格的投标人有时被要求出具一定的证明书。

3）投标方式

目前技术市场上通用的是“密封递价”，即由投标人用密封信件的方式，直接递交给招标人或指定的机构。“开封递价”的方式则不多见。

4）投标时限

整个投标期限一般是从公开通知所规定的时日起，延续到开标前一日至二日止。投标人的标单必须在通知规定的投标期限内，寄至指定地点，逾期便失去效力。

5）保证条件

为保证有关合同的按期履行及各项条件的满足，招标人通常要求投标人在投标时缴纳一定金额的保证金，或由有关银行出具保证函，以担保投标人在中标后能严格履行投标单位开列的各项条件。一旦中标人违反契约，招标人便可根据所受损失的大小，没收部分或全部保证金作为赔偿。但是，如果一切按正常程序进行，投标人未能中标，则招标人应该在开标后一定时期内，通常是 10 天之内，凭收据把所收保证金或银行保证函退还给投标人。

7.2.2　技术引进的谈判

国际技术贸易合同的签订和生效，要经过周密的谈判之后才能进行。国际技术贸易谈判是指贸易双方达成一致意见而签订合同的过程。由于技术贸易涉及技术、经济、法律及国家政策等方面问题，所以谈判的步骤比一般商品贸易复杂。

就谈判的广义而言，包括技术引进前期的一些工作，各部分工作不是截然分开的，而是互相联系、相互穿插和渗透的。

1. 谈判准备

谈判准备工作分两部分：组织准备和谈判方案准备。

1）组织准备

组织准备指组成一个有力的谈判班子。谈判班子以项目主持人作为负责人，并由包括技术、经济、法律等方面的专家组成。

（1）项目主谈。作为谈判的主发言人和负责人，通常由企业负责人担任，对谈判全面负责，他应当是复合型人才。

（2）项目技术负责人。其通常由有关方面的专家组成，负责技术条款的谈判。一般来说应是在技术领域的前沿、先进程度、设计、工艺等理论和实践方面有综合知识和经验的人才。

（3）项目经济负责人。其通常由财务方面的专家组成，也包括营销专家，负责商务条款的谈判。应由素质好，有国际财务管理知识、实践知识和经验的人员担任。

（4）法律专家。其通常由熟悉知识产权保护法和国际惯例的专家或律师担任。

（5）翻译人员。有时谈判小组还需要具有工程技术背景和国际贸易知识、外语水平较高的人员担任翻译。

2）谈判方案准备

谈判就是要解决双方在贸易条件中的不同意见，而各方的意见又是以保护本方利益为基本点的，真正谈判的成功一定是建立在对双方有利的基础上的，谈判的最终目的应是双方达成平等互利的协议。为取得较好的谈判结果，要制订谈判计划和方案。

（1）谈判计划要包括：谈判的总体设想，谈判内容的主次和先后顺序，谈判要达到的最高和最低目标，谈判的时间安排。

（2）谈判方案是将计划具体化，拟定谈判方针和策略，确定谈判的关键点，拟定所需谈判问题的先后顺序及问题分寸。其具体有商务谈判方案和技术谈判方案。同时要准备谈判合同文本，力争以我方提出的合同文本作为双方讨论、签订技术转让合同的基础。谈判方案要尽可能简明、具体、灵活，以便谈判人员记住要点，易于与对方周旋。

组织好谈判班子，制订好谈判计划和方案之后，为了更直接地预测谈判中可能出现的各种情况，以便事先有所准备，对重大的国际技术贸易谈判要在正式谈判前对谈判过程进行模拟。模拟是在工业设计和商业决策中常用的手段，谈判模拟就是单方谈判预演。把谈判班子一分为二，一组代表供方，另一组代表受方。双方谈判用以检查原谈判计划和方案的可行性与针对性，并训练谈判人员的反应能力。

2. 技术谈判

引进项目的谈判因为比较复杂，往往是分阶段进行的，大致可分为技术谈判阶段与商务谈判阶段，但实际上也并不是截然分开的。

技术谈判的任务是具体确定所交易的技术的内容、范围，交付方式和途径，技术标准，技术质量考核的时间、次数和方式，提供资料的质量、份数、交付方式和时间，技术使用权和使用领域，有关产品的销售权以及技术转让权等条款。

1）在技术谈判时要注意的问题

在技术谈判时要注意的问题有：①产品的质量；②产品的产量；③产品的合格率；④产品的原材料利用率；⑤原材料的使用；⑥能源的消耗；⑦环境的保护；⑧综合利用；⑨生产的管理。

2）在有关技术培训谈判中要注意的问题

技术培训关系到技术和设备能否使用与投产，既与技术受方的经济效益相关，也与技术供方的经济效益相关。人员培训是技术转让中很重要的内容。技术培训有两种：一是受方派人到供方培训，二是供方派人到受方培训。培训不能只谈一个总人数，应根据受方的薄弱环节及供方的专长和特点来确定培训人员的专业、人数、培训范围、内容和计划，并就培训人员的生活、旅行、医疗、安全等方面进行协商，并做出明确的规定。

3）在有关设备安装、调试、验收和投产谈判中应注意的问题

大型的设备、仪器、生产线、生产工厂、承包工程的技术贸易一般由供方负责安装、调试，并经双方根据规定的技术指标进行验收合格后才能正式投产，在技术谈判时要明确以下内容。

（1）考核验收项目的型号、规格、数量。

（2）采用什么原材料、元器件验收产品，是供方的原材料、元器件，还是受方的原材料、元器件。

（3）考核验收的内容、标准、方法和次数。

（4）考核验收的地点和安排。

（5）考核验收的关键仪器和设备。

（6）实验结果的记录和评定方法。

（7）费用的处理。

（8）考核验收合格后双方签署的验收证书，对不合格者所采取的查清责任及处理的方法。

在具体谈判中，技术供方往往担心把技术内容讲给了受方，而受方无意订购，从而暴露了自己的技术秘密，所以对关键技术问题不愿意详细介绍。供方往往要求受方做出订购的保证，才愿意对关键技术做详细介绍。

3. 商务谈判

商务谈判是在技术谈判所确定的技术转让内容的基础上，进一步洽谈有关商务条款。

1）商务谈判的内容

商务谈判涉及的内容有价格、支付方式、税费、适用法律、仲裁、保证和索赔、产权保护、不可抗力、合同生效、运输和保险等。

商务谈判的中心环节是价格谈判。在明确可供转让的技术之后，成交价格是关键。与商品贸易相比，技术贸易价格伸缩的幅度要大得多。

价格谈判一般分为询价、报价和还价三步。

2）商务谈判的策略

（1）谈判过程策略。谈判过程大体分为四个阶段：开始阶段、摸底阶段、实质性谈判阶段和总结性谈判阶段。以下分别加以说明。

①开始阶段。通常是双方谈判人员相互寒暄，介绍谈判人的身份，就谈判日程交换意见。在这一阶段，谈判人员应该多倾听、多观察、多了解，特别要弄清对方人员的身份、职务。对各自介绍的情况不进行评论或做出反应，以求建立相互信任和良好的谈判氛围。

②摸底阶段。在双方各自阐述观点的基础上，进一步摸清对方对本次谈判的重视程度和意欲达到的目标，以及在主要分歧点上各自所持的立场，找出一致的方面和不一致的方面。在这一阶段，谈判人员应注意力高度集中，反应灵敏，准确捕捉信息。

③实质性谈判阶段。双方对存在的分歧展开实质性探讨，充分说明各自的理由和依据，驳斥对方的理由和依据，迫使对方让步。在这一阶段，谈判人员应该有耐心，坚持以理服人。特别要找出支持我方观点的有说服力的依据，如对市场的客观分析、国际贸易惯例、科学推理等。

④总结性谈判阶段。经过多个回合的谈判后，谈判的前景逐渐明朗，如果出现谈判成功的迹象，我方应不失时机明确态度，最好是迫使对方先表态，我方及时回应，以求尽快达成交易。如果可以肯定这一次谈判达成交易的可能性不大，我方应该在多数问题已取得一致的情况下，明确指出尚未解决的问题或折中方案，供对方进一步考虑。同时，对谈判达成一致的方面加以归纳，写成书面小结或签订备忘录，为下一次谈判奠定基础。

（2）谈判技巧的运用。谈判技巧多种多样，但基本技巧可以归纳为以下五种。

①顺应（柔软战略），倾听、陈述、耐心交换意见。

②对抗（强硬战略），坚持己方立场，毫不妥协，迫使对方让步。

③合作（软硬兼施战略），有坚持，有让步，诱使对方做相应让步。

④调和（折中妥协战略），不断提出建议，调和双方意见。

⑤撤退（不软不硬战略），宣布休会、撤出主谈人，或暂时中止谈判。

7.2.3 合同的签订与生效

双方谈判人员经过多次谈判、反复磋商、讨价还价，最终对技术条件、商务条件、法律条件等主要问题达成共识，就可以准备拟订合同了。

1. 合同的签订

双方经过协商，大多数情况可根据谈判结果拟订合同草案，由技术引进方承担，或者使用权威部门拟定的格式合同，根据谈判结果由双方在格式合同上修改。然后，经双方研究、推敲，协商一致，由一方打印正式合同。正式合同可打印多份，2～4 份为合同正本，由企业法人或其授权人在合同上签字，其余为合同副本，分发给公司内部有关部门作为履行合同依据。一部分合同副本用于向商务部或其委托机构办理《中华人民共和国技术进口许可证》（以下简称《技术进口许可证》）或办理登记手续。

技术贸易合同主要指有关技术开发、技术转让、技术咨询和技术服务四种由社会公证机构认可的法律文件。从本质上说，技术贸易合同与一般的买卖购销等商务合同是一致的，但由于技术商品特殊性，无论是在合同内容还是在形式上，技术贸易合同都比一般的商务合同更为复杂。具体内容会在后面的第 8 章到第 11 章详细讲述。

2. 合同的生效

在我国，根据《中华人民共和国技术进出口管理条例》，技术贸易双方在合同上签字后，技术贸易双方国家要求对合同审批，合同生效日以最后一方国家批准的日期为准。国际技术贸易合同生效（contract into force）有以下两种情况。

（1）对属于限制进口技术，双方在合同上签字后，技术进口经营者要向商务部申请《技术进口许可证》，许可证上的日期即为合同生效日期。

（2）对属于自由进口的技术，双方在合同上签字后，合同依法成立时生效。但技术进口经营者要向商务部或其委托部门办理登记，合同生效不受合同登记影响。

7.2.4　技术合同的审批

图 7-4 展现了技术进口合同审批的程序和文件，以下分别予以介绍。

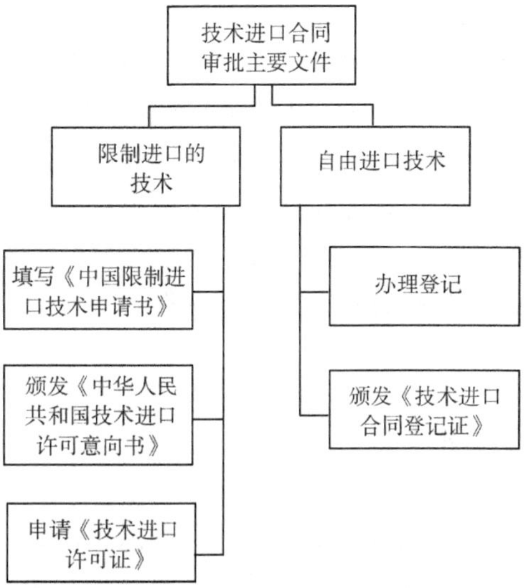

图 7-4　技术进口合同审批的程序和文件

1. 限制进口技术的合同报批

《技术进出口管理条例》第八条规定："有对外贸易法第十六条规定情形之一的技术，禁止或者限制进口。国务院外经贸主管部门会同国务院有关部门，制定、调整并公布禁止或者限制进口的技术目录。"

根据《中华人民共和国对外贸易法》第十六条规定，国家基于下列原因，可以限制或者禁止有关货物、技术的进口或者出口：

（1）为维护国家安全、社会公共利益或者公共道德，需要限制或者禁止进口或者出口的；

（2）为保护人的健康或者安全，保护动物、植物的生命或者健康，保护环境，需要限制或者禁止进口或者出口的；

（3）为实施与黄金或者白银进出口有关的措施，需要限制或者禁止进口或者出口的；

（4）国内供应短缺或者为有效保护可能用竭的自然资源，需要限制或者禁止出口的；

（5）输往国家或者地区的市场容量有限，需要限制出口的；

（6）出口经营秩序出现严重混乱，需要限制出口的；

（7）为建立或者加快建立国内特定产业，需要限制进口的；

（8）对任何形式的农业、牧业、渔业产品有必要限制进口的；

（9）为保障国家国际金融地位和国际收支平衡，需要限制进口的；

（10）依照法律、行政法规的规定，其他需要限制或者禁止进口或者出口的；

（11）根据我国缔结或者参加的国际条约、协定的规定，其他需要限制或者禁止进口或者出口的。

我国对属于限制进口的技术，实行许可证管理，即国务院外经贸主管部门对属于限制进口的技术，实行行政许可制度，也就是说，要经过国务院外经贸主管部门的审批，否则不能进口。这是国家的强制性规定，任何单位和个人都必须严格遵守。所以，对于属于限制进口的技术，技术进口经营者应该首先向国务院外经贸主管部门提出申请。

引进方填写《中国限制进口技术申请书》，进口申请经审查获得批准后，由外经贸主管部门颁发《中华人民共和国技术进口许可意向书》（以下简称《技术进口许可意向书》），签订技术进口合同后，外贸经营者应持有《技术进口许可意向书》、合同副本及其附属条件、签约双方法律地位证明文件，到外经贸主管部门申请《技术进口许可证》，经审查合格后，颁发《技术进口许可证》，合同自《技术进口许可证》颁布之日起生效。

申请《技术进口许可意向书》需要提交以下文件。

（1）中国限制进口技术申请书。

（2）进口技术说明文件。

（3）企业法律地位证明文件。

（4）外贸经营资格证书。

进口经营者在领取技术进口许可意向书后，可以对外签订技术进口合同。之后根据《技术进出口管理条例》第十四条规定，“进口经营者签订技术进口合同后，应当向国务院外经贸主管部门提交技术进口合同副本及有关文件，申请技术进口许可证。”这些文件主要包括以下几项。

（1）申请领取技术进口许可证的申请书。

（2）技术进口合同副本。

（3）签约双方的法律地位证明文件。

（4）其他有关文件。

2. 自由进口技术的合同报批

所谓自由进口的技术，就是指除属于限制进口的技术和属于禁止进口的技术之外的技术。具体来说，没有被列入国务院外经贸主管部门会同国务院有关部门制定的限制进口的技术目录和禁止进口的技术目录中的技术，都可以视为属于自由进口的技术。

根据《技术进出口管理条例》第十七条规定，“对属于自由进口的技术，实行合同登记管理。”所谓合同登记管理，就是指技术进口经营者进口属于自由进口的技术时，仅须将技术合同向国务院外经贸主管部门办理登记。在该管理过程中，国务院外经贸主管部门必须自收到有关文件之日起 3 个工作日内，对技术进口合同进行登记。根据《技术进出口合同登记管理办法》第十条，自由进出口技术合同登记包括以下内容：①合同号；②合同名称；③技术供方；④技术受方；⑤技术使用方；⑥合同概况；⑦合同金额；⑧支付方式；⑨合同有效期。

对进口属于自由进口的技术进行管理的具体规定，《技术进出口管理条例》第十八条规定，“进口属于自由进口的技术，应当向国务院外经贸主管部门办理登记，并提交下列文件：

（一）技术进口合同登记申请书；

（二）技术进口合同副本；

（三）签约双方法律地位的证明文件。”

进口经营者到外经贸主管部门履行登记手续，经审查合格后，颁发《技术进口合同登记证》，合同自依法成立时生效。

7.2.5　技术合同的履行

合同签订之后就是履约，履约既是一项繁杂的工作，也是技术贸易中取得成效的阶段。

1. 合同履行的内容

（1）引进技术资料的翻译、整理、消化和管理，技术资料的国产化。

（2）组织人员出国培训，接待外国专家来华指导和技术服务。

（3）生产准备，包括生产计划安排、生产工艺、生产组织、工艺装备、生产原材料及协作件安排，添置有关仪器等。

（4）组织试生产，引进技术的考核。

（5）正式投产。

2. 技术引进合同履行的特点

（1）技术引进合同的履行主要在受方所在地进行。一般履行商品贸易合同的责任和大量履行工作是在卖方所在地进行的，技术引进合同的履行则不然。由于合同履行过程就是供方向受方传授技术，受方掌握引进技术的过程，因此技术引进合同的大量履行工作不是在供方所在地，而是在受方所在地实施的。

（2）技术引进合同履行需要各有关部门通力合作。技术引进合同的履行效果，还受引进企业的技术力量和科研转化能力等因素影响，因此，为了促进和加速受方对技术的引进，还需要企业决策部门、人事部门和科研部门等竭力配合。

（3）技术的消化、吸收，使引进技术本国化，最终实现合同规定的目标。

（4）合同的履行过程由很多环节组成，包括提供技术资料的翻译、标准化技术培训与技术指导等，每一个环节的实施效果都直接关系着合同最终目标的实现，任何一个环节出现问题，都会直接影响合同履行的效果。技术引进合同履行的各个环节对最终实现合同规定的目标至关重要。

3. 技术资料的转化

在技术引进的合同履行中，要根据项目的要求和技术资料的具体情况，对供求双方间不同的技术图纸、技术标准进行资料转化。例如，增补设计图、增补技术条件、对标准件和配套件进行国内标准化转化等。

4. 做好技术引进的消化、吸收和创新工作

对引进技术的消化、吸收和创新主要经过以下三个阶段。

第一阶段，根据需要在国际寻找和选用适用技术，通过谈判、签约获得该项技术。

第二阶段，学习并掌握引进技术，将引进技术逐步国产化。

第三阶段，对引进的技术消化、吸收并在其基础上有所创新。

为搞好技术引进的消化、吸收工作，要完善技术信息系统。加强企业与科研部门、企业与高校间的横向联合，充分利用国内现有的科技力量对引进的技术消化、吸收和创新。积极开展各种人才培训，促进人才的合理流动。

技术引进的消化、吸收不是目的，其最终目的在于要在引进技术的基础上，不断创新，生产出技术水平更高的有竞争力的新产品，扩大出口，赚取更多的外汇，实现更高层次的技术引进，以实现技术引进的良性循环，从而提高社会的整体技术水平。

7.3 中国技术进口概述

7.3.1 中国技术引进的基本情况

中华人民共和国成立初期至今，中国技术引进工作走过了约 70 年的历程，经历了四个大的发展阶段：第一阶段 1950～1978 年；第二阶段 1979～1994 年；第三阶段 1995～2005 年；第四阶段 2006 年至今。前两个阶段，中国技术引进工作因受国内外政治经济环境影响，进口项目数、项目结构和资金投入起伏较大，形成了各具特点的若干时期。第三阶段，技术引进工作进入良性发展期，在项目种类、技术水平、贸易方式和法制管理等方面都取得了新进展。

1. 1994 年以前我国技术引进情况

1978 年 12 月，中国共产党召开了十一届三中全会，提出了具有深远意义的“在自力更生的基础上积极发展同世界各国平等互利的经济合作，努力采用世界先进技术和先进设备”①。1982 年中国共产党第十二次全国代表大会报告中更具体地指出：“实行对外开放，按照平等互利的原则扩大对外经济技术交流，是我国坚定不移的战略方针。我们要促进国内产品进入国际市场，大力扩展对外贸易……要积极引进一些适合我国情况的先进技术，特别是有助于企业技术改造的先进技术，努力加以消化和发展，以促进我国的生产建设事业。”

案例 7-1

中国第一汽车股份公司的引进技术之路

中国第一汽车集团有限公司（以下简称“中国一汽”）前身为第一汽车制造厂，1953 年动工兴建。截至 2020 年 2 月已有员工 13 万人，资产总额 4578.3 亿元、注册资本金 354 亿元。已构建了从东北到华北、华东，再到西南、华南的产业布局，业务覆盖“红旗”、

① 1978 年 12 月 18 日 中共十一届三中全会召开，www.people.com.cn.

“解放”、奔腾、合资合作、新兴业务、海外业务和生态业务七大业务板块。中国一汽历经工厂建设、换型改造、上轻轿三次创业，基本构建完成了适应市场经济要求的发展布局、管理体制、经营机制和人才队伍。2011 年 6 月，中国第一汽车股份有限公司成立，企业 90%以上资产进入股份公司；2017 年 11 月，完成集团公司制改制，更名为中国第一汽车集团有限公司；2018 年 1 月，中国一汽发布新红旗品牌战略，要把新红旗打造成为“中国第一、世界著名”的“新高尚品牌”；2018 年 12 月，正式发布《中国一汽 2025 战略愿景规划》，到 2025 年基本完成世界一流移动出行服务公司建设的主体工程，实现再创一个中国一汽的目标。

中国一汽引进德国汽车技术的主要历程

一汽-大众汽车有限公司（以下简称“一汽-大众”）于 1991 年 2 月 6 日成立，是由中国一汽、德国大众汽车股份公司、奥迪汽车股份公司和大众汽车（中国）投资有限公司合资经营的大型乘用车生产企业，是我国第一个按经济规模起步建设的现代化乘用车生产企业。经过近 30 年的发展，一汽-大众产能布局已覆盖东北长春、西南成都、华南佛山、华东青岛以及华北天津，拥有轿车一厂、轿车二厂、轿车三厂、轿车四厂、轿车五厂、轿车六厂、动力总成事业部以及冲压中心八大专业生产厂。从建厂初期的一个品牌 1 款产品，发展到已有奥迪、大众、捷达三大品牌近20款产品。早在2003年，一汽-大众就针对进口零件与德国大众汽车集团（以下简称“德国大众”）达成了采购合作。15 年间，中德双方已在进口零件、进口整车等方面开展多项合作。2019 年，一汽-大众向德国大众采购进口 CKD（Completely Knock Down，全散件组装）零件和奥迪进口整车，以满足日益丰富的产品线生产需求，以及中国消费者对高品质汽车生活的追求。

2019 年 8 月 15 日，中国一汽与德国巴斯夫集团签约了战略合作协议。根据协议内容，中国一汽与巴斯夫将建设联合创新实验室，围绕汽车产品涂装解决方案、轻量化车身材质以及可降低尾气排放的催化剂等领域展开合作，共同为中国消费者打造更多集合更轻且坚固车身结构、低排放、炫靓车身涂装以及设计感于一身的汽车产品。

中国一汽引进日本汽车技术的主要历程

1972 年，中国一汽曾派出一个 20 人的高级代表团，前往丰田公司参观学习，引进当时丰田公司最为著名的“精益生产方式”，并请丰田公司的专家为企业进行诊断。中国一汽下属的变速箱厂又引进了丰田所属日野公司的变速箱生产技术，并在该厂推行丰田方式的管理，使合作的范围进一步延伸。1995 年，中国一汽控股金杯后，沈阳金杯下属的金客公司引进的是丰田海狮的技术。2002 年中国一汽与丰田技术合作的主要内容包括：在天汽原夏利公司及天津丰田公司 NBC 平台上的基础上进一步延展；在现已由中国一汽管理的原天汽华利公司，继续引进丰田所属大发公司微型车的技术，生产 S-SUV、S-MPV 等产品；在中国一汽红旗轿车平台上开展技术合作；在轻型车和动力系统方面进行合作。

天津艾达自动变速器有限公司是由日本爱信 AW 株式会社（以下简称“日本爱信 AW”）与中国一汽于 2004 年 3 月成立的合资公司，注册资本金为 1205 万美元。中国一汽与日本爱信 AW 再建生产线，2019 年投产前置前驱 6 速 A/T 变速箱。爱信前置前驱 6 速 A/T 变速箱具备重量轻、体积小、油耗低的特点，其品质和高性能得到了中国市场高度认可。

资料来源：根据一汽-大众与德国大众签订合作备忘录，长春日报，2018-11-07；跨越三十年的握手——一汽与日本丰田合作始末，经济参考报[N]. 2002-08-30；中国一汽与日本爱信 AW 再建生产线，中国新闻网，2018-04-23；刘玉涛. 倡导科技领先　实施名牌战略（续）——一汽-大众汽车有限公司品牌成功之路[J]. 汽车与驾驶维修，1999（7）：44；徐兴尧. 一汽集团公司提高产品开发能力的认识与实践[J]. 汽车工业研究，1996（6）：2-8，48；http://www.faw.com.cn 等资料整理编写而成

思考题：中国一汽在不同的发展阶段，都采取了哪些技术引进方法？这些技术引进方法对中国汽车的发展起到了哪些促进作用？

案例分析

对于商业性的国际技术转移，即国际技术贸易的方式主要包括许可贸易、技术咨询和服务、利用外资、国际工程承包和国际并购等。

一汽-大众成立之初就是奔着引进德国大众的技术，以中国一汽持股 60%、大众持股 30%、奥迪持股 10%的股权式合资企业形式成立，中外双方利润的分配和风险的承担均以投资比例为准。一汽-大众不仅走出了一条消化、吸收引进技术的道路，而且凭借自身的技术优势反向输出产品。例如，1995 年，一汽-大众曾一次性批量向东南亚国家出口捷达轿车 30 辆，开国产轿车批量出口之先河。1997 年，一汽-大众利用发动机车间先进的技术装备，向德国大众出口产品。通过这种技术引进方式，中国一汽在消化、吸收引进技术的基础上，提高自主研发能力。中国一汽掌握了汽车生产技术，推动了我国汽车制造技术的发展。2019 年，中国一汽与巴斯夫通过建设联合创新实验室展开合作，为我国消费者提供更轻且坚固车身结构、低排放、炫靓车身涂装以及设计感于一身的汽车产品。

中国一汽与丰田从合作范围看，涉及研发、制造、管理、销售、售后服务及汽车前沿技术等多个环节；从地域上看，涉及天津、四川、吉林多个省市；从合作方式看，根据具体情况，将采取技术咨询与服务、技术引进、项目合作和资本合作等多种形式。中国一汽与日本爱信 AW 再建生产线，2019 年投产前置前驱 6 速 A/T 变速箱。中国一汽与日本汽车公司上述这些技术引进方法不断地缩小了中国一汽制造技术与国际技术水平的差距，在市场上推出不同款式的汽车，不仅满足了我国汽车市场的需求，而且带动了民族汽车工业的发展。

2. 1995 年以后我国技术引进情况

图 7-5 展示了我国 1997～2018 年高技术产品进口贸易总额的趋势呈递增，但是高技术产品占商品进口贸易总额比重却呈现波动趋势，其中 2011～2014 年波动较大，呈下降趋势。

2009 年以来，我国技术进口取得了新进展，全国技术进口屡创新高。表 7-1 展示了 2009～2018 年我国规模以上工业企业的科技活动基本情况，从中可以看到，有研究与开发企业所占比重和每年的科研经费的投入（研究与开发的经费）都正在逐年增加。科研人员的强度指标（研究与开发人员全时当量）除 2015 年和 2016 年略有下降外，其他年份也是保持增长。从每年的科研经费支出看，大部分经费用于技术改造经费支出，其次是引进

国外技术经费支出和引进国内技术经费支出，很少的部分用于引进技术消化吸收经费。

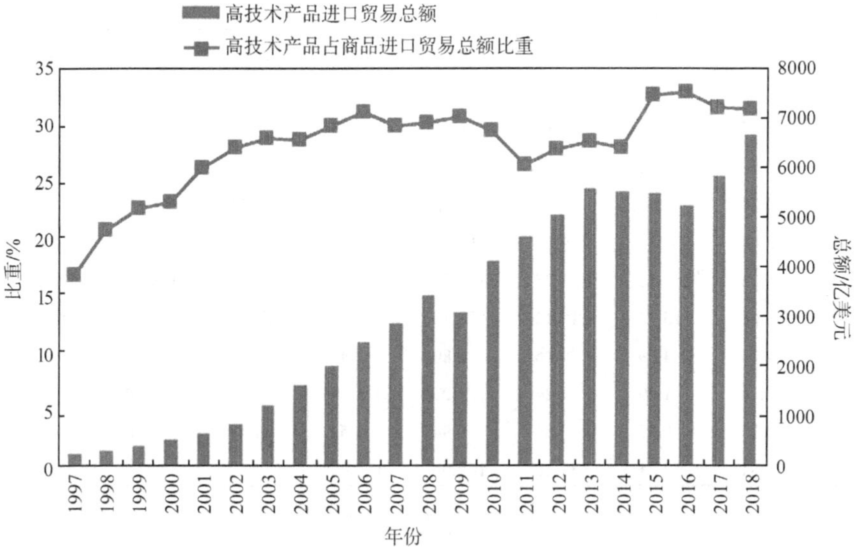

图 7-5　1997～2018 年中国高技术产品进口贸易状况

资料来源：国家统计局年度数据中的高技术产品、工业制成品和初级产品进出口额。2017 年和 2018 年的高技术进口额是该年的统计公告中的数据，根据商品进口汇率换算而得

表 7-1　2009～2018 年我国规模以上工业企业的科技活动基本情况

行业	2009 年	2012 年	2013 年	2014 年	2015 年	2016 年	2017 年	2018 年
有研究与开发企业所占比重/%	8.5	13.7	14.8	16.9	19.2	23.0	27.4	28.0
研究与开发人员全时当量/（万人·年)	144.7	224.6	249.4	264.2	263.8	270.2	273.6	298.1
研究与开发经费/亿元	3 775.7	7 200.6	8 318.4	9 254.3	10 013.9	10 944.7	12 013.0	12 954.8
引进国外技术经费支出/亿元	422.2	393.9	393.9	387.5	414.1	475.4	399.3	465.3
引进技术消化吸收经费支出/亿元	182.0	156.8	150.6	143.2	108.4	109.2	118.5	91.0
引进国内技术经费支出/亿元	203.4	201.7	214.4	213.5	229.9	208.0	220.9	440.2
技术改造经费支出/亿元	4 344.7	4 161.8	4 072.1	3 798.0	3 147.6	3 016.6	3 103.4	3 233.4

资料来源：根据《中国统计年鉴》历年相关数据整理而得

2000～2016 年“一带一路”沿线国家知识产权进口的使用费如表 7-2 所示，从中可以看到每年新加坡、荷兰、中国都居于前三位，其次是俄罗斯和印度。印度尼西亚和马来西亚每年不超过 20 亿美元，土耳其每年不超过 10 亿美元，希腊最多时接近 6.3 亿美元，肯尼亚和哈萨克斯坦在 1 亿美元左右。各国对知识产权的使用费用基本都在逐年增加，但是差异很大，这与该国的 GDP 密切相关，且呈同比例变化。

表 7-2 2000～2016 年“一带一路”沿线国家知识产权进口的使用费 单位：亿美元

地区	2000 年	2005 年	2010 年	2011 年	2012 年	2013 年	2014 年	2015 年	2016 年
新加坡	50.40	93.17	166.10	196.21	200.46	225.66	205.47	186.98	192.76
印度尼西亚	—	9.60	16.16	17.88	18.00	17.36	18.62	16.53	17.32
马来西亚	5.46	13.70	13.18	16.34	15.43	13.95	14.24	12.95	13.43
印度	2.82	6.71	24.38	28.19	39.90	39.04	48.49	50.09	54.66
肯尼亚	0.77	0.36	0.17	0.15	0.31	0.77	1.47	1.46	1.44
希腊	2.02	4.41	6.27	5.56	3.70	3.22	4.45	2.90	2.46
荷兰	25.05	253.18	328.28	366.38	361.50	374.45	473.05	478.83	480.82
俄罗斯	0.68	15.33	48.42	58.30	76.29	83.71	80.21	56.34	49.97
土耳其	1.73	4.39	8.16	6.80	7.41	7.85	6.77	6.82	7.64
巴基斯坦	0.28	1.09	1.24	1.27	1.61	1.26	1.60	1.80	2.21
哈萨克斯坦	0.11	0.30	0.85	0.94	1.52	1.47	1.66	1.49	1.26
中国	12.81	53.21	130.40	147.06	177.49	210.33	226.14	220.22	239.80

资料来源：国际货币基金组织的《国际收支统计年鉴》和数据文件

7.3.2 中国技术引进工作存在的主要问题

1. 成套设备引进比重居高不下，软件技术引进比重偏小

技术引进的第一阶段，引进的几乎全部是成套设备和单项设备。技术引进的第二阶段，情况有所改变，但成套设备和单项设备的比重仍然很高，1981～1985 年成套设备引进所占比重为 68%，1986～1990 年所占比重为 80%。直到“八五”计划、“九五”计划期间，成套设备和关键设备、生产线在技术引进中的比重仍然占 80%以上。“十五”计划期间，这种形势才有所改变。造成这种局面的主要原因，是政府和企业过分重视直接现实生产力的提高，对软件技术引进重视程度不够。

2. 不合理的重复引进现象严重

第二阶段后期，由于技术进出口经营权的下放和企业自主经营权的扩大，重复引进的现象严重。20 世纪 80 年代，几乎所有的省、自治区、直辖市都热衷于发展彩电、电冰箱、洗衣机等耐用消费品，以及汽车生产线、饮料食品、铝材加工、石材加工、西装生产等，以致不少引进项目不能充分发挥作用，很多生产线利用率不高，这不仅浪费了大量外汇，而且极大地影响了企业投资效益，造成国家巨大的经济损失。重复引进现象长期未得到有效控制，以致某些产品生产过剩，企业低价竞争。这种现象不但对企业本身不利，而且直接影响国家的经济效益，也阻碍国内技术能力的积累和技术进步。

3. 重引进、轻创新

从积极的方面来看，“成套设备引进—模仿—国产化”是技术相对落后的发展中国家学习国外先进技术的必由之路，对于迅速提高国内生产力水平效果明显。但是，其消极作用也十分明显，即在企业模仿和国产化的过程中，国外技术又向前发展，新一代产品又推向市场。这样，在企业尚未将引进的技术完全国产化之前，就面临再次引进国外技术的压

力，从而使企业进入“成套设备引进—模仿—国产化”的恶性循环之中，形成长期依赖国外技术的局面。直到现在，中国对国外技术的依存度仍然在 50%以上。

图 7-6 展示了 2000～2018 年美国、中国和日本每年知识产权进口支付费用超过了 10 亿美元，其中中国的支付金额从 2013 起超过了日本。2018 年的知识产权进口支付费用，美国 56.12×10^9 美元、中国 35.78×10^9 美元和日本 21.73×10^9 美元。

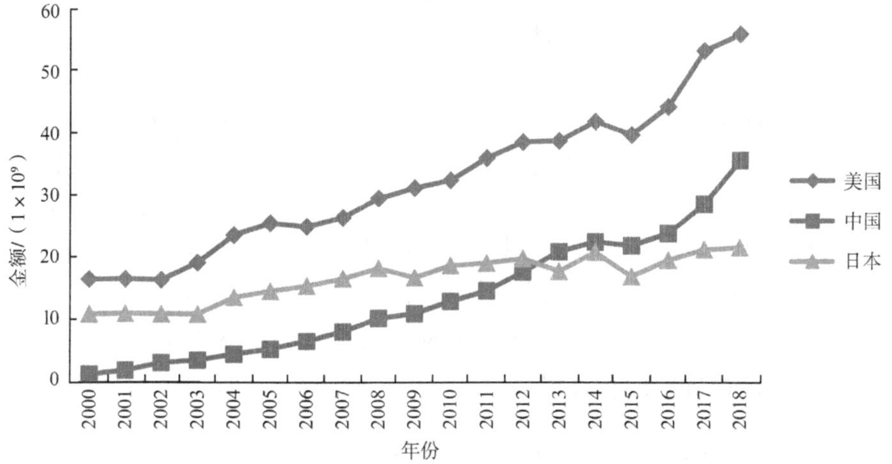

图 7-6　2000～2018 年美国、中国和日本的知识产权使用费支付情况

资料来源：根据 2000～2018 年国际货币基金组织的《国际收支统计年鉴》和数据文件的相关数据整理而得

日本和韩国的经验证明，用于消化、吸收引进技术和创新的资金比例应大大高于直接引进技术的费用。例如，日本引进技术的花费与用于消化、吸收和创新的研制费用之比为：钢铁、化工为1∶8；电器技术为1∶9；精密机械为1∶10。而中国的情况正相反。如 1991 年技术引进支出 90.23 亿元，消化吸收支出为 4.05 亿元；1992 年技术引进支出 116.06 亿元，消化吸收支出 5.4 亿元；1993 年技术引进支出 192.84 亿元，消化吸收支出 8.71 亿元；1994 年技术引进支出 275.7 亿元，消化吸收支出 9.7 亿元。这种状况不仅影响企业技术水平的提高，而且影响国家关键技术和核心技术的形成。

4. 引进技术的消化吸收创新仍然是中国企业的薄弱环节

2012 年，全国科技创新大会 7 月 6 日至 7 日在北京举行。国家领导人温家宝指出，“深化科技体制改革的中心任务，是解决科技与经济结合问题，推动企业成为技术创新主体，增强企业创新能力。这是一项事关国家长远发展的基础性、全局性、战略性重大任务。企业强则国家强。我国是制造业大国，已经具备很强的制造能力，但仍然不是制造业强国，总体上还处于国际分工和产业链的中低端，根本原因就是企业创新能力不强。如果能在‘中国制造’前面再加上‘中国设计’、‘中国创造’，我国的经济和产业格局就会发生根本性变化。企业的创新能力，很大程度上决定我国经济的发展前景。”①

通过上述讲话可以看到，当年我国企业在技术引进与消化吸收方面还比较弱。

① 2012 年全国科技创新大会在京召开，http://www.most.gov.cn/ztzl/qgkjcxdh/qgkjcxdhttxw/201207/t20120704_95383.htm.

7.3.3 如何做好我国引进技术的消化吸收创新工作

1. 搞好引进技术消化吸收创新工作，国家和企业要克服思想障碍

在相当长的时间内，中国将引进关键设备、生产线、成套设备作为重点，对中国生产力水平提高，改善一些商品主要依赖进口的局面，满足国内生产和人民生活的需要，改造传统产业和建立新兴产业发挥了积极作用。事实证明，一定时期内，政府部门将引进关键设备、生产线、成套设备作为重点是合理的、必要的。但是，在中国技术水平提高到一定程度之后，中国政府部门和企业仍将引进关键设备、生产线、成套设备作为重点，使企业步入技术引进的误区。如果企业仍然坚持引进、跟踪、模仿当前国际先进技术水平的老路，就会走入低级引进的误区，“造成引进、跟踪、模仿、落后、再引进的恶性循环”①。进入21世纪，企业应该转变思想，走引进技术消化吸收再创新之路。同时，“选择具有一定基础和优势、关系国计民生和国家安全的关键领域，集中力量、重点突破，实现跨越式发展”②。否则，对国外技术的依赖局面就不可能根本改变。

2. 国家有关部门应采取的具体措施

1）政府审批技术引进项目要把好技术质量关

引进技术的质量要有严格标准：首先，明确技术的知识产权状况；其次，是否属于《中国鼓励引进技术目录》范围；再次，是否符合当代技术发展趋势；最后，是否先进、适用。只有对引进技术高标准、严要求，才能为下一步引进技术消化吸收创新工作打下坚实基础。

2）国家有关部门对企业引进技术消化吸收再创新工作应加强监督管理

国家有关部门审批重大技术引进项目时，应要求企业制订引进技术消化吸收再创新方案，明确目标和进度。并将形成新的生产能力作为对引进技术消化吸收再创新验收和评估的标准。国家有关部门要组织协调科技、教育、财政、商务、税务、海关、质检、知识产权等有关部门，建立引进技术的消化吸收再创新的协作机制，制定重大产业技术和装备引进政策。对国家鼓励进口的高新技术，特别是列入《中国鼓励引进技术目录》中的高新技术的消化吸收创新要重点扶持；对进口的普通技术，消化吸收创新要根据市场需求，可以适当扶持；对进口国外已淘汰技术的，国家有关部门不但不予扶持，还要责令有关企业采取补救措施，奖惩分明。

3）金融支持与税收激励

国家有关部门应引导并鼓励政策性银行、商业金融机构、国内外法人和自然人对企业消化吸收引进技术与再创新工作进行风险投资，国家有关部门给予融资担保或贴息。国家税务部门对企业消化吸收引进技术和再创新所得应加大税前抵扣力度；推进对高新技术企业增值税转型改革；国家对企业重大引进技术消化吸收再创新项目，进口国内不能生产的关键设备、原材料及零部件，应免征进口关税和进口环节增值税等。

4）优化引进技术的消化吸收创新环境，健全知识产权管理，优化知识产权环境

国家有关部门要建立公平开放的市场环境，使各类企业公平获得创新资源，为企业发

① 曹晖．论科学发展过程视域下我国的科技引进[J]．青年与社会，2013（33）：281.

② 国家中长期科学和技术发展规划纲要（2006—2020年），http://www.gov.cn/gongbao/content/2006/content_240244.htm.

展提供有利条件和政策支持，促使企业开展国际交流与合作开发，为支持企业创新活动提供公平开放的有利空间。

2012 年，在全国科技创新大会上，时任中国国家主席胡锦涛谈到优化创新环境时指出：“加强知识产权创造、运用、保护、管理，在全社会进一步形成讲科学、爱科学、学科学、用科学的浓厚氛围和良好风尚。”时任中国国务院总理温家宝也指出：“加强知识产权保护，建设规范的知识产权市场。”①国家领导人的上述指示，对优化知识产权环境特别具有针对性。因为原始创新、集成创新、引进技术消化吸收创新成果都需要知识产权的保护，创新成果的转移转化也离不开良好的知识产权环境。因此，有关知识产权部门一定要建立保护创新成果的长效机制，高度重视执法工作，打击对创新成果的侵权行为，保护创新成果权利人的合法利益，增强企业创新的积极性和内在动力。

3. 企业应采取的具体措施

1）在开展引进技术消化吸收再创新工作之前，企业应做好可行性研究工作

企业在开展技术创新工作之前，应以政府产业政策和市场需求为导向，对技术再创新进行利益与风险平衡分析，对投入、产出和主要经济技术目标进行合理的规划与安排，避免盲目创新造成技术和人力资源的浪费。

2)企业、有关高等院校和科学研究机构应通力合作，共同做好引进技术消化吸收再创新工作

企业作为技术创新主体，应吸收高等院校和科学研究机构参与重大引进技术消化吸收再创新工作，充分利用其科学技术资源和智慧，形成合力。在各方合作过程中，企业应采取开放、流动、协作的运行机制，发挥参与方各自优势，通过引进技术消化吸收再创新工作，使各方共同受益。

3）企业应贯彻“以人为本”的精神，充分发挥各类人才的积极性和创造性

企业贯彻“以人为本”的精神，就是要尊重知识、尊重人才、用好人才、尊重创新。首先，企业应培养科技人员“心系国家、求真务实、团结协作、淡泊名利、勇于创新”的精神。其次，企业要完善分配和激励机制，对有突出贡献的人员提供奖励和更大的发展空间。最后，在用人方面，企业应本着“人尽其才”的原则，为科技人员、骨干技术工人创造更多平等参与的机会，公平对待，发现人才，提倡百家争鸣，保护不同意见，不求全责备。

7.3.4　中国主管部门对技术进口工作的管理

中国对技术进口工作的管理主要根据国家法律和行政法规。

1. 管理技术进口工作的法律、法规

1）《合同法》

《合同法》是由中华人民共和国第九届全国人民代表大会常务委员会第二次会议 1999 年 3 月 15 日通过，自 1999 年 10 月 1 日起施行的。该法专门列了第十八章技术合同。该章内容主要有：第一节，一般规定；第二节，技术开发合同；第三节，技术转让合同；第四

① 2012 年全国科技创新大会在京召开，http://www.most.gov.cn/ztzl/qgkjcxdh/qgkjcxdhttxw/201207/t20120704_95383.htm.

节，技术咨询合同和技术服务合同。并对各种合同当事人的权利义务做了明确的规定。该法第三百五十五条规定："法律、行政法规对技术进出口合同或者专利、专利申请合同另有规定的，依照其规定。"这一规定的意思很明确，即法律、行政法规对技术进出口合同或者专利、专利申请合同没有另行规定的，就可以依据该合同法的规定。

2）《对外贸易法》

《对外贸易法》，是 1994 年 5 月 12 日第八届全国人民代表大会常务委员会第七次会议通过，2004 年 4 月 6 日第十届全国人民代表大会常务委员会第八次会议修订，2016 年 11 月 7 日第十二届全国人民代表大会常务委员会第二十四次会议修正。该法第三章明确了我国管理技术进口的基本原则。但是，该章将技术进出口与货物进出口混在一起，对技术进出口的规定显得不够突出。

3）《技术进出口管理条例》

《技术进出口管理条例》，是根据《对外贸易法》制定的、管理技术进口的专门法规。

2.《技术进出口管理条例》的内容

《技术进出口管理条例》总则是该管理条例第一章，共计六条，综合起来，其内容主要是规范技术进出口管理、维护技术进出口秩序、促进国民经济和社会发展。以下根据编者理解做些说明。

1）维护技术进口秩序，促进国民经济和社会发展

当前，技术已成为国民经济和社会发展的关键因素之一。但是，各国都不可能依靠自己的力量解决所有技术问题。在这种形势下，从国外引进技术和人才，就成为世界各国弥补本国技术资源和人才资源不足的重要途径与捷径。中国是一个发展中国家，技术开发能力相对薄弱，从国外引进技术就成为促进国民经济和社会发展的一种重要手段。为了提高技术引进的效率和效果，政府部门、企业和外贸经营者的责任，就是在国家统一政策管理下，遵循技术引进促进国民经济和社会发展的基本原则，禁止和限制盲目引进、重复引进，确保技术进口的良好秩序和环境。

2）维护国家的产业政策、科技政策和社会发展政策

维护国家的产业政策、科技政策和社会发展政策，就是对进口的技术项目进行规定。2006 年 1 月 9 日，时任中国国家主席胡锦涛在全国科学技术大会上的讲话中，部署实施《国家中长期科学和技术发展规划纲要（2006－2020 年）》。其中提道，"从我国发展的战略全局看，走新型工业化道路，调整经济结构，转变经济增长方式，缓解能源资源和环境的瓶颈制约，加快产业优化升级，促进人口健康和保障公共安全，维护国家安全和战略利益，我们比以往任何时候都更加迫切地需要坚实的科学基础和有力的技术支撑。"[①]和"通过调整政府投资结构和重点，设立专项资金，用于支持引进技术的消化、吸收和再创新，支持重大技术装备研制和重大产业关键共性技术的研究开发。采取积极政策措施，多渠道增加投入，支持以企业为主体、产学研联合开展引进技术的消化、吸收和再创新。"[②]因此，在技术进口工作中，企业和外贸经营者必须坚持上述方针，切实做好技术引进工

① 2006 年胡锦涛在全国科学技术大会上的重要讲话，http://www.gov.cn/ldhd/2006-01/09/content_152487.htm.

②国家中长期科学和技术发展规划纲要（2006－2020 年），http://www.gov.cn/gongbao/content/2006/content_240244.htm.

作，才能对中国产业、科技和社会发展做出贡献。

3）实行技术有管理的自由进口，维护国家经济技术利益

技术自由进口，是国家技术进口努力的目标，符合国际技术贸易的发展方向。但是，为了维护国家的经济技术利益，至少现阶段，技术还不能完全自由进口。《技术进出口管理条例》第五条明确规定："国家准许技术的自由进出口；但是，法律、行政法规另有规定的除外。"

4）鼓励先进、适用的技术进口

《技术进出口管理条例》第七条规定："国家鼓励先进、适用的技术进口。"这项规定的意义在于，在技术进口时，企业和外贸经营者应将技术的先进性与适用性有机地结合起来。因为技术引进企业脱离现有条件，片面追求引进技术的先进性，而忽视技术的适用性；或者注意引进技术的适用性，而忽视技术的先进性，都不利于企业的发展。甚至造成人力、物力和外汇资金的浪费。

5）技术许可合同中不得包含限制性商业做法，以维护技术进口方的利益

限制性商业做法，是技术许可中的反竞争行为，损害被许可方国家和当事人的利益，是法律所禁止的。《对外贸易法》第五章第三十条明确规定，"知识产权权利人有阻止被许可人对许可合同中的知识产权的有效性提出质疑、进行强制性一揽子许可、在许可合同中规定排他性返授条件等行为之一，并危害对外贸易公平竞争秩序的，国务院对外贸易主管部门可以采取必要的措施消除危害。"

6）对技术进口管理的具体措施

（1）技术进口主体（对外贸易经营者）实行登记管理。

（2）技术进口项目实行分类管理，《技术进出口管理条例》将进口技术分为三类：禁止进口的技术、限制进口的技术和自由进口的技术。

（3）技术进口合同实行许可证和登记管理。

案例 7-2

我国企业引进技术的途径

2015 年 4 月 25 日，ITTN（International Technology Transfer Network，国际技术转移协作网络）重庆推介交流会举行。ITTN 宣布将在重庆设立分中心，这意味着重庆有了专业的国际技术转移交易服务平台。此次 ITTN 还带来 600 个国际项目到重庆寻求合作，涵盖智能制造、生物技术、农业、医药等多个领域，有合作需求的渝企可免费向 ITTN 重庆办事处咨询。据了解，ITTN 是致力于促进"国际技术转移合作"与"国际创新合作"的行业组织，通过联合国际专业技术转移与创新服务机构携手开展工作。截止到 2014 年底，已与 15 个国家的 200 多个国际技术转移机构建立了长期合作关系。

2015 浙江国际技术转移项目展示对接会，6 月 8 日在宁波举行，来自德国、日本、俄罗斯等 9 个国家 22 个科研机构或企业的代表，带来 124 项科技成果项目，涵盖电子通信、生物医药、新材料、装备制造等领域，吸引了国内数百名代表前来洽谈对接。

洽谈会正式开始前，就不时有外国代表出现在自家展板边，通过翻译解答国内企业家疑问。一部分技术拥有方获得登台报告机会，有的直接展示了样品。随后进入一对一接洽环节，德国弗劳恩霍夫应用研究促进协会、俄罗斯国立普罗米修斯中央结构材料研究院等著名机构的展台前都围着大批企业家。

对许多中国企业家而言，谈成多少个项目并不是首要目标，更关键的在于摸清产业技术的国际前沿和发现潜在的合作伙伴。巨化集团总经理助理吴周安表示，公司此行的洽谈目标之一是俄罗斯联邦国家单一制企业合成橡胶研究所。此前，巨化与这家合成民用及特种橡胶的世界级研究中心有过一定接触，有意将其发展为新的合作伙伴。“这个研究所带来不少含氟橡胶前沿技术，我们将通过深入洽谈，并结合中国市场调查情况，决定进一步的合作方向。”德清浙科企业技术转化服务有限公司总经理陈棼是一名“技术经纪人”，他带着很多未能到场的企业的技术需求前来，还要负责将今天收集到的“情报”带回去做“二次转移”。陈棼介绍，他特别注意对区域产业成长有帮助的技术。“德清的铸锻企业现在面临一个问题，如何有效提升模具的使用寿命。请国内的一些科研机构来攻关，提升的程度较高，足以发表科研论文，但是这些技术往往局限于实验室内，成本很高，企业还是不愿采用。”陈棼打比方说，新工艺可以将模具的使用寿命从3000次提升到5000次，但采用这一技术增加的投入接近一个新模具的价格。“相比之下，日本的机械工业技术产业化程度较高。我们今天和不少机构是初次见面，以后还要深入合作。”

技术成果的转化是一个复杂曲折的过程，供求双方持续、坦诚的沟通是成功的基础。以色列Phinergy公司带来新型的铝空气电池技术，有望成为解决电动交通工具续航问题的核心手段。洽谈中，吉利汽车等企业的代表问：目前应用中还存在哪些问题？Phinergy公司CEO阿维夫·吉顿直率回答：“还存在许多挑战。我们正在寻找可能性，将一座中国城市作为试点，实地测试电池的续航能力，并解决遇到的各种问题。”双方又讨论了电池的生产成本问题。

2016年3月20日，福建省泉州市举行国际技术转移项目推介洽谈会。来自韩国、加拿大、波兰、以色列等8个国家的30多名技术转移专家，携涵盖生物医药、电子通信、智能制造、新能源、新材料等领域的23个高科技项目来泉州“找婆家”，泉州科技创新联合会、安踏、微柏、西瑞等10余家泉州市重点科技机构和企业的代表参会。

以色列Eco Wave Power公司2012年成立以来，该公司已因其技术获得多项嘉奖，包括全球最具声望的环保技术大奖之一全球能源奖（Energy Globe）。该公司可获得生产配额，将其波浪能发电厂连接至以色列电网，并向后者售电，开了先河。Bar Tal认为，作为东南沿海城市，泉州蕴藏着大量的潜在海洋能源，泉州可采用该公司的波浪能量采集技术，奏响“蓝色狂想曲”。

此外，还有9位技术转移专家就韩国空气及水兼用便携式净化器技术，中国–西班牙联合开发中西卡国家资助、瑞典智能健康面料等项目分别进行了推介。

资料来源：根据《国际技术转移协作网络将携众多项目来渝“找婆家”》，重庆日报，2015-04-23；《国外机构设摊“找婆家”》，浙江日报，2015-06-09；《泉州市举行国际技术转移项目推介会》，泉州晚报，2016-03-20等资料改编而成

思考题：此案例中，介绍了我国技术引进的哪些方式？

案例分析

此案例中，我国的技术引进方式主要有合作网络、国际技术转移项目展示对接会和国际技术转移项目推介洽谈会。其中，第一，构建合作网络。ITTN 宣布将在重庆设立分中心，这意味着重庆有了专业的国际技术转移交易服务平台。第二，在项目展示对接会上，外国代表出现在自家展板边，通过翻译解答国内企业家疑问。一部分技术拥有方获得登台报告机会，有的直接展示了样品。对许多中国企业家而言，谈成多少个项目并不是首要目标，更关键的在于摸清产业技术的国际前沿和发现潜在的合作伙伴。德清浙科企业技术转化服务有限公司总经理陈棼是一名“技术经纪人”，他带着很多未能到场的企业的技术需求前来，还要负责将今天收集到的“情报”带回去做“二次转移”。技术成果的转化是一个复杂曲折的过程，供求双方持续、坦诚的沟通是成功的基础。第三，在项目推介洽谈会上，来自韩国、加拿大、波兰、以色列等 8 个国家的 30 多名技术转移专家，携涵盖生物医药、电子通信、智能制造、新能源、新材料等领域的 23 个高科技项目来泉州“找婆家”，泉州科技创新联合会、安踏、微柏、西瑞等 10 余家泉州市重点科技机构和企业的代表参会。

本章小结

从事一项技术贸易要做多方面的准备工作，包括选择技术引进项目、选择适当的技术贸易方式、对技术供方的调查和选择、可行性研究、对外询价、技术比较和价格比较及决策七个环节。项目的选择要兼顾技术的经济性、先进性、适用性、合法性。可行性研究、技术比较和价格比较，决定一项技术是否值得引进。

在技术引进过程中，通过招标等方式寻找技术的供方，双方通过技术和商务谈判两个环节决定技术是否交易。由于技术的特殊性，双方通过谈判签订的技术贸易合同要生效，根据引进技术的不同类型，还需进行技术合同的不同审批。

在技术引进后，技术的受方能否将技术转化应用，不仅与技术本身特性，还与技术引进方的人员配备、企业自身条件，技术供方是否提供技术咨询和培训等密切联系。因此技术合同的履行，在技术引进中成为双方谈判的焦点之一，也是技术贸易不同于其他贸易之处。

本章主要是借助我国技术进口的相关要求和规则制度，说明一项技术引进需要交易前的准备工作、技术贸易合同的签订和合同履行三个环节。并对我国技术进口状况进行了回顾和总结。

名词解释

技术引进　可行性研究　对外询价　技术比较　价格比较　经济效益评价法　技术招标
技术谈判　合同生效　合同审批

复习思考题

一、简答题

1. 技术项目引进前需要做好哪些准备工作？
2. 收到国外企业报价后，用哪些方法进行比价？
3. 简述完成一项技术引进工作，需要经过哪些环节。
4. 技术引进合同签订后，技术贸易合同如何生效？
5. 如何才能做好国际技术贸易合同谈判工作？
6. 可行性研究报告的内容和作用是什么？
7. 怎样做好技术引进的消化、吸收和创新？
8. 在技术引进过程中，为什么要对技术合同进行审批？

二、计算题

1. 国外企业A报价：总付60万美元，2年内分3次支付；国外企业B报价：入门费20万美元，提成率为销售价的4%，提成年限与合同有效期相同，合同为6年。产品预计销售1万台，每台1000美元。假设其他条件均相同。

问题：A企业和B企业的报价，哪个更有利于引进方，为什么？

2. 引进方目前每件产品售价为9美元。利用新技术后，可使每件产品生产成本降低2美元。如果年生产产品1万件，可获得增值利润2万美元，合同期限为8年，可获得增值利润12万美元。如果把其中20%作为使用费给许可方，则应支付2.4万美元，而现在得到的报价为6年，提成率5%。引进方能否接受，实际差距又是多大（实际差距在0～3%范围内可以接受）？

三、案例分析题

据了解，北京通用航空有限公司设立于2011年10月，作为北京市发展通用航空产业的国有企业，依托北京汽车集团和北京航空航天大学的整体装备研发制造能力和国际影响力，已与PAL（Pacific Aerospace Limited，新西兰太平洋航空航天有限公司）正式签署全面合作协议，并与世界三大民用直升机公司之一的意大利阿古斯塔维斯特兰公司结为战略合作伙伴，正朝着国际化通用航空企业迈进。

2014年11月11日，北京通航与国际三大民用直升机公司之一的意大利阿古斯塔维斯特兰公司战略合作伙伴关系暨中国市场推广战略正式发布，未来北京通航将引入含阿古斯塔维斯特兰直升机家族包括序列AW169、AW139、AW189机型在内的多种型号共50架阿古斯塔维斯特兰直升机以及培训、备件、技术支持等，总价值达4亿欧元。飞机将从2015年中开始交付，一直持续到2019年。

此外，在发布会上，北京通航与已于2014年上半年达成合作意向的PAL正式签署全面合作协议。北京通航通过收购PAL明星产品P750的知识产权，将填补我国涡桨固定翼飞机制造的空白。P750是PAL旗下的一款明星产品，定位为“空中力士”。与同级别竞品相比，它具有非常明显的多用途产品优势及超短途起降性能，可以广泛用于客货运输、航拍航测、农林喷洒、森林防火、人工降雨、警务侦查、抢险救灾、运动旅游等多方面任务，特别适合中国通用航空市场对多用途飞机全天候作业的需求。

两项重量级国际合作为北京通航带来国际领先的通航技术支持以及制造经验，也为北京通航进一步打造完整通航产业链打下坚实基础。“飞机制造的技术要求很高，我们在通航这个领域，与国外差距十分巨大。我们先引进产品，学习技术，后期慢慢推进国产化，最终我们要制造自己的飞机。”北汽集团董事长徐和谊向记者表示。

据了解，首个“北京通用航空产业运营基地”落户北京平谷，目标是建立通用航空完整产业链，形成以公务机运营枢纽、通用航空服务中心、航空维修基地等为标志的通航产业集群。发布会上，北京通航与银川市政府签订合作框架协议，将银川作为西部地区战略支点城市来布局发展，辐射周边和西部地区，并将充分利用银川向西开放平台，共建中阿“空中丝绸之路”；同时与吉林市政府签订合作框架协议，利用吉林省作为低空开放的试点省份的优势及其雄厚的机械制造基础，携手建设东北通航产业基地，推动经济转型，实现共赢发展。另据悉，北京通航在南方的核心基地将落户中国最重要的直升机科研生产基地江西景德镇，与北京对应形成北方固定翼飞机、南方旋翼飞机“一南一北”的产业布局。

此外，北京通航在发布会上还分别与海航集团旗下的北京首都航空有限公司、中国民航信息集团旗下的中国民航信息网络公司签约结为战略合作伙伴关系，将分别从合作经营、机型引进、销售代理、品牌联盟以及信息服务等业务合作入手，推进全面合作，实现战略投资，促进通航产业落地。

资料来源：《北汽涉足航空　北京通航珠海航展完成重大国际签约》，中国经济网，2014-11-13，有改动

思考题：请结合上述资料内容，分析在引进先进技术产品时，进口国企业应该怎样消化吸收引进的技术。

四、实务操作题

上海大众动力总成有限公司引进德国大众汽车的发动机制造技术，主要采用我国原材料及零部件，开发生产经营大众EA111系列发动机产品，一期投产1.4升和1.6升两种链转动汽油发动机，是德国大众最新开发设计的具有国际先进水平的发动机。为适应中国轿车市场的发展形势，上汽集团和德国大众共同出资新建上海大众动力总成有限公司。

附录：编号：053701X

技术名称：汽车发动机产品技术

控制要点：升功率低于30千瓦的3升以上柴油机制造技术

思考题：模拟操作该公司技术引进的全套程序。

第 8 章　国际技术贸易的出口程序

本章学习目标、重点与难点

学习目标：通过本章学习，深入理解和掌握一项技术出口要经过拟出口技术交易前的准备工作、初步谈判、实质谈判、合同签订、合同报批等环节，以及在每个环节应注意哪些事项。同时对我国不同阶段技术引进的特点及管理方法进行认识，会运用我国技术出口的相关表格，完成一项技术出口的整个相关工作。

重点：一项技术出口的整个程序；拟出口技术交易前的准备工作；技术出口谈判的注意事项；技术合同的签订和合同的报批；我国对出口的划分及相关法律法规。

难点：技术出口谈判的注意事项；技术合同的签订和合同的报批。

本章将从出口的角度阐述技术出口（technology export）业务的环节及交易后应注意的问题。技术出口是指技术出口经营者，通过贸易、投资或者经济技术合作的方式，依法从中华人民共和国境内向中华人民共和国境外转移技术的行为。本书认为技术出口主要应包括：①专利权转让、专利申请权转让、专利实施许可、注册商标转让和使用许可；②产品研究与开发、生产工艺、方法、配方，经营管理、质量控制等技术秘密转让；③植物栽培、动物饲养和繁殖、菌种培养等技术秘密转让；④工程设计、工艺设计、产品设计、地质勘探、计算机软件设计和编制、技术咨询、技术培训等技术服务。

技术出口一般工作程序与技术引进程序是相对的，它与技术引进程序有相同之处，但又有其自身的特点，如图 8-1 所示，包括出口前的准备及出口交易的具体环节。

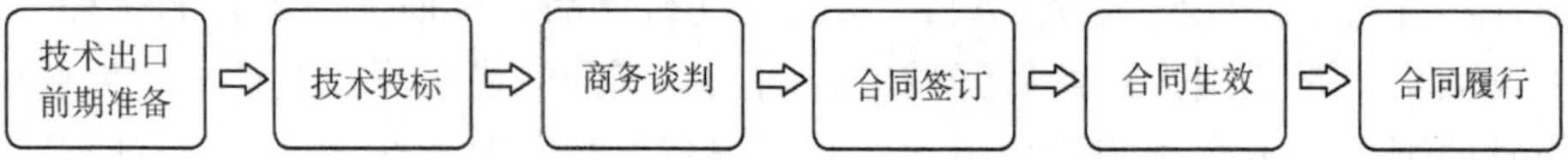

图 8-1　技术出口一般工作程序

本章主要包括三大方面内容：8.1 节介绍拟出口技术交易前有关程序；8.2 节具体讲解技术出口的业务程序；8.3 节结合中国技术出口的基本情况，概述中国技术出口及介绍技术出口管理等。

8.1　拟出口技术交易前有关程序

技术出口交易前应完成以下四方面准备工作。

8.1.1　分析已有技术资源，筛选可供出口的技术项目

技术资源是技术出口的物质基础，企业或研究机构缺少技术资源自然谈不上技术出口，可是拥有技术资源也不等于都可以出口。因此，技术出口经营者在考虑技术出口时，首先要根据国家的法律、外交政策、对外贸易政策、科技政策和产业政策，从维护国家的全局利益出发，根据项目对国家利益、产业发展的影响程度和承担的国际义务等因素，对拟出口的技术项目进行筛选，选择适合出口的技术项目，选择的标准有贸易标准、技术标准和保密标准。

1. 贸易标准

（1）是否符合我国对外贸易政策，并有利于促进外贸出口。

（2）是否符合我国产业政策，并有利于促进国民经济发展。

（3）是否符合我国对外承诺的不出口义务。

2. 技术标准

（1）是否危及国家安全。

（2）是否符合我国科技政策，并有利于技术进步。

（3）是否属于成熟的产业化技术，并能带动大型和成套设备、高新技术产品的生产和经济技术合作。

（4）实验室技术，鼓励首先在国内开发，转变为产业化技术后再出口。国内暂时不具备条件转化应用的，应在国家利益不受损害并取得知识产权有效保护的前提下方可出口。

（5）技术是否成熟、可靠，并经过验收或鉴定。未经验收或鉴定，要求经生产实践证明。

3. 保密标准

国家秘密技术出口应遵循以下原则。

（1）有利于保障国家安全。

（2）有利于我国的科学技术进步。

（3）有利于保持我国科学技术在国际上的领先地位。

（4）有利于维护我国国际经济竞争力和市场占有率。

（5）有利于发挥我国科学技术的经济效益和社会效益。

国家秘密技术出口保密审查、审批机构及权限如下。

（1）绝密级国家秘密技术禁止出口。

（2）机密级国家秘密技术，由申请单位按行政隶属关系经省、自治区、直辖市、计划单列市或国务院各部委、直属机构的科技保密管理机构审查同意后，报科学技术部审批。

（3）秘密级国家秘密技术，由申请单位按行政隶属关系上报省、自治区、直辖市、计划单列市或国务院各部委、直属机构的科技保密管理机构审批，报科学技术部备案。

8.1.2　对筛选出的技术项目进行报批

技术出口经营者选好技术出口项目后，应该根据技术项目的类型填写技术出口申请

文件。

（1）属于自由出口的技术，填写《技术出口合同登记申请书》。

（2）属于限制出口的技术及相关产品，填写《中国限制出口技术出口申请书》。

（3）属于国家秘密技术的限制出口技术，在按《禁止出口限制出口技术管理办法》履行许可手续前，应先按《国家秘密技术出口审查规定》办理保密审查手续，并持保密审查主管部门批准的《国家秘密技术出口保密审查批准书》按规定程序办理出口申请。

（4）禁止出口的技术，不得出口。

国务院有关主管部门收到技术出口申请后，属于限制出口的技术，自收到之日起 30 个工作日内做出批准或不批准的决定。申请经批准的，主管部门发给《中华人民共和国技术出口许可意向书》（*Proposal for Technology Export Licence of the People's Republic of China*）（以下简称《技术出口许可意向书》）。据此，技术出口经营者就可以自行开始技术出口工作，或者选择有技术出口经营权的公司，委托其办理技术出口工作，包括对外调研、考察、联系、初步询价等。

8.1.3 技术出口经营者的内部准备

1. 办理委托

企业或科研机构如没有技术出口经营权，就需要委托有技术出口经营权的公司代理对外商务工作。目前，委托的做法有以下两种。

第一，按一定的价格将技术卖给有技术出口经营权的公司，由该公司自担风险、自负盈亏，对外开展工作。

第二，与有技术出口经营权的公司签订代理协议，委托其代理出口。代理协议应明确规定双方的权利、义务，代理费金额，代理的权限，责任和风险划分等。

2. 选择出口方式

技术出口经营者应根据技术项目的性质、水平、研制程度、经济效益等多种因素，确定合适的技术出口方式，包括许可方式、转让方式、技术服务方式、单独或与设备买卖结合方式，以及直接投资方式、建立合资或独资企业方式、经济技术合作方式等。

3. 人员与物质准备

人员准备，是指培训工程技术人员、对外商务人员、法律人员、技术服务人员，提高他们的业务能力、外语能力，以适应在国外工作的需要。因为技术出口合同开始履行后，技术出口经营者作为许可方或供方需要履行合同义务，如提供技术资料、培训受方人员、到受方工厂进行技术指导等，如果派遣的工程技术人员技术水平不高，不能胜任技术指导工作，就会影响工作进度，引起受方不满。

物质准备，是指技术实施过程中，技术受方要求购买与实施技术配套的机器设备、原材料、零部件等。供方有根据合同要求供应的义务。因此，供方必须事先做好物质准备，以免措手不及，临时安排，影响合同履行。

4. 撰写必要的宣传材料

开展技术出口业务之前，技术出口经营者应准备必要的宣传资料介绍企业的基本情况，包括企业的所在地、联系方式、业务范围、技术专长、技术转让的经历，做过的技术项目和经济效果等，将这些内容印成单页或多页的醒目的宣传材料，并向国内外商务机构、企业散发，以扩大影响，吸引国外企业与我方建立业务关系。

5. 编写技术说明书

技术说明书，是出口方拟出口或可能出口技术的说明。其从形式到内容应该符合技术出口惯例，应简明扼要，避免泄露关键技术内容。其内容一般包括技术的基本特征、最低限度的技术数据、简单图纸、法律地位和经济效益等。

8.1.4　对外联系

在做好内部准备工作的基础上，技术出口经营者可以开始对外联系，选择拟出口的市场和客户。

1. 选择出口市场

技术市场，是指集技术买卖、技术中介和技术信息交换等多种功能的、按行业分割的市场结构。在这种市场结构中，企业、技术出口经营者可以选择拟出口的国家、产业部门和相关企业以及交易对象。为此，技术出口经营者应该有的放矢地对技术出口市场进行调查了解，调查了解的内容主要如下。

（1）技术产品的供求情况和满足程度。

（2）市场需求的技术和技术水平。

（3）技术产品的销售前景，在目标市场的使用价值。

技术出口经营者选择技术出口市场，应根据全方位、多元化和有重点的原则，努力开拓国际市场。根据技术的性质、水平、产品需求，将发展中国家、东南亚国家、中东国家、非洲国家和地区作为主攻方向。

2. 选择客户

技术出口经营者调查了解客户实力、信誉，是提高技术出口成功率、减少商业风险的有效途径。调查了解的内容主要如下。

（1）企业的规模和法律性质。

（2）企业当前使用的技术、技术水平和主要生产的产品。

（3）企业生产经营状况、财务状况和信誉程度。

（4）企业对引进技术的消化吸收能力和组织营利性生产的能力等。

8.2　技术出口的业务程序

技术出口的业务程序，是指技术出口经营者从事技术出口必须做的主要工作。介绍技术出口业务程序的目的，是使读者掌握技术出口业务流程，做好技术出口工作。技术出口的业务程序如图 8-2 所示。

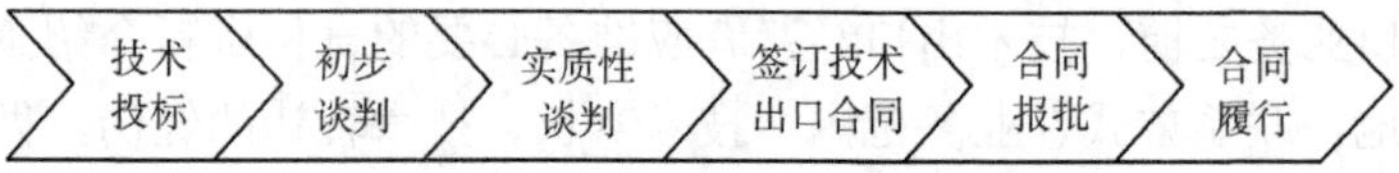

图 8-2　技术出口的业务程序

下面就几个重要的环节加以说明。

8.2.1　技术投标

技术投标是指技术卖方根据招标人对技术的要求和条件，在限定的期间对招标技术提出报价，向招标人发出愿意订立合同的意愿。技术投标是“技术招标”的对称，是投标人在同意招标人拟定的招标文件中所提出条件的前提下，对招标技术提前报价，参加提供该项技术的竞争，供买方挑选。由于投标中有报价的行为，内容须具体、确定，且以明示方式发出，因此可以把投标本身看作一种要约的法律行为。

投标是在招标人要求递价，投标人应邀一次性递价的方式下进行的。投标人能否最终中标，取决于其所报价格是否比其他投标人的更具竞争力，而不像一般的技术交易先由技术提供方报价。

招标和投标过程与一般买卖过程不同，没有常见的讨价还价过程，不需买卖双方长时间反复磋商。投标人只需按招标人所列条件一次报价投定。

招标与投标力求突出公平，一般都是广而告之，并在指定时间和指定地点公开进行，使竞争既激烈、又平稳，主动权一般都掌握在招标人手里。

参加技术投标，应按以下程序进行：研究招标方发出的招标公告或招标书；购买并熟悉招标文件，包括投标须知、技术说明和图纸，熟悉合同条件；申请参加资格预审；投标方在取得预选中标资格后，就可以进行投标；根据招标文件的要求进行算标和填标。其具体程序如下。

（1）根据所提技术路线，计算和核定实际工作的材料、人工、设备定额。

（2）确定各种管理费、利润、税收、保险、银行手续费及设备使用费的分摊方法。

（3）对成本利润进行分析。

（4）填写各类招标表格，向招标方进行投标。

8.2.2　初步谈判和实质性谈判

技术出口经营者选择出口市场和目标客户后，就应积极与客户进行实际接触，就有关技术问题、商务条件交换意见，探讨对该技术的需求及市场前景，深入了解客户获得技术的愿望和能力，选择交易成功可能性大的客户，作为进一步联系与合作的对象。

实质性谈判分为技术谈判和商务谈判。

技术谈判侧重合同中的技术条件，如技术主题、范围、人员培训、技术指导、资料、产品质量保证、考核验收等。

商务谈判侧重商务条件，如使用费的构成、支付与清算、付款担保、违约责任等。

技术谈判是商务谈判的基础，双方只有在技术条件上达成一致，才有助于商务谈判的顺利进行。这与技术引进时的谈判类似。

8.2.3　签订技术出口合同

在主要条款达成一致的前提下，技术出口经营者就应拟订合同草本，并根据合同草本与对方逐字逐句进行推敲，使条款中的各项权利、义务取得平衡，最后形成完整的技术出口合同（the technology export contract）。

技术出口合同，是指技术出口经营者通过贸易、投资、经济技术合作等方式，将技术转移给中华人民共和国境外的法人、其他经济组织所签订的有约束力的书面文件。

拟订技术出口合同的基本原则如下。

1. 站在许可方立场，保护技术所有者的利益

从国外引进技术时，企业是被许可方。在技术出口时，技术出口经营者成为技术许可方。这种贸易地位的转变就决定着技术出口方立场的改变，考虑问题角度的改变。因此，技术出口经营者拟订技术出口合同时，在遵循技术转让交易一般原则的前提下，应合理维护技术所有者的应得利益。

2. 加强对被许可方国家或地区法律、惯例的了解

技术出口合同的履行不同于技术引进合同的履行，其履行地主要在国外，即在被许可方所在国家或地区，这就不可避免地涉及该国或该地区的知识产权法、劳动法、税法以及技术实施中的种种问题。因此，技术出口经营者必须了解被许可方国家或地区的相关法律和惯例，才可能对发生的法律风险和商业风险加以防范。

3. 加强商业和技术风险评估，避免产生得不偿失的财务效果

技术出口经营者从事技术出口的目的，是扩大出口规模，增加国家外汇收入，彰显国家的技术实力。为此，技术出口经营者应认真对商业和技术风险进行评估，防止产生直接经济损失。例如，发生侵权诉讼，导致诉讼费的损失；支付方式选择不当，导致使用费损失；税费条款不当，导致税费负担过重等。

签订合同并不意味着合同生效。供方为保护自己的利益，常常要求规定合同生效的条件。这种条件有两种：一种是规定只有在受方支付规定的第一笔金额作为未来许可报酬一部分时，协议才具有法律效力，以此来刺激合同的实际履行；另一种是根据本国的规定，许可协议只有在本国政府有关机关登记、批准后才具有法律效力。

8.2.4　技术出口合同报批

技术出口合同经双方法人代表或其授权人正式签字后，技术出口经营者应依据国家法律法规进行合同报批。属于限制出口的技术，申领技术出口许可证（technology export license）；属于自由出口的技术，办理技术出口合同登记证（registration certificate of technology export contract）。下面以我国的技术出口相关证书为例，说明如何进行技术出口合同的报批。

1. 限制出口的技术

限制出口的技术及相关产品，首先提交《中国限制出口技术出口申请书》，报送外经贸主管部门办理出口手续。技术出口审查经外经贸主管部门批准的，发给技术出口许可意向书，合同签订后，凭有关文件申领《中华人民共和国技术出口许可证》(以下简称《技术出口许可证》)，合同自颁发《技术出口许可证》之日起生效，如图 8-3 所示。

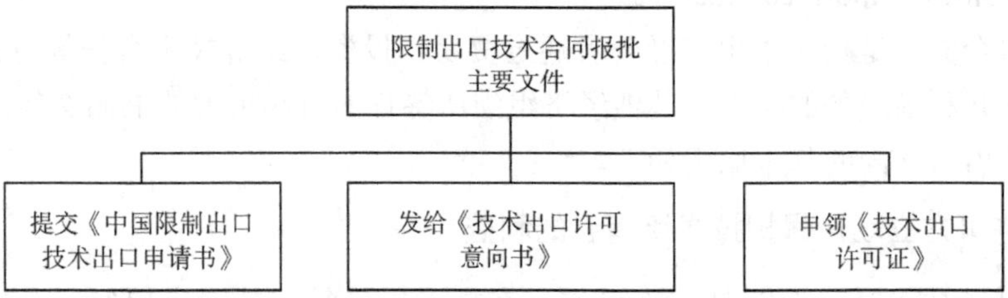

图 8-3 限制出口技术合同报批

技术出口经营者的出口属于限制出口技术申请经国务院外经贸主管部门会同国务院有关部门审查批准后，根据《技术进出口管理条例》第三十四条规定，“技术出口申请经批准的，由国务院外经贸主管部门发给技术出口许可意向书。”申请技术出口许可意向书提交的文件有：①限制出口技术出口申请书；②出口技术说明文件；③企业法律地位证明文件；④外贸经营资格证书。国务院外经贸主管部门发给的技术出口许可意向书，是对属于限制出口技术的出口管理过程的中间环节的官方审批文件，具有承上启下的作用。技术出口经营者在申请技术出口具体操作中，都必须先申领技术出口许可意向书，作为最终完成技术出口申请工作即领取技术出口许可证的前提和基础。

技术出口经营者在获得出口许可意向书后，就可以签订技术出口合同，之后就可以进行申请领取技术出口许可证。申请时，应当向国务院外经贸主管部门报送有关文件，具体包括：①申请领取技术出口许可证的申请书。②技术出口许可意向书。③技术出口合同副本。④技术资料出口清单。⑤签约双方的法律地位的证明文件。⑥其他有关文件。

2. 自由出口的技术

根据《技术进出口管理条例》第三十七条规定，“对属于自由出口的技术，实行合同登记管理。”所谓合同登记管理，就是指技术出口经营者出口属于自由出口的技术时，仅须将技术出口合同向国务院外经贸主管部门办理登记。在该管理过程中，国务院外经贸主管部门必须自收到有关文件之日起 3 个工作日内，对技术出口合同进行登记。登记包括以下内容：①技术出口经营者向国务院外经贸主管部门提交合同及有关文件，申请办理登记。②国务院外经贸主管部门对技术出口合同进行登记，颁发技术出口合同登记证。③申请人凭技术出口合同登记证，办理外汇、银行、税务、海关等相关手续。办理《技术出口合同登记证》时，应提交下列文件：技术出口合同登记申请书；技术出口合同副本；签约双方法律地位的证明文件。

属于自由出口的技术，国家不对其出口进行审查，只实行合同登记管理。一是出于对技术进出口进行统计、监测的需要，以便掌握技术进出口的现状，分析技术进出口的趋势，为国家制定政策提供依据；二是出于配合外汇、银行、税收、海关等国家有关部门和单位进行相关管理的需要；三是出于技术出口经营者在出口属于自由出口技术的具体操作中办理外汇、银行、税务、海关等相关手续的需要。

因此，技术出口许可证和技术出口合同登记证是技术所有者或代理公司履行合同，办理外汇、银行、税务、海关等相关手续的必备文件。

专栏 8-1

中国地铁技术将首次出口美国

2014 年，美国马萨诸塞州交通局（Massachusetts Bay Transit Authority，MBTA）面向全球招标波士顿地铁车辆。波士顿既有的线路，还有些隧道设施，差不多都是百年以上的了。由于受当地既有线路条件的限制，整车重量不能超过 34 吨，这一项最重要的技术参数，将多家国际知名制造商拒之门外。经过层层筛选，2014 年，马萨诸塞州交通局与中车长春轨道客车股份有限公司（以下简称“中车长客”）签订了 284 列地铁车辆的供货合同，这是中国轨道装备首次进入北美市场，首次为美国轨道交通提供“中国方案”，输出“中国技术”。

这批地铁车辆的结构强度、控制安全、质量管理体系等方面均采用美国标准，是国内首个整车各系统均采用美国标准设计的产品。车辆采用全新平台，自主研发，整车具有完全的自主知识产权。

美国是地铁的发源地，对轨道交通产品的技术、运营商资质等均有严格标准。中车长客副总工程师于青松介绍说：“这批列车执行美标总计多达 120 余项，同时满足美国残疾人协会标准（American Disabled Association，ADA）、美国环境署标准、马萨诸塞州公共交通安全运行法案、美国人体工程军工 MIL［Military Specification（USA），美国军用规格］标准等。”满足美国严苛标准的中国地铁列车有多厉害？用中车波士顿地铁技术经理洪海峰的话说，“如果两列 6 节编组的车辆在 40 公里时速下发生碰撞，车体的乘客区域不会有任何变形，可以保证乘客的安全”。据中车长客方面介绍，该车是国内首批具有完全自主知识产权的美标地铁车，采用不锈钢车体，运营时速为 102 公里，车辆服务年限将达 30 年。

该项目起自 2014 年 10 月 22 日，中车长客中标 284 列波士顿红线和橙线地铁，这也是中国生产的地铁机车首次在美国面向全球的公开招标中打入美国市场。2015 年 9 月，中国中车集团有限公司在美国投资兴建了第一个制造基地——中国中车春田工厂。春田工厂位于马萨诸塞州斯普林菲尔德市，占地 40 英亩(1 英亩≈4046.86 平方米)，能够完成车辆总装配、转向架装配、试验和售后等工作，产能计划实现每月生产 12 辆地铁车，能够创造就业至少 150 人。

2017 年，中车长客还设立了研发美国分中心，将承担前沿技术研究、美国标准体系的建立及认证、对北美地区项目进行跟踪、研发及后期的技术支持等工作。

2017 年 4 月 3 日，“中国制造”美国波士顿橙线地铁模型车首次在波士顿市政广场上面向公众展出，赢得当地政府和居民的好评。马萨诸塞州州长曾连续三次在 Twitter 上为地铁点赞，他说：“新车增加了门的宽度，增加了到站和上下站的屏幕和语音提示，提高了运行中的稳定性，让乘客体验更加舒适。”

2017 年 4 月，马萨诸塞州交通局和中车长客正式签订波士顿地铁“红线”项目 120 辆地铁车加车合同，同时，中车长客还中标美国洛杉矶地铁项目，这批地铁将直达好莱坞。中国轨道交通装备迎来美国“回头客”，从“走出去”到“留下来”，并成为“座上宾”，为美国轨道交通提供“中国方案”，分享“中国经验”，输出“中国技术”。

2018年12月18日，中国中车集团有限公司为波士顿地铁生产的首列车在美国中车麻省公司（CRRC MA）春田工厂下线，这是地铁车辆交付至马萨诸塞州地铁交通局的重要里程碑。

资料来源：根据《“中国制造”地铁将出口美国，首批列车下线》，央视网，2017-10-16；《首批“中国造”美国地铁列车在中车长客下线》，参考消息网，2017-10-18；《中车春田工厂首列车在美下线：将替代波士顿橙红两线地铁车辆》，澎湃新闻，2018-12-19 等资料改编而成

8.2.5 开展技术出口应注意的问题

1. 认真选择可供出口的技术

技术出口不得损害国家的安全和国家的政治利益、经济利益，不得损害或削弱我国现有的某些技术处于世界领先地位的能力，也不应对我国外贸出口商品市场有较大的影响。引进技术（包括改进后的技术）再出口，不得违反原技术引进合同的规定和责任。要根据平等互利、协商一致的原则签订出口合同，并根据出口技术的经济价值取得合理的报酬。

2. 慎重选择技术出口的时机

技术出口的时机必须结合技术的生命周期，出口太早，势必影响我方的技术优势和市场优势；出口太晚，技术处于衰老期，会降低我方的技术使用费收益。所以，应该出口进入成熟期的工业化技术，这样既能有必要的技术储备，又能保证技术出口后获得较大的经济效益。

3. 选择适当的技术出口方式

技术出口方式应是风险小、费用高的方式。要选择好适当的技术出口方式，就必须对技术引进方国家有较全面的了解。了解引进方国家政府对技术转让的态度，对技术转让的限制，能否允许技术出口方取得合理报酬；了解技术引进方有无合格的技术工人，有无引进技术的条件，技术引进方国家有无专利制度和保护工业产权的法律。我国技术出口方式主要是专有技术转让和合作研究，专利许可尚不多。

4. 要安排好出口技术在国外的保护

1）技术出口成果在国外知识产权保护的重要性

（1）防止技术出口的负面影响。技术出口的意义和必要性已如上述，但是，技术出口也有消极方面，即增加了出口成果被侵犯或扩散的风险。因此，技术出口经营者必须注意对出口成果知识产权的保护。否则，科技人员辛勤劳动的成果可能会被外国企业无偿占有，造成许可方技术成果的流失。

（2）防止技术出口造成对相关产品出口的危害。技术出口直接关系着相关产品出口。例如，出口技术涉及商标使用，而商标未在国外注册，可能被当地商人抢注，如果出现这种情况，就会造成使用该商标的出口商品被反控侵权，导致该产品出口被遏阻，或者导致该商品无法向有关国家出口。

（3）技术成果在国外获得知识产权保护，是技术出口的必要条件。地域性是知识产权的特点之一，出口的技术成果如果只在国内拥有知识产权，而在被许可方国家不拥有有效的知识产权，就难以签订以权利为基础的许可合同，即使勉强签订了这类合同，合同也不会受到当地法律的保护。特别是遇到侵权情况，许可方根本无法与第三者交涉或诉讼。

（4）防止不法外商对技术成果（发明、商标、技术秘密、集成电路布图设计等）抢先申请专利、注册、登记。在国外，发明申请专利、商标申请注册、集成电路布图设计进行登记，是受法律保护的必要条件。如果许可方出口技术成果，不及时进行专利申请、商标注册、集成电路布图设计登记，就可能被不法外商将技术成果抢先申请、注册、登记。这样许可方不但失去了技术成果受保护的机会，而且失去了技术出口的条件。

2）在国外寻求对技术的保护的方法

（1）在国外寻求专利保护。在国外寻求专利保护要考虑以下几方面。

①拟出口技术是否在受方国家具备获得专利的条件。

②市场潜力与申请费用的关系。

③选择好申请专利保护所在的国家和地区。

④应遵循国际保护工业产权的有关公约。

（2）通过合同对出口技术保护。向没有专利制度的国家出口技术，或者出口不属于专利保护范围的技术，或者出口不值得或不必要在国外获得专利保护的技术，都可以通过合同中的保密条款进行技术保护。在合同中明确规定泄露秘密所应采取的补偿办法。

8.3　中国技术出口概述

8.3.1　中国技术出口的基本情况

中国技术出口始于 20 世纪 80 年代初，进入 90 年代后发展加快，出口项目和出口金额逐年增加。

中国企业对工业发达国家的技术出口稳步增长，对发展中国家和地区的技术出口发展较快，对东南亚、西亚及中国香港等地区发展最快，到 1997 年，技术出口的国别（地区）已增加到 110 个。1997～2018 年中国的高技术产品出口贸易总额的基本趋势是增加，2009 年和 2016 年略微下降，其中 2009 年是受全球金融危机的影响。1997～2018 年高技术产品占商品出口贸易总额的比重虽然在波动，但是整体呈现上升趋势。2018 年高技术产品出口贸易总额是 7481 亿美元，高技术产品占商品出口贸易总额的比重是 30.1%。1997～2018 年中国高技术产品出口贸易状况如图 8-4 所示。

2006 年以来，中国技术出口进入快速增长的新阶段。2006～2017 年中国技术国外市场成交额，2012 年最多，达 560.65 亿元，2014 年恢复到 494.65 亿元，随后有所下降，但是都在 400 亿元以上，如图 8-5 所示。在国外技术市场的成交额占全国的比重与技术在国外市场的成交额趋势基本一致。

近 25 年，中国规模以上工业企业的新产品出口收入逐年在增加，专利申请数和有效发明专利数也在逐年增加，说明中国的新产品出口收入与专利数量呈正比变化。要增加技术出口，必须提高科研水平，才能提高企业的出口能力。

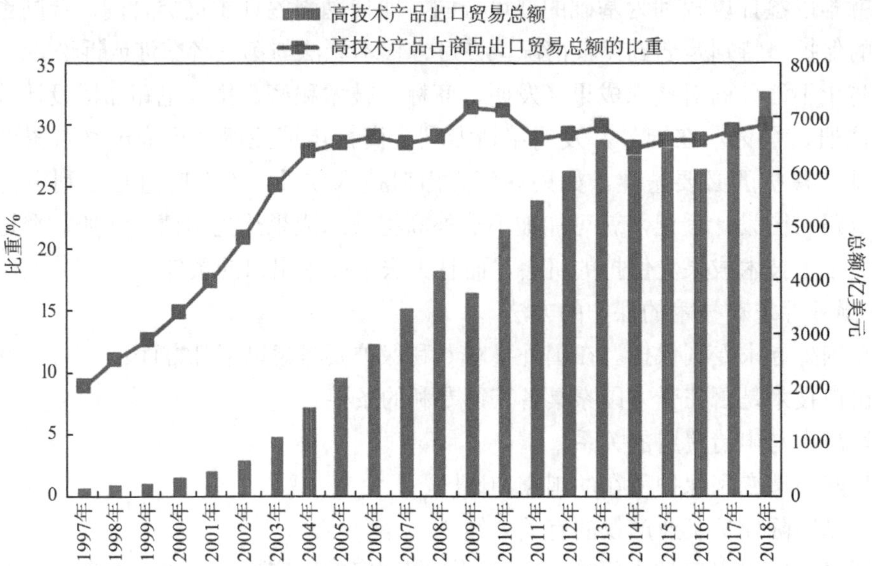

图 8-4　1997～2018 年中国高技术产品出口贸易状况

资料来源：1997～2016 年国家统计局年度数据中的高技术产品、工业制成品和初级产品进出口额；2017 年和 2018 年的高技术出口额是该年的统计公告中的数据，根据商品出口汇率换算而得

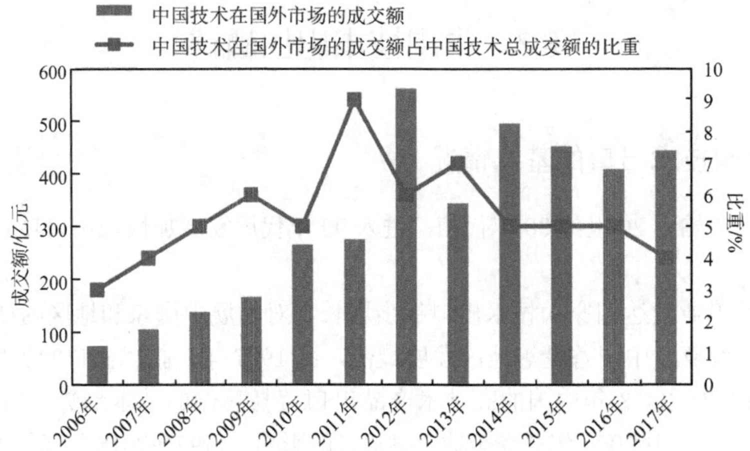

图 8-5　中国技术 2006～2017 年市场成交额

2004～2017 年中国规模以上工业企业的新产品出口销售收入逐年在增加，专利申请数和有效发明专利数也在逐年增加，具体如表 8-1 所示。

同时，在 1996～2018 年的 20 多年期间，金砖五国的高科技出口占制成品出口的比重如图 8-6 所示。中国每年的高科技出口占制成品出口的比重都是最多的，大部分年份都在 25%以上。其次是俄罗斯和巴西，大部分年份都在 10%左右波动。印度和南非每年都刚达到 5%。以上数据说明，每个国家的技术出口实力与该国的 GDP 呈正比例变化。

表 8-1 2004～2017 年中国规模以上工业企业的科技活动基本情况

行业	2004 年	2009 年	2012 年	2013 年	2014 年	2015 年	2016 年	2017 年
新产品销售收入/亿元	22 808.6	65 838.2	110 529.8	128 460.7	142 895.3	150 856.5	174 604.2	191 568.7
新产品出口销售收入/亿元	5 312.2	11 572.5	21 894.2	22 853.5	26 904.4	29 132.7	32 713.1	34 944.6
专利申请数/件	64 569	265 808	489 945	560 918	630 561	638 513	715 397	817 037
发明专利申请数/件	20 456	92 450	176 167	205 146	239 925	245 688	286 987	320 626
有效发明专利数/件	30 315	118 245	277 196	335 401	448 885	573 765	769 847	933 990

资料来源：根据《中国统计年鉴》历年相关统计数据整理而得

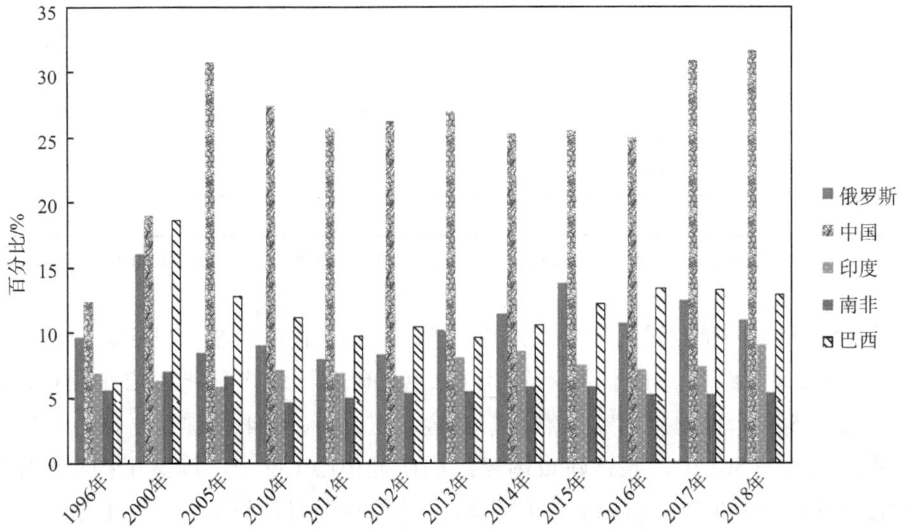

图 8-6 金砖五国高科技出口占制成品出口的百分比

资料来源：联合国商品贸易统计数据库

表 8-2 展示了 2010～2017 年中国高技术产业（制造业）基本情况，其中高技术企业数在 2016 年突破 3 万个，出口交货值逐年增加，2014 年超过 5 万亿元。科研机构规模逐年扩大，研究与开发人员全时当量强度指标从 2012 年起超过 50%。每年的研究与开发经费支出与专利申请数和有效发明专利数呈正比例变化，说明每年的科研投入多，科研成果丰硕。

表 8-2 2010～2017 年中国高技术产业（制造业）基本情况

指标	2010 年	2011 年	2012 年	2013 年	2014 年	2015 年	2016 年	2017 年
企业数/个	28 189	21 682	24 636	26 894	27 939	29 631	30 798	32 027
出口交货值/亿元	37 001.6	40 600.3	46 701.1	49 285.1	50 765.2	50 923.1	52 444.6	—
研究与开发机构数/个	3 184	3 254	4 566	4 583	4 763	5 572	6 456	7 018
研究与开发人员全时当量/万人年	39.9	42.7	52.6	55.9	57.3	59.0	58.0	59.0
研究与开发经费/亿元	967.8	1 237.8	1 491.5	1 734.4	1 922.2	2 219.7	2437.6	2 644.7
专利申请数/件	59 683	77 725	97 200	102 532	120 077	114 562	131 680	158 354
有效发明专利数/件	50 166	67 428	97 878	115 884	147 927	199 728	257 234	306 431

资料来源：根据《中国统计年鉴》历年相关统计数据整理而得

2017年，在中国高技术产品出口的各类技术领域中，计算机与通信技术仍居绝对主导地位，出口额达到4418.86亿美元，占高技术产品出口总额的67.4%，同比下降了3.7个百分点；电子技术领域出口额居第二位，为1255.42亿美元，占高技术产品出口总额的19.2%，比上年增长9.6%。详见表8-3。

表8-3 2017年中国高技术产品出口额按技术领域分布情况

技术领域	出口额/百万美元	出口额占出口总额比重/%	出口额比上年增长/%
航空航天技术	7 326	1.1	11.9
生物技术	687	0.1	5.2
计算机集成制造技术	12 506	1.9	–3.3
计算机与通信技术	441 886	67.4	–3.7
电子技术	125 542	19.2	9.6
生命科学技术	24 586	3.8	2.7
材料技术	6 234	1.0	2.2
光电技术	35 732	5.5	–1.6
其他技术	797	0.1	5.6
合计	655 296	100	–0.8

资料来源：《2017年我国高技术产品贸易状况分析》，中华人民共和国科学技术部，科技统计2019

2018年全年研究与试验发展经费支出19 657亿元，比上年增长11.6%，与GDP之比为2.18%，其中基础研究经费1118亿元。全年国家重点研发计划共安排1052个项目，国家科技重大专项共安排563个课题，国家自然科学基金共资助44 504个项目。截至年底，正在运行的国家重点实验室501个，累计建设国家工程研究中心132个，国家工程实验室217个，国家企业技术中心1480家。国家科技成果转化引导基金累计设立21只子基金，资金总规模313亿元。全年境内外专利申请432.3万件，比上年增长16.9%；授予专利权244.7万件，增长33.3%；PCT（Patent Cooperation Treaty，专利合作条约）专利申请受理量为5.5万件。截至年底，有效专利838.1万件，其中境内有效发明专利160.2万件，每万人口发明专利拥有量11.5件。全年共签订技术合同41.2万项，技术合同成交金额17 697亿元，比上年增长31.8%①。

专栏8-2

中国人脸识别技术出口马来西亚

据香港《南华早报》网站2018年4月20日报道，中国先进的监控系统正日益受到境外客户的欢迎。马来西亚警方开始使用来自中国的人脸识别摄像头，用来辨认犯罪嫌疑人。这一监控摄像头在夜间也能工作，但是它的夜间识别能力还不足，只能让警员在事件发生后回顾摄像头捕捉到的视频片段，以确定犯罪嫌疑人。

报道称，马来西亚皇家警察下属的辅助警察队已经为警员装备了一批由中国人工智能初

① 资料来源：2018年中国统计公报，http://www.stats.gov.cn.

创企业设计、拥有先进的人脸识别功能的摄像头。警员只要将其佩戴在身上即可使用。这一系统能让警员把摄像头捕捉到的人脸与储存在警方数据库中的图像进行快速比较和匹配。辅助警察队的首席执行官罗斯马迪·本·加扎利表示："这是将人工智能应用到公共安全领域、以加强社会治安的重要一步。未来，我们还打算增添可佩戴摄像头系统的功能，扩大实时人脸识别和即时警告功能的适用范围。"

报道称，中国有许多知名的人工智能企业，其中包括商汤科技、旷视科技（Face++）和依图科技等企业。据依图科技称，在和上海地铁合作的前 3 个月，它就帮助识别了 567 名违反地铁规定的人员。据美国市场调研公司 CB 风险投资公司称，2017 年在全球人工智能初创企业筹集的 152 亿美元资金中，中国占到了 48%，甚至超过了美国公司筹集的 38%。

在中国，人脸识别软件已被广泛应用于安全和监控领域。银行用这种人脸识别软件来核实 ATM（Automatic Teller Machine，自动取款机）交易，边境的监控摄像头则用它来匹配和对照国家数据库中的旅行者头像，以识别走私分子和非法入境者。此外，中国的旅游热点地区（包括港口在内）以及需要高安全标准的公共场所也使用相关产品来加强治安。

资料来源：根据《中国人脸识别技术出口马来西亚　助警方识别嫌犯》，驻马来西亚经商参处，2018-05-02；《港媒：中国人脸识别技术出口马来西亚　助警方识别嫌犯》，经济日报，2018-04-29 等资料，有改动

8.3.2　中国发展技术出口的重要性

1. 充分利用现有技术资源，获得更大的比较利益

技术对于国家和企业来说，无疑是宝贵的资产，然而这种资产不是一成不变的，随着时间的推移，这种资产的价值会逐步降低，直至变得一文不值。因此，无论是国家还是企业均应将技术资产按时间价值加以区分，在保存技术储备的前提下，将成熟的工业化技术、衰老期的技术、本国不具备实施条件的技术出口到国外，以获得相应的报酬，扩大技术出口规模。

2. 发展技术出口，促进产业结构性调整，增强国民经济可持续发展能力

发展高新技术，促进产业结构调整已成为国民经济可持续发展的关键因素之一。纵观世界经济结构性调整的总趋势，可以发现，经济全球化和高技术化、生产要素大规模跨国流动、产业资本大规模跨国投资、企业大规模跨国联合、高新技术产业迅速崛起、传统产业高技术改造已成为当代各国经济发展的主流。面对这种形势，中国企业应充分认识经济全球化和高技术化带来的冲击与机遇，面对挑战，抓住难得的良好机遇，加快国民经济结构性调整，尽快融入经济全球化和高技术化的大潮之中。为此，国家和企业应该以发展技术出口与高技术产品出口为契机，带动境外投资和国民经济结构性调整。

图 8-7 展示了 2011～2016 年中国国家级高新区企业出口额逐年增加，但是前 5 年增长不明显，都没有超过 5000 亿元，在 2016 年达到 29 146.09 亿元，几乎是前面每一年的 6 倍，让高新区在各地真正发挥拉动经济的增长极的作用。

3. 发展技术出口，有效实施"科技兴贸"战略

"科技兴贸"战略，是继市场多元化战略、以质取胜战略、大经贸战略之后，对外经济

贸易发展的又一重要战略。“科技兴贸”战略包括两方面内容：第一，大力推进高技术产品出口；第二，运用高新技术改造传统出口产业，提高传统出口产品的附加值，促进企业自主开发和技术创新，带动高新技术产品出口。

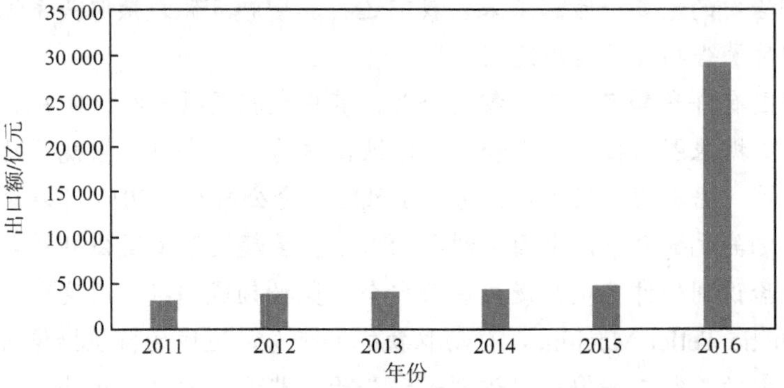

图 8-7 2011～2016 年中国国家级高新区企业出口额

4. 发展技术出口，减少贸易摩擦

根据 WTO 贸易规则，当前关税壁垒虽有所减弱，但非关税壁垒、技术性贸易壁垒却花样百出，中国出口商品受到国外反倾销调查日益增多，对商品出口造成不小的冲击，而发展技术出口或以境外投资方式带动技术出口，就成为回避技术性贸易壁垒、减少贸易摩擦、开拓国际市场和保护已有市场的重要手段。

专栏 8-3

马来西亚引进中国技术处理棕榈秸秆

中国黑龙江幸福人生物合成树脂科技开发有限公司（以下简称“黑龙江幸福人集团”）是生物合成树脂科技开发高科技企业，主要从事使用农业副产物为原料的亲环境时间调控型可降解生物合成树脂、新材料、秸秆及稻壳产业副产物超微粉碎技术开发及技术服务，从 2015 年成立到 2017 年 11 月，公司取得了上百个技术专利，产品远销日本、韩国、东南亚等国家和地区，每年可以回收哈尔滨市周边秸秆 6000 吨。

2017 年 11 月 2 日，马来西亚国家创新中心与该公司签署了可降解生物合成树脂技术引入协议和原材料采购协议。根据双方签署的协议，黑龙江幸福人集团将在马来西亚设厂，每年将为马来西亚处理棕榈秸秆 5000 吨。同时，马来西亚还将在黑龙江大量采购可降解合成树脂，以弥补马来西亚国内产能不足的问题。

据了解，该技术为中国科学院和黑龙江幸福人集团共同研发，并获得国家级发明专利，利用该技术生产出来的可降解合成树脂可以替代石油材料制作如环保餐盒、超市购物袋等多种环保型产品，对治理白色污染和保护环境具有重大的意义。以棕榈为主要农作物的马来西亚每年都会产生大量的棕榈秸秆，引入中国的技术就是为了将这些秸秆“变废为宝”。

资料来源：《马来西亚引进中国技术处理棕榈秸秆》，驻马来西亚经商参处，2017-11-03，有改动

5. 发展技术出口，加速国内技术成果商品化

发展技术出口是促进技术成果商品化的最佳途径之一。中国每年涌现大量技术成果，但商品化率较低。据统计，中国技术成果转化率仅为 15%～20%，商品化率仅为 5%。而技术出口要求的技术是商品化技术、产业化技术。因此，发展技术出口可以加速技术成果商品化、产业化，实现国内外资源的有效配置，带动成套设备、产品、技术服务进入国际市场，使我国产业结构升级，经济增长方式、科学技术发展步入良性循环的轨道。

表 8-4 展示了 2018 年中国高技术产业（制造业）不同行业的规模、出口交货值、科研机构数、人员全时当量强度指标，以及科研经费支出与科研成果之间的关系。从中可以看到，电子及通信设备制造业的每个指标都居于首位，医药制造业的大多数指标居于其次，信息化学品制造业的大多数指标都是居于最后。

表 8-4　2018 年中国高技术产业（制造业）相关情况

行业	医药制造业	电子及通信设备制造业	计算机及办公设备制造业	医疗仪器设备及仪器仪表制造业	信息化学品制造业
企业数/个	318	15 383	1 725	5269	455
出口交货值/亿元	1 460.42	36 296.50	12 157.45	1464.72	524.37
科研机构数/个	3 183	8 772	5 426	2692	667
科研人员折合全时当量/（万人·年）	12.59	53.21	4.90	9.36	0.33
科研项目经费/亿元	555.80	2 209.61	178.65	297.51	17.65
新产品销售收入/亿元	6 367.04	40 342.04	5 464.12	2 777.70	349.53
出口/亿元	489.66	15 230.04	3 079.14	390.00	59.41
专利申请数/件	21 698	175 923	22 084	36 172	1 515
发明专利/件	11 494	94 982	12 678	13 619	917
有效发明专利数/件	45 766	29 5182	25 348	44 272	1 753

注：企业数和出口交货值是 2016 年的数据

资料来源：根据《中国统计年鉴》历年相关统计数据整理而得

专栏 8-4

我国将加快建立国家技术转移体系

2017 年，国务院印发《国家技术转移体系建设方案》，明确提出了“两步走”目标，即到 2020 年，基本建成适应新形势的国家技术转移体系，基本建立有利于科技成果资本化、产业化的体制机制；到 2025 年，结构合理、功能完善、体制健全、运行高效的国家技术转移体系全面建成，科技成果的扩散、流动、共享、应用更加顺畅。

方案有哪些亮点？总体思路、重点任务是什么？《经济日报》记者采访了科技部有关负责人。

“党的十八大以来，党中央、国务院做出实施创新驱动发展战略的重大部署，着力推进以科技创新为核心的全面创新，对促进科技成果转移转化做出了系列部署。”科技部创新发展司司长许倞说。

2016年，国务院办公厅发布实施了《促进科技成果转移转化行动方案》。各地区、各部门和各类创新主体积极行动，2016年全国技术合同成交额达11 407亿元，同比增长15.97%；2017年1月至8月，全国技术合同成交金额5318.4亿元，同比增长14.4%。

当前我国科技成果转化政策体系进一步完善，30多个地方出台了近60项配套法规与政策。地方科技成果转化也呈现迅猛推进的良好局面。各地在战略性新兴产业培育、传统产业转型升级以及社会民生领域转化应用了一批重大科技成果，有力支撑了区域经济社会发展。

同时，成果转化服务体系逐步健全。全国培育了453家技术转移示范机构，2016年促成技术转移项目超过13万项；2016年，科技部备案的众创空间为1337家，纳入统计的众创空间4298家、孵化器3255家，全年服务创业企业近40万家，带动就业超过200万人。

此外，多元化的资金投入机制正在加快形成。据悉，国家科技成果转化引导基金出资38.3亿元，引导社会资本投入成立9只子基金，总规模达173.5亿元。

“国家技术转移体系是促进科技成果持续产生，推动科技成果扩散、流动、共享、应用并实现经济与社会价值的生态系统。”许倞说。

当前，全球科技创新进入高度密集期，颠覆性创新成果不断涌现。发达国家纷纷从法律、金融、公共服务等方面完善成果转化的体制机制与政策安排，注重把科技优势转化为产业优势、经济优势。

“面对新形势，我国亟须加快建设具有中国特色的技术转移体系，聚焦影响长远发展的战略必争领域，加快推动重大科技成果转化应用，形成新的经济增长点。”许倞说。

资料来源：《我国将加快建立国家技术转移体系》，经济日报，2017-10-22，有改动

8.3.3 中国主管部门对技术出口的管理

1. 管理技术出口的基本原则

1）有管理的自由出口

《对外贸易法》第十四条规定，“国家准许货物与技术的自由进出口。但是，法律、行政法规另有规定的除外。”也就是说，技术出口一般是自由的，但并非完全自由。世界任何国家都不允许技术自由出口，因为完全自由出口不符合国家的根本利益。因此，各国在提倡技术自由出口的同时，又都以专门法规或行政措施的形式对技术出口加以管理。

2）对技术出口项目实行分类管理

《对外贸易法》第十六条规定，按技术出口项目对国家外交、外贸、科技政策以及人类和动植物健康的影响，技术出口项目管理分为禁止出口、限制出口和自由出口。技术出口项目分类管理的目的主要是：①维护国家安全、社会公共利益或者公共道德；②保护人的健康或者安全，保护动物、植物的生命或者健康，保护环境；③实施与黄金或者白银进出口有关的措施；④有效保护国内供应短缺或者可能用竭的自然资源；⑤考虑输往国家或者地区的市场容量；⑥防止出口经营秩序出现严重混乱；⑦建立或者加快建立国内特定产业；⑧保护农业、牧业、渔业产品；⑨保障国家国际金融地位和国际收支平衡。

3）国家鼓励成熟的产业化技术出口

产业化技术（特别是成熟的产业化技术），是指脱离了实验室阶段的，专业化、规模化、

市场化的，在生产中广泛应用的技术。中国经过几十年的建设，产业化技术资源丰富，技术比较成熟，国内配套比较完备，国外需求较多，有利于技术出口的发展。

另外，发展技术出口还要鼓励广泛的国际合作。中国商务部、科技部联合发布的《商务部　科技部关于鼓励技术出口的若干意见》指出：①支持科研机构到境外研发业务。鼓励大学和科研机构通过承接境外研究业务，培养科技人才，提高研发能力，开拓国际市场。②鼓励科技型企业"走出去"。鼓励和支持科技型企业通过对外投资、承包工程、技术与知识产权入股等方式开展对外合作业务，鼓励科技型企业并购国外高新技术企业，设立境外研究机构带动技术和服务出口。③加强国际技术合作。发挥全球和区域经济合作、多双边会议和磋商机制的作用，将多双边技术合作与援外、对外投资、境外承包工程等结合起来，在推进与发达国家合作的同时，加强与发展中国家的合作，进一步推进国际技术合作。

2. 对技术出口的法制管理

中国为了保证技术出口的健康发展，制定了一系列法律、法规。其主要如下。

（1）《对外贸易法》和《技术进出口管理条例》，两者是管理我国技术出口的主要法律、法规。此外，外经贸主管部门还依据这两部法律，制定了一些具体管理办法。

（2）《禁止出口限制出口技术管理办法》。《禁止出口限制出口技术管理办法》是根据《对外贸易法》和《技术进出口管理条例》，由商务部、科技部以 2009 年第 2 号令发布，2009 年 5 月 20 日起施行。该办法具体规定了限制出口技术和禁止出口技术的审查标准和具体管理程序。办法是为了加强政府对技术出口的调控权，增加管理的透明度，进一步促进技术自由出口。该办法包括立法依据和目的、适用范围、管理机关、规范技术出口经营者和管理者的行为，明确对限制出口的技术实行许可证管理，以及国家保密技术的出口规定等。

（3）《国家秘密技术出口审查规定》，1998 年 10 月 30 日由科学技术部、国家保密局和对外贸易经济合作部发布。

（4）《中国禁止出口限制出口技术目录》，由商务部和科技部于 2008 年联合发布，其中包括 34 类 150 个限制出口技术和 33 个禁止出口技术。另外，目录不是一成不变的，它会随着国内外政治、经济和科技发展情况而调整。

3. 对技术出口的行政管理程序

1）填写《技术出口申请书》

技术出口经营者准备出口技术时，应填写《技术出口申请书》（Applicable Letter of Technology Export）。

限制出口的技术及相关产品，应填写《限制出口技术申请书》（Application for Restricting Export of Technology Export，申请书 A）；临时限制出口的技术及相关产品，应填写《临时限制出口技术申请书》（Application for Temporary Restricted Export of Technology Export，申请书 B）。

2）报送商务主管部门

技术出口经营者填写申请书 A 或申请书 B 后，应及时报送商务主管部门。

3）贸易审查、技术审查和保密审查

商务主管部门自收到（申请书 A 或申请书 B）之日起 30 个工作日内，会同科技部对技术出口项目进行贸易审查和技术审查，并决定是否准予许可。

4）批准技术出口申请

技术出口经营者的出口申请获得批准后，由商务主管部门颁发统一印制的《技术出口许可意向书》。《技术出口许可意向书》有效期为 1～3 年，技术出口经营者应在有效期内开始工作。在办理出口信贷、保险等业务时，要凭《技术出口许可意向书》办理。

5）合同管理

技术出口经营者签订技术出口合同后，应持以下资料到商务主管部门办理《技术出口许可证》或《技术出口合同登记证》。

（1）出口属于限制出口的技术合同管理。出口属于限制出口的技术，申请人签订技术出口合同后，应当向国务院外经贸主管部门提交下列文件，申请技术出口许可证。

①技术出口许可意向书。

②技术出口合同副本。

③技术资料出口清单。

④签约双方法律地位的证明文件。

国务院外经贸主管部门对技术出口合同的真实性进行审查，并自收到前款规定的文件之日起 15 个工作日内，对技术出口做出许可或者不许可的决定。

（2）出口属于自由出口技术的合同管理。出口属于自由出口的技术，应当向国务院外经贸主管部门办理登记，并提交下列文件。

①技术出口合同登记申请书。

②技术出口合同副本。

③签约双方法律地位的证明文件。

国务院外经贸主管部门应当自收到《技术进出口管理条例》第三十八条规定的文件之日起 3 个工作日内，对技术出口合同进行登记，颁发技术出口合同登记证。

4. 鼓励技术出口的政策措施

为了保持对外贸易稳定增长，优化出口结构，促进国家技术出口快速发展，提高技术出口在对外技术贸易中的比例，商务部、科技部联合发布了《关于鼓励技术出口的若干意见》，提出了鼓励技术出口的政策措施。

1）财税政策

充分利用相关外贸支持政策支持技术出口。居民、企业通过技术出口实现的技术转让所得，按照税法有关规定，享受免征或减征企业所得税优惠。

2）金融保险支持

制定符合技术出口企业特点和实际需要的信贷产品与保险险种。

（1）支持技术出口企业开展知识产权质押贷款业务，解决企业尤其是科技型中小企业融资困难。

（2）利用质押贷款贴息专项基金，降低企业融资成本。

（3）鼓励保险公司为技术出口，特别是附带成套设备的技术出口提供收回保障、呆账追收服务和保险项下的融资便利，简化理赔手续，加快理赔速度，化解企业收回风险，加快企业资金周转速度。

3）贴息支持

为保证外贸稳定增长，转变外贸发展方式，优化出口结构，促进技术出口，财政部、商务部对技术出口给予贴息支持。

技术出口贴息（technology export subsidies），是指中央财政对企业出口技术以贴息的方式给予支持。贴息支持的技术，是指专利权转让、专利申请权转让、专利实施许可、专有技术转让或许可、技术服务、软件技术及相关信息服务出口，不包括《中国禁止出口限制出口技术目录》所列的出口技术。

企业申请贴息要求：①申请单位属于在商务部技术进出口信息管理系统上登记过前一年实际出口额的技术出口企业，或在商务部服务外包及软件出口信息管理系统中登记过前一年实际出口额的软件及相关信息服务出口企业；②申请单位在近 3 年内无违法违规行为，未拖欠应交还的财政性资金；③申请贴息的出口技术应当在前一年的 1 月 1 日至 12 月 31 日期间取得银行出具的收汇凭证，且技术出口的收汇额在 10 万美元以上（含 10 万美元）；④当年已获得相同性质的其他中央财政专项资金支持的项目不得申报。

本章小结

一项技术出口要经过拟出口技术交易前的准备工作、初步谈判、实质谈判、合同签订、合同报批等环节，由于技术的特殊性，每个环节针对不同的技术会出现复杂性和多变性。本章主要是立足我国技术出口的相关法律法规，借助我国技术出口手册，对技术出口流程进行展示和说明。

技术出口合同的拟订比较复杂，由于技术进口业务开展比较早，业务人员对技术进口合同比较熟悉，但技术出口业务开展比较晚，业务人员对技术出口合同拟订比较陌生。因此，业务人员拟订技术出口合同时，应熟知技术出口的一般程序与订立合理的技术出口合同的基本知识，要特别注意所处的地位和立场，既要坚持公平交易，又要注意保护我方的利益，特别要防止我方技术权益的流失。

中国技术出口业务起步较晚，在管理上主要根据《对外贸易法》和《技术进出口管理条例》，技术出口具体业务由技术出口经营者自己负责。因此，技术出口从业人员有必要在学习中多研究管理技术进出口的法律、法规，更好地进行我国技术出口的工作。

名词解释

技术资源　技术标准　技术投标　技术出口合同　限制出口技术　自由出口技术
禁止出口技术　技术出口许可证　“科技兴贸”战略　高技术产业

复习思考题

一、简答题

1. 简述技术出口的有关程序。
2. 选择技术出口客体有何标准？
3. 中国有哪些鼓励技术出口的政策措施？
4. 技术出口经营者出口限制出口技术须履行哪些手续？
5. 结合中国技术出口的历史与现状，分析中国发展技术出口有何重大意义。

二、模拟题

每两组学生选择一个国际技术贸易事例，分别扮演技术进口方和技术出口方，进行技术出口谈判。

三、案例分析题

案例 1：北车大连电力牵引研发中心有限公司（以下简称"电牵研发中心"），是中国北车股份有限公司旗下全资子公司，成立于2001年3月，成立以来始终致力于网络控制技术、电流技术、电传动系统集成三大核心技术及产品的开发。

2013年3月22日从电牵研发中心获悉，电牵研发中心与大连机车车辆有限公司正式签订伊朗设拉子地铁项目牵引与控制系统配套合同，标志着中国北车地铁车辆自主化牵引系统开始走出国门。

地铁车辆牵引与控制技术是地铁车辆配套的关键核心技术，长期被国际轨道交通装备巨头垄断。为加快推进城市轨道交通装备关键系统自主化，电牵研发中心从2008年起历经数年攻关，终于在2013年1月顺利通过中国交通运输协会城市轨道交通专业委员会组织的专家评审，成功获得地铁车辆市场配套资质。

电牵研发中心此次出口的牵引和控制系统，将驱动和控制3动2拖的地铁车辆，运行于伊朗的高架及隧道之中，最高运行时速为80千米，这批地铁车辆须满足运行区域的恶劣气候环境和风、沙、雨、雪侵袭要求。

电牵研发中心作为中国北车的核心技术企业，数年来已经先后实施了自主化牵引与控制系统在大功率电力机车、出口内燃动车组、轻轨车辆、单轨车辆、工程机械等多领域、多车型、多项目的成功自主研制和装车应用。本次自主化地铁车辆牵引系统出口配套，是在2009年成功获得出口伊朗马沙德轻轨车辆自主化列车控制系统配套、2012年成功获得出口孟加拉国内燃动车组自主化牵引系统和列车控制系统配套之后，成功获得的地铁车辆自主化牵引与控制系统配套项目，标志着电牵研发中心已经全面承担起我国出口轨道交通装备牵引与控制系统自主研制配套重任。

资料来源：根据《中国地铁车辆自主牵引"开"出国门》，辽宁日报，2013-03-23；《中国北车地铁自主化牵引系统成功走出国门》，中国经济网，2013-03-21等资料整理而成

思考题：根据上述资料，我国企业对外技术出口应该注意哪些方面？

案例 2：韩国专利厅从 2014 年起向阿联酋出口专利审查服务。2014 年 2 月，韩国专利厅接受阿联酋的要求，和阿联酋签署了一项关于代办专利审查的谅解备忘录。韩国专利厅不仅在国内提供代办服务，还将 5 名专利审查官派往阿联酋，在当地直接提供咨询服务。2014 年，韩国专利厅代办专利审查案件达 200 件，此后于 2015 年和 2016 年分别增加到 1000 件和 1200 件。2014 年、2015 年和 2016 年的手续费收入分别达 26 万美元、130 万美元和 156 万美元，持续呈现增长势头。根据韩国专利厅向韩国国会产业通商资源中小风险企业委员会下属自由韩国党议员金正薰提交的资料，韩国专利厅从 2014 年 2 月至 2016 年底代办阿联酋 2400 件专利审查，赚取 312 万美元的手续费。

2016 年 2 月 25 日，KIPO（Korean Intellectual Property Office，韩国知识产权局）局长崔东奎（Choi Donggyu，音译）与阿联酋经济部副部长阿卜杜拉（Mohammed AhmedBin Abdul Aziz Al Shehhi）在首尔签署了一份谅解备忘录，韩国将把其价值约 450 万美元的专利自动化系统出口至阿联酋。这个项目可用于阿联酋专利与外观设计的在线管理（如申请的提交、审查、注册和费用支付），将于 3 月启动，在 2016 年底完成。

KIPO 曾以官方发展援助（Official Development Assistance，ODA）的形式将韩国专利自动化系统提供给蒙古、阿塞拜疆和非洲地区工业产权组织（African Regional Industrial Property Organization，ARIPO）。但是，阿联酋是第一个完全付费进口和安装该系统的经济体。

资料来源：根据《韩国专利自动化系统出口阿联酋》，中国保护知识产权网，2016-03-03；《韩国将向中东传授先进的专利管理经验》，中国保护知识产权网，2014-04-08 等资料，有改动

思考题：此案例中，出口的是什么技术？该技术是如何进行出口的？

四、实务操作题

中资水务企业进军马来西亚　打造亚洲最大地下污水厂

《21 世纪经济报道》2017 年 11 月 6 日报道，在污水处理领域，马来西亚市场具有潜力。一方面，不少现存老式的污水处理厂（如氧化塘）污水处理效果较差，导致排入河道后加剧污染；另一方面，城市河道沿线的美化、交通、防洪等综合布局有待改善。

作为中马合作的旗舰项目，北控水务集团有限公司（以下简称“北控水务”）承建的潘岱污水处理厂（PANTAI 2）位于吉隆坡潘岱区。如今，在露天氧化塘旧址上，一个精致的生态公园落成，污水处理单元就埋在绿荫之下。该项目也带来了土地升值，带动了项目周边两个地产楼盘的相继开发。

潘岱污水处理厂造价 9.8 亿马币（约合 21 亿元人民币），是马来西亚首座地下污水厂，也是亚洲最大地下污水厂、世界第三大地下污水厂，日均处理污水能力为 32 万吨，服务人口达 143 万人。马来西亚总理纳吉布在 2017 年 5 月举行的潘岱污水处理厂揭幕仪式上称，希望该项目成为马来西亚使用先进绿色科技的标志性成就。

“我们从 2009 年开始‘走出去’开拓国际市场，到 2011 年下半年在充满挑战性的环境下拿到了这个马来西亚的项目，海外业务由此起步。”北控水务海外事业部总经理罗学耕称。

据介绍，目前北控水务海外业务仅占业务总量的 3%～5%，其中近一半来自马来西亚等东南亚国家。“全球 Top40 水务公司”榜单显示，北控水务已跻身全球前三大水务公司，与

苏伊士环境集团和威立雅水务集团比肩。在“一带一路”倡议下，北控水务正在积极布局“一带一路”沿线市场。

若能进入澳大利亚市场，北控水务海外业务将覆盖 4 个国家，即马来西亚、葡萄牙、新加坡、澳大利亚。届时，北控水务在海外将拥有近 80 座供水和污水处理厂，处理规模达 250 万吨/天，服务人口近千万，业务规模将达 60 亿元人民币。

北控水务在马来西亚也开始试水投资项目，潘岱污水厂项目的良好口碑，为其赢得了合约价值 11 亿元人民币的登嘉楼州朱盖市自来水改扩建项目。该项目采用 BOT 模式，建设期为 3 年。

资料来源：《中资水务企业进军马来西亚　打造亚洲最大地下污水厂》，商务部网站，2017-11-10，有改动

思考题：模拟操作该公司技术出口的全套程序。

第 9 章　国际技术贸易合同综述

本章学习目标、重点与难点

学习目标：通过本章学习了解国际技术贸易合同的不同分类方法，掌握国际技术贸易合同的主体的不同称呼及其应用场合，理解以知识产权为对象的国际技术贸易合同的特点及签订合同应注意的问题，掌握国际技术贸易合同的一般结构，并能针对具体合同识别出合同的不同部分。

重点：国际技术贸易合同的分类方法及其特点，国际技术贸易合同的主体称呼，签订国际技术贸易合同应注意的问题，国际技术贸易合同的一般结构。

难点：签订国际技术贸易合同应注意的问题。

技术贸易合同中规定当事人的权利和义务不得超出知识产权法授予的范围，如权利的有效性、权利的地域性、权利的时效性和对侵权的处理等均不得违背知识产权法的规定。否则，将不享有法律的有效保护。

9.1　国际技术贸易合同的类型和主体

9.1.1　国际技术贸易合同的类型

2002 年 1 月 1 日起，《技术进出口管理条例》正式施行，根据 2011 年 1 月 8 日和 2019 年 3 月 2 日《国务院关于修改部分行政法规的决定》修改该条例，该条例第二条规定，“本条例所称技术进出口，是指从中华人民共和国境外向中华人民共和国境内，或者从中华人民共和国境内向中华人民共和国境外，通过贸易、投资或者经济技术合作的方式转移技术的行为。前款规定的行为包括专利权转让、专利申请权转让、专利实施许可、技术秘密转让、技术服务和其他方式的技术转移。”以此为依据，我们将以知识产权为对象的国际技术贸易合同分为两大类：单纯型国际技术贸易合同和综合型国际技术贸易合同。在合同中，最主要的是单纯型国际技术贸易合同。单纯型国际技术贸易合同，是指合同中仅涉及受知识产权保护的技术，这些技术可以是专利技术、专有技术、注册商标、计算机软件技术和集成电路布图设计专有技术等中的一种或者两种及以上。综合型国际技术贸易合同，是指合同的交易对象除了单纯型国际技术贸易合同涉及的一种或者两种及以上技术外，还会涉及其他交易对象，如商品交易、提供设备和生产过程等方面。

国际技术贸易合同一般以贸易对象或交易方式进行命名，每类合同中会涉及上述其中一种或两种特征。例如，国际技术服务贸易合同仅涉及交易对象一种特征，国际专利技术许可合同就涉及交易对象和交易方式两种特征。

9.1.2 国际技术贸易合同的主体

1. 合同主体的资格

根据《对外贸易法》第八条规定，国际技术贸易合同的主体应该是“依法办理工商登记或者其他执业手续，依照本法和其他有关法律、行政法规的规定从事对外贸易经营活动的法人、其他组织或者个人”。

根据 WTO 国民待遇原则，对外贸易经营者中也包括外国投资企业、外国设在中国的公司、其他组织和外国人。对此，1995 年，最高人民法院颁布的《最高人民法院关于审理科技纠纷案件的若干问题的规定》第四条规定，依法成立、有一定组织机构和财产但不具备法人资格的组织，可以作为当事人订立技术合同，并作为该技术合同的主体参加诉讼。该条第 2 款规定，依法登记领取我国营业执照的中外合作经营企业、外资企业也可以作为该技术合同的主体。

对于外方合同的主体，应该调查清楚，切不可轻信。首先，调查是否居住在外国的法人、其他组织或个人，并依法具有订立合同的民事权利能力和民事行为能力。其次，为了防范合同风险，我方应该调查外方合同主体的资质，如企业规模、经营范围、资产负债、经营作风等。最后，调查其技术专长、技术人员在员工中的比例、技术转让的经历等，以防受骗上当。

2. 合同主体的一般称呼

在技术贸易交易过程中，合同主体的一般称呼，是根据当事人的地位与作用确定的，具体称呼方式有以下几种。

（1）许可方（licensor）和被许可方（licensee）。其适用于工业产权或著作权的许可。

（2）供方（supplier）和受方（recipient）。其适用于技术秘密转让。

（3）买方（buyer）和卖方（seller）。其适用于货物的买卖，在技术贸易中不应使用。因为技术贸易主要是技术使用权的许可，而非技术所有权的买卖。

（4）出口方（exporter）和引进方（importer）。这种称呼是从一个国家的角度，将提供技术的一方称为技术出口方，其所在国称为技术出口国；将从国外进口技术的一方称为技术引进方，其所在国称为技术引进国。

（5）转让方（transferor）和受让方（transferee）。这种称呼主要用于工业产权、著作权或其他知识产权的转让，如专利权转让、商标权转让、计算机软件著作权转让等。

（6）委托方（trustier）和受托方（trustee）。其主要用于技术服务与技术咨询合同。

3. 合同主体的特定称呼

1）合同主体称呼的特定化

对国际技术贸易合同当事人的上述称呼，属于一般称呼，并不是合同的正式语言。合同正式语言应当是，将合同当事人的一般称呼特定化，即使用合同当事人的法定名称、法定地址、通信方式和号码，以明确合同权利、义务的承担者。

2）合同主体特定称呼的简化方式

在国际技术贸易合同中，为避免多次重复合同的特定主体，通常在双方的法定名称、法定地址、通信方式和号码之后，加一括号（简称甲方、乙方），或（Party A、Party B）。这种简化称呼适合各种类型的合同当事人。

9.2　国际技术贸易合同的特点及签订合同应注意的问题

9.2.1　国际技术贸易合同的特点

1. 通常是技术使用权许可，而不是技术所有权的转让

技术使用权许可，通常是在合同规定的时间和地域范围内，按合同约定的条件，许可方许可被许可方某项技术使用权，并按授权的程度分为以下几种。

（1）独占使用权（exclusive license right），是指许可方授予被许可方独家使用技术的权利。在合同有效期内，许可方自己也无权使用所许可的技术和销售该技术的产品，也不得将相同的使用权授予其他第三方。

（2）排他使用权（sole license right），是指许可方授予被许可方技术使用权的同时，自己保留使用权和销售产品的权利，但不得将相同内容的技术使用权授予第三方。

（3）普通使用权（simple license right），是指许可方授予被许可方技术使用权，自己仍保留使用权和销售产品的权利，同时还有权将相同的技术使用权授予第三方。

（4）分许可使用权（sub-license right），是指许可方在授予被许可方普通技术使用权的同时，明确规定被许可方可以将获得的技术使用权授予其他第三方。这样就形成了至少三方关系和两种合同，即许可方与被许可方之间的合同（基本合同）、被许可方与其他第三方之间的合同（分许可合同）。

值得注意的是：①许可方的分许可使用权是在普通许可使用权基础上产生的；②在合同中许可方必须对分许可使用权做出明确规定，否则被许可方不得擅自行使这项权利。

（5）交叉使用权（cross license right），是指许可方与被许可方将各自所拥有的技术及其使用权相互进行交换，彼此互为许可方和被许可方，交叉使用权一般是排他的。

2. 地域性

国际技术贸易合同具有明显的地域性，主要表现在以下两方面。

（1）许可权利的有效性受相关法律管辖的地域限制，如专利权、商标权只在法律批准的国家、地区有效。超过管辖的国家、地区无效。

（2）被许可方产品销售地域受许可方限制，即被许可方不得将产品销售到约定的地域范围以外，被许可方如擅自超越约定地域销售产品，属于违约。

3. 长期性

合同有效期大多延续若干年，有的合同有效期可长达 5～6 年，甚至 10 多年。这是因为以下两点。

（1）合同有效期必须要与合同标的的法律保护期相适应。

（2）技术转让交易的实现，不是简单地交付，绝大多数需要通过“传授”来完成，传授技术是一个较长的过程，合同有效期要和传授技术所需要的时间相协调。

4. 法律性

国际技术贸易合同有很强的法律性，主要表现在以下几方面。

（1）合同标的就是法律的产物，如专利权、商标权等。

（2）合同中的条款大多都以各种法律为依据，如合同法、税法、知识产权法等。

（3）合同一般依法生效。有的需要到有关主管部门领取许可证，有的需要办理登记手续，取得登记证。否则，海关、税务、银行、外汇管理部门会拒绝办理有关业务。

9.2.2 签订国际技术贸易合同应注意的问题

国际技术贸易合同的形式、内容不仅应符合各有关国家合同法的一般规定，而且应符合技术转让专门法律、法规的规定。因此，签订合同时应注意以下问题。

1. 合同要以正式书面形式订立

合同是当事人权利、义务、责任的具体规定，是合同履行的基本依据，是解决合同争端的重要证据。因此，我国合同法和技术转让法律、法规都要求国际技术贸易合同以正式书面形式订立。所谓正式书面形式，一是在权威机构拟订的标准合同文本上，按当事人谈判取得的共识进行修改的合同；二是根据当事人谈判达成的共识，双方共同拟订的包括所有条款的书面合同。

2. 合同内容应完整、明确

合同中的条款很多，有些条款要根据法律、法规的要求拟订，有些根据契约自由原则由当事人双方独立拟订，但法律、法规明令的基本内容是不能遗漏的。例如，①技术主题、范围和必要的说明，其中涉及专利和商标的应当附具清单；②预期达到的技术目标以及实现各项目标的期限和措施；③报酬的构成和支付方式。上述内容如遗漏任何一项，或规定不明确，均属合同内容不完整，可能导致合同无效。

3. 合同应争取在平等互利的基础上签订

合同当事人双方的地位、权利义务应该是平等的。但是，在国际技术贸易中，技术实力强势一方往往借助技术上的优势，或以技术稀缺为借口，要求技术实力弱势一方接受某些限制性条件。例如，阻止被许可方对许可合同中的权利有效性提出异议、强制进行一揽子许可，或在许可合同中规定排他性返授条件等。这些限制性条件违反了平等原则，损害了国际技术贸易公平秩序。因此，当事人应当防止合同中出现上述反竞争条款。但有的情况下，技术实力弱势一方迫切需要技术，而不得不勉为其难地接受某些限制，这就导致当事人双方关系出现表面平等而实质不平等的现象。因此，在合同谈判中，遇到上述情况，技术实力弱势一方应据理力争，尽可能争取取消限制或减少限制。

4. 合同使用文字应该准确，条款之间应严格一致

合同条款涉及一系列数据、指标和计算方法，软件和硬件供应，人员培训、技术指导等详细规定，对此当事人应该注意审查，防止遗漏和差错；合同文字应使用合同语言，措辞清楚，准确表意，防止误解。此外，条款之间、合同主体与附件之间应保持严格一致，防止出现矛盾，导致理解上的分歧。

案例 9-1

华为与法国三家公司的技术合作

2017 年 10 月 19 日，据法国媒体 L'usine Novelle 报道，在巴黎的供应商大会上，华为宣布与 Chronocam、Secure-IC 和 Siradel 三家公司签署协议。

它将与 Chronocam 致力于在类似 iPhone X 的 Face ID 技术方面展开合作。而与巴黎电信大学电信分公司 Secure-IC 合作，旨在为提高麒麟芯片组安全性，与 3D 地理空间软件公司 Siradel 将合作三维地图绘制方面的项目。

据了解，专门从事计算机视觉的公司 Chronocam 创立于 2014 年，总部位于巴黎，致力于研发新型视觉传感器和系统，这些硬件被应用于机器视觉各个领域。其传感器技术的灵感来自生物眼睛，能够高效获取并处理视觉信息。2016 年 10 月，它宣布完成 B 轮 1500 万美元融资，由英特尔资本领投，iBionext、Robert Bosch Venture Capital、GmbH 和 360 Capital 等参投。Chronocam 的技术早已走出实验室，本轮融资过后，更多是在寻求合作方将公司技术整合到它们的产品当中。

资料来源：根据《华为宣布与法国创业公司 Chronocam 签订 Face ID 技术合作》，凤凰网科技，2017-10-16 等资料改编而成

思考题：在此技术贸易合同中，体现了合同哪些特点？

案例分析

华为宣布与 Chronocam、Secure-IC 和 Siradel 三家公司签署协议：将与 Chronocam 致力于在类似 iPhone X 的 Face ID 技术方面展开合作；与巴黎电信大学电信分公司 Secure-IC 合作，旨在为提高麒麟芯片组安全性；与 3D 地理空间软件公司 Siradel 将合作三维地图绘制方面的项目。可以看到仅是技术使用权通过双方合作的方式实现，而没有双方技术交易的交割，没有技术所有权的转让，这是技术贸易合同所特有的特征，是技术使用权的交易而不是所有权的交易，而且交易的时间很长，不是简单地交付，绝大多数需要通过“传授”来完成，传授技术是一个较长的过程，合同有效期要和传授技术所需要的时间相协调。

9.3 国际技术贸易合同的一般结构

由于国际技术贸易对象不同，合同结构也不同。以下重点介绍以知识产权为对象的国际技术贸易合同结构。这种合同一般由五个部分构成，第一部分为合同首部；第二部分为合同序文；第三部分为合同主体（合同正文）；第四部分为合同尾部；第五部分为合同附件。将上述各部分内容和要求介绍如下。

9.3.1 合同首部

1. 合同名称

知识产权国际技术贸易合同名称与一般合同不同，一般合同名称随意性较强，如称“合同”“协议”“确认书”等。国际技术贸易合同的名称应包含技术名称、技术性质和合同的性质，如“关于××专利技术实施许可合同”。这样，就可以从合同名称上了解该合同所许可的技术名称、技术的性质和合同的性质。

值得注意的是，国外习惯将许可合同称为“licensing agreement”，过去曾直译为许可协议。但从汉语上，协议容易与其他性质的文件混淆。因此，业务上均称为某技术、某性质的许可合同或转让合同。

2. 合同号码

合同号码是识别合同的特定符号，表明合同当事人的国别代号或公司代号、合同签订的年份、进出口国别地区、进出口企业所在地区、技术进出口合同标志、进出口技术的行业分类和企业自定义。自 2009 年 3 月起施行的《技术进出口合同登记管理办法》第十一条规定，技术进口经营者编制技术进出口合同号应符合下列规则。

（1）合同号总长度为 17 位。

（2）合同的前 9 位为固定号：第 1～2 位表示合同签订的年份（年代后 2 位），第 3～4 位表示进口或出口国别地区（国标 2 位代码），第 5～6 位表示进出口企业所在地区（国标 2 位代码），第 7 位表示技术进出口合同标识（进口 Y，出口 E），第 8～9 位表示进出口技术的行业分类（国标 2 位代码），后 8 位为企业自定义。例如，01USBJE01CNTIC001（其中，01 为 2001 年，US 为美国，BJ 为北京，E 为出口，01 为行业分类，CNTIC 为公司代码，001 为第一号合同）。

合同编号的作用是：将同名的合同相区别；便于立卷存档和查阅；简化当事人往来函电的内容；便于上级主管部门监督检查。

3. 签约日期

签约日期，通常为当事人双方达成交易的日期。在国际技术贸易合同中，签约日期并不是合同生效日期，因为各国技术转让法规都规定，合同签订后必须履行审批手续。例如我国限制进出口的技术，要求申请进出口许可证，颁发许可证日期才是合同生效日期。

另外，签约日期与合同适用法律有密切关系，即签约时间是适用法律的一个时间分界线。例如，有的涉外法律规定，本法自颁布之日起生效，在此之前所签的合同，当事人可以选择适用本法。也就是说，在该法颁布之前所签的合同，当事人可以协商适用新颁布的法律，或选择适用签订合同时有效的法律。但新颁布的法律生效后签订的合同，当事人则没有选择适用法律的自由，即无论新颁布的法律较以前颁布的法律严或宽，当事人所签的合同都必须适用新颁布的法律。

4. 签约地点

签约地点与签约日期排列在一起，如“某年某月某日，中国北京”。前者表明签约时间，后者表明签约地点。通常应特别注意签约地点，因为签约地点具有以下重要作用。

（1）在合同中，当事人未订立法律适用条款的情况下，一旦发生争议，当事人将争议提交仲裁机构或法院时，根据国际私法规则，仲裁机构或法院可以将签约地点作为推定合同适用法律的依据之一。《合同法》还特别规定，中外合资、合作合同等的签约地点必须为中国或中国某城市。

（2）有些国家征收印花税，也将签约地点作为征税的依据。例如，我国企业与丹麦企业签订的合同，如签约地点在哥本哈根，丹麦企业要交印花税；如果签约地点在丹麦以外国家，丹麦企业就不需要交印花税。

5. 当事人双方的法定名称和法定地址

1）法定名称

法定名称，是指当事人作为公司或企业向政府主管部门进行登记注册，经政府主管部门确认，所使用的公司或企业的全称。就合同而言，它是合同权利的享有者、合同义务的承担者，是合同的主体。因此，合同中表明当事人名称必须确切、完整，并包括其作为法律实体性质（如股份公司、有限责任公司、合伙公司等）的代名词，才符合合同的要求。使用缩写名称或简称，均可能造成合同主体不清，影响合同的有效性。

2）法定地址

法定地址，是指当事人作为法律实体的长期或永久营业场所，是用以区分同名或类似名称企业、公司的重要条件。公司名称有时大同小异，或一家跨国公司在世界各地设有许多分公司或子公司，它们往往均使用同一名称，只以地点相区别。因此，法定地址是区分合同主体的有效方法之一。此外，司法诉讼中，法定地址还会涉及法院管辖权。

9.3.2 合同序文

序文，因起始语为“鉴于”一词，又称鉴于条款或鉴于文句（whereas clause），其内容是说明当事人的职业背景，解释双方签订该合同的理由，陈述许可方拥有权利的真实性、合法性及转让的权利，说明被许可方希望获得许可方技术的愿望，以及双方表达的实现合同目标的意愿和所持态度。

1. 鉴于条款的内容

（1）说明当事人的职业背景。例如，鉴于许可方已在某国取得了××工艺方法的专利，鉴于被许可方根据许可方的上述发明，已对该专利技术在许可地域内技术上的可行性和商业上的适宜性做了调查，并拥有使用上述工艺方法所需的条件和设施。

（2）说明被许可方希望获得技术的愿望。例如，鉴于被许可方希望利用许可方的工艺方法和专利制造与销售产品，并获得在许可地域内的独占使用权。

（3）说明许可方拥有的权利。例如，鉴于许可方是××工艺方法专利的持有者，有权进行许可，并获得出口许可，同时也愿意将××工艺方法专利的使用权、制造权和产品销售权授予被许可方。

（4）说明当事人双方的态度。例如，鉴于双方授权代表通过友好协商，同意就以下条款和条件签订本合同。

2. 鉴于条款的主要作用

（1）要求许可方明确地做出某些法律上的保证，确认转让技术的有效性和合法性，使许可方不敢随意将通过不正当手段获得的技术，或根本不具备可实施性的技术转让给被许可方，从而起到避免损失、保护被许可方利益的作用。

（2）在履行合同过程中，产生的纠纷相对容易解决，仲裁机构或法院可以根据鉴于条款中许可方所做的保证，判断当事人应承担的法律责任和经济后果。

3. 应注意的问题

1）鉴于条款中的关键内容是许可方的权利状况

从重要性上看，鉴于条款叙述的四项内容并非是同等的，其中关键内容是第三项，即许可方的权利真实性、是否解决了与他人的权利关系和能否获得许可方国颁发的出口许可。

2）鉴于条款与合同正文的关系

鉴于条款与合同正文的地位是有差别的。根据国际贸易惯例，如果鉴于条款的叙述与合同正文条款的规定发生矛盾，则应以合同正文条款为准。

案例 9-2

鉴于条款发生的纠纷

某省钻头厂与美国史密斯公司签订技术许可合同，从美国史密斯公司引进某种类型的地矿钻头生产专利技术，许可合同中的“鉴于”条款规定“史密斯公司拥有某地矿钻头生产专利，能够合法地向引进方授予制造某地矿钻头的生产许可证……”。许可合同签订后，在双方的密切合作下，很快生产出合格的合同产品，但当该产品销往美国后，美国休斯公司提出诉讼，指控某省钻头厂的产品侵犯其专利权。

资料来源：《技术转移中如何防止知识产权纠纷》，http://www.xdz.gov.cn/，2014-11-14

思考题：鉴于条款有哪些法律作用？

案例分析

鉴于条款主要说明双方当事人签订许可合同的目的和愿望、受方引进技术的目标、供方转让技术使用权的合法性和该项技术是否具有实际生产经验等。这些说明具有潜在的法律作用，即要求双方在签订许可合同时就明确做出某些法律上的保证。一旦双方因合同发生纠纷，仲裁机构或法院就可以根据这些保证，解释其他有关条款，判断谁是谁非，分清责任。

在本案中，供方史密斯公司对其转让的某地矿钻头生产专利技术的合法性做出保证，一旦受方某省钻头厂的合同产品被第三方指控为侵权，该公司即负有不可推卸的责任，故某省钻头厂不必应诉。由于供方史密斯公司的违约行为而造成受方某省钻头厂的经济损失，受方有权向供方提出赔偿损失的请求。

9.3.3　合同主体（合同正文）

合同主体（合同正文），是指双方规定的主要条款，如合同标的、技术条件、商务条件、法律条件和当事人权利义务的条款，是整个合同的核心部分。由于国际技术贸易合同的标的不同，合同条款差别很大。合同中具体拟订哪些条款，第一要根据法律或法规的规定，第二要根据当事人的意愿。因此，这里只介绍合同主体中的“定义条款”，其他针对合同标的的权利、义务条款和一些共性条款，将在以后的章节中详细介绍。

1. 定义条款的内容

国际技术贸易合同大多比较复杂，名词术语多。而且，在合同条款中，有些关键的、重要的名词术语反复出现，如果不对这类名词术语下定义，极易产生理解上的不一致，影响合同顺利履行，甚至产生纠纷。因此，在合同主体条款的开头，单独拟订定义条款是十分必要的。经常用于下定义的词语有以下几种。

“专利技术，是指本合同附件一中所列的技术，该技术已于某年某月某日经中国专利局批准，获得了专利权，其专利号为××××。”

“合同工厂，是指生产合同产品的工厂，该工厂在某省某市，名为××工厂。”

“合同产品，指本合同附件二中所列的产品及其型号和规格。”

“净销售价，是指合同产品的发票价格扣除包装费、运输费、保险费、佣金、商业折扣、税金和外购件等费用后的金额。”

“商业性生产是指合同工厂生产第××台合同产品以后的生产。”

2. 值得注意的问题

1）合同中的词语定义与一般定义的关系

定义条款中的定义，主要用来说明特定合同下双方一致同意的该名词术语的含义和内容，不适用于一般解释，也不适用于其他合同。定义一般分为精确性定义和规定性定义。精确性定义，是指该名词已有的一般性含义（如辞典中的定义）；规定性定义，是指双方一致同意的用特定文字表达的定义。合同中名词术语属于规定性定义，仅适用于特定合同，不适用于其他合同，更不适用于一般的名词解释。

2）定义条款的处理方式

（1）复杂合同，需要下定义的词语较多，采用定义条款方式，作为合同主体的第一个条款。

（2）比较简单的合同，需要下定义的名词术语不多，可以不单列定义条款，而将该下定义的名词术语放在合同条款之中，即术语在条款中第一次出现时下定义。其后条款再次出现与之相同术语时，以前面条款中的定义为准。

案例 9-3

国际技术贸易中定义条款的重要性

我国南方某制药厂（以下简称“受让方”）与美国某制药有限公司（以下简称“转让方”)签订了一份技术许可合同。合同中规定，转让方向受让方提供生产某一系列品种西药的配套技术，受让方从生产这一系列药品的净销售额中提取 10%作为向转让方支付的技术使用费。合同生效之后，双方履行合约顺利，产品在国内国际市场均打开了销路，但是关于受让方向转让方支付技术使用费出现了争议。按受让方对合同的理解，合同中所说的“产品净销售额”是指产品销售总额扣除掉销售退回、销售折让、包装费、运输费、保险费、销售费用以及税金后的余额；而转让方则称，合同认定的“产品净销售额”是指产品销售总额扣减掉销售退回和销售折让后的余额。

资料来源：根据李虹. 国际技术贸易[M]. 大连：东北财经大学出版社，2010：218 改编而成

思考题：定义条款在技术贸易合同中有哪些作用？

案例分析

定义条款是技术贸易合同特有条款，因为在合同条款中，有些关键的、重要的名词术语反复出现，如果不对这类名词术语下定义，极易产生理解上的不一致，影响合同顺利履行，甚至产生纠纷。

在此案例中，双方对“产品净销售额”这一关键概念理解的争议导致双方对技术使用费的计算结果相去甚远。按受让方所理解的含义，其产品净销售额为 500 万美元，应支付转让方 50 万美元的技术使用费；而按转让方所下的定义，受让方的产品净销售额应为 600 万美元，受让方应支付的技术使用费为 60 万美元。

双方各持己见，为有争议的 10 万美元进行了多次谈判交涉后，最终采用折中的办法，签订了和解协议。受让方向转让方支付 55 万美元，并在提成期限的余下年度中也按此方法支付技术使用费，即采用双方因对“产品净销售额”不同理解而算出的不同数额技术使用费的中间数。

9.3.4 合同尾部

1. 合同的生效

许多国家的法律规定，技术贸易合同须经国家主管部门审查批准（登记）才能生效。也就是说，当事人在合同上的签字只是双方取得一致意见的证明，并不具有法律约束力，只有

当事人签字后，将合同正本（或合同副本）及所要求的文件向主管部门提请审查，经审查（登记）合格后，合同才能真正成为一种法律上有效的文件。《技术进出口管理条例》规定了合同生效日期：限制进出口的技术，“自技术出口许可证颁发之日起生效”；“自由出口的技术”的合同依法生效，即按《合同法》的规定生效，但须根据规定履行登记手续。

值得注意的是，双方国家法律都规定，合同须经主管部门审批时，按国际惯例，合同生效以最后一方主管部门批准日期为合同生效日期。如一方主管部门先批准，而另一方主管部门尚未批准，则先批准一方的当事人应以电讯方式通知对方，以便另一方据以请求本国主管部门加速合同审批。此外，也可以约定，如合同约定时间内还不能获得主管部门批准，则该合同对签约双方均无约束力。

2. 合同有效期限

国际技术贸易合同都应明确规定有效期限，如“本许可合同的有效期限为 10 年”。如有的合同未明确规定合同有效期限，国际上通常认为，双方默认的合同有效期限，即合同有效期限直至许可专利的有效期届满为止。也有的国家为保护本国当事人的利益，规定技术引进合同有效期一般不超过 5 年。

但是，从当事人的角度，确定合同有效期要考虑以下三个因素。

（1）合同有效期要与被许可方掌握技术所需时间相协调。被许可方技术实力强，合同有效期应适当短些；反之，则应适当长些。

（2）合同有效期要与所转让技术的生命周期相协调。尖端技术生命周期较长；一般技术生命周期较短；电子技术、信息技术生命周期更短。目的是避免被许可方为淘汰的技术承担不必要的合同义务。

（3）合同有效期要与合同标的法律保护期限相协调，如合同标的为专利技术，有效期为 10 年，签订合同时有效期还剩 6 年，这时被许可方应该考虑以下几点。

①合同有效期与专利技术有效期相等，即合同有效期为 6 年。

②合同有效期短于专利技术有效期，如合同有效期定为 4 年，这样被许可方将丧失“利害关系人”的地位。如果在合同期满后两年内获得的专利技术使用权受侵犯，将得不到许可方的帮助，享受不到法律救济。

③合同有效期长于专利技术有效期，如合同有效期为 8 年，长于专利技术保护期两年。这样，被许可方就要为已过期专利技术多承担两年的合同义务。多数国家法律都不允许被许可方为已过期专利技术支付使用费。

④合同有效期不得长于有关国家法律、法规规定的允许期限。有些发展中国家法律、法规明文规定合同有效的最长期限。例如，印度法律规定，合同有效期最长不得超过 5 年。我国技术贸易法规也曾规定，合同有效期最长不得超过 10 年。

3. 合同的续展

合同续展，就是延长合同有效期。延长合同有效期属于合同变更，一般要求如下。

（1）当事人要协商同意。

（2）根据国家法律法规规定，报请合同审查部门批准。

（3）申请续展必须提出充分理由：①在合同有效期限内，双方都在原有技术基础上做出了改进和发展，需要进行交换；②合同有效期短于合同标的的法律保护期，需要使合同有效期与合同标的的法律保护期相协调等。如果无正当理由，或理由不充分，主管部门将不批准续展合同有效期。

4. 合同终止

合同终止一般有以下三个要点。

1）合同终止主要是因合同有效期届满

合同有效期届满，双方的权利义务解除。但是，国际技术贸易合同有效期长，合同届满时，合同有效期内的权利义务不一定同时履行完毕。为了使合同双方未了的债务和债权不受影响，合同终止条款应规定："合同有效期届满后，未了的债权、债务直到全部清偿完毕为止。"防止一方借口合同终止，不履行未了的义务。

2）要将合同"终止"与"中止"区分开

"中止"通常是由于一方当事人违约，导致合同未届满而中途"中止"，这种情况需要通过索赔方式解决。

3）不可抗力条款

发生不可抗力事故，导致合同无法继续履行，导致合同"中止"，这种情况需通过不可抗力条款的规定解决。

专栏 9-1

大亚科技终止与康树公司的专有技术协议

大亚科技集团有限公司 2011 年 11 月 4 日晚间公告称，康树公司与公司控股子公司江苏大亚实木制品有限公司（以下简称"大亚实木"）、公司全资子公司圣象集团有限公司、公司控股股东大亚科技集团有限公司于 2005 年 3 月 11 日签署的许可和专有技术协议终止。

公司公告称，康树公司是指 Nybron Flooring International Corporation（NFI 公司）和 AB Gustaf Kähr，康树公司是三层实木复合地板的发明者，也是目前世界上最大的实木复合地板生产商和销售商之一，并拥有最先进的生产技术和知名品牌"kährs（康树）"。

公司表示，终止上述协议后，大亚实木将不再享有上述权利。目前，公司全资子公司圣象集团有限公司已成功注册了"圣象康树"商标，许可大亚实木进行地板的生产和销售。此外，根据终止协议，大亚实木需向康树公司支付专利权许可费折合人民币 3503 万元（其中，在以前年度已计提 1855 万元），该项费用将在 2011 年度内予以支付。

资料来源：根据《大亚科技终止与康树公司的专有技术协议》，证券时报网，2011-11-04 等资料改编而成

5. 合同文字及签署

1）合同文字

当事人约定合同用两种文字签订时，必须订明合同以哪种文字为准，或两种文字具有同等效力。我国当事人如采用外文为合同文字，应避免使用只有少数人熟悉的外文；如采用中文和外文两种文字，两种文本具有同等效力，应注意翻译的正确性，并规定，当两种文字发生矛盾时，以其中哪一种文字为准。

2）合同签署

当事人在合同上签字是合同生效的一个重要步骤，是当事人对合同权利、义务的确认。因此，签字的人员应具备一定的资格。有资格在合同上签字的人，首先是双方当事人的法人代表，其次是法人代表的正式授权人，并应具有“授权书”。在我国，对外代理公司为技术引进企业项目代理人，技术引进企业为项目具体执行人的情况下，在合同上签字的，对外代理公司代表应为“主签”，技术引进企业代表应为“附签”，以利于合同执行。

9.3.5　合同附件

合同附件是附在合同之后的文件，用以说明合同正文不便详细罗列的内容，其地位、效力与合同正文是相同的。但是，为了避免有人将附件当作合同次要部分，当事人应该在合同正文尾部或附件前部加注：“所有合同附件均为合同正文不可分割的组成部分，与合同正文具有同等效力。”

本章小结

订立国际技术贸易合同是国际技术贸易实践活动中的重要一环，也是保证整个国际技术贸易活动正常履行的基石。订立国际技术贸易合同的当事人或主体要符合相关法律的规定，即自然人、法人和其他经济组织要符合法律规定的资格条件。

在订立国际技术贸易合同的过程中，需要明确所订立的合同类型，因为不同类型的合同意味着不同的权利和义务。国际技术贸易合同并无统一的格式要求，但基本上都会包括合同首部、鉴于条款、合同主体（合同正文）、合同尾部、合同附件。具体技术对象（如专利、专有技术等）的转让合同也都需要规定有特殊条款，具体内容在后续章节详述。

名词解释

国际技术贸易合同的主体　技术使用权许可　许可权利的有效性　合同号码　合同首部
合同序文　合同尾部　合同的法定地址　定义条款　合同终止

复习思考题

一、简答题

1. 一项有效的国际技术许可合同要具备哪些基本条件？

2. 在我国法律规定中，国际技术贸易合同的主体有哪些？它们分别要具备什么样的资格条件？

3. 在国际技术贸易合同订立中，需要对哪些名词术语进行定义？为什么需要定义这些名词术语？

4. 在国际技术贸易合同中，什么条件下合同终止？

5. 国际技术贸易合同如何生效？

二、根据合同范本回答问题

根据附录6的国际商标许可合同范本，找出合同的首部和尾部。

三、案例分析题

案例1：2016年2月，微软技术许可有限责任公司近日宣布它们与运动相机公司GoPro就文件存储等系统技术签署了专利授权协议，旨在为后者提供某些文件存储及其他系统方面的技术授权。

微软技术许可有限责任公司总裁尼克·塞霍吉斯（Nick Psyhogeos）表示："与GoPro的协议表明，专利交易使技术共享达到了难以置信的广度，微软的个人可穿戴技术授权有着强劲的市场需求，我们与各行业的公司开展合作，为全球客户优化解决方案。"

GoPro正在改变人们从视觉上捕捉和分享他们生活的方式。从一开始帮助运动员记录他们自己从事的运动，到现在GoPro已经广泛地被人们用来记录自己的爱好，从极个别到主流，从专业人士到普通消费者，GoPro让大家可以用身临其境和引人入胜的方式来捕捉与分享他们的激情。

微软技术许可有限责任公司成立于2014年，主要用来获取、管理和许可微软的专利组合。

资料来源：根据《运动相机公司GoPro与微软签订专利授权协议》，中国保护知识产权网，2016-02-24等资料改编而成

思考题：

（1）上述资料中签署的是哪种类型技术贸易合同？其与合同主体有何关系？

（2）本案例中的技术合同具有哪些特征？

案例2：从中国铁路总公司获悉，印度尼西亚当地时间2016年1月21日，印度尼西亚首条高速铁路——雅加达至万隆高铁正式开工，雅万高铁全长150千米，为双线电气化，采用中国高铁手艺、尺度和装备，连接印度尼西亚首都雅加达和第四大城市万隆，最高设计时速350千米，计划3年建成通车。届时，雅加达到万隆间的旅行时间，将由现在的3个多小时缩短至40分钟。

雅万高铁项目由中国铁路总公司牵头组成的中国企业联合体，与印度尼西亚国企联合体共同组建的中印尼合资公司承建，是国际上首个由政府主导搭台、两国企业对企业进行合作建设和管理的高铁项目，也是中国高速铁路从技术标准、勘察设计、工程施工、装备制造、物资供应，到运营管理、人才培训、沿线综合开发等全方位整体"走出去"的第一单项目，对于推动中国铁路特别是高铁"走出去"，具有重要的示范效应。

中泰铁路持续稳步推进，也正在为开工创造条件；匈塞铁路已签署塞尔维亚段的商务合同、匈牙利段的建设合同；俄罗斯莫斯科至喀山高铁勘察设计已经顺利完成；中吉乌铁路重启了三方联合工作机制；巴基斯坦ML1铁路完成了既有线路升级改造的可行性研究；中国企业接连中标马来西亚南部铁路、东部沿海铁路；等等。

这些铁路项目的稳步推进，成为国际产能合作的重要抓手，也成为“一带一路”建设的重要篇章，有利于沿线国家提升基础设施的承载能力，有利于中国铁路装备、技术、标准、建设、运营“走出去”，带动相关产业共同发展，促进有关国家基础设施建设。

近年来，中国铁路全产业链快速发展，已经拥有世界上最完整的铁路技术体系，较好地掌握了铁路，尤其是高铁的先进技术，具有勘察设计、工程施工、装备制造、运营管理、安全防护等方面的综合优势，综合质量、造价、工期等方面，性价比比较突出，在国际市场上具备较强的竞争力。

资料来源：根据《印度尼西亚首条高铁正式开工》，人民日报，2016-01-21；《印度尼西亚雅加达至万隆高速铁路开工》，科技日报，2016-01-25 等资料改编而成

思考题：此合同中签订的是什么类型的国际技术贸易合同？合同的对象是什么？

第10章 国际技术许可贸易合同

本章学习目标、重点与难点

学习目标：通过本章学习了解许可合同的种类、理解许可合同的特征和基本条款，掌握许可合同的特殊条款，能针对实际许可合同找出其中的特殊条款。了解签订许可合同时，如何处理基本条款和特殊条款，同时应注意哪些事项。

重点：许可合同的种类、特征和基本条款，许可合同的特殊条款及其应用。

难点：许可合同的特殊条款及其应用。

国际许可贸易有它的特殊性，采取这种技术贸易方式进行的技术转让，必须通过双方之间的技术传递、传授和引进方的消化掌握等长期密切合作，才能最终完成引进技术，实现一项技术交易。因此，交易的双方相互之间能否建立一种长期友好的合作关系，是影响该项技术转让成效的关键。而双方在一项许可贸易中能否保持长期友好合作的关键在于当事人事先能否签订好一个双方所能接受的、符合国际惯例和国家有关法律规定的、公平合理的国际许可贸易合同。

10.1 许可合同的特征与种类

10.1.1 许可合同的特征

1. 许可合同的概念

许可合同又称许可协议，它是指交易双方为实现专利、商标、专有技术使用权转让的特定目标而规定双方权利和义务的法律性文件，即许可方以订立合同的方式，允许技术的引进方使用其技术。

许可合同的主体，即签订和执行合同的当事人，转让技术的一方称为许可方，或译为出让方、输出方、售证人、技术供方（supplying party）或转让方；接受技术的另一方则相应地称为被许可方或引进方，或译为受让方、输入方、受证人、技术受方（receiving party）或被转让方。许可方和引进方可以是自然人，也可以是法人，但由于许可合同关系到某种权利的转移，比普通的商品买卖合同要复杂得多。因此，在目前的国际许可贸易中，合同的主体大部分都是法人，而不是自然人。目前，有一些国家的政府机构也作为主体参与国际许可贸易。

许可合同的客体，又称合同的标的，主要包括专利技术、专有技术和商标。当前，在国际许可贸易中，以专利技术、专有技术和商标三者或其中两者结合起来进行一揽子交易的情况最多，单纯以专有技术作为客体的情况次之，单独以专利技术作为客体的情况则相对较少，商标的使用权一般情况下不单独进行转让，而是与专利技术或专有技术的使用权一起转让。

2. 许可合同的基本特征

与普通商品买卖合同比较，许可合同具有以下四个基本特征。

1）时间性

任何许可合同都要规定一定的期限，即有效期。一般来讲，许可方总是希望有效期长一些，而引进方则希望短一点，其原因是合同的期限会影响合同的总价，合同时间越长，提成费越多，总价就越高。20 世纪 50 年代，国际上的许可合同有效期一般为 10 年至 15 年，最长的为 20 年。当今，由于科学技术发展迅速，技术的生命周期越来越短，许可合同的有效期也日趋缩短。目前合同的有效期多数为 5 年至 7 年，最长一般不超过 10 年。而对于技术更新换代较快的行业，如计算机、家用电器等，合同的有效期更短，一般为 3 年至 5 年。

此外，作为技术转让标的的专利、商标等技术，其本身法律保护也有一定的期限，这同样会影响合同的有效期。

2）地域性

地域性是许可合同的一个重要特征，任何许可合同都只能在其规定的国家或地区范围内发生效力。在国际许可合同中，通常都要明确规定引进方在哪些区域范围内享有使用权、制造权和合同产品的销售权，即规定地域性条款。许可合同的地域性体现在以下几个方面。

（1）当事人双方国家的法律要求。国际许可合同的客体是专利、商标和专有技术。专利和商标是分别受专利法和商标法保护的，专利法和商标法都是国内法律，无域外效力，任何一个国家的专利法和商标法都只能在其本国发生效力，不能到国外去发生效力。因而技术的许可方只能在法律保护的地域内与引进方签订专利和商标的使用许可合同。例如，某公司根据英国专利法的规定，在英国取得了某项专利权，该公司就只能在英国与引进方签订专利使用许可合同，合同中的地域范围就只能限制在英国境内，而不能扩大到其他国家去。专有技术虽然其法律保护不如专利和商标那么明确，但也可以援引诸如反不正当竞争法等法律加以保护。而且，目前世界上大多数国家都对专有技术的引进和输出实行严格的审批制度，对这类许可合同的地域范围也有具体的规定。所以，转让技术的法律性决定了许可合同的地域性，当事人双方必须依法遵守合同。

（2）当事人双方的权益要求。国际许可合同涉及的是使用权的授予。对于许可方来说，首先要在一定的区域内具备这样的权利，才能向引进方授予，否则合同是无效的。对于引进方来说，得到许可方授予的技术使用权后，目的是要利用这种授权去获取利益，引进方的利益也要受到地域的限制。只有当获取利益的地域与授予权利的地域一致时，引进方的利益才能得到法律的保护。所以，当事人双方的权益也要求国际许可合同具有地域性。

（3）合同价格的要求。在国际许可合同中，许可方出让技术使用权的目的是从引进方那里获取转让费，而转让费的高低是与许可方许可引进方生产、制造和销售合同产品的地域范围的大小成正比的，即许可方许可的地域范围越大，合同的价格就越高。因此，技术引进方就不能任意扩大其使用范围。技术引进方在选择地域范围时，必须考虑自己的经济实力，尽量以合理的价格得到较大的地域范围。所以价格是决定许可合同地域范围的重要因素。

3）法律性

许可合同具有严格的法律性。不论是合同内容还是在执行合同的过程中，都会涉及多种法律。例如，从法律的渊源来看，涉及国内立法、国际条约和国际惯例；从法律门类来说，涉及国际贸易法、国际投资法、有关国际技术转让和国际金融的法律、国际工业产权法、国际公法和国际私法等。就我国而言，许可合同有可能涉及的法律主要有技术引进合同管理条例、涉外经济合同法、对外贸易法、商标法、专利法、计算机软件保护条例、中外合资经营企业法、中外合作经营企业法、中外合作开采海洋石油资源条例、个人所得税法、外商投资企业和外国企业所得税法、增值税、消费税等。

4）复杂性

许可合同是一种内容十分复杂的合同。不仅合同条款多、涉及面广，而且合同条款的法律性和技术很强。从合同的形式看，除合同正文外，往往还包括大量的附件。

案例 10-1

欧洲专利局与突尼斯签署专利许可协议

EPO（European Patent Office，欧洲专利局）作为欧洲第二大政府间组织，基于单一专利申请面向 40 个欧洲国家的科技发明提供高质量专利。其有 38 个成员国，覆盖了整个欧盟地区及欧盟以外的 10 个国家。2017 年 10 月在 PCT（Patent Cooperation Treaty，专利合作条约）联盟大会举行期间，EPO 再度被指定为未来 10 年中的国际检索单位和国际初审单位，还与世界知识产权组织签订了为期 3 年的《双边合作谅解备忘录》，进一步强化了 PCT 的国际地位。通过 PCT 提交专利申请是在 EPO 获得专利保护的主要途径。在会谈中，EPO 讨论了专利生效协议、专利审查高速公路和合作专利分类（cooperative patent classification，CPC）系统等举措，如何在专利授权过程中为更高的质量和效率提供支持。

2014 年 7 月 3 日，慕尼黑——欧洲专利局主席伯努瓦·巴迪斯戴利（Benoît Battistelli）和突尼斯工业能源矿业部部长卡迈勒·本·纳赛尔（Kamel Ben Naceur），共同签署了突尼斯的欧洲专利许可协议。在协议的规定下，即便突尼斯不是欧洲专利局成员国，欧洲专利申请人和专利所有人也可在突尼斯境内享有其在欧洲认证的专利法律效力。被许可的欧洲专利申请人和专利将享有突尼斯本国专利申请人和专利同等的法律效力，并且受突尼斯专利法管辖。该协议将于批准后生效。

但是根据相关的立法，该协定自 2017 年 12 月 1 日起才开始在突尼斯生效。欧洲专利在突尼斯生效，并且获得与突尼斯国内专利同等的保护范围，即申请人必须在提交欧洲专利申请时或在 PCT 申请进入国家阶段时，或在国际检索报告公布之日起 6 个月内（三者中最晚者）要求其欧洲专利在突尼斯生效。自 2017 年 12 月 1 日起，申请人可以在 EPO 官网上下载新的表格，从而在进入国家阶段的 PCT 申请中请求指定突尼斯为生效国。若突尼斯为生效国，申请人可以只通过一次审查和授权程序便在 43 个国家获得专利保护。这一举措大大地降低了专利费用。

欧洲专利局和突尼斯专利局之间的合作可以追溯到十几年前，自 2011 年起开始加强合作。主要合作内容是培训突尼斯专利局专利人员对现有技术的搜索能力，以及提交申请专利书面意见的书写能力。欧洲专利局和突尼斯专利局还在突尼斯专利文献出版方面进行合作。

资料来源：《欧洲专利局与突尼斯签署专利许可协议》，中国保护知识产权网，2014-08-04；《欧洲专利自 2017 年 12 月 1 日起在突尼斯生效》，中国保护知识产权网，2017-12-15；有改动

思考题：上述资料中签署的是哪种类型技术贸易合同？这种技术贸易合同具有什么特征？

案例分析

从上述资料可以看到企业之间签订国际技术许可贸易合同的主体、客体及其合同特征。国际许可贸易是一项专业性、法律性很强的贸易活动，它目前已成为国际技术贸易中最主要的方式。许可是在不转让技术所有权的条件下让渡技术使用权利。本章的主要内容正是针对技术许可贸易而订立的合同，说明这种类型合同的具体表现形式及其特征、基本条款和特殊条款等方面。

10.1.2　许可合同的种类

在许可贸易中，合同的种类根据许可方授权范围的大小不同可分为以下五种。

1. 普通许可合同

普通许可合同（simple license contract）又称非独占许可合同（non-exclusive license contract），是指在合同规定的时间和地域范围内，许可方在授予引进方使用某个商标，或某种技术生产、制造和销售该技术项下产品的权利的同时，自己仍然保留继续使用该商标，或使用该技术生产、制造和销售合同产品的权利，也可以将该技术再转让给第三方使用。这种合同是许可方授予引进方权限最小的一种合同，因而其技术使用费相对较低，发展中国家（包括我国）在技术引进中采用这种形式较多。

2. 排他许可合同

排他许可合同（sole license contract）也称全权许可合同，是指在合同规定的时间和地域范围内，许可方在授予引进方使用某个商标，或某种技术生产、制造和销售该技术项下产品的权利的同时，自己仍然保留继续使用该商标，或使用该技术生产、制造和销售合同产品的权利，但不再将该技术转让给第三方使用，即排除第三方使用的权利。这种许可合同在实际业务中并不多见，只在特定条件下才使用。例如，大学、研究所、实验室等科研机构，它们拥有技术，但没有制造条件，就可以采用这种许可方式把技术转让出去，这样既可以获得一定的报酬，又可以使用这种技术继续进行科研开发。

3. 独占许可合同

独占许可合同（exclusive license contract）是指在合同规定的时间和地域范围内，许可方给予引进方使用某个商标，或某种技术生产、制造和销售该技术项下产品的独占的权利，自己不得在该地域内继续使用该商标，或使用该技术生产、制造和销售合同产品，也不得将该技术再转让给第三方使用。独占许可合同主要涉及以下几方面的问题。

（1）所限定的地域范围可以是一个国家或几个国家，也可以是一个特定的区域，如日本、美国、欧共体国家或东南亚地区等。

（2）独占许可合同的客体可以是专利、商标或专有技术。

（3）许可方授予引进方独占许可时，向引进方索取的技术使用费要大大高于普通许可使用费。

国际许可贸易工作者协会公布的资料表明，独占许可合同的使用费要比普通许可合同的使用费高出60%～100%。日本许可贸易工作者协会分会也对独占许可合同和普通许可合同的提成率进行了专门研究，认为独占许可合同的提成率要比普通许可合同高 20%～50%。

目前，独占许可的形式在日本、美国和西欧等发达国家或地区使用得较为普遍，这些国家或地区的市场竞争十分激烈，引进方为垄断产品的销售市场，通常愿意出高价以独占的形式获得先进技术，从而获取高额利润。

4. 分许可合同

分许可合同（sub-license contract）也称从属许可合同，是指在合同规定的时间和地域范围内，许可方允许引进方将其从许可方得到的权利再部分或全部转让给第三方。

该合同常出现在以下两种情况下：一是出让这种分许可的企业是跨国公司；二是出让这种分许可的企业是垄断集团的子公司或其驻海外的机构。这些跨国公司或垄断集团由于某种原因不能直接出让许可给第三者时，就将技术先出让给其子公司或海外机构，然后再由它们与第三方签订这种分许可合同进行技术的出让。

5. 交叉许可合同

交叉许可合同（cross license contract）又称交换许可合同，是指许可方和引进方双方将各自拥有的技术使用权提供给对方使用，其实质就是双方均对对方的技术感兴趣，在互利互惠的基础上，相互交换技术的使用权和产品的销售权。交叉许可既可以是独占的，也可以是非独占的。交叉许可一般用于双方合作生产、合作设计、共同研究开发等项目中，因而双方的关系更多的是合作关系。

专栏10-1

富士施乐和微软宣布达成专利协议

富士施乐株式会社（以下简称“富士施乐”）成立于 1962 年，是一家在文件和通信领域提供解决方案与服务的领先公司，帮助客户解决他们的业务挑战。因增添了云计算和移动解决方案，富士施乐建立了使客户能够在适当的时间以正确的方式获取正确信息的一个通信环境，从而促进了沟通。富士施乐是富士胶卷控股公司和施乐公司各占 75%和 25%的合资企业，其直销队伍涵盖日本和亚太地区，包括中国。

微软技术许可有限责任公司（以下简称“微软”）成立于 2014 年，专门用来处理收购、管理和许可微软的专利组合业务。微软公司成立于 1975 年，是一家在软件、服务、设备和解决方案方面帮助个人和企业充分发挥其潜力的全球领先公司。

富士施乐和微软于 2015 年 3 月 19 日宣布达成了一份广泛的专利交叉许可协议。根据富士施乐的一份新闻稿，该协议基于 2007 年的交叉许可协议，协议确保微软和富士施乐可以继续从双方大量有价值的专利组合中受益，加快研究和开发。该协议涵盖微软和富士施乐广泛的产品和服务，包括数码影像、文档管理和移动消费产品。微软和富士施乐拥有悠久的通过合作给消费者带来高品质、尖端的产品的历史。该协议的内容将不会被公开。

2017 年 10 月 31 日，2017 微软技术暨生态大会在北京举行。富士施乐在大会人工智能与物联网展区展示了利用微软公有云 Azure 技术开发的“智能云”系列解决方案，并首次预展了基于“智能云”的物联网解决方案。该方案可为用户、厂商和服务商构建一个能统一管理的开放式平台，从而为中小企业提供具有更高性价比的产品和高效的服务。富士施乐还为大会参观者提供了基于微软云技术的全新“智能云”打印服务，与会者只需在大会现场用智能设备注册，便可自助进行彩色打印、扫描或复印等操作，体验先进的云技术、大数据、IOT（The Internet of Things，物联网）所带来的便捷和高效。微软与富士施乐（中国）对市场趋势的洞察以及业务转型发展战略和理念的高度一致，让双方的合作不断深入。

资料来源：根据《富士施乐首次亮相微软技术暨生态大会》，搜狐网，2017-11-01；《富士施乐和微软宣布达成专利协议》，中国保护知识产权网，2015-04-13 等资料改编而成

10.2　许可合同的基本条款

许可合同是国际技术贸易合同的主要形式，也是应用最广泛的一种合同形式。许可贸易的标的不同，以及方式（普通许可、排他许可、独占许可）的区别，使许可合同的内容不完全相同。下面介绍的合同内容是专利、商标、专有技术许可合同的一些共同性的内容或条款。

10.2.1　前言

在许可合同编有序号的正式条文之前，一般都有简要的前言。前言是合同的重要组成部分，主要包括合同名称和编号、签约时间和地点、当事人名称和法定地址、鉴于条款。

1. 合同名称和编号

合同的名称要确切地反映合同的性质、类型和内容，如“××专利许可合同”“制造××产品专有技术许可合同”等。合同编号有利于立卷归档，便于查阅，也便于双方当事人信件、函电往来和整个合同的履行。

2. 签约时间和地点

签约时间是决定合同何时生效，决定合同规定的当事人何时履行义务的起算点。在合同

没有规定适用法律的情况下，签约地点往往是确定适用法律的重要依据之一。

3. 当事人名称和法定地址

由于双方当事人是整个合同的权利、义务和一切法律责任的承担者，合同中的全部条款都是围绕这两者来拟订的，因而要完整、确切地写明双方当事人的名称和法定地址。当事人的法定地址，还关系到发生争议时对适用法律的选择。

4. 鉴于条款

鉴于条款即叙述性条款，用以说明双方当事人的背景，解释签约的理由，表示双方的目的、意图和愿望，陈述工业产权或专有技术的拥有情况、合法性及实施情况和许可方具有的实际经验，表达双方为达到预定目标共同合作的意愿。这一条款还有助于对合同的解释，保护引进方的合法权利。

例如，鉴于许可方拥有某项制造技术和生产某项产品的实践经验；鉴于许可方拥有并且能得到本国政府当局的许可，出让某项技术给引进方；鉴于引进方愿意引进许可方的某项技术；等等。

10.2.2 主体部分

1. 定义

为便于合同条款清楚、明确地表达双方达成的一致的意见，对合同中反复使用、容易混淆或关键性的名词、术语应做出明确的定义，如合同产品、技术资料、合同工厂、许可方、引进方等，以便使双方对其含义有统一的认识，以防将来在执行合同时由于解释不同而产生争议，同时，也可以使合同的文字简明扼要，避免合同中重复使用冗长、烦琐的表达方式。在合同中需要下定义的词语主要有以下四种。

（1）合同中多次出现，需要加以简化的词语和术语。例如，许可方、引进方、第三方、设备、材料等。

（2）与合同内容和范围有关的重要名词和术语。例如，专利、专有技术、合同产品、合同工厂、技术资料、技术指导、技术培训、考核产品等。

（3）各国的法律或惯例有不同的理解或容易产生歧义的重要的名词和术语。例如，净销售价、提成率、入门费、改进技术、合同生效日等。

（4）重要的专业性技术术语。

2. 合同的范围

这是整个合同的核心部分，是确定双方当事人权利、义务的基础，也是衡量一项技术是否完整、有效地进行转让的标准。该条款一般包括以下内容。

1）基本技术的说明

基本技术的说明包括技术的名称、规格和型号，生产的规模，产品的种类和质量，主要的技术经济指标，原材料的消耗定额。其详细内容应列入附件中。

2）转让技术的方式

技术的转让可以通过以下三种方式来完成。

（1）技术资料的提供。许可方提供的合同产品的设计图纸和数据、生产工艺的资料和说明、技术的范围和内容、技术资料清单以及所提供的技术资料的文字、度量衡制度、资料的套数等，详细内容应列入附件中。

（2）技术服务。只有技术资料，引进方不一定能制造出合格产品。原因是许可方提供的技术资料不可能面面俱到，特别是许可方的技术人员和操作工人的一些实际操作经验与技巧，大部分无法用文字或书面形式表达出来，而是要在实际操作过程中才能传授。对于这些诀窍与技巧，引进方就需要许可方提供技术服务，派遣有关的技术人员到引进方的合同工厂进行实际操作，传授技术，提供技术指导和服务，这对引进方迅速掌握技术大有帮助，但技术服务费也是相当高的。因此，在洽谈合同时，引进方一定要精打细算，严格控制进行技术指导和服务的人数与费用，对那些必要的技术服务，要把服务的内容、任务、工作量、具体的专业、来华的人数、级别、在华时间和验收的标准规定清楚。引进方的义务是配备翻译，提供居住、工作、生活、医疗、交通等方便，并协助办理出入引进方国境的签证等工作。许可方派人到合同工厂进行技术指导和服务时应承担的责任与义务，技术服务的范围及待遇条件，要达到的目标，应另列条款或写入附件中。

（3）技术培训。引进方的人员培训通常有两种方式：一是将自己的人员派往许可方的工厂或车间等场所实习培训；二是许可方派有关的技术人员到引进方的合同工厂讲课，指导实际操作，进行现场培训。无论采取哪一种方式，都要在合同中把人员培训的目的、范围、内容、方法、人数、专业、工作时间和实施的条件规定清楚，使合同双方都有章可循。在人员培训中，引进方的责任是选派培训人员要有目的性，必须根据自己的需要和许可方的特长，挑选专业对口、业务能力强、外语较好的人员去接受培训。许可方的责任是安排有经验、有责任心的技术人员对引进方的技术人员进行培训。在第一种方式下，许可方还要向培训人员免费提供实习中所需要的仪器、工具、工作服、防护用品、技术资料等，并在生活、居住、交通、医疗等方面为引进方的培训人员提供方便。合同双方的这些责任和义务，必须在人员培训的条款中规定清楚，以免许可方逃避责任，从而影响培训效果，达不到预期的目的。

许可方在对引进方的有关人员进行培训时应承担的责任和义务，具体培训人数、方式等，应另列条款或写入附件中。

3）引进方可以制造和销售合同产品的地区范围

引进方应争取产品出口的权利。

4）其他技术的说明

除了基本技术之外，合同条款应说明是否还有其他技术转让。例如，除了专利技术外，是否还有专有技术、商标的转让。若有，应写明相应的条款。

5）关于实施该项技术本身的原材料和设备的提供问题

若引进方在生产产品时，需要许可方在原材料和设备方面给予提供，则应在合同中写明。可能的话，在价格上应争取许可方给予一定的优惠。

在拟订“合同的范围”条款时，应注意以下几点。

第一，拟转让技术的内容要达到的特定目标，要规定得详细，不要有任何遗漏。许可方提供的技术资料应当完整、正确、可靠，并要求及时发送。完整是指许可方提供的技术资料应与它自己在其有关经营范围内所使用的一样，不应有任何删减。正确是指文件不得有任何差错，熟练人员按许可方所提供的技术资料加工出来的零部件不得有任何缺陷。可靠是指测量值不超过有关规范标准所规定的测量公差。同时，要规定引进方获得的技术资料应具有永久使用权，除非由于引进方的过失，不得终止引进方的资料使用权，或要求引进方退回资料。

第二，规定的技术指标要符合实际，要根据可行性研究报告的技术要求及引进方的消化、吸收能力来确定，高低要恰当，一旦列入合同，双方均应保证做到。

第三，提供的技术资料，应根据实际需要有所选择，不要把引进方已掌握的或不需要的技术资料也要许可方提供，否则将增加引进方的费用支出。

第四，出口销售市场的规定要符合国家的规定。

第五，不能接受限制性采购条款。

3. 技术的修改、改进和发展

1）技术的修改

如果许可方提供的技术资料不能完全适用于引进方实际的生产条件（如设计标准、材料、设备的生产条件及其他条件等），许可方应当允许引进方根据本企业的实际情况，对引进技术做适当的修改，并给予必要的协助，在订立合同时应写明这一点。

引进方能否对许可方提供的技术进行修改，这是合同当事双方经常争论的一个问题。引进方认为，为使引进技术适应其自身条件，有权对许可方的技术进行修改，许可方应当给予必要的协助，并对此仍承担技术上的担保责任。而许可方则认为，为保持技术的完整性、安全性和可靠性，引进方不得擅自对引进技术进行修改，如若修改，必须事先征得其同意，否则，由此产生的一切后果概不负责。从根本上说，双方分歧的焦点在于对技术修改后所产生的风险和责任由谁来负的意见不一。

2）技术的改进和发展

在合同期限内，许可方和引进方都有可能对原转让技术做出某种改进与发展。对这种改进和发展的交换办法应在合同中加以规定。如果合同规定，许可方应将改进和发展的技术无偿地提供给引进方，习惯上称为继续提供技术援助；而引进方无偿地将自己改进和发展的技术提供给许可方，称为技术反馈，或称“回授”。

该条款应包含以下内容。

（1）在合同有效期内，双方在交换技术改进和发展方面应承担的义务。一般来说，在合同有效期内，双方均应承担相互交换该种改进和发展的义务，这对双方发展相互间的合作，更好地完成技术转移是有利的，双方均可受益。

（2）交换改进和发展的时间。做出改进的一方应将有关情报尽快提供给对方，或具体规定提供的时间界限。

（3）改进和发展的所有权与使用权。互相提供改进技术，是使用许可的问题，不应是所有权的转让，改进技术的所有权应属于改进的一方，另一方享有使用权。如果另一方意欲将使用权许可给第三方，应征得做出改进一方的同意。双方给予对方使用其技术的授权性质和条件应是相同的，而且这种授权的性质在原则上应与合同中许可方给予引进方授权的性质相一致。

（4）交换改进和发展技术的费用。费用一般均是互惠的。即双方均应无偿或有偿地向对方提供其所改进和发展的技术。改进技术通常免费提供给对方，而发展技术可以是无偿的，也可以是有偿的，即便是有偿的，双方通常也应给予对方以对等的优惠条件。

在拟订该条款时应注意以下两点。

第一，双方交换改进和发展技术的权利、义务要平等，遵循对等原则，即所有权对等、申请权对等、使用权对等、转让权对等、交换时间对等以及费用互惠等。

第二，要防止技术许可方规定“片面回授”的不合理、不对等的条件或要求。

4. 价格与支付

许可贸易合同价格又称使用费，技术价格的构成与商品价格的构成有很大的不同，影响技术价格的因素与影响商品价格的因素也有很大差别。所以在许可合同中规定所交易技术的价格，不能照搬一般商品价格的确定方法，它比一般商品价格的确定要复杂得多。

技术价款的支付方式也与一般商品的支付方式不同，在国际上通常有三种做法：一次总付、提成支付、入门费与提成费相结合。至于一笔交易究竟采用哪一种支付方式，要根据具体情况确定。

5. 技术资料的交付

在许可贸易中，技术资料的交付是非常重要的环节，是实施技术转移的重要手段。许可方出让技术，要靠技术资料来表达、说明和体现，引进方获得技术，也要靠消化、理解和实践这些技术资料来实现。

技术资料交付条款的内容一般在合同附件中加以规定，主要包括以下几个方面。

（1）交付的时间。其可以根据引进方工程的计划和进度，以及引进方自身消化和吸收能力来决定，资料多的，可以分批交付。

（2）技术资料交付的方式和地点。由于技术资料体积小、重量轻，既怕水淹，又怕受潮，因此，一般多以空运方式在技术引进方所在地指定机场交付。技术资料的风险转移，应规定只有当技术资料抵达技术引进方指定机场后才转移给引进方。合同条款中一般要写明“许可方将按本合同附件××规定的内容和时间在××机场交付技术资料，技术资料抵达该机场后，风险由许可方转移给引进方”。这样，一旦技术资料在运输途中发生丢失或损坏，许可方就必须负责补寄丢失和损坏的资料。由于涉及风险的转移，技术资料的实际交付日期只能以目的地机场印戳日期为准，不能以空运单上的日期为准。

除空运外，如果对合同履行进度不会造成影响，也可采用铁路运输或海运的方式。在某些情况下，合同当事双方还可能约定其他方式，比如许可方派人将技术资料随身携带入境，直接交给引进方。

（3）技术资料的包装。交付的资料应具有适合于长途运输、多次搬运、防雨和防潮的坚固包装。每包资料封面上应标明合同号、收货人、目的机场、唛头、重量、件号。每包装件内应附技术资料清单两份，标明资料的序号、空运单号、文件代号、名称和件数等。

（4）技术资料短损的补救办法。引进方收到技术资料后必须尽快对资料进行验收，清点核查资料短缺和清晰程度，发现与合同规定不符，有丢失、短缺或不清晰的一般应在收货后一个月内通知许可方补寄、重寄或更换，如果资料符合合同规定，应书面通知许可方。

（5）技术资料使用的文字和技术参数的度量衡制度。技术资料的书写文字应具体加以规定，一般应采用技术引进方有翻译能力的语种，如规定技术资料需用英语或日语等文字写成。另外，在合同中还应规定交付的技术资料的度量衡制度，一般采用公制。

6. 考核和验收

如何确定许可方是否完整有效地转让了技术，引进方是否掌握了技术，转让的技术能否达到预定的目标，最好的办法就是对合同产品进行考核。对产品的考核可以起到对技术转让的各个环节（如资料、培训、技术指导等）进行综合考核的作用。该条款主要包括以下内容。

（1）考核验收的内容。其主要指合同产品的型号、规格和数量。

（2）考核验收的时间和地点。考核验收一般在引进方生产出第一批合同产品时，在合同工厂进行。

（3）考核验收的组织工作。其指由谁来进行考核。一般是由双方派人组成专门的考核小组，要具体规定该小组的人员组成情况。

（4）考核验收的条件。其指考核验收的环境，如气候、温度、湿度、能源等。

（5）考核验收的方法。其一般在附件中规定。对产品的考核一般可允许进行1～3次，考核合格后，双方签署验收合格证书。若考核不合格，应检查原因，分清任务，限期进行下一次考核。如果不合格的责任在许可方，下一次的考核所需费用应由许可方负担；反之，则应由引进方负担。若规定的最后一次（一般是第三次）考核仍不能通过验收，并且责任在许可方，引进方有权视情况要求许可方给予经济补偿（对许可方罚款或要求降低合同价格），或按许可方违约终止合同。具体处理办法可在保证与索赔条款中确定。若责任在引进方，而且引进方仍愿意继续完成合同，许可方则仍有义务协助引进方查出原因，继续调试，直至考核合格为止。

7. 保证和索赔

在许可合同中，保证和索赔条款主要是保护引进方的利益，防止许可方在执行合同时以次充好，或对其合同义务采取不认真和不负责任的态度。当然，在合同的执行过程中，引进方也可能由于某种原因而不能履行其合同义务。例如，引进方不能按期派出人员到许可方去接受培训，或提供所需要的原材料质量不符合要求，引起合同工厂考核验收的时间推迟，或不付款或不按时付款等。但是，在许可贸易中，合同工厂能否生产出合格的产品，达到预期的效果，主要取决于许可方提供的技术是否成熟可靠，资料是否详细和完整，技术服务和人员培训是否认真与适时。因此，引进方通常要求许可方在合同中做出一定程度的保证，如果许可方违反了这些保证，引进方就有权向许可方索取经济赔偿，这就是通常所说的索赔。

在许可合同中，许可方承担的保证主要有以下三种。

1）技术资料的保证

许可方应保证按合同规定的时间和内容交付资料；保证提供的资料是许可方实际使用的最新技术资料；保证提供的资料是完整的、可靠的、正确的和清晰的；保证向引进方及时提供任何改进和发展的技术资料。如果交付的资料内容有错误，数量有短缺，许可方还要保证按期更换和补齐。

2）权利的保证

许可方应当保证其提供的技术具有有效性和合法权利，并保证这种权利不受第三者的控告。在执行合同的过程中，许可方提供的专利技术、资料和服务一旦侵犯任何第三方的权利，许可方应负责与此侵权行为有关的一切谈判事宜，并承担由此引起的一切后果。有关权利的保证有时也体现在其他条款中。

3）合同产品性能的保证

合同产品性能的保证是通过产品的考核验收条款来实现的，因此，在洽谈合同时，应详细规定产品考核验收的条件和标准。许可方对产品的性能承担的保证责任主要是保证引进方在正确使用许可方提供的技术资料后能生产出符合合同规定的产品；保证在产品达不到合同规定时能与引进方共同分析原因，采取措施，消除缺陷，争取再次考核时能达到合同要求。

如果上述这些保证条款未能履行，在法律上就构成违约行为，受到损害的一方有权要求对方承担赔偿的责任。所以，在合同中还要规定具体的索赔条款，具体包括以下三种。

（1）对技术资料迟交的罚款。罚款的多少是根据资料迟交后造成的损失而定，一般是以周来计算，迟交时间越长，罚款比例越大，但合同中一般都应规定一个最高罚款额和最长期限。在规定的最长迟交时间限度内，许可方支付了罚款后并不解除交付技术资料的义务，如果资料迟交超过了合同规定的最长期限，引进方则可按许可方违约而终止合同。

（2）资料错误或许可方专家指导错误，致使产品、零部件返修或报废的损失补偿。

（3）合同产品达不到性能指标的罚款。合同产品的少数指标，经过许可方的多次努力，仍达不到合同规定的性能指标时，可按以下几种办法进行罚款：①合同按总包价格计价时，合同产品的性能指标每降低 1%，按合同总价××%罚款；②合同按提成价格计价时，合同产品的性能指标每降低 1%，按降低提成率××%罚款；③合同按入门费和提成费相结合计价时，合同产品的性能指标每降低 1%，按合同的入门费××%和减少提成率××%两项合并计算罚款。

8. 税收

税收是一个比较复杂的问题，由于目前世界各国的税收制度一般都不相同，在技术贸易合同中，应明确划分国内外的税收的负担问题。详细内容见本书 5.4 节“国际技术贸易中的税收”。

9. 不可抗力

不可抗力是指合同签订后，不是许可方或引进方的过失，而是发生了意外事故，这种事故对许可方或引进方来说是事先无法预见和事后无法预防的，致使合同不能执行或不能按期执行，遭受不可抗力的一方可免除责任，另一方也无权提出索赔。这是国际贸易中的惯例。

在合同中不可抗力条款的主要内容包括以下几点。

（1）不可抗力事故的范围，即哪些事故属于不可抗力事故。

（2）发生不可抗力事故时，当事人双方应采取的行动和措施，即遭受不可抗力事故一方履行通知和提供证明的责任。

（3）允许遭受不可抗力事故一方延长履行合同的最长时间限度等。

在合同中，不可抗力条款可做以下规定：由于战争、严重火灾、水灾、地震以及双方所同意的其他人力不可抗拒的事件影响本合同的执行时，可适当延长履行合同的期限，延长期相当于事故所影响的时间。发生事故的一方应尽快将事故情况用电传通知另一方，并在 10 天以内用航空挂号信将有关当局的证明文件提交给另一方。不可抗力事故延续到 90 天以上时，双方应通过友好协商尽快解决合同继续执行的问题。当不可抗力事故终止或事故消除后，受事故影响的一方应尽快用电传或电报通知对方，并用航空挂号信证实。

在拟订不可抗力条款时，应注意不可抗力事故的范围。在拟订该条款时，要注意明确、具体，同时又应有一定的灵活性。可采用概括式和列举式综合并用的方式。在通常情况下，我国可以同意写在合同上的不可抗力事故有：战争，严重的水灾和火灾，台风，地震等自然灾害。对于罢工事件，我国一般不应同意作为不可抗力列入合同中，其原因主要有两点：一是罢工事件很多，二是罢工的种类多。有的罢工，如工人要求增加工资、改善劳动条件等，属于劳资纠纷，只要资方能满足工人的合理要求，纠纷也就解决了，并不构成不可抗力；有的罢工，如铁路工人、航空公司、码头工人的罢工，是许可方无法抗拒的。为了处理这类事故，在合同条款中往往加上“以及双方同意的其他不可抗力”一句话，使双方能在执行合同中根据事件的具体情况灵活决定。

10. 争议的解决

在合同的执行过程中，当事双方发生争议的解决办法通常有四种：友好协商、调解、仲裁和司法诉讼。

对于一些小的争议，通过友好协商或调解一般是可以得到解决的，但对于一些大的争议，如果通过友好协商或调解都不能得到解决，就只好诉诸仲裁。友好协商和调解是不拘形式的，可由当事双方临时确定，所以，在合同中不需要明确规定专门的程序，但仲裁是终局性的，对双方都有约束力，在合同中就需要明确规定仲裁的地点、机构、程序、裁决的效力和仲裁费用由谁负担等问题。

11. 合同的适用法律

适用法律是指合同条款的解释应遵循的法律，双方当事人的权利义务应以哪个国家的法律为准，即合同的“准据法”（proper law）。由于各国法律不同，按照不同国家的法律处理争端，可能产生不同的结果。

就国际技术贸易而言，适用法律不仅涉及整个合同的总体，而且可能涉及合同的有关条款。例如从一项技术交易所得到的收入，不仅要按技术供方国家的法律纳税，而且要按技术受方国家的法律纳税。所以，不论是整个技术交易或其中的各种要素的“准据法”问题均比较复杂，如何处理好适用法律，是国际技术贸易中的重要环节。

12. 合同的生效、期限、续展及终止

1）合同的生效

根据多数国家的规定，技术转让合同须经国家主管部门审查批准后才能生效，合同的生效日期一般以国家有关部门批准的日期为准。根据我国的有关规定，技术转让合同须于签字后 30 天内向有关部门申请注册生效，审批机关应在 60 天内完成审查工作，审查合格者发给证书，证书上标明的日期就是合同生效日期。有时许可方国家政府也需要审批，那么，最后一方政府的批准日为合同的生效日期。

2）合同的期限

合同的期限即合同的有效期，是指当事人双方承担合同规定的权利和义务的期限。在确定有效期的长短时，一般来说并非由双方当事人主观因素所决定，而是受许多客观因素影响。这些影响因素主要包括以下几点。

（1）技术的复杂程度和引进方掌握技术的能力，以及对许可方提供零配件的依赖程度。

（2）技术的更新速度以及引进方自己研究发展技术的能力。目前技术的生命周期越来越短，普通技术一般 2 年到 3 年，复杂尖端技术可能 10 年到 15 年或更短的替代周期。所以替代周期越短，有效期也就相应越短。

（3）技术的法律保护期限。专利、商标等技术是有法律保护期限的，合同的有效期限应与法律保护的期限相一致。

以上因素需综合考虑，以便确定有效期。对引进方来说，应争取有效期短一些。

3）合同的续展

技术贸易合同的有效期可以延期。其原因主要有以下几点。

（1）双方合作得比较好，双方均受益，继续维持合作对双方都有好处。

（2）有时引进方吸收技术的能力较差，在有效期内没有很好地掌握技术，需延期。但这种情况比较少见。

（3）技术的法律保护期未满。合同的有效期届满，而技术的法律保护期未满，延长合同可以使引进方继续使用该技术。

合同双方当事人协商续展合同后，一般仍须报请政府有关当局审批，经批准后，续展才能生效。根据我国有关法律的规定，续展审批手续与合同审批手续相同。

4）合同的终止

合同的终止一般有以下三种情况。

（1）自然终止。合同规定的有效期届满，双方当事人也不准备续展合同，则合同自然终止，双方的权利义务也告终止。

（2）不可抗力终止。合同签订后，遇到了不可抗力事故，导致合同无法继续执行，则可以中途终止，双方当事人可以免除法律责任。

（3）违约造成的终止。因一方违约造成合同中途终止，则后果的处理比较复杂。但对它的处理一般在有关条款中，如保证与索赔等条款中，已分别做了规定，所以在合同终止条款中仅需对当事人的有关债务和债权的处理做出规定。

13. 合同文字及签字

1）合同文字

合同使用的文字，特别是外文应尽量使用国际通用的英语，避免使用我们不熟悉的外文。合同文字应以中文和英文（或其他文字）写成，中英文文本具有同等效力。

2）签字

双方当事人应在所有合同正本上签字，但应注意以下两点。

（1）签字人应为双方当事人的合法代表或以正式授权书授权签字的人。

（2）在我方，可由作为代理的外贸公司和具体引进技术的单位共同签字。

10.2.3 合同附件

所有附件应与合同正文提到的附件相对应，并按前后顺序一一排列，不可任意颠倒。同时，应明确合同附件为合同不可分割的组成部分，与合同正文具有同等法律效力。

10.3 专利、商标、专有技术许可合同的特殊条款

专利、商标和专有技术各有自己的特点，作为技术贸易的标的，它们在交易过程中所涉及的问题也有所不同。因此，在许可合同中，除了前面介绍的许可合同的共同性条款外，还应针对合同中的具体转让标的加入一些特殊条款。

10.3.1 专利许可合同的特殊条款

1. 专利条款

鉴于专利问题的复杂性，在洽谈专利许可合同时，必须要求许可方把项目中所包括的专利内容一一列出，并标明专利号、专利申请国别、申请的时间和有效期限，目的是使引进方得以鉴别专利的真伪，有利于引进方选择适用的专利技术，比较准确地核算应支付的专利使用费。

2. 专利的保持有效条款

根据各国专利法的规定，专利申请后，专利权人应按期向主管部门交纳一定的费用，称为专利年费。年费的交纳金额通常采取累进制，即越接近专利末期，年费就越高。所以，为了保持专利的有效，合同中应规定，许可方应按期向专利主管部门交纳年费，以保持专利在合同有效期内的有效性。这样做对于当事人双方，特别是引进方是有利的，否则，合同有效期尚未届满，专利却可能因未交纳年费而失去法律的保护，当第三者利用该专利时，当事人均无法援引法律，要求法院或专利局追究第三者的法律和经济责任，而且当事人之间也会因此而发生纠纷。

3. 侵权的处理

侵权是指未经专利权人许可，第三者即利用其专利，或专利权人或其利害关系人被第三者指控侵犯了第三者的专利权时所产生的一种违法行为。在许可方为转让专利使用权而与引进方签订合同时，引进方利用许可方专利技术生产并出售产品时，有时会受到第三者的指控，从而发生侵权纠纷。引进方在洽谈合同时，应对第三者可能的指控如何处理，由何方承担法律和经济责任等事先有所准备，并明确规定在合同中。一般应规定：“如果第三方指控侵权，由许可方负责与第三方交涉，并承担由此而产生的法律和经济上的全部责任。”但是，我国技术引进合同中如何具体规定，须视情况而定，从而使该条款规定得更加合理、明确。

10.3.2　商标许可合同的特殊条款

商标是工业产权的一种，商标所有人可以将商标转让给他人使用。因此，商标有时连同专利技术或专有技术一起进行转让，有时也单独进行转让。无论属于上述哪种情况，均须在合同中明确规定下列内容。

1. 商标的内容和特征

要明确写明商标名称、图样，使用该商标的商品。

2. 商标权的合法性和有效性

为了表明商标权的合法性和有效性，合同中必须明确规定商标注册的国别、时间、有效期限和适用的区域范围。

3. 引进方使用商标的形式

引进方获得商标使用权许可的形式有多种，具体采取哪种形式要在合同中做具体的规定，一般有以下四种形式。

（1）直接使用。直接使用是指引进方对许可方的商标不加任何改动，将商标直接标在自己生产的产品上。

（2）联合使用。联合使用是指引进方将自己拥有的商标与许可方许可的商标并列使用。例如，上海汽车制造厂引进德国大众汽车有限公司的技术和商标后，在上海汽车制造厂生产的汽车上使用“上海-Santana”作为商标。

（3）联结使用。联结使用是指选择引进方拥有的商标和许可方许可的商标这两者有代表性的部分，联结在一起，组成一个新商标。例如，我国福建某彩色胶片公司引进美国柯达公司的技术和商标使用权，联结成“FUDA”商标。需要注意的是，联结商标的所有权应属于引进方。

（4）将许可方的商标与制造地点联系起来。将许可方的商标与制造地点联系起来是指在使用许可方的商标时，注明×国×厂根据×许可方的许可制造。

在上述可供选择使用的形式中，一般以使用后三种形式为好，因为这涉及企业商标战略问题。引进方引进商标使用权的主要目的在于利用许可方商标的信誉，以利于产品的推销，并且希望以此逐步建立引进方自己产品的信誉。而第一种形式由于在合同期满后，引进方不得继续使用许可方的商标，这样就会大大影响将来产品的销路和市场。在引进制造技术时，也可以在合同中规定若干年先用许可方商标，若干年后改用许可方、引进方的联合商标或联结商标，再过若干年后变为完全使用引进方的商标。

在一项商标许可或包含商标许可的合同中，究竟采用哪种方式，我国法律和政策都未做限制性规定。引进方应当有战略眼光，从企业的长远发展考虑，同时也要根据国际市场情况和产品的销售情况来决定具体采用的形式。

4. 商标许可的备案或注册

商标许可合同或包含商标转让的许可合同，均应视情况向引进方国家商标管理机关办理备案或注册手续，从而使转让的商标在引进方国家受到法律保护。办理备案或注册可由引进方或共同委托商标注册代理人办理。

案例10-2

苹果公司如何获得iPad商标权

据媒体报道，2000年，香港上市公司唯冠控股公司旗下子公司深圳唯冠在中国内地申请了“iPad”文字商标和文字图形结合商标两个商标的专用权，并于2001年获得商标局核准注册，之后深圳唯冠将该商标使用在其自行研发的液晶显示器等电子产品上。2001年至2004年，唯冠控股旗下另一子公司台湾唯冠在欧盟、韩国、墨西哥、新加坡等国家或地区共获得8个“iPad”相关注册商标专用权。

2005年前后，苹果公司策划相关产品进入欧洲市场之时，得知iPad商标归台湾唯冠所有，当时曾以撤销闲置不用商标等理由向英国商标局提出申请，但在英国败诉。

2009年12月，在英国设立的IP公司（IP Application Development Limited）于台湾与台湾唯冠签署iPad商标整体转让协议，协议对价3.5万英镑。2010年4月3日，苹果公司iPad平板电脑产品在美国上市，4月7日，苹果公司与IP公司签订转让协议，以10英镑价格“受让”包括涉案商标在内的所有商标。

2010年下半年，苹果公司联合IP公司在广东省深圳市中级人民法院起诉深圳唯冠，请求法院确认iPad商标专用权归苹果公司所有。广东省深圳市中级人民法院经过审理认为商标转让协议是台湾唯冠公司签订的，对深圳唯冠公司没有约束力，也没有构成表见代理，故判决驳回了苹果公司等的诉讼请求。苹果公司、IP公司不服，向广东省高级人民法院提起上诉。在二审期间，广东省高级人民法院经多次调解，终使双方于2012年6月达成调解协议，由苹果公司支付6000万美元，唯冠公司将涉案iPad商标过户给苹果公司。该调解协议已经执行。

资料来源：根据《苹果公司与深圳唯冠IPAD商标纠纷案二审开庭》，新华网，2012-03-03；《IPAD商标权权属纠纷案终审开庭　将择日宣判》，中国青年报，2012-03-01；《苹果或被罚300亿　唯冠欲申请禁止进口苹果iPad》，东亚经贸新闻，2012-02-15等资料整理而成

思考题：美国苹果公司为了获得iPad的商标权，为什么要交6000万美元？

案例分析

注册商标可以通过合同转让获得，即商标权人通过签订合同将自己的注册商标转让给他人，是转让人与受让人为转让商标专用权而明确相互权利和义务关系的协议。IP公司以3.5万英镑的价格购买了所有“iPad”相关商标。深圳唯冠则提出，深圳唯冠称该公司从未授权任何人转让iPad商标。2009年12月23日，台湾唯冠与IP公司在台湾签署了《商标转让协议书》，该协议系台湾唯冠法定代表人杨荣山授权台湾唯冠法务部负责人麦世宏与IP公司代表人签订。而本案所涉及的商标转让协议是台湾唯冠与IP公司签订的，并非原告与深圳唯冠之间订立的。即便台湾唯冠与深圳唯冠均同属唯冠控制的子公司，但在法律上两家公司是独立的法人，台湾唯冠只有权转让其拥有所有权的8个iPad商标，而无权转让“第三人”深

圳唯冠的注册商标。

5. 关于产品的质量监督权

引进方在使用许可的商标时，许可方一般均要求对引进方生产产品的质量进行监督，即取得产品质量监督权，其目的在于维护商标的信誉。对于许可方的这一权利，各国法律大都给予承认。例如，《商标法》第四十三条规定："商标注册人可以通过签订商标使用许可合同，许可他人使用其注册商标。许可人应当监督被许可人使用其注册商标的商品质量。被许可人应当保证使用该注册商标的商品质量。"

在许可方享有质量监督权时，应在合同中规定实行监督的具体办法，同时，也应防止许可方利用其享有的质量监督权对引进方施加某些不合理的限制。例如，要求引进方向许可方购买某些与保证商品质量无关或不是十分必要的原材料、零部件等。

10.3.3　专有技术许可合同的特殊条款

1. 保密条款

由于专有技术具有秘密性，因此专有技术许可合同一般都规定有保密条款。保密条款一般包括以下几方面。

1）保密的内容

保密的内容即当事人约定的保密范围，也就是引进方应当对哪些技术内容承担保密责任。在技术转让合同中，并非所有作为合同标的的技术资料都是保密对象，能够作为保密对象的通常仅限于那些技术的核心部分，即基本设计、工艺和图纸等。一般的技术内容和资料不应列入保密的范畴。一般情况下，引进方不应承担保密责任的有以下四种情况。

（1）引进方取得专有技术时已经拥有的技术情报。

（2）非因引进方过失已为公众所了解的技术情报。

（3）引进方从对许可方不负任何保密义务的第三方取得的情报。

（4）许可方已在引进方国家外取得专利权，即已在引进方国家以外公开的技术情报。

对于引进方应当承担保密责任的技术内容一般在合同附件中一一列出。这一方面有利于使保密的内容具体化；另一方面有利于将不需保密的部分排除在外，防止引进方承担一些不必要的保密责任。例如，某一专有技术转让合同的附件一至附件三是许可方提供的技术资料的清单，其中附件一和附件二分别是配方和工艺流程图的清单，附件三是相关设备的安装图和使用说明书的清单，附件三不属于技术秘密，因而在该合同的保密条款中规定：引进方对于从许可方获得的，本合同附件一、二中所规定的技术资料予以保密。

2）保密的地域范围

保密的地域范围是指保密者承担的不向任何第三方泄露所负责保密的技术的区域范围。这个区域范围取决于合同的性质，即取决于该合同授权条款中规定的授权性质。如果该合同授权条款规定的授权属于普通许可，那么，引进方承担的保密义务则不受地域范围的限制。如果合同中的授权是一种分许可，引进方有权依照合同规定将许可方转让的技术向第三方转让，则引进方承担的保密义务的地域范围就是有限的，不包括合同规定的分许可地区。

3）保密的方式

保密的方式是指引进方应采取哪些措施、方法对应该保密的技术加以保密。合同中规定的保密方式主要有以下两种。

（1）规定技术资料的复制和使用办法以及技术资料的回收。如合同中规定：引进方不得复制许可方提供的技术资料；引进方应详细记录每次使用技术资料的情况，以备许可方检查；许可方有权对引进方的保密工作实行监督；在合同执行完毕，或是因故不能继续执行时，引进方应将许可方提供的某些秘密资料退回。

（2）限定接触核心技术秘密的人员。例如，在合同中规定，在整个保密期内，引进方能够接触许可方提供的核心技术秘密的人员，仅限于某些具体执行该合同的技术人员。凡是接触技术资料的人，都要和引进方或许可方签订保密协议。另外，对于技术资料的保管人员的要求也应在合同中加以规定。

4）保密的期限

保密的期限是指引进方承担保密义务的截止日期。保密期限的长短应根据所转让技术的实际寿命以及国家的有关法律规定来确定。一般情况下应与合同的有效期一致，或短于合同有效期。但许可方有时要求合同期满后仍让引进方继续承担保密义务，引进方一般是不会接受许可方的这种要求的。

保密的期限也可以续展，它是指在合同的执行过程中，由于某种情况的发生，合同当事双方同意将合同原定的保密期予以延长。在许可合同中，一般都定有技术的改进与发展条款，当许可方在合同有效期内根据合同规定，将其新发展的技术提供给对方时，保密期的续展也就随之发生。一般来说，续展的时间为该合同已经实际执行的时间。

5）泄密的责任

该条款通常包括承担违约责任的条件、方式、违约赔偿的范围以及违约金的数额等。

在合同中规定承担违反义务的违约责任条件，实际上是规定不承担违约责任的例外情况，即免除条件。哪些情况可以作为免除条件由双方约定，一般仅限于保密义务人自身以外的原因使继续履行保密义务成为不必要或不可能等情况。

承担违约责任的方式包括：立即停止违约行为，将非法所得交给对方；按照对方的要求停止合同的继续执行，退还全部技术资料；赔偿对方损失；等等。

确定违约赔偿的范围是个复杂的问题。违反合同保密义务的后果同违反其他合同义务的后果不尽相同，其实际后果很可能是使转让的技术秘密失去商业价值。所以，确定泄密的违约赔偿范围直接或间接地涉及确定该技术的可得利益的损失。而可得利益是未来可能获得的利益，对它的确定更是一个复杂的问题，一般只能对其做相对合理的估算，而无法精确地计算，这也就给确定违反保密义务的赔偿范围带来了一定困难。为了避免一旦发生违约，在赔偿范围问题上纠缠不清，应尽可能在合同中对违反保密义务的赔偿范围及计算方法做出明确的规定。

2. 许可方的保密义务

以上叙述的均是引进方需承担的保密义务，在国际技术贸易中，也常有许可方应承担保密义务的情况。许可方的保密义务至少表现在以下三个方面。

（1）许可方对引进方提供的合同工厂的厂址情况、水文及地质资料、生产能力、产品种类、经销渠道等生产经营情况应承担保密义务。因为合同工厂的厂址环境、生产经营情况等属于该厂的重要经济情报或商业秘密，一旦泄露，势必有碍于该厂在商业上的竞争地位。

（2）许可方在订立合同后，一般也应对其转让的技术予以保密，不得以危害引进方为目的将其技术公开。因为，在许可方和引进方建立合同关系之后，引进方获得了利用许可方技术的合法权利，为了最大限度地从其购买的技术中获得利润补偿，引进方同样需要许可方对其所转让的技术予以保密，以防一旦泄露或公开，增加其竞争对手，或丧失该技术的商业价值，对自己造成损失。

（3）在引进方将其发展的技术回授给许可方时，许可方应承担保密义务。许可合同一般都订有回授条款，规定双方对于作为合同标的的技术有所发展时，应无偿或有偿地传授给对方，当引进方将其所发展的技术回授给许可方时，许可方必须对引进方回授的技术予以保密。

在上述第（1）条所述的保密内容中，许可方所负的保密义务是没有地域范围限制的，许可方在世界任何一个地方都不得泄露上述技术情报。而且，保密的期限应不同于许可方提供的技术资料的保密期，一般理解为前者是无限的，或至少要长于后者，因为合同工厂的水文、地质等情况基本上是恒定的，在一定时期内不会发生变化；同时，各国法律所限制的也只是许可方提供技术的保密期，对合同工厂的水文、地质及生产经营情况的保密期限不做任何规定，完全可以由当事人自由约定。

3. 初期保密协议

在专有技术转让谈判过程中，许可方为了说明自己所转让技术的先进性和可行性，难免要涉及一些技术细节，透露一些技术秘密。为了防止一旦谈判破裂，无偿地丧失某些技术秘密，许可方往往要求在合同签字之前，甚至在合同正式谈判开始之前，先和对方签订一个初期保密协议，以此约束对方，维护自身的利益。

初期保密协议的具体内容由双方商定，通常包括以下几方面：首先，应明确规定引进方有义务对从对方获得的一切技术情报予以保密，未经对方许可，不得利用和扩散，否则要承担经济上和法律上的责任。其次，应规定协议的保密期限。最后，也可以在协议中规定一定数额的保证金，即要求引进方在初期保密协议签字后立即支付给许可方一笔款项作为其履行保密义务的保证。一旦引进方在规定期限内违约，许可方则没收这笔保证金，同时要求追究对方的违约责任。

10.4　计算机软件许可合同

10.4.1　计算机软件的贸易方式

计算机软件的贸易方式主要有以下四种。

1. 发行

计算机软件著作权人拥有软件的使用权，发行是使用方式的一种。如同发行书刊一样，采取买卖方式进行，无须签订合同。采用发行方式的软件一般是系统软件，如“Windows”“Lotus”等。

2. 软件使用许可

软件的著作权人或其受让者，在软件著作权保护期内，根据有关法规，与被许可方签订书面合同，许可被许可方在合同规定的方式、条件、范围和时间内行使软件著作权人或其受让者拥有的使用权。一般软件使用许可的标的多为专用软件，如银行财会软件、项目评估软件、质量控制与检测软件等。

3. 软件使用权转让

在软件著作权保护期内，软件著作权人和使用许可权的享有者，可以把使用权和使用许可权转让给他人。转让之后，著作权人和使用许可权的享有者即不再享有软件的使用权和使用许可权。软件转让只涉及软件使用权，不涉及软件的人身权利，人身权利不能转让。软件使用权转让需根据我国有关法律规定，以签订和执行书面合同的方式进行。

上述三种贸易方式，只有软件使用权许可属于技术贸易的范畴，其他两种方式则属于买卖的范畴。

4. 交钥匙合同

除了上述几种贸易方式外，计算机软件交易中还包括一种综合的贸易方式，即计算机硬件与软件使用许可或转让结合，统称为“交钥匙合同”（turn key agreement）。计算机交钥匙合同一般包括：有关计算机系统详述，硬件、附件和外围设备，系统软件与应用软件，硬件与软件测试，技术服务，实现合同的规划等。

10.4.2 计算机软件许可合同的主要条款

计算机软件许可合同是计算机软件的许可方与被许可方为许可某项软件（通用软件、专用软件或定做软件）的使用权，经协商所达成的具有法律约束力的文件。通用软件可以大批量生产，软件公司与大量的用户之间所签订的合同大多是简单的格式合同，规定软件公司转让软件之后提供必要技术服务的义务，用户承担不复制、不自行转让有关软件的义务。故在此不对这类合同做过多的介绍。定做软件与专用软件的法律地位相同，用户获得的使用权也大都是专用的，故以下着重介绍专用软件许可合同的主要条款。

计算机软件贸易作为技术贸易的重要内容的时间还不长，其许可合同也未形成完整固定体系，正如其他技术贸易对象进行贸易的初期阶段，被许可方考虑的重点多是怎样获得和使用技术一样，没有更多地考虑到怎样使许可方也承担更多的义务。因此，现在很多软件合同多是规定如何维护许可方利益的。例如，如何维护许可方对软件的专有权，被许可方不得复制、转让、转售，等等。随着软件贸易的不断发展，应该更多地订立一些能够保护被许可方利益的合同条款。由于软件许可合同和其他许可合同具有相同的结构和一些共性的条款，因而在此只就软件许可合同的特殊性条款进行介绍，而将有些共同的部分略去。

1. 鉴于条款

鉴于条款在软件许可合同中虽然并不是合同正文的组成部分，但起着合同导言的作用，其内容一般是分段叙述，最主要是表明双方签订合同的目的和愿望，以及许可方拥有何种权利、准备授予何种权利、被许可方愿意获得何种权利等。例如，可制定如下条款。

鉴于许可方开发了×××专用程序并作为一切权利的所有者对于所述的×××专用程序（proprietary program）拥有所有权和利益。

鉴于许可方愿意给予被许可方在用于研究的非商业场合使用该程序的有限的、非独占的使用许可。

鉴于被许可方希望获得该程序的有限的非独占的使用许可，作为教学工具和非商业的内部研究及行政管理活动的工具，排他、非独占、非商业性地使用程序。

鉴于被许可方承认许可方开发的程序的知识产权价值，承认许可方为本合同的主体并采取一切合理的措施，保护其在知识产权方面的利益。

2. 定义

在计算机软件许可合同中，会涉及大量的计算机软件的专有名词和计算机技术上的术语，它们对于解释软件许可合同的有关条款，确定当事人的权利、义务和责任等，起着非常重要的作用。特别是至今许多名词术语尚未规范化的条件下，对于软件许可合同中反复出现的名词术语首先在合同开头规定明确的定义（definitions），从而可以减少当事人之间的很多误解甚至纠纷，也有助于合同整体上的一致性。

通常需要下定义的名词术语有以下几种。

专用单元（customer unit），指供方所转让的软件可以用在哪种计算机上。

替用单元（substitute unit），指专用单元因维修暂停使用时，可以用哪些其他型号的计算机替代。

软件包（enhancement package），指特别设的软件程序组，以此可以把源代码（source code）写成除本程序（所转让的程序）以外的任何语言，但该软件包的使用没有本程序是不可能的。

使用（use），指把本程序的任何部分输入计算机中或为计算机指导书的加工、说明书的加工或本程序资料的加工、转换到计算机中的行为。

源代码，指适于由一台计算机、计算机组、转换机，以计算机语言来表示的计算机程序。

缺陷（bug），指由于偏离用户程序指导书说明的程序所引起的程序性的错误。

3. 许可的范围和被许可方使用程序的限制

许可的范围和被许可方使用程序的限制（limitations of license and restrictions on use of the program by licensee）主要是许可方为其本身的利益，对被许可方使用软件程序的范围所做的种种限制性规定，其规定往往是非常具体的。例如，只限于被许可方使用；只限某些人使用；只限在某地点使用；只限在某些计算机上使用；等等。例如，被许可方同意，只由被许可方，即其系、学生和职员排他地、独占地使用该程序，并保证其系、学生和职员不将该程序的任何部分销售、转让、许可给境内外的任何其他第三者、公司、企业。

4. 提供的软件内容及软件的形式

许可方提供哪种软件及该软件的表现形式是很重要的，也是许可方与被许可方争论的焦点。作为许可方来说，通常只提供结果程序（object code），即计算机可读程序，而不愿提供源代码。这样被许可方就只能依赖许可方，很难修改或发展所接受的软件。因此，在专用软件的许可合同中，被许可方应坚持许可方提供源代码。

此外，许可方还应提供程序说明书（specification）和使用手册（user's manual）或指导书（supporting material）。

程序说明书一般包括：对软件功能的说明（该软件所能完成的任务、数据处理要求、资料容量等）；软件所适用的计算机、储存器、接口等要求；程序工作的条件；软件误差可修正和恢复的程度等。

指导书主要包括：怎样输入数据；怎样运用程序；怎样处理意外事故；程序进入工作状态的流程图；等等。

软件的形式：磁带、磁盘、穿孔卡片等，合同中要明确提供的形式和数量。如合同生效后 30 天内，许可方将向被许可方提供一套以磁盘形式并为计算机可读的程序副本和每台计算机一套使用说明书，但许可方规定并经被许可方同意，将不向被许可方提供源代码。

5. 使用软件的地点

计算机软件通常只限于在某一特定地点（sites）使用，它不像其他类型的许可合同中的地域概念，而是指某一通信地址、某一座建筑物。实例提示如下。

（1）使用本程序的指定计算机是：××。

（2）计算机制造型号。

（3）制造厂序号。

（4）工作系统。

（5）放置地点（完整的街名、地址、城市、国家）。

6. 支付条款

支付条款（payment）：由于被许可方取得软件的许可后并不能通过软件的使用生产出直接上市的产品，因此，软件的使用费也无法按其直接的效益作为计算的基础。目前，软件使用费大多按以下几种方式计算。

1）固定计价或固定使用费

固定计价（fixed price）即软件使用费为一固定数额，在合同有效期内不变。这笔规定的数额通常是根据工作的进度，按比例分期支付。实例提示如下。

（1）提供软件时，支付 10%。

（2）开始试用软件时，支付 30%。

（3）试用完毕时，支付 30%。

（4）担保期结束时，支付 30%。

2）计时支付

计时支付（time price）是指按照被许可方使用有关软件的时间计算使用费。这种支付方式是沿用了最早计算机软件以租赁方式使用时的做法。使用这种方式时，最好规定被许可方支付使用费的最高数额，这有利于被许可方支付满一定额度后，继续使用软件而不支付费用。另外，在计时支付条件下，许可方往往要求保留中途调整使用费的权利，如被许可方不同意，许可方有权中止合同，这种要求是不合理的，被许可方一般不应轻易接受。

7. 软件支持或支持服务

软件支持或支持服务（software support or support services）是为了使被许可方更好地使用所提供的软件，许可方应该提供支持服务，一般包括：为适应被许可方使用的计算机，输入所提供的程序，许可方提供一套完整的书面说明；在合同有效期内，免费提供改进或更新的版本；为使用程序的每台计算机配备一套使用手册；等等。

案例 10-3

要应用 iOS9，还存在的障碍

2015 年 9 月 16 日，苹果正式发布了 iOS9，该系统对于 iPhone、iPad 以及 iPod touch 来说是一次重大更新，提供了大量新功能，包括更为先进的 iPad 多任务处理功能，新款 News 应用、搜索和 Siri 性能提升以及电池续航时间延长等一系列技术改进。

iOS9 目前可以通过 iTunes 免费下载或通过 iOS 设置中的软件更新功能进行 OTA（over the air technology，空中下载技术）升级。用户要想升级 iOS9，最低设备要求是 iPhone4s、iPad2 以及第五代 iPod touch。

“此次升级能够让你的 iPhone、iPad 以及 iPod touch 变得更加智能，强大的搜索和改进后的 Siri 功能会让设备更具前瞻性。”苹果称，“新的 iPad 多任务处理功能允许你同时使用两款应用，分屏处理，或使用新的画中画（picture-in-picture）功能。”

“内置应用功能更为强大。地图中的交通信息更为详细，Notes 应用经过了重新设计。新系统还推出了全新 News 应用。系统底层的改进加强了性能，提升了安全，为你提供至多一个小时的额外电池续航时间。” iPad Air2 或 iPad Mini4 用户可以利用 iOS 9 的分屏功能，并排处理两款应用。另外两个多任务处理功能 slide over、picture in picture 将能够运行在 iPad Air、iPad Air2、iPad Mini2、iPad Mini3、iPad Mini4 上。slide over 能够允许用户在不退出第一个应用的情况下打开第二个应用，picture in picture 能够让视频在更小窗口中播放。iOS9 的另一重大改进就是在主屏左边加入了新的搜索屏幕，根据用户过往习惯预装了应用和联系人，根据地理位置提供动态消息和兴趣点。“proactive”功能拓展到了系统的其他方面。例如，一封包含航班预订信息的电邮现在可以被用于创建一项日历事件，根据交通堵塞状况发布动身去机场的通知。Siri 现在能够通过日期和地理位置等条件查找照片与视频，或根据目前屏幕上显示的短语设定提醒，如“今晚提醒我”。从技术层面上讲，苹果承诺安装此次系统更新能够增加至多一个小时的电池续航时间。苹果还做出了多项安全改进，降低了 iOS 更新所需要的存储空间要求。iOS8 安装时需要近 4.58 GB 的空闲空间，而 iOS9 只需要大约 1.3 GB。iOS9 预装在 iPhone 6s 和 iPhone 6s Plus 上，后者于 2015 年 9 月 25 日上市。iPad Pro 也预装 iOS9，2015 年 11 月发售。

不过据很多用户反映，他们在升级时遇到了出错信息提示。苹果服务器很难提供 iOS9 下载。安装了 iOS9 GM 版系统的用户还必须安装一个小更新，才能升级到 iOS9 正式版。虽然 iOS9 的普及速度较快，但并不意味着新系统十分完美。另外，大量苹果用户反映他们的

设备在升级 iOS9 时出现了系统崩溃等问题。

资料来源：根据《终于等来 iOS9，但 watchOS 2 因漏洞推迟了》，凤凰科技，2015-09-17；《iOS9 问题不断：多位苹果用户报告升级导致设备崩溃》，凤凰科技，2015-09-18 等资料改编而成

思考题：请你结合以上内容，分析计算机软件技术贸易会对技术被许可方产生哪些影响。

案例分析

软件支持或支持服务是为了使被许可方更好地使用所提供的软件，许可方应该提供的支持服务，一般包括：为适应被许可方使用的计算机，输入所提供的程序，许可方提供一套完整的书面说明；在合同有效期内，免费提供改进或更新的版本。上述案例中用户面对 iOS9 正式版“此次升级能够让你的 iPhone、iPad 以及 iPod touch 变得更加智能，强大的搜索和改进后的 Siri 功能会让设备更具前瞻性。”“新的 iPad 多任务处理功能允许你同时使用两款应用，分屏处理，或使用新的画中画（picture-in-picture）功能。”“内置应用功能更为强大。地图中的交通信息更为详细，Notes 应用经过了重新设计。新系统还推出了全新 News 应用。系统底层的改进加强了性能，提升了安全，为你提供至多一个小时的额外电池续航时间。”等强大的功能的免费升级。

但是很多用户反映，他们在升级时遇到了出错信息提示；苹果服务器很难提供 iOS9 下载；安装了 iOS9 GM 版系统的用户还必须安装一个小更新，才能升级到 iOS9 正式版；在升级 iOS9 时出现了系统崩溃等问题。因此，要进行计算机软件技术的免费升级，技术的被许可方会面临许多未知因素，影响技术的免费升级。

8. 担保条款

担保条款（warranties）：在软件许可合同中，许可方一般不承担担保责任，特别是赔偿损失的担保，也不担保使用程序的计算媒介的质量。但可以担保程序的功能，担保功能与提供的说明书相符。

为了使许可方提供的有限担保不至落空，最好在许可合同中规定“担保期”，并且把担保期与使用费的支付联系起来，以便对许可方有一定的制约。

10.4.3 签订软件许可合同应注意的问题

计算机软件使用许可是介于一般作品使用许可和技术使用许可之间的许可方式，因为计算机软件具有与一般作品相同的属性，但又与技术密切相关，即具有工具性，通过许可给予被许可方的不仅是软件的使用权，而且包括软件的功能性使用；许可方不仅提供一件软件产品，而且要协助被许可方正确使用软件。因此，软件使用许可更接近于技术使用许可。由于计算机软件的这种特殊性质，签订这类合同必须要顾及有关软件著作权问题，又要注意软件功能性使用所涉及的当事人双方合同中的权利、义务问题。为了签好这类合同，下列问题很值得注意。

1. 计算机软件著作权的归属

签订计算机软件使用许可合同前，被许可方应当弄清软件著作权的归属，否则将引起著作权纠纷，影响合同的顺利履行。

确定计算机著作权归属的一般原则是“谁开发，谁享有著作权”，即计算机软件著作权归属软件开发者。软件开发者指实际组织进行开发工作，提供工作条件以完成软件开发，并对软件承担责任的法人或非法人单位，以及依靠自己具有的条件完成软件开发，并对软件承担责任的公民。

我国法律除规定了上述一般原则外，还规定了软件著作权归属的几种特殊情况。

（1）合作开发。所谓合作开发，就是指两个以上单位、公民共同提供物质、技术条件进行的开发。合作开发的软件，其著作权的享有和行使以事前的书面协议为根据，如果无书面协议，其著作权由各合作开发者共同享有，合作开发的软件可以分割使用的，开发者对各自开发的部分可以单独享有著作权，但行使著作权时不得扩展到合作开发的软件整体的著作权。合作开发的软件不能分割使用的，由合作开发者协商一致行使，如果不能协商一致，又无正当理由，任何一方不能阻止他方行使除转让权以外的其他权利，但所得收益应合理分配给所有合作开发者。

（2）委托开发。受他人委托开发的软件，其著作权的归属由委托者与受委托者签订书面协议约定，如果无书面协议或在协议中未明确约定的，其著作权属于受委托者。

（3）指令开发。为完成上级单位或政府部门下达的任务而开发的软件，著作权的归属由项目任务书或合同规定；如果项目任务书或合同中未做明确规定，软件著作权属于接受任务的单位。

（4）职务开发。公民在单位任职期间所开发的软件，是执行本职工作的结果，即针对本职工作中明确指定的开发目标所开发的，或是从事本职工作活动所预见的结果或自然的结果，则该软件的著作权属于单位。

（5）非职务开发。公民所开发的软件如果不是执行本职工作的结果，并与开发者在单位从事的工作内容无直接联系，且又未使用单位的物质技术条件，则该软件的著作权属于开发者自己。

2. 明确规定软件使用权的性质

软件许可的使用权像技术使用许可一样，分为独占使用权（exclusive right）和非独占使用权（non-exclusive right）。在独占使用权的情况下，只许可一个被许可方独家使用所许可的软件；在非独占使用权情况下，许可方可以同时许可多个被许可方使用同一软件。如果许可合同中未明确规定使用权是独占的，被许可的软件权利依法视为非独占。

此外，还应注意，在非独占使用权的情况下，被许可方有无权利向第三方授予分许可。因为，《计算机软件保护条例》规定，使用许可权的享有者可以把使用许可权转让给他人。因此，合同中应该明确规定“被许可方可以把使用许可权转让给他人”。

3. 明确软件使用许可的性质

在签订软件合同时，必须明确是软件使用权的转让，还是软件使用权的许可。转让软件权利，除不转让人身权利外，其他权利（使用权、使用许可权和获得报酬权、转让权）均需转让，著作权人将丧失这些权利。软件使用许可则不同，许可活动的发生不改变软件著作权的归属。

4. 许可使用权必须明确使用的范围

根据《计算机软件保护条例》的规定，许可方既可将使用权的全部，也可将部分使用权许可被许可方。因此，签订许可合同时必须明确使用权的范围。使用权的全部内容包括软件复制、展示、发行、修改、翻译、注释等单项权利，这些权利在签订许可合同时是可以分割的，可以分别授予使用许可。如果在签订合同时不加以明确，极易引起合同纠纷。

5. 许可合同有效期限的限制

软件使用许可合同都得规定有效期，但应注意，规定合同有效期应符合国家的有关法规。例如《计算机软件保护条例》第十八条明确规定："许可合同的有关期限一次不得超过十年。合同期满可以续订。"

6. 许可合同签订后要履行备案手续

在国内的软件贸易中，一般在软件权利发生转让活动时，受让方应在合同签订后 3 个月内向软件登记管理机构备案，否则不能对抗第三者的侵权活动。许可合同签订后，因未发生软件著作权的转移，故无须备案。但是，中国籍的软件著作权人如果将其在中国境内开发的软件权利向外国人许可或转让，应当报请国家主管部门批准，并向软件登记管理机构进行备案。

本章小结

以专利、专有技术和商标为交易标的的国际技术贸易，主要是通过许可合同方式转让。许可合同的主体部分包括定义、合同范围、技术的修改、改进与发展、价格与支付、技术资料的交付、考核验收、保证与索赔、税费、适用法律及争端的解决等主要部分。此外，不同类型的国际技术许可合同还有相应的特殊条款，如对专利有效性的确认、商标内容和使用范围的认定、专有技术的保密措施等。

计算机软件贸易通常也是通过许可方式完成，其合同条款既有与专利等技术许可合同相同之处，更有其特殊性，因而，本章对计算机软件的许可合同条款及其注意的问题做了专门介绍。

名词解释

国际许可贸易合同　普通许可合同　排他许可合同　独占许可合同　分许可合同
交叉许可合同　许可贸易合同价格　专利条款　商标联合使用　商标联结使用

复习思考题

一、简答题

1. 在国际技术贸易许可合同中，为什么要规定鉴于条款？它应当包括哪些内容？
2. 在签订许可合同的范围条款时，应注意哪些问题？
3. 交换改进或发展的技术应根据什么原则？怎样体现这一原则？
4. 在签订专利许可合同时，为什么一定要有专利的保持有效条款？
5. 在商标许可合同中，商标为什么要做备案和注册？
6. 专有技术合同保密条款中，为什么要求受方承担保密义务，保密条款中包括哪些内容？
7. 签订计算机软件许可合同应注意哪些问题？

二、根据合同范本回答问题

根据附录 5 的专利实施许可合同范本，找出该合同的特殊条款。

三、案例分析题

2015 年 9 月 25 日，印度第二大药厂 Dr. Reddys Laboratories Limited 宣布将以 1750 万美元现金收购澳洲生物技术公司 Alchemia Limited 在全球的专利独占许可权。

Alchemia Limited 成立于 1995 年，总部位于澳大利亚布里斯班。Alchemia Limited 是一家生物技术公司，基于其在澳洲及美国的专利技术及合成科技开发人体治疗性药物。

Dr.Reddys Laboratories Limited 成立于 1984 年，总部位于印度海得拉巴，该公司是全球综合性制药集团，目前为印度第二大药企。Dr. Reddy 主要有三大业务板块：全球仿制药、制药服务以及专利药物。

资料来源：根据《印度第二大药企收购 Alchemia 专利独占许可》，晨哨网，2015-09-28 等资料整理而成

思考题：结合上述资料，说明国际技术许可贸易合同具备哪些特征。

第 11 章　国际技术服务与技术咨询合同

本章学习目标、重点与难点

学习目标：通过本章学习对国际技术服务与技术咨询合同有一个整体认识，了解国际技术服务与技术咨询业的发展，理解国际技术服务与技术咨询合同的业务程序及其具体注意事项，掌握国际技术服务与技术咨询合同的主要条款，并能针对实际的国际技术服务与技术咨询合同，识别出合同的每个部分。

重点：国际技术服务与技术咨询业的发展，国际技术服务与技术咨询合同的主要条款，国际技术服务与技术咨询的业务程序。

难点：国际技术服务与技术咨询的业务程序及其具体注意事项。

11.1　国际技术服务业的发展

11.1.1　国外技术服务业的发展

1. 国外技术服务业的发展状况

1）很多国家形成了本国的技术服务业发展特色

对于美国的技术服务业而言，其主要集中在高新技术研发的领域，而这些高新技术的研发又多以创新性发明为主，以大学及科研院所为中心，促进新技术、新科技成果的应用，以高技术服务业指导高端制造业的发展。

日本的技术服务业主要也以高新技术的研发为主。但是相对于美国创新型的高新技术研发模式，日本采用的是更为实用的高新技术改进型研发模式。日本依托于欧美发达国家基础学科前沿理论的研究成果，迅速将这些研究成果转化为具有强烈市场需求的产品，实现了高技术服务业与制造业之间的良性互动发展。

印度自身基础学科和应用学科研发的实力不是很强，其研发产业的发展并不具备美、日等发达国家高技术服务业的研发能力，故而其技术服务业更加关注于现有高新技术在现代服务业的应用，注重从低端的模仿应用入手，逐步实现技术服务业的发展壮大。

2）科技发展是推动技术服务业发展的基础

人类历史上的每一次科技革命都为一些国家的技术服务业的高速发展打下基础。第一次科技革命中蒸汽机的发明和广泛使用实现了工业生产从手工工具到机械化的转变，使机械大工业代替了工场手工业；以电力技术为中心的第二次科技革命促进了各个技术领域的全面发展，涌现出一系列以电能为动力的新兴技术，产生了一个庞大的电气工业体系，并出现了电话、电报、无线电等一整套新的信息技术；以原子能、空间技术和电子计算机的广泛应用为主要标志的第三次科技革命在每一个尖端科学领域都取得了关键性的突破，并直接带来了一系列高技术产业的兴起，形成高技术体系。

目前一些学者开始提出的第四次科技革命，即以生物技术、能源技术、信息技术、航天技术、材料和纳米技术为代表的科技发展，将会为技术服务业的大发展提供广阔的空间。

3）人力资本的“质”和“量”是技术服务业发展的推动力

第二次世界大战后，美国西海岸经济的繁荣吸引了美国历史上第三次大规模的人口西移。其中尤以加利福尼亚州人口增长最为迅猛，这个地区之后也成为美国高技术服务业的核心地区。众多的移民给加利福尼亚州带来了充沛的劳动力资源，同时相比其他州来说，其移民的人口素质也很高。首先，移民的年龄结构趋向于年轻化，创造力较强；其次，移民中的科技人才较多，西海岸吸引了大批著名的科学家。大量的高素质人才为美国这一地区飞机、导弹和宇宙飞船、计算机、通信设施、电子仪器、医药等高技术产业，特别是高新技术研发产业的发展提供了充足的动力。

人力资源的培养也成为印度高技术服务业快速发展的重要保障。印度发达的职业教育和高等教育以及以英语为官方语言的人力资源优势，为印度 20 世纪 90 年代承接美国 IT 服务业的转移提供了便利。

4）技术中介机构成为推动技术服务业发展的转换渠道

技术中介为技术转化和产业化提供信息、咨询、技术、人才和资金等服务，并促进科技成果转化。以瑞典为例，瑞典的技术中介组织就包括：①政府以大的科技计划支持建立的技术创新和成果转化服务网络，这类科技中介机构突出的代表是瑞典“能力中心计划”建立的 28 个能力中心和“国家中小企业技术转移计划”建立的一批向中小型科技企业提供技术转化服务的机构；②覆盖瑞典全国或整个欧洲的非营利性中介组织网络，这类中介组织的代表是覆盖瑞典全国的由 TIPPS（Technology Input in Product Process and System，生产过程系列的技术投入）中心组成的技术转化网络——Sefstrom 网络和覆盖整个欧洲地区的创新中继中心网络；③国家设立的风险投资和咨询机构，这类中介机构的代表是 ALMI 商业伙伴公司，它是一个国有咨询公司，主要从事商业开发咨询活动，特别是向中小型科技企业技术转移提供咨询服务，同时提供资金支持。

日本的技术中介机构主要有两类：第一类如 JST（Japan Science and Technology Agency，日本科学技术振兴机构）和 JASMEC（Japan Small and Medium-sized Enterprises' Center，中小企业综合事业团）均为半官方机构，分别隶属日本文部科学省和经济产业省。在技术中介转让业务方面，JST 侧重于基础技术，JASMEC 则侧重于对中小企业的扶持。第二类是日本从事技术转让等中介服务的民营私营机构，典型的技术转让机构如股份公司形式的东京大学先进科学技术孵化中心。

美国的技术中介机构的主要类型包括技术咨询或经纪机构，大学和研究机构的技术转移办公室、孵化器、技术评估组织、技术测试与示范机构等。这些科技中介机构大部分都依托于大学、研究机构、协（学）会、政府部门、咨询公司、风险投资公司和律师事务所。

2. 国外支持技术服务业的政策措施

（1）各国纷纷制定了许多优惠的信贷政策和税收减免政策。

（2）资金是发展技术服务业的一个重要支撑条件，许多国家为了鼓励技术服务业的发展，设立了研究与开发基金。例如，在第二次世界大战后，美国联邦政府极大地增加了研究与开发基金，很多国家级实验室、研究设施、各类形式的研究部门都在这笔基金的扶植下发展起来，各大专院校更是这笔基金的主要受惠者。

（3）各国制订了国家科技发展计划。例如，20 世纪 70 年代以后，随着日本经济实力的增强以及发展战略目标的实现，日本政府适时地提出了“技术立国”的发展战略。为此，日本政府首先确定了优先发展尖端技术的方针，将以电子工业为中心的信息技术、能源技术、生命科学技术、新材料技术、通信技术、宇宙开发技术等高新技术部门列为 20 世纪 80 年代科技发展的重点。进入 20 世纪 90 年代，受制于国际市场竞争的日益加剧，日本政府确立了“科学技术创新立国”的发展战略。

（4）各国制定了鼓励技术中介服务业发展的政策措施。例如，美国制定了一系列的法律措施将技术转让纳入联邦政府相关部门的职责中，为技术中介的发展创造良好的氛围。1980 年通过的《贝尔-多尔法案》规定，大学、非营利机构和小企业在联邦政府经费支持下做出的发明，拥有权仍然归其自己，并给予政府拥有和运营的实验室排他性转让其专利技术的权利。同年，美国国会还通过了《史蒂文森-威德勒技术创新法》，明确了联邦政府有关部门和机构及其下属的联邦实验室的技术转让职责。1986 年，国会又推出《联邦技术转让法》，该法是《史蒂文森-威德勒技术创新法》的补充法案，提出联邦政府雇用的科研人员对于职务发明专利的技术转让收入，可提成一部分。在这之后，美国国会又制定了一些法律，进一步推动了政府资助的研究成果向企业的转移。

11.1.2 中国技术服务业的发展

1. 中国技术服务业的发展状况

1）高技术服务业的发展

中国的高技术服务业至少包括以下内容。

（1）信息技术服务业。信息技术服务是指利用先进高技术服务手段，为行业和产业提供信息技术服务，具体可包括以下几种。

①现代物流服务，即利用先进的信息搜索技术，基于具有共性物流需求的运营平台，面向特定领域和行业提供第三方或第四方物流或供应链运营管理服务。

②集成电路设计和测试服务。

③业务流程外包（business process outsourcing，BPO）服务。

（2）生物医药技术服务业。

①生物、医药的研究开发评价服务。

②研究开发新型制剂的技术服务。

（3）新材料技术服务业。

①新材料产品研发技术服务。

②拓展新材料产品产业链技术服务。

③新材料产品技术的集成创新服务。

（4）光机电一体化技术服务业。

①精密复杂模具设计服务。

②多层、密集、微型、复杂电路设计服务。

③数字化健康诊断技术服务。

（5）资源、环境保护技术服务业。

①工业污染治理专业环保设施运营服务。

②市场化环境监测（包括室内空气）服务。

③工业有毒有害废物处理设施的专业化运营服务。

（6）新能源与高效节能技术服务产业。

①可再生能源与高效节能工艺技术、产品的检测及系统管理服务。

②“合同能源管理”的节能技术服务，即为用户提供能源诊断、方案设计、技术选择、项目融资、设备采购、安装调试、运行维护、人员培训、节能监测等一条龙服务。

专栏 11-1

2017 年前 5 月我国高技术服务业使用外资增长 20.5%

2017 年 6 月 15 日，记者从商务部获悉，2017 年 1 月至 5 月，我国新设立外商投资企业 12 159 家，同比增长 11.9%；实际使用外资金额 3410.8 亿元人民币，同比下降 0.7%。其中高技术服务业吸收外资增长 20.5%。

商务部外资司司长唐文弘介绍说，5 月当月，全国新设立外商投资企业 2433 家，同比下降 5.4%；实际使用外资金额 546.7 亿元人民币，同比下降 3.7%。

值得注意的是，高技术服务业吸收外资继续保持增长。1 月至 5 月，高技术服务业实际使用外资 486.4 亿元人民币，同比增长 20.5%。其中，信息服务、研发与设计服务、科技成果转化服务实际使用外资同比分别增长 15.9%、4.8%和 69.3%。

其他现代服务业增长势头较好，交通运输、仓储和邮政业，同比增长 19.9%；信息传输、计算机服务和软件业，同比增长 16.8%；租赁和商务服务业，同比增长 32.7%；科学研究、技术服务和地质勘查业，同比增长 26.1%。

商务部数据显示，化学原料及化学制品制造业同比增长 27%，通用设备制造业同比增长 46.6%。中国香港地区、中国台湾地区、欧盟二十八国实际投入金额同比增长 12.7%、41.8%和 6.2%。

唐文弘表示，近期，国家将采取一系列有利于外资的重大举措，包括发布新修订的《外商投资产业指导目录》，深化自贸试验区外资领域先行先试等，为外资进入中国提供更好的服务，营造更好的环境。

资料来源：《前 5 月我国高技术服务业使用外资增长 20.5%》，新华社，2017-06-16，有改动

2）技术中介服务业的发展

我国的技术中介组织的类型主要有生产力促进中心、企业孵化器等。例如，科技部于2017年6月29日发布的《国家科技企业孵化器“十三五”发展规划》中提道：到“十三五”末，全国各类创业孵化载体达到10 000家，国家级孵化器超过1500家，国家备案众创空间超过3000家。30%的国家级孵化器建成科技创业孵化链条，专业孵化器超过40%，形成一批特色众创集聚区；到“十三五”末，国家级孵化器和国家备案众创空间中，50%以上具有创业投资功能，60%搭建或共享公共技术服务平台，70%以上从业人员接受专业培训，80%形成创业导师辅导体系，孵化器从业人员突破10万人，孵化器合作中介服务机构超过2万家①。

从表11-1可以看到，2010～2017年我国技术咨询和技术服务合同成交金额都在增加，但是技术服务的成交金额远远大于技术咨询的成交金额，而且技术服务快速增长，而技术咨询增长缓慢，两者合同成交金额之和能占到我国同年的技术市场成交金额的一半。其中，在技术服务中，一般性技术服务合同成交金额最大，每年能占到技术服务成交金额的95%以上。

表11-1　2010～2017年我国技术咨询和技术服务合同成交金额　　单位：亿元

项目		2010年	2011年	2012年	2013年	2014年	2015年	2016年	2017年
全国		3 906.58	4 763.56	6 437.07	7 469.13	8 577.18	9 835.79	11 406.98	13 424.22
技术咨询		116.64	166.22	150.22	195.10	244.29	263.12	468.33	449.23
技术服务	一般性技术服务	1 507.24	1 778.33	2 621.70	3 399.19	4 230.45	4 996.33	5 801.19	6 674.29
	技术中介	1.77	1.45	3.50	3.18	7.44	19.74	24.14	17.94
	技术培训	36.58	124.35	4.87	14.49	8.82	42.90	25.80	133.94
	合计	1 545.59	1 904.13	2 630.07	3 416.86	4 246.71	5 058.97	5 851.13	6 826.17

2. 中国支持技术服务业发展的政策措施

国务院制定的《国家中长期科学和技术发展规划纲要（2006—2020年）》规定了支持包括技术服务在内的国家科学技术发展的重要政策与措施。

1）实施激励企业技术创新的财税政策

（1）加快实施消费型增值税，将企业购置的设备已征税款纳入增值税抵扣范围。

（2）加大企业研究开发投入的税前扣除等激励政策的力度，实施促进高新技术企业发展的税收优惠政策。

（3）允许企业加速研究开发仪器设备的折旧。

（4）对购买先进科学研究仪器和设备给予必要税收扶持政策。

（5）加大对企业设立海外研究开发机构的外汇和融资支持力度，提供对外投资便利和优质服务。

（6）制定扶持中小企业技术创新的税收优惠政策。

2）加强对引进技术的消化、吸收和再创新

（1）通过调整政府投资结构和重点，设立专项资金，用于支持引进技术的消化、吸收和

① 科技部办公厅，科技部办公厅关于印发《国家科技企业孵化器“十三五”发展规划》的通知，2017年06月29日。

再创新，支持重大技术装备研制和重大产业关键共性技术的研究开发。

（2）采取积极政策措施，多渠道增加投入，支持以企业为主体、产学研联合开展引进技术的消化、吸收和再创新。

（3）把国家重大建设工程作为提升自主创新能力的重要载体。

3）实施促进自主创新的政府采购

（1）建立政府采购自主创新产品协调机制。

（2）对国内企业开发的具有自主知识产权的重要高新技术装备和产品，政府实施首购政策。

（3）对企业采购国产高新技术设备提供政策支持。

（4）通过政府采购，支持形成技术标准。

4）实施知识产权战略和技术标准战略

（1）要进一步完善国家知识产权制度，营造尊重和保护知识产权的法治环境，加大知识产权保护力度。

（2）根据国家战略需求和产业发展要求，以形成自主知识产权为目标，产生一批对经济、社会和科技等发展具有重大意义的发明创造。

（3）将形成技术标准作为国家科技计划的重要目标。

5）实施促进创新创业的金融政策

（1）起草和制定促进创业风险投资健康发展的法律法规及相关政策。

（2）积极推进创业板市场建设，建立加速科技产业化的多层次资本市场体系。

（3）鼓励有条件的高科技企业在国内主板和中小企业板上市。

（4）努力为高科技中小企业在海外上市创造便利条件。

（5）为高科技创业风险投资企业跨境资金运作创造更加宽松的金融、外汇政策环境。

（6）在国家高新技术产业开发区内，开展对未上市高新技术企业股权流通的试点工作。

（7）逐步建立技术产权交易市场。

（8）探索以政府财政资金为引导，政策性金融、商业性金融资金投入为主的方式，采取积极措施，促进更多资本进入创业风险投资市场。

（9）建立全国性的科技创业风险投资行业自律组织。

（10）鼓励金融机构对国家重大科技产业化项目、科技成果转化项目等给予优惠的信贷支持，建立健全鼓励中小企业技术创新的知识产权信用担保制度和其他信用担保制度，为中小企业融资创造良好条件。

6）加速高新技术产业化和先进适用技术的推广

（1）优化高新技术产业化环境。

（2）加大对农业技术推广的支持力度。

（3）支持面向行业的关键、共性技术的推广应用。

7）完善军民结合、寓军于民的机制

（1）加强军民结合的统筹和协调。

（2）建立适应国防科研和军民两用科研活动特点的新机制。

8）扩大国际和地区科技合作与交流

（1）鼓励科研院所、高等院校与海外研究开发机构建立联合实验室或研究开发中心。

（2）支持我国企业“走出去”，扩大高新技术及其产品的出口，鼓励和支持企业在海外设立研究开发机构或产业化基地。

（3）积极主动参与国际大科学工程和国际学术组织。

9）提高全民族科学文化素质，营造有利于科技创新的社会环境

（1）实施全民科学素质行动计划。

（2）加强国家科普能力建设。

（3）建立科普事业的良性运行机制。

11.2 国际技术咨询业的发展

11.2.1 发达国家技术咨询业的发展

1. 发达国家技术咨询业务的发展状况

现代咨询业起源于英国，几乎和英国工业革命同时诞生。之后，美国、德国等国家陆续成立了一些咨询机构，咨询业蓬勃兴起。科学技术革命和社会生产力的空前发展为咨询业的发展提供了广阔的市场。发达国家技术咨询业的发展状况可以体现为以下几点。

1）技术咨询是发达国家咨询业中的重要组成部分

发达国家的咨询业务市场可以分为政策咨询、技术咨询和管理咨询。

（1）政策咨询。政策咨询是一种参考性咨询，也是带有全局性、战略性、综合性课题的咨询。发达国家规定，在国家制定方针政策、政府部门对一些重大问题做决策、地方政府或部门拟定有关的发展和实施计划时，都需要咨询机构在进行广泛的调研之后提供决策的依据或可供选择的方案。

例如，德国规定政府决策中的一切公开项目都必须公之于众，以招标形式委托咨询机构进行预测和评估，咨询的结果由政府部门组成的专家顾问委员会审核通过后，方能实施。美国著名的政策咨询机构是兰德公司；英国国际战略研究所是英国重要的政策咨询机构；法国曾成立直接向政府总理负责的国家安全和竞争情报秘书处，协调全国的竞争情报工作，相当于一个政策咨询的智囊团。

（2）技术咨询。技术咨询也包括工程咨询，是一种指导性的咨询。工程咨询是指对各种建设项目提供的技术咨询，包括工程项目建设书、可行性研究、评估咨询、工程设计方案咨询、设备选型采购、施工管理等业务和技术性的监督指导咨询等。

例如，工程咨询最早源自英国，但是，标志着工程咨询业走向成熟和国际化的是1913年由法国、比利时、丹麦、芬兰、荷兰等国发起成立的国际咨询师联合会。法国有不少声誉很高的工程和技术咨询公司，如欧罗基普公司、管理研究公司、经济发展研究公司等大型专业公司都是国际性的咨询公司。

（3）管理咨询。管理咨询是一种实施性咨询，其任务是针对企业经营管理中存在的问

题，深入调查，运用科学的方法，找出原因，提出改进方案，并帮助指导实施，以提高企业的经营管理水平和经济效益。世界知名的管理咨询公司包括麦肯锡、IBM、埃森哲、毕博以及在法国管理咨询领域有代表性的凯捷安永咨询公司。

2）咨询公司呈集聚式分布

全球经济一体化和互联网技术的飞速发展与广泛应用以及咨询业的高人力资本密集性和高知识资本密集性，推动了咨询业的集群发展，即在中心城市或城区集聚发展。发达国家咨询业主要集聚于智力、人才资源丰富的，对国家和地区的政治经济决策具有重要影响的枢纽城市，如纽约、波士顿、伦敦、法兰克福等。

3）咨询人员保持研究工作的独立性

发达国家咨询机构鼓励研究人员要有独立见解和创新。研究结果即使与官方意图或权威意见截然相反，也能得到谅解或受到充分注意。咨询机构通常向委托方提供几个可供选择的方案。即使是与政府关系密切的咨询机构，研究工作也讲究独立。

发达国家的咨询机构在组织上一般不隶属政府部门或企事业单位，咨询公司在选择或确定承担咨询项目时，项目的研究方法和结果不受任何部门影响与约束，因此能客观地、科学地对用户委托的项目进行评估或预测，进而提出方案、建议。咨询成果的评价既不以咨询人员的主观臆断为据，也不以用户意愿为凭，而是以实践检验为准。

4）对咨询人员设置了很高的准入门槛并重视在职培训

德国各咨询公司要求咨询人员具有某个领域专家的资格，如经济学博士、建筑学博士或工程师、经济师才能进入咨询组织。德国录用新的咨询人员，要经过专门组成的专家小组的集体评定。录用时除了专业的要求外，还强调资历、实践经验和工作能力。加拿大在工程咨询的资格认证方面，一般不对工程咨询公司进行资质认证，只对执业人员进行执业资格认证，即执业人员要通过专业资格考试，只要有一定数量的具备高级执业资格的人员就可注册登记公司。在英国，个人参加咨询工作，必须向协会提出申请，经咨询工程师协会按资格要求，审查核定合格后，才吸收为会员。从事咨询业的人员必须具有大学本科以上学历，有从事实践工作多年的经验，身体健康，有良好的人际关系。为保证咨询人员的高素质，美国政府在技术、医疗、法律、会计等领域规定了执业资格考试，凡要获取执业资格者，必须通过资格审查、考试、注册登记三道手续。

日本政府鼓励企业举办业务研究班，以吸收新的知识和技术，加强企业之间的人才流动，为了使咨询人员积累丰富的经验，向国外派遣咨询项目的研究生，促使他们接受实地训练，或通过外国教育来培养。德国咨询公司要求所有的咨询人员，包括公司经理、项目负责人，每年都要有一定的学习培训时间，学习的内容包括本专业的最新前沿、咨询技巧方法、政府的政策趋势等，培训的方式有送大学深造、开展专题讲座以及内部人员之间的经验交流与分析等。

5）制定法规来规范咨询业的发展

美国和日本政府在咨询领域规定了严格的执业资格审查、执业资格考试和注册登记等程序。为保证咨询人员的业务水平不断提高和恪守职业道德，日本政府还制定了重新登记及淘汰渎职人员的制度。日本政府在立法上给予有力支持，使得日本的咨询管理制度比较完善、细致、规范。20 世纪 50 年代初期，日本政府就颁布了《中小企业诊断实施基本纲要》《企业合理化促进法》《中小企业指导法》等。20世纪60年代中期，又颁布了《建设咨询业务登记条例》《建设咨询人员注册登记章程》等，对咨询业的行为提出了严格规范的要求。

6）行业协会发挥了重要的作用

发达国家十分注重成立咨询行业协会组织并充分发挥行业协会的积极作用。例如，日本咨询行业协会是联系政府与咨询机构的桥梁和纽带，既为咨询机构提供政府信息，也将政府的法规政策转化为具体的行业制度，以此来约束会员行为，促进咨询业健康发展。德国咨询协会通过定期出版刊物、提供信息交流服务和进行咨询人员培训，帮助会员单位协调各种社会关系，帮助会员单位开发市场、寻找客户，为会员单位提供一些社会福利性服务工作。

2. 发达国家支持技术咨询业务的政策措施

发达国家的政府对咨询业发展的实质性的支持有以下三种情况。

1）对咨询企业给予资金支持

这在咨询业发展初期和开辟海外市场时至关重要。因为海外咨询直接关系到国家利益，且其发展状况影响咨询业的整体水平，所以发达国家非常重视涉外咨询业务，普遍为本国咨询业务拓展海外市场提供情报和补助，如日本、英国。日本为了支持本国咨询机构在海外的业务，还设立了海外咨询专项奖励金。

英国政府为了鼓励咨询公司出口咨询服务，长期以来给予了多种形式的支持。例如，对海外咨询项目专门设立了基金，银行业也为海外咨询筹集资金；当咨询公司陷于困境时，英国政府可给予适当补助或提供无息贷款；在咨询公司和国外签订大型工程咨询合同后，如果雇主中途毁约，英国政府可以给予咨询公司损失补贴；对海外咨询卓有成效者，英国政府授予“女王奖章”，这在英国是很高的荣誉。

2）对需要咨询的中小企业提供咨询费用补贴

美国政府规定企业咨询费用可计入成本，不计征所得税，以此来鼓励咨询业的发展；德国对中小企业的软科学研究和咨询费实行部分补贴。

3）对咨询机构提供信贷和税收政策优惠

信贷政策是指金融管理当局对咨询业在贷款量、贷款期和贷款利率等方面的规定。如美国和英国对承接海外咨询项目的咨询机构实行优惠贷款政策；意大利政府对技术咨询机构实行低息贷款政策等。

税收政策是指国家关于咨询机构、咨询人员纳税的规定。加拿大政府规定，小企业凭咨询专家的证明，可到税务局去退现款。日本政府从税制上规定对日本企业在国外承接咨询业务所得收益的税收进行优惠。

11.2.2 中国技术咨询业的发展

1. 中国技术咨询业的发展状况

中国技术咨询市场上既有国际著名的咨询公司，也有本土的各种咨询机构和公司。外资咨询机构营业额已占到我国咨询市场份额的很大部分，且多为高端市场。

但是，我国技术咨询业的发展依然存在以下问题。

第一，中国目前对包括技术咨询在内的咨询业的规范管理，主要是按照一些相关的法律和一些散在的、局部的部门规章和地方性法规进行的，没有一部完整且统一的关于整个咨询业的法规。

第二，中国的技术咨询机构，如工程咨询公司，大都隶属于政府部门，大型企业和大专院校，体制上仍呈现行政管理色彩，缺乏竞争动力和咨询经营特点，也不利于保持咨询活动的中立客观。

第三，中国从 1996 年开始推行个人执业资格认证，目前有建筑师、结构师、监理工程师、咨询工程师等注册制度，另外科研院所和大专学校的科研人员也不断参与到技术咨询市场中。但还是存在执业人员素质偏低、结构不合理的问题，缺少复合型人才和熟悉国际惯例、能从事国际工程咨询的人才。

案例 11-1

海门县道率先采用技术咨询服务成效显著

据了解，技术咨询服务起源于高速公路建设项目，一般只在高速公路、干线公路建设项目中采用，目的是提高施工项目的质量水平，特别是对基层、面层混合料级配优化、现场精细化管理进行技术服务，从而使施工项目达到最优化程度。从 2007 年开始，海门市交通运输局领导在县道一级公路建设中，引进了技术服务，并在南通各县市中首家采用水稳碎石基层。

2011 年，海门市县道共有 4 个大中修项目，工程投入 4000 万元，在县道路面大中修项目中采用技术咨询服务，在南通六县市中还是首次，随着县道养护大中修项目的不断增多，资金投入不断加大，各种先进施工工艺、方案开始采用，为了保证县道养护大中修项目的施工质量，确保基层冷再生、SMA 沥青砼、SBS 改性沥青砼等新工艺、新材料的顺利应用，技术咨询服务在大中修项目中不断被推广。

河海大学道路工程研究所李荫涛博士从 8 月底开始，每天都会来到三德线、刘余线、东通线、张謇大道养护大中修项目的施工现场，对水稳碎石、沥青砼等各分项工程的级配把关、质量控制、现场管理进行全方位的"把脉"，使该市县道养护大中修工程质量得到明显的提升，同时，也为施工单位节约了一定的费用，获得了交通运输局、监理单位、施工单位的一致好评。

随着技术咨询服务概念不断拓展，仅仅在施工过程进行技术咨询，已越来越不能适应当前复杂的大中修项目。市交通运输局为了能科学决策大中修项目，在提高施工质量的同时，节约养护经费，延长公路使用寿命，项目结束后加强后期运营的观测，准备把技术咨询服务的服务周期延长，从项目计划确定、方案设计开始服务，到通车运营的观测，积累更多的技术数据，让技术咨询服务更加宽广，工作更加全面、更加科学。

资料来源：《江苏海门县道率先采用技术咨询服务成效显著》，江苏新闻网，2012-03-01；《江苏海门道路大中修首次引进技术咨询服务》，江苏新闻网，2011-09-04；有改动

思考题：结合海门市县道大中修项目中引进技术咨询服务，分析技术咨询服务的相互交易关系。

案例分析

此案例中技术交易的主体是海门市交通运输局组织公路部门和南京能达工程咨询有限公司，针对的交易对象是海门市县道沥青路面大中修工程。咨询的目的是保证县道养护大中修项目的施工质量，确保基层冷再生、SMA沥青砼、SBS改性沥青砼等新工艺、新材料的顺利应用。技术咨询的效果是，采用技术咨询服务后，2011年沥青路面大中修项目的技术水平、管理水平、施工质量较以往得到了明显的提升，并形成共识。

2. 中国支持技术咨询业的政策措施

中国政府从改革开放以来就采取了各种政策措施，支持包括技术咨询业在内的咨询业发展。

1982年，中国科协和财政部联合颁布《科协系统及所属学术团体科技咨询服务收费的暂行规定》，这是中国第一个涉及咨询服务的政策性文件。1986年，中国科协和财政部又联合颁发《科协系统科技咨询服务费用收支管理办法》，进一步完善科技咨询管理。1986年，上海市政府制定了《上海市科技咨询管理办法（试行）》，这是全国首次以地方法规形式形成的文件。

1992年6月，中共中央、国务院颁布了《关于加快发展第三产业的决定》，明确提出了要加快发展科技、法律、会计等其他咨询业务。同年8月，国家科委发布了《关于加速发展科技咨询、科技信息和技术服务业的意见》，提出了鼓励并推动咨询业发展的10项政策。1994年4月，国家计委发布《工程咨询业管理暂行办法》和《工程咨询单位资格认定暂行办法》，进一步完善工程咨询。1995年，国家科委颁布《关于推动我国科技咨询业发展的若干意见》。

1999年，中共中央、国务院发布《关于加强技术创新，发展高科技，实现产业化的决定》，提出要加强对技术咨询等业务的财税支持。同年，财政部、国家税务总局联合发布了《关于贯彻落实〈中共中央国务院关于加强技术创新，发展高科技，实现产业化的决定〉有关税收问题的通知》，规定了对单位和个人（包括外商投资企业、外商投资设立的研究开发中心、外国企业和外籍个人）从事技术咨询等业务取得的收入，免征营业税。

2010年，国家发展和改革委员会公布了《工程咨询业2010—2015年发展规划纲要》，工程咨询是以技术为基础，综合运用多学科知识、工程实践经验、现代科学和管理方法，为经济社会发展、投资建设项目决策与实施全过程提供咨询和管理的智力服务。服务范围主要包括规划编制与咨询、投资机会研究、可行性研究、评估咨询、勘察设计、招标代理、工程和设备监理、工程项目管理等，覆盖国民经济和社会发展各个领域。世界各国的发展历程表明，工程咨询业是现代服务业的重要组成部分和经济社会发展的先导产业，在提高投资决策的科学性、保证投资建设质量和效益、促进经济社会可持续发展方面具有重要的地位和作用，其发展程度体现了国家的经济社会发展水平。

专栏 11-2

《工程咨询业 2010—2015 年发展规划纲要》中咨询业“走出去”战略

根据国务院领导同志批示精神和国务院颁布的“三定方案”，国家发展改革委是工程咨询业的归口管理部门，负责指导工程咨询业发展。

本规划纲要以《国务院关于投资体制改革的决定》《国务院关于加快发展服务业的若干意见》等为依据，进一步明确了工程咨询业发展目标、战略和重点，以规范行业管理，引导市场主体行为，促进工程咨询业持续健康发展，是 2010—2015 年工程咨询业发展的指导性文件。下面仅介绍涉外部分。

第八章　实施“走出去”战略

积极实施“走出去”战略，加快熟悉国际规则，加强国际交流与合作，推动工程咨询服务出口，提升行业国际影响力和工程咨询单位国际市场竞争力，培育一批品牌优势突出、具有国际竞争力的工程咨询集团（工程公司），实现国际国内两个市场协调发展。

一、加快熟悉国际规则

中国工程咨询协会要积极引进和转化 FIDIC（Fédération Internationale Des Ingénieurs Conseils，国际咨询工程师联合会）合同条件、工作手册和指南以及世行、亚行咨询服务指南等规范性文件，推动其在相关领域的运用与实施。工程咨询单位要加快熟悉国际通行规则及惯例，为参与国际竞争奠定基础。

二、大力加强国际交流与合作

中国工程咨询协会要进一步加强与 FIDIC 等相关国际组织的交流，加大对国际交流活动的支持力度，不断扩大参与成员的范围，拓展交流的深度和广度，提升我国工程咨询业的国际影响力。

工程咨询单位要充分利用国际工程咨询行业交流平台，积极参加 FIDIC 全球年会、区域和双边会议，多渠道参与国际工程咨询交流活动。积极开展与世界银行、亚洲开发银行等国际组织的战略合作。利用自身优势，与国（境）外工程咨询单位开展多层次、多方位的合作，共同开发业务、开拓市场，有效参与国际竞争。吸收国（境）外工程咨询业先进的服务理念与管理经验，提高我国工程咨询业的整体水平。

三、积极推动工程咨询服务出口

各级政府及有关部门要切实加大对工程咨询单位“走出去”的支持力度。在对外经营资格、设立境外业务机构、出口信用保险、结汇售汇等方面，对“走出去”的工程咨询单位给予政策扶持。建立健全综合性国际工程项目平台，为工程咨询单位提供国际工程项目信息查询、风险评估、业务实施等全方位服务。

鼓励我国工程咨询服务出口带动对外工程承包出口。鼓励工程咨询单位发挥本土化优势，在国内的外资建设项目中率先与国外公司展开竞争，获取竞争经验，拓展市场份额。积极争取为我国政府援外项目、企业境外投资项目提供工程咨询服务。充分利用国际分工，采取差异化竞争策略，扬长避短，加强国际业务的风险评估和风险控制，大力开拓国际市场业务。

资料来源：发改投资〔2010〕264 号，中华人民共和国国家发展和改革委员会

11.3 国际技术服务与技术咨询的业务程序

11.3.1 选择合适的技术服务或技术咨询机构

技术服务和技术咨询机构很多，不同机构的业务范围、专业化程度和经验各异。因此，在邀请服务和咨询之前，委托方必须对社会上各种技术服务、技术咨询机构进行认真的调查了解，选择最能胜任服务、咨询任务的合适机构。社会上的技术服务和技术咨询机构主要有以下几种类型。

1. 独立开业的服务、咨询专家或专家组

有名望的专家或若干位专家、学者、教授单独或组成小组独立开业。他们是某个技术领域公认的权威，具有较深的专业造诣和知识水平，特别擅长解决所属领域专业性很强的技术课题，或对技术课题提出有价值的评估建议。他们的优点是解决课题质量好、速度快、费用低，缺点是组织不够严密、专业范围较窄、缺乏实验设施、办公条件较差。因此，他们适合解决特别专门的技术课题。

2. 专业技术服务和技术咨询公司

专业技术服务和技术咨询公司，是专门从事技术服务和技术咨询的法律实体，有完善的组织机构、固定的业务范围、多学科专业人员。它们的优点是人员学科知识面广、素质高，服务、咨询经验丰富；拥有测试、试验手段和辅助人员，以及工作程序和管理规范。因此，这类机构有能力解决多学科、多专业的复杂技术课题，承担大型项目的各种技术服务、咨询任务。缺点是服务费用较高。

案例 11-2

中国助力巴基斯坦提高农业产量

农业在巴基斯坦国民经济中拥有重要地位，约占该国经济产出的20%，吸纳了全国近50%的劳动力。但巴基斯坦同样面临减贫和粮食安全挑战，种植业技术进步和粮食增产对巴基斯坦经济社会发展至关重要。统计显示，巴基斯坦水稻种植面积约为280万公顷，但由于杂交水稻普及率低，全国水稻每公顷平均产量仅为2.4吨。相比之下，巴基斯坦种植的中国杂交水稻每公顷平均产量可达8吨。如果巴基斯坦将水稻种植田全部用于栽培中国杂交水稻，则有望每年增产1000万吨以上。

为回应巴基斯坦农业方面的迫切需求，中方派遣农业科技团队［袁隆平农业高科技股份有限公司（以下简称“隆平高科”）］在巴基斯坦进行了为期一个月的调研和培训。2017年9～10月在巴基斯坦举行的杂交水稻培训项目，旨在帮助研究院、科学家、农场主和农民获得提高杂交水稻育种水平以及提高杂交水稻产量的能力。中方专家团队考察了开普省、旁遮普省、信德省、俾路支斯坦省4个省份的多个农田，展示推介适合巴基斯坦环境的优良杂交水稻品种、调研巴基斯坦水稻种植者对水稻品种的需求，并就杂交水稻技术包括育种、母本选育、增产和农田管理等内容对巴基斯坦学员进行了专业培训。9 月 12 日至 10 月 11 日，“中巴杂交水稻培训班”在巴基斯坦举行。中方农技专家和技术人员不仅在巴基斯坦首都伊斯兰堡讲授理论课程和国际经验，还将前往拉合尔、木尔坦、白沙瓦等不同地区开展实地调研与教学。

9 月 21 日上午 11 时，巴基斯坦东部旁遮普省首府拉合尔的室外气温已高达 37 摄氏度。隆平高科的中方培训人员带领着由农技专家、农技推广人员、种粮农户等组成的 30 名巴基斯坦学员，来到拉合尔市郊的杂交水稻试验田开展农田实地调研与教学。在长势喜人的杂交水稻高产示范栽培田边，隆平高科国际业务部副总经理王秀松被巴方学员团团围住。大家耐心地听取他对眼前的杂交水稻品种、特点和优势等信息的介绍。学员几乎人手一套笔和本，大家不顾满脸的汗水，飞快记录着中方专家讲解的要点。遇到不明白的地方，他们会毫不犹豫地提问，并在得到满意答复后频频点头回应。

王秀松对记者表示，实践教学是巩固理论知识的有效途径。专家和学员一同来到田地里，把所学经验与实物进行对照，观察田地作物的具体情况，再结合实践过程，将使理论学习变得更为深入。

资料来源：根据《中国助力巴基斯坦提高农业产量》，驻巴基斯坦经商参处，2017-11-08；《中国杂交水稻专家走进巴基斯坦》，人民日报，2017-09-25 等资料，有改动

思考题：此案例体现了国际技术服务与技术咨询的哪些特征？

案例分析

为了提高巴基斯坦的农业产量，中国派遣农业科技团队（隆平高科）在巴基斯坦进行了为期一个月的调研和培训。用专业技术服务和技术咨询公司来应对巴基斯坦水稻的低产量。隆平高科是世界知名的杂交水稻公司之一，2017 年 9～10 月在巴举行的杂交水稻培训项目，旨在帮助研究院、科学家、农场主和农民获得提高杂交水稻育种水平以及提高杂交水稻产量的能力。以上叙述体现了国际技术服务和技术咨询贸易方式的相关特征，说明双方所签订的合同也是国际技术服务和技术咨询合同。

3. 工程公司

工程公司的主要任务是，承担项目的建设和施工，但也具有工程设计力量和项目前期准备的实际经验。因此，它们除承担工程项目建设和施工外，也可以承担其所属领域的技术服务和技术咨询工作。

4. 科学研究机构

科学研究机构集中了大量理论和专业人才，他们不但善于基础研究，也善于应用研究，并能把研究成果转化、应用到工业生产领域。然而，他们理论知识虽然丰富，但解决生产实践技术课题经验不足。而且，技术服务和技术咨询工作不是他们的主要业务，接受服务和咨询任务后，往往投入的人力不足，时间上难以保证。

5. 高等院校

高等院校是科学技术发展的一支重要力量，它们拥有著名的专家、教授等各类专业人才，不仅理论知识丰富，而且有很强的研究能力和实验手段。如果雇主委托它们进行专题研究、技术服务或技术咨询，或将企业生产与服务、咨询结合起来，效果会非常理想。

总之，社会上技术服务和技术咨询机构很多，它们都有各自的专业范围和特长。因此，在邀请机构进行技术服务或技术咨询时，委托方应根据课题的性质、范围、难易程度，通过各种途径了解各机构的组织规模、业绩、水平、人员构成、信誉及其经营状况，从中选择专业对口、经验丰富、信誉卓著者。

11.3.2 拟定技术服务和技术咨询业务程序

1. 拟定技术服务和技术咨询任务书

技术服务和技术咨询任务书（terms of reference），是委托方拟定的服务、咨询项目的初步说明书，其内容包括项目名称、主题、范围、质量和时间要求，以及工作环境、条件、资金来源等。

委托方拟妥服务、咨询任务书之后，要将其发送给选定的技术服务或技术咨询机构。发送方式有两种：一是由委托方做成“标书”，在主要的报刊上发布，让技术服务或技术咨询机构购买。二是做成询价书，向选定的技术服务和技术咨询机构发出询价，邀请它们按标书或询价书的要求进行投标或报价。

2. 对报价或投标书进行比价或评标

技术服务或技术咨询机构收到询价书或买到咨询、服务标书后，要认真研究服务、咨询询价书或标书的内容，确定课题是否属于本机构的专业范围；评估课题难易程度、所需知识结构和知识水平、工作量大小等。如认为有能力承担该课题，就按询价书、标书的要求，拟定报价书或投标文件。并在规定的最后时限之前，向询价方或招标方提出报价书或投标书。询价方或招标方收到报价书或投标书后，进行综合分析、比较、评标，并从中选择条件、费用最符合要求者作为受托方。

3. 磋商技术服务或技术咨询条件

根据技术服务或技术咨询报价书、投标书的评定结果，双方要就咨询或服务的条件进行磋商，澄清双方的立场，缩小双方在服务或咨询条件上的差距，取得相互谅解后，最终达成交易。一般磋商的内容主要有以下几点。

（1）服务、咨询的主题和工作范围。

（2）成果形式及质量要求。

（3）双方的责任和义务。

（4）工作进度和提供服务或咨询成果的最后期限。

（5）成果验收与接受。

（6）服务咨询费的金额与支付办法。

（7）违约责任等。

4. 签订技术服务或技术咨询合同

双方经反复磋商，对各项条件达成一致后，签订具有法律约束力的书面合同。书面合同是受托方执行技术服务或技术咨询工作的依据和成果的考核标准，也是委托方承担责任、权利、义务的依据。因此，当事人应该仔细斟酌合同的各项规定，避免出现错漏，以保证合同顺利履行。

案例 11-3

山东临工深入走访苏丹市场

山东临工工程机械有限公司（以下简称“山东临工”）已有 40 多年历史，铸就了以“可靠”为核心价值的具有国际竞争力的产品品牌。山东临工投资 3.2 亿元，建立具有国际一流水平的国家级技术中心，截至 2017 年已获得 455 项国家授权专利，其中发明专利 42 项；先后承担 31 项国家 863 计划及省市级重大科技项目，主持和参与制定了 2 项国际标准、27 项国家和行业标准。山东临工早在 2012 年就进入苏丹市场，在 2015 年下半年取得了装载机市场占有率第一的位置，并在2016年市场占有率达到60%，成为苏丹装载机市场第一品牌。虽然离中国较远，但服务没有距离，即使其他品牌的设备出现了问题，山东临工的工程师仍然千里迢迢地进入沙漠腹地排忧解难。

为进一步提升产品品质，更好地满足当地客户需求，验证新产品的可靠性能，2017 年 10 月，山东临工进出口公司组织技术人员与服务营销人员共同走访苏丹市场。山东临工装载机绝大部分都在苏丹沙漠腹地工作，为取得最真实的产品工作信息和客户反馈意见，临工团队深入矿区，顶着 40 摄氏度以上的高温，每天驱车 200 千米以上。无论设备是工作在山腰上还是隐藏在平地下，只要有技术问题需要解决，临工团队都会及时赶到。正是凭着对客户的一腔热情，临工团队在沙漠里整整待了一个星期，采访超过 50 个工况点，收集了各类型客户的使用反馈，采集了保内保外的产品运行数据。最令人难忘的是，为了寻找第一台 L956F 装载机，由于没有通信信号，只能靠人工传递信息，临工团队花了 3 天才在偏僻山坳中找到这台临工装载机，通过仔细检查各项指标，实地试验验证，各项指标均表现优秀。

当地客户长期工作在沙漠深处，对于临工团队的突然走访，惊喜连连。简单的维修保养知识培训，帮助他们排查隐患，现场解决小故障，使得临工品牌进一步深植在当地用户心中，用户纷纷称赞临工装载机就是当地最好的装载机。

此外，临工经销商在当地各矿区无处不在的配件供应点、严格实施的临工标准的保修服务、随叫随到的服务人员，还有适合当地工况的最可靠产品，这些都支撑着临工在当地的良好声誉，确保临工在苏丹的第一品牌形象。为了把临工品牌建设成为在苏丹市场上中国品牌的典型代表，打破西方品牌的迷信，山东临工将继续推出更好的产品、更优秀的服务标准，让每个苏丹用户都能感受到临工品牌的优越感。综上所述，技术服务作为技术贸易的一种方式，有利于技术贸易的开展。

资料来源：《山东临工深入走访苏丹市场》，中国工程机械商贸网，2017-10-27，有改动

思考题：山东临工在苏丹采取了哪些技术服务？给企业带来了哪些益处？

案例分析

山东临工在苏丹采取的技术服务如下：山东临工进出口公司的技术人员与服务营销人员不定期地共同走访苏丹市场，只要有技术问题需要解决，临工团队都会及时赶到。临工经销商在当地各矿区都设有配件供应点、严格实施临工标准的保修服务，服务人员随叫随到。同时，对当地代理商的技术人员进行简单的维修保养知识培训，有助于这些技术人员能在现场排查隐患、解决一些小故障。

给临工企业带来的好处是：这些优质的服务为临工在苏丹赢得了良好声誉，确保了临工在苏丹的第一品牌形象。另外，使得临工品牌进一步深植在当地用户心中，用户纷纷称赞临工装载机就是当地最好的装载机。

11.4 国际技术服务和技术咨询合同的主要条款

国际技术服务和技术咨询合同条款应根据课题性质、复杂程度、服务期限长短，以及服务、咨询费用金额大小拟订。一般来说，服务、咨询课题的难度越大，技术水平要求越高，受托方承担责任越大，合同条款也越全面、越细致；反之，合同条款则比较简明概括。不过，双方都应避免合同细节过多，导致合同重点模糊，造成合同执行困难。因为技术服务与技术咨询业务有很多相同之处，上面的介绍大多合并在一起，但就合同而言，为了不造成混淆，我们需要分别说明这两种合同的主要条款。

11.4.1 国际技术服务合同主要条款

根据《合同法》第三百五十六条的规定，技术服务合同（technical service contract），是指当事人一方以技术知识为另一方解决特定技术问题所签订的合同。

1. 主题与范围

该条款主要规定技术服务的主题和范围、进度、期限和应达到的技术指标。如技术指标和技术参数很多，可采用合同附件形式逐项列明。

2. 委托方的责任

（1）按照合同约定提供工作条件。按照合同约定提供工作条件是指受托方进行技术服务时，委托方应该给受托方的服务人员提供良好的工作条件，如交通、食宿、办公室等。

（2）完成配合事项。完成配合事项是指受托方服务人员到技术问题的现场查看技术问题出在哪个环节，分析出现问题的原因，找出解决问题的办法。在这个过程中，委托方应派相关技术人员、翻译等配合工作。

（3）接受工作成果。接受工作成果是指受托方按合同约定的时间、质量完成服务项目，或解决了技术问题后，委托方应该接受服务成果，不得以任何借口拖延。

（4）支付报酬。支付报酬是指委托方不得以任何理由不付或延期支付服务费。

3. 受托方的责任

（1）受托方应该按合同约定完成服务项目，或解决约定的技术问题。

（2）保证工作质量，是指受托方完成的技术质量，或解决约定的技术问题应该达到合同规定的技术标准。

（3）在技术服务过程中，受托方不但应恪尽职守，努力解决合同规定的技术问题，而且还应该向委托方技术人员传授解决技术问题的知识。

4. 违约责任

（1）委托方如果：①不履行合同义务；②履行合同义务不符合合同约定，影响工作进度和质量；③不接受或逾期接受工作成果。对此种行为，我国合同法规定，委托方已支付的报酬不得追回，未支付的报酬应当支付。

（2）受托方未按合同约定完成服务工作的，应当承担免收报酬等违约责任。

5. 新技术成果归属

《合同法》第三百六十三条规定："技术服务合同履行过程中，受托人利用委托人提供的技术资料和工作条件完成的新的技术成果，属于受托人。委托人利用受托人的工作成果完成的新的技术成果，属于委托人。当事人另有约定的，按照其约定。"

11.4.2　国际技术咨询合同主要条款

根据《合同法》第三百五十六条的规定，技术咨询合同（technical consultancy contract），是指当事人一方为另一方就特定技术项目提供可行性论证、技术预测、专题技术调查、分析评价报告等所签订的合同。

1. 咨询的主题和范围

合同的主题和范围，是委托方和受托方所签合同权利义务共同指向的对象，法律上称为合同的标的。这个条款主要是规定咨询的主题、范围、进度、期限、质量、技术标准、成果形式等。该条款是整个合同的基础，也是检验咨询工作质量和审查咨询报告的标准。

2. 委托方的责任

1）说明咨询的主题和提供技术项目的背景、有关技术数据

委托方应该按约定说明咨询项目的问题，提供技术背景资料及有关技术资料、数据。因为委托方只有向受托方清楚说明咨询项目面临的主要问题、背景、有关技术数据，受托方才能真正弄清咨询的目标和方向，找出问题的关键和解决办法，做出符合委托方要求的咨询成果。

2）在受托方实地考察中，委托方应提供必要的协助

在咨询过程中，受托方专家一般都要对技术课题所在地进行实地考察。在考察期间，委托方应积极配合，提供陪同人员、翻译，以及交通、办公条件、食宿等，并根据受托方要求承担费用，安排医疗、人身保险等。

3）接受工作成果

受托方根据合同规定完成咨询报告、建议书，提交给委托方，只要提交时间和质量符合合同规定，并通过专家评审，委托方就应该接受咨询成果，不得借口拖延。

4）支付约定的服务、咨询费

委托方应按约定支付咨询费，因为技术咨询是一种商业活动，是咨询成果与服务费的交换。通俗地说，是委托方用货币购买受托方的咨询成果。

3. 受托方的责任和义务

1）按照合同规定的期限完成技术咨询任务

在合同规定的期限内，受托方应按约定完成咨询报告，并提供给委托方。咨询报告的形式和内容应该符合合同要求。如咨询报告或服务的结果有错误或不完善之处，受托方应负责改正。

2）保证咨询工作的质量

（1）受托方应尽最大努力，利用所掌握的技术知识，实现合同规定的各项目标。提供的咨询报告、有关资料及建议，应是在科学分析的基础上做出的，其结论应在经济上合理、技术上先进、生产上可靠、实践上可行。

（2）委托方应派遣合格的咨询人员。因为咨询工作的质量在很大程度上取决于咨询人员的知识、技术水平、职业道德和工作经验。所以，受托方应保证派遣知识、技术上合格，数量上满足咨询任务的人员。如有的人员不合格，受托方应根据委托方的要求进行人员调换。

3）解答委托方提出的问题

受托方解答委托方提出的问题，是其重要责任之一。咨询过程中和咨询成果提交之后，委托方有可能提出问题或有疑义，或认为有错误，受托方有责任做出解释，充分阐明理由，让委托方了解或得到委托方的认同。报告中的错误，如明显是受托方的疏忽所造成，受托方有责任及时进行改正。

4）咨询成果的验收

受托方咨询成果提交后，委托方要组织成果鉴定或评估会议。按照合同约定，受托方派人参加，介绍咨询报告的内容和解答问题。专家确认受托方咨询报告或建议书符合合同规定的质量标准，双方签订成果验收证书。

4. 咨询费的支付

技术咨询不直接产生经济效益，咨询费的计算方法也不以成果的直接经济效益为标准。因此，技术咨询的收费是很不确定的。特别是聘请技术高超、经验丰富的咨询专家，其咨询费可能高得惊人，但由于他们可以提出获得最大经济效益的最佳方案，或提出不宜建设的权威结论，从而避免盲目建设造成的巨大损失，委托方宁愿出高价聘请。除上述特殊情况外，技术咨询费一般由基本费用和附加费用两部分构成。

1）技术咨询的基本费用

咨询费通常是咨询的成本加预期利润。因此，咨询费的估定非常类似于商品价格的估定方式。其具体构成如下。

（1）专家服务费，包括：专家的基本工资；附加工资；福利费，如健康保险、人寿保险、退休金、社会福利金等，不同国家的人员，标准不同；出国津贴、家属分居津贴、工作环境和工作条件津贴等。

（2）直接费用，是指直接从事咨询工作专家的差旅费、生活费、住宿费、通信费、交通费、资料费、办公费和税收等。

（3）间接费用，是指受托方的直接咨询人员、管理人员和一般服务人员的工资、费用，咨询机构的办公费，如电费、办公用品折旧费等。间接费用按直接咨询人员费用的一定百分比提取。

（4）预期利润（酬金），通常为上述三项费用之和乘以双方协商的一定百分数。

2）技术咨询的附加费用

除上述基本费用外，实际的咨询费还要受其他附加因素的影响，影响的因素主要如下。

（1）咨询项目的复杂程度。技术项目越复杂，需要的知识水平越高，要求咨询人员的技术资格和素质越高，基本费用的附加部分就越高。

（2）咨询项目的重要程度，是指该项目对委托方的重要性，对委托方取得经济效益和未来发展的影响程度。项目对委托方的重要程度越大，附加费也越高。

（3）受托方的权威程度。权威来自受托方的业绩、信誉、成果质量以及社会的认知和信赖。受托方的权威程度越高，向其咨询的委托者就越多，受托方收费自然也越高。

5. 咨询服务费的计价方式

国际上，咨询费的收费方式多种多样，常用的有以下几种。

1）计时收费方式

按受托方在技术咨询中所消耗的劳动时间计算，再结合咨询人员的级别、声望，规定每天（或每小时）的收费标准，如教授级每小时×××美元，讲师级每小时××美元。这种方式适合工作时间短、工作量不易固定的咨询项目。

2）按工程投资百分比计算

按工程项目总投资的一定百分比计算，首先定出最低投资费用的提成比例数，然后再按实际投资额、难易程度、承担的责任等加以调整，这种方式适合于工程设计、工程咨询、项目投资等项目的收费。

3）固定收费或一揽子收费

根据咨询工作总量，商妥一笔固定的咨询费用，商妥的费用总额在整个合同期内不变。这种方式适合项目任务明确、工作量比较固定，或可以分解分项核算的项目。

例如，本合同规定提供全部设计咨询服务的总金额为 100 万日元（大写为壹佰万日元）。上述合同的总金额为固定价格，是包括报告、图纸及文件资料的包装费、航运费、保险费在内的到岸价格（cost，insurance and freight，CIF）。

4）固定费用加利润分成

固定费用加利润分成，是指签约后，委托方先付一笔固定的、最低限度的技术咨询费。投产后，再以委托方的产品净销价或利润为基础，按一定百分数提取一定年限的提成费。这种方式适合与产品有关的咨询项目。

5）咨询费的支付

支付方式主要规定以下两点。

（1）支付货币。支付货币，可以采用受托方所在国的货币，也可以采用委托方国家的货币，还可以使用双方同意的第三国货币。支付货币一般与计价货币相同。如果计价货币与支付货币不是同一种货币，双方应明确约定两种货币之间的折算汇率。

（2）支付时间。

第一，一次支付，在合同生效后一定时间内，委托方支付全部咨询费。在实际业务中，这种方式极少采用。因为在受托方具体开展咨询工作之前，委托方对咨询的质量尚无把握，一般不愿一次支付全部费用。而咨询任务完成后再一次支付，受托方一般也不接受。因为最后支付，受托方必须自己垫付费用，并且要承担咨询费不能按时收到的风险。因此，咨询费多采用分期支付的办法。

第二，分期支付，是按咨询的工作进度，根据任务完成的情况，将合同规定金额分为若干批次支付的一种办法。这种办法有利于促使受托方更好地完成咨询任务，也可以减少委托方所承担的技术和经济风险。

第三，支付单证。委托方支付咨询费之前，受托方须先行提供有关单证。一般需提供：商业发票正本一式若干份；汇票（一般为即期汇票）一式若干份；资料及咨询报告的邮寄单或空运单一式若干份。委托方收到上述单证后，经审核无误，即通过双方指定的银行，将有关款项支付给受托方。

6. 保证与违约责任

1）委托方的保证与违约责任

（1）保证按合同约定提供必要的资料和数据。

委托方未按合同约定提供必要的资料，或提供的资料不足，或有严重缺陷，就会影响受托方的工作进度和工作质量，或造成咨询报告发生失误。委托方支付的费用不得追回，未支付的费用应当支付。

（2）保证按合同约定接受咨询成果。

受托方按照合同规定的期限完成了咨询工作，提出了咨询报告。而委托方无正当理由拒绝接受或逾期接受，委托方支付的费用不得追回，未支付的费用应当支付。保证按合同约定支付咨询费。

委托方无正当理由拖延支付或拒不支付咨询费，属严重违约，应承担违约责任。因为这是对他人劳动成果的不尊重，对所做保证的违反，是违反商业道德的行为。对委托方违反保证的行为，受托方有权要求委托方予以纠正，并如数支付未付的报酬加延期利息。

2）受托方的保证与违约责任

（1）保证按合同约定的期限提出咨询报告。

受托方未按照合同约定的期限提出咨询报告，属于严重违约行为。委托方有权暂停支付咨询费。

（2）保证咨询报告符合合同规定。

按合同规定的验收办法评估或鉴定的结论认为，受托方提供的咨询报告不符合合同规定，受托方应当承担违约责任。委托方有权根据违约程度扣减咨询费。严重违约则免付咨询费，包括退回已经收取的咨询费。

11.4.3　签订国际技术服务和技术咨询合同应注意的问题

1. 明确区分技术服务与技术咨询的界限

国际技术服务与技术咨询合同的结构、内容基本相同，它们的主要区别在于受托方的责任不同。

国际技术服务合同中，受托方要提出技术方案，并负责实施技术方案，保证委托方的技术课题按约定获得圆满解决。如技术方案实施未达到合同约定的技术目标，或给委托方造成损失，受托方要减收或免收报酬。严重的要支付违约金或赔偿损失。

国际技术咨询合同中，受托方应按合同要求完成技术咨询报告或建议书，并通过验收。到此，受托方的合同义务已经履行完毕。咨询报告或建议书的实施与否由委托方自己决定，实施的后果，甚至损失，完全由委托方承担。

2. 明确规定技术服务、技术咨询时间

按工作量计算收费额时，工作量是以咨询、服务人员每人每天的工作时间来计算的。在合同中，双方要规定总的咨询、服务时间，以及每周工作的天数及时数。可设置咨询、服务技术人员记时卡，记时卡一式两份，由双方总代表签字，作为支付咨询、服务技术人员的技术服务费和加班费的依据。

咨询、服务时间要与咨询、服务项目进度相衔接，在总的咨询、服务时间下面要规定具体的工作进度，每天工作进度要记载在"工作日志"上，每天由双方总代表监督审查，经双方总代表同意签字，"工作日志"一式两份，双方各执一份，保证咨询、服务项目进度按计划完成。

3. 建立工作联系制度

工作联系制度的目的，是便于双方对有关事宜互通，加强工作联系，特别是监督服务项目的实施，发生问题相互通知，及时予以纠正和解决。例如，项目实施过程中，发现技术资料、数据、材料或工作条件不符合合同约定，或发现继续实施可能对材料、设备有损坏的危险，双方总代表通过工作联系制度就可以及时协商解决。

4. 税费的规定应符合有关国家税法

技术服务、技术咨询费和人员的个人所得，按税法规定应扣缴所得税。委托方应督促服务、咨询机构和人员向税务当局缴纳公司和个人所得税，或根据税法要求，在委托方向受托方支付服务、咨询费时，代税务部门扣缴，防止漏扣、漏缴所得税，给委托方带来不必要的麻烦。

本章小结

国际技术服务与技术咨询是随着科技革命和社会生产空前解放而发展起来的，在国际技

术贸易和各国经济总量中占据了重要的地位，各国据此采取了各种支持本国技术咨询和技术服务业发展的政策措施。

国际技术服务合同与国际技术咨询合同是约定国际技术贸易双方当事人权利和义务关系的重要法律文件。国际技术服务合同包括：主题与范围，委托方的责任，受托方的责任，违约责任和新技术成果归属；国际技术咨询合同包括：咨询主题与范围，委托方的责任，受托方的责任和义务，咨询费的支付及计价方式，保证与违约责任。

在签订国际技术服务合同与国际技术咨询合同的同时，要注意区分技术服务和技术咨询的界限，明确技术服务和技术咨询时机、税费的规定问题等。

名词解释

国际技术服务业　国际技术咨询业　技术服务任务书　技术咨询任务书　国际技术服务合同
国际技术咨询合同　委托人（方）　受托人（方）　专家服务费　一揽子收费

复习思考题

一、简答题

1. 发达国家采取了哪些支持技术咨询业发展的政策措施？
2. 技术中介机构在推动技术服务业发展方面发挥着怎样的作用？
3. 发达国家在推动本国技术服务业发展方面采取了哪些政策措施？
4. 技术咨询合同与技术服务合同当事双方的权利和义务分别是什么？
5. 订立技术咨询与技术服务合同应注意什么问题？

二、写作题

根据下列给出的假设与主题，自设其他条件，起草一份技术咨询合同。

委托方（甲方）：希腊A公司；受托方（乙方）：中国B公司。

主题：某国际港口的改造技术咨询；委托方要求：某国际港口改造的可行性报告。

咨询目标：保证某国际港口能完成一定的国际运输能力。

三、案例分析题

2017年9月12日和13日，我派驻吉布提农业专家组与吉布提农业部合作，成功举办了兽医和水产养殖培训班。我驻吉布提使馆经济商务参赞葛华、吉布提农业部技术顾问、畜牧兽医司司长、渔业司司长受邀分别出席了两个培训班的开幕式并致辞。

葛华参赞表示，畜牧业和渔业都是吉布提农业生产的重要领域，我第三批农业专家组受中国政府委托赴吉布提开展技术交流与合作，重点帮助吉布提发展畜牧业和渔业。一年多来，我农业专家深入一线，广泛开展试验、示范和技术培训推广工作，取得了满意的成绩。应吉布提政府要求，中国政府将继续秉持友好，进一步推进农业技术合作项目的开展，希望中吉专家共同努力，通过“请进来，送出去”的培训与实践，因地制宜，开展农业科学研究，积极创造条件，深入学习和交流，共同推动吉布提农业实现可持续发展。

兽医培训班在离首都 15 千米的地区牲畜检疫中心举办。来自吉布提农业部、地区的兽医骨干 52 人接受了为期 2 天的培训。农业组临床兽医、实验室兽医专家，在培训班上与学员积极互动，分享中吉畜牧兽医技术合作取得的丰硕成果，研讨畜牧兽医新技术。

水产养殖培训班在渔业司会议室进行，渔业司、渔港和渔民协会代表 25 人接受我水产专家为期 2 天的水产养殖技术培训，就吉布提开展海水养殖和面临的问题进行了深入交流。

此外，今年我先后选派吉布提畜牧和水产养殖学员参加中国农业部“一带一路”等项目研修班 4 期共 29 人，其中 4 位代表学员分别在这次兽医和水产养殖培训班上热情洋溢地介绍了到中国学习的收获和体会。

资料来源：《我援吉布提农业技术合作专家组成功举办兽医和水产技术培训班》，商务部网站，2017-09-20，有改动

思考题：上述资料采取了哪些技术服务项目？给吉布提农业带来了哪些益处？

第 12 章　综合型国际技术合同

本章学习目标、重点与难点

学习目标： 通过本章学习了解综合型国际技术合同的含义、类型，理解综合型国际技术合同的特点，掌握具体的综合型国际技术合同——国际合作生产合同的主要条款应用及其合作生产常见形式，国际工程承包合同和国际合作技术设计与技术开发合同的主要条款及其应用，理解国际工程承包的成交方式，国际合作技术设计与技术开发的特点。

重点： 综合型国际技术合同的含义、类型、特点，国际合作生产合同、国际工程承包合同和国际合作技术设计与技术开发合同的主要条款及其应用，合作生产常见形式，国际工程承包的成交方式。

难点： 国际合作生产合同、国际工程承包合同和国际合作技术设计与技术开发合同的主要条款及其应用，国际工程承包的成交方式。

12.1　国际经济技术合作合同

12.1.1　国际经济技术合作合同的概念与类型

1. 国际经济技术合作合同的概念

国际经济技术合作合同（contracts for the international economic technical cooperation）是指经济合同含有工业产权、非工业产权许可或转让、技术服务等任何一项或多项内容的具有合作性质的合同。

2. 国际经济技术合作合同的类型

按照结合的形式，国际经济技术合作合同可分为以下几种。

（1）与生产合作结合的技术转让、许可或技术服务合同。

（2）与劳务贸易结合的技术转让、许可或技术服务合同。

（3）与成套设备、关键设备或生产线买卖结合的技术转让、许可或技术服务合同。

（4）与合作设计、合作开发结合的技术转让、许可或技术服务合同。

（5）与国际直接投资结合的技术转让、许可或技术服务合同。

12.1.2　国际经济技术合作合同的特点

国际经济技术合作合同的特点主要表现在以下方面。

1. 一个合同中至少有两种贸易对象，其中至少包含一种技术贸易对象

国际经济技术合作合同，除包含商品、劳务、工程承包、直接投资或合作设计、合作开发等内容外，至少包含一个技术贸易对象。如果合同中不包括任何一个技术贸易对象，就不能称为国际经济技术合作合同。

案例 12-1

中国石油与莫桑比克国家石油公司的技术合作

中国石油是中国主要油气生产商和供应商，是以油气业务、工程技术服务、石油工程建设、石油装备制造、金融服务、新能源开发等为主营业务的综合性国际能源公司。它在全球 30 余个国家运营着近百个油气合作项目，基本建成了中亚、中东、非洲、美洲和亚太 5 个油气合作区。

莫桑比克国家石油公司是莫桑比克唯一的国家石油公司，成立于 1981 年，主营油气领域的研究、勘探、生产、炼化、运输、储存及石化产品销售等，拥有莫桑比克石油公司、莫桑比克天然气管道公司、莫桑比克国家石油工程公司、德尔加多角港口公司等多家公司。

据了解，中国石油 2013 年开始参与莫桑比克的海上天然气勘探开发和生产，其中 4 区项目是中国石油在东非地区首个超深海大型天然气及 LNG（liquefied natural gas，液化天然气）项目，也是中国公司在莫桑比克最大的单体项目。同时，中国石油还在物探、管道建设、工程承包、设备供应等油田服务及工程建设领域开展了与莫桑比克的合作。

2016 年 5 月 18 日下午，在中国国家主席习近平、莫桑比克总统菲利佩·雅辛托·纽西的共同见证下，中国石油集团董事长王宜林与莫桑比克国家石油公司董事长奥玛尔·密达在北京共同签署了《中国石油天然气集团公司与莫桑比克国家石油公司合作框架协议》。

根据协议，双方将全面推动在油气勘探开发、生产、天然气加工和销售领域的合作。中国石油将积极参与莫桑比克国内油气勘探开发和油气生产等项目，积极推动在莫桑比克的气田服务领域合作，利用中国石油现有人才培训机构和设施，为莫桑比克培训石油技术和管理人才。进一步加强对莫桑比克石油相关技术人员的培养和培训，把技术成果运用到中莫石油合作中，为双方创造更多的经济效益和社会效益，用油气合作的成果造福两国人民。

中国石油在莫桑比克已初步形成油气勘探开发、物探、管道建设、工程承包、LNG 总承包、设备及产品供应的上中下游全面合作的良好局面，已为当地创造 300 多个就业机会。

2017 年 10 月 23 日晚间，中国石油集团与莫桑比克国家石油公司在北京签署多项合作协议。此次合作协议的签署，涵盖了油气勘探开发、工程技术、工程建设、炼化及后勤支持等多方面，标志着中国石油与莫桑比克国家石油公司的合作进入全面合作阶段，将为莫桑比克建立自己的石油工业体系发挥积极的推动作用。

资料来源：根据《中石油集团与莫桑比克国家石油公司签署合作协议》，商务部网站，2017-10-30；《在

中国国家主席习近平、莫桑比克总统纽西共同见证下中国石油与莫桑比克国家石油公司签署合作框架协议》，中国石油报，2016-05-19 等资料改编而成

思考题：此案例中涉及的交易对象都有哪些？

案例分析

根据协议，双方将全面推动在油气勘探开发、生产、天然气加工和销售领域的合作。中国石油将积极参与莫桑比克国内油气勘探开发和油气生产等项目，积极推动在莫桑比克的气田服务领域合作，利用中国石油现有人才培训机构和设施，为莫桑比克培训石油技术和管理人才。中国石油集团与莫桑比克国家石油公司在北京签署多项合作协议，涵盖油气勘探开发、工程技术、工程建设、炼化及后勤支持等多方面，双方同时成立中莫石油工程公司。

从中可以看到交易对象有油气勘探开发、工程技术、工程建设、炼化，利用中国石油现有人才培训机构和设施，为莫桑比克培训石油技术和管理人才，双方同时成立中莫石油工程公司。这其中涉及的技术交易对象有工程技术、人员培训等方面。

2. 合同中的两种对象分别按各自的规则处理

技术贸易对象按技术转让或许可规则处理，其他对象按符合其特点的规则处理。在合同中，两种对象的条款分别规定，如果其中一个对象为主、另一个对象为辅，一般以基本合同和附件加以列明。因此，表面上看，国际经济技术合作合同是一个合同包括两种或两种以上交易对象，实质是两种或两种以上贸易对象的结合，两种对象的贸易规则并不相互混合。

3. 合同中两种或两种以上贸易对象相互紧密联系

合同中两种对象直接紧密联系，相互作为实施手段。例如，成套设备买卖与某种技术许可结合，其中技术必定与成套设备使用、制造等直接相关，即技术为设备所用，设备为技术使用服务，绝不可能一个合同中的两种贸易对象毫无联系。

12.2 国际合作生产合同

国际合作生产（international cooperative production），是指一国或地区的公司、企业与另一国或地区的公司、企业通过签订合同，合作生产某种产品或联合设计某种产品，并转让相关技术的一种综合贸易方式。合同一般包括双方共同制订生产计划、分工生产零部件，相互提供、转让相关生产技术，以及产品合作销售方面的安排。按两者技术水平，可将技术较强的一方简称供方，将技术较弱的一方简称受方。

12.2.1 国际合作生产的特点

1. 合作生产过程具有长期性

合作生产比单纯转让（许可）技术使用权时间长。因为在合作生产过程中，双方需要调

整和扩大受方生产零部件比例，逐步缩小供方生产零部件比例，并转让生产技术，最终使受方学会全部零部件的制造技术，掌握组装完整产品的技能。因此，供、受双方合作需要较长的时间。

2. 合作生产的当事人是多方合作

合作当事人不仅有合作生产的供、受双方，还包括合作生产产品的制造工厂、产品的最终用户，有时还会涉及第三方的技术许可。因此，在国际合作生产方式下，供、受双方不仅要订立合作生产基本合同，而且要以基本合同为中心与制造单位签订配套合同，与第三方签订技术转让合同，与产品的最终用户订立销售合同等，各方共同构成以基本合同为中心的多方合作关系。

3. 合作生产的零部件分别核算

合作生产的环节很多，技术转让以及机器设备、配套件、零部件的提供，无论是互相提供或单方提供，对于提供的技术和其他零部件都要分别计价，按供、受双方议定的价格分别或单方支付价款。转让技术部分的计价和支付按许可贸易的方式进行。

12.2.2 合作生产的基本形式

（1）根据合同产品的分工，供、受双方分别生产不同的部件，各自装配成完整的成品，各自出售。

在产品合作的方式下，供、受双方按各自的技术特长或力量强弱进行分工。按合同规定的期限，相互提供各自生产的部件给对方，分别组装成完整的成品各自出售，相互提供的部件分别计价。

(2)供方提供关键部件、图纸和技术指导，受方生产次要部件，并组装成完整产品单独销售。

供方提供关键部件、图纸和相关技术，受方生产次要部件，并组装成完整产品单独销售。供方不收取图纸、资料和技术使用费，其报酬通过受方购买其关键部件进行补偿。

（3）供方提供图纸、技术和特殊工具、检测仪表等，按各自的专业分工制造零部件，在接近最终用户的一方工厂共同组装成完整产品，并联合销售。

例如，大连起重机厂与德国马克公司合作生产起重机，由德国马克公司提供生产起重机的专有技术、配套件、特殊工具、检测仪表等，在大连起重机厂共同组装完成完整产品，联合销售给上海钢铁厂。在这种合作方式下，专有技术与配套件、特殊工具、检测仪表等需分别按照技术转让办法和商品买卖处理。

12.2.3 国际合作生产合同的主要条款

国际合作生产合同的条款应依据合作生产的形式确定，其主要条款如下。

1. 定义

（1）基本合同，是指供、受双方签订的合作生产合同。

（2）制造单位，是指承担零部件生产和向最终用户出售合作产品的生产制造单位。

（3）最终用户，是指购买合作产品的单位。

（4）合作产品，是指在合同范围内，合作双方制造的零部件组装成最终用户所需要的产品。

（5）技术服务，是指供方派遣或由制造单位派遣技术人员到对方单位，进行合作产品的设计、制造、装配、检验、调整和试验等技术指导及技术培训等工作。

（6）技术合作，是指在合同范围内，自合同生效之日起，供、受双方按商定的分工比例，制造合作产品，经联合检验后提交最终用户，直至合作产品保证期届满为止。在此期间，供、受双方共同完成既定目标，分别按合同规定承担各自的义务。

2. 合作生产合同的范围

合作生产合同的范围一般包括：供方向受方或制造单位提供专利技术和技术秘密及技术资料的种类、名称、份数和交付日期；提供机器、设备的名称、型号、规格和交货日期；提供特殊工具、检测仪表的名称、型号、规格、数量和交货日期；合作制造产品的名称、规格、重量、数量和向最终用户交货的日期；等等。

3. 受方和供方的责任与义务

1）受方与制造单位的责任和义务

受方和制造单位保证按供方提供的技术规格制造合同产品，并按期向用户交货；保证按期向供方支付技术服务费及机器设备、仪器、工具等的价款。

2）供方的责任和义务

供方保证，按规定时间向受方和制造单位提供正确、完整的技术资料，并对提供错误技术资料造成的损失负责；保证按规定时间向受方和制造单位提供性能优良的机器设备、配套件和工具等，并对合同产品的规格、性能和设计参数负责。

4. 技术服务

技术服务的内容包括供方负责培训受方单位的技术人员，以及向受方单位派遣技术指导人员的数量、资格、生活待遇和费用负担等。

1）技术指导人员的责任

（1）保证向受方单位的有关技术人员提供和传授制造合同产品的技术秘密与加工、热处理、焊接、装配、调试、试验和检验方面的技术知识。

（2）保证与受方人员密切合作，以技术指导支援受方，按照双方商定的期限制造出合格的合同产品。

（3）保证技术指导正确无误，技术指导错误造成的一切直接损失由供方负责赔偿。

2）培训内容

供方保证受方技术人员全面熟悉供方提供的技术资料；对技术资料进行详细讲解，解答有关技术问题，并负责讲授合作产品的设计、制造和检验方面的技术知识，传授经验和技术秘密；受方技术人员在供方技术指导人员的帮助下，应该重新准备合作产品的图纸，以适应受方的生产条件。

5. 技术资料的交付

技术资料交付的时间、地点、方式、份数、包装和包装标志，以及具体交付日期，一般以合同附件予以列明。

6. 机器设备、配套件和工具的交付

供方提供机器设备、配套件和工具等，按陆运或海运的交货条件，以陆运运单或海运提单的日期作为实际交货的日期。

7. 计价和支付

计价内容包括实物部分和技术服务部分。实物部分是指供方提供的机器设备、配套件、工具等，按一般商品买卖计价和支付；供方提供技术秘密、技术资料和技术培训，需要计费时，明确计费的范围，分清免费和计费。

8. 销售合作

销售合作条款的内容包括以下几方面。

1）合作产品的接收条件

在产品质量保证期限内，经检验和鉴定，符合合同要求的为合格。如果产品有瑕疵，属于哪一方的责任，就由哪一方向用户进行补救和赔偿。

2）合作产品的销售范围

双方尽一切努力向双方国家销售合同产品，或联合将合同产品投放国际市场。

3）合作产品的销售价格和商标

合同产品销售的价格，由双方按议价的原则，每 3 个月议定一次，分别执行。为了扩大合作产品销售，受方应使用供方商标，商标标识和宣传品由供方提供。

除了上述条款外，合作生产合同还要订立仲裁、不可抗力、合同生效和终止、联络、技术保密等条款。

12.2.4　国际合作生产对受方引进技术的利弊

1. 有利方面

（1）受方可以获得供方技术，节约外汇支出。受方购买供方一定数量的关键零部件，供方可以少要或不要技术使用费。

（2）受方可以借助供方的技术和信誉，使受方产品顺利进入国际市场。

（3）受方可以通过供方转让的技术，迅速提高本身的技术水平和制造能力。

（4）受方获得的技术可靠、实用，避免了直接引进技术出现不可靠、不实用的问题。

2. 不利方面

（1）供、受双方的技术水平不同，合作的出发点不同，难以找到合作的结合点。

（2）受方利用合作生产方式难以引进先进技术。

（3）受方引进技术的速度慢，因为供方转让技术是随着产品生产过程逐步转让的。

专栏 12-1

雷诺、日产、三菱汽车联盟的合作生产

2017 年 9 月 15 日，雷诺、日产、三菱汽车发布了“联盟 2022”六年发展计划，计划将年度协同效应增加一倍至100亿欧元，旨在进一步巩固雷诺、日产和三菱汽车三方的合作，并加快平台、动力系统和新技术的共用。为实现这一目标，雷诺、日产和三菱汽车将加快在通用平台、动力系统和新一代电动汽车、自动驾驶技术和智能网联技术方面的合作。

预计联盟的年度销量将超过1400万台，营业额超过2400亿美元。根据“联盟2022”计划，联盟成员将增加对通用平台的使用，未来将有900万辆汽车出自四个通用平台。此外，通用动力系统的共同使用率将达到75%。“联盟2022”计划将同时开展先进自动驾驶系统、车辆互联和新兴出行服务的开发与应用，在联盟范围内共享电动汽车技术，并且通过可用于多个级别车型的全新通用电动汽车平台与通用零部件，计划截至2022年推出12款零排放电动汽车。同时还将为40款车型搭载不同程度的自动驾驶技术，其中包括可实现完全自动驾驶的技术。此外，以无人驾驶车辆进军约车服务领域也将成为新出行服务战略的核心内容。

截至“联盟2022”计划结束时，在31款发动机中将共享其中的22款（2016年，在38款发动机中只有14款实现共享）。扩大基于CMF（content management framework，内容管理框架）架构的共享平台战略，将增加具有先进自动驾驶技术的新型EV（electric vehicle，电动汽车）平台和应用于中型B级车级别的共享平台。三菱汽车也将使用CMF平台，并在2020年之前搭载通用的动力系统。CMF平台的扩展是雷诺和日产共享车型平台的成功案例，在日益增多的车型中都使用共享平台和动力总成，包括日产 Rogue、逍客和奇骏、雷诺 Espace、Kadjar和梅甘娜，以及雷诺Kwid和达特桑redi-GO。

资料来源：根据《大陆助力雷诺日产三菱车联项目 提供核心技术》，人民网，2017-11-10；《雷诺日产三菱联盟2022年推40款自动驾驶汽车》，北京青年报，2017-09-20等资料改编而成

12.3 国际工程承包合同

12.3.1 国际工程承包合同的特点

国际工程承包（international construction project），是指国家政府部门、公司、企业或项目所有人（一般称业主或发包人）委托国外的工程承包人，按规定条件完成某项工程任务，转让相关技术或技术服务的综合贸易方式。

1. 工程承包合同内容复杂

在技术方面，涉及基本设计、详细设计，采购设备和原材料，施工、试车、项目移交等一系列环节。在商务方面，涉及材料购买、信贷、运输、保险、分包、技术转让等多项内容。在合同主体方面，涉及工程业主、总承包商、分承包商、设备供应商、金融机构等。在法律方面，涉及公司法、劳动法、合同法、投资法、招投标法，以及国际条约和国际惯例。

2. 合同有效期长，可变因素多

国际承包工程从招投标、谈判、签约、履约到合同终止，是一个十分复杂的过程，持续时间少则一两年，多则四五年。在合同履行过程中，可能出现很多影响合同履行的不确定因素，如资金不到位，原材料供应脱节，总承包合同与分包合同不协调，总承包商与分包商、业主意见分歧等诸多问题。所有出现的问题，有关各方都必须妥善解决，否则，将会影响合同的履行。

3. 合同履行环境突变，风险大

合同履行过程中，合同履行环境变化是事先难以预料的，如政治环境（内乱、战争）、经济环境（原材料、人工费用的涨价和货币贬值）、自然环境（自然灾害）等，都会对合同顺利实施造成很大影响，如 20 世纪 90 年代亚洲的金融危机、非洲国家的政权更迭、阿富汗战争、伊拉克战争，都使承包商蒙受了巨大损失。

12.3.2　国际工程承包合同的种类

国际工程承包合同（international contract for construction project），是确定合同当事人（业主与承包人）之间法律关系和权利义务关系的具有约束力的法律性文件。其合同类型可按以下两种方法划分。

1. 按承包人承担责任不同划分

（1）分项工程承包合同，是指工程业主将一项完整的工程项目分为若干部分，分别与若干承包人签订合同，每个承包人只对自己所承担的具体项目负责，整个工程项目的协调工作由工程业主负责。

（2）“交钥匙”工程承包，是指承包人不仅承担可行性研究、勘察、设计、制订施工计划、工程建设、安装、试车和投产等，还要承担一定时间的正式生产、考核产品质量、产量及原材料消耗等。当项目完全达到合同规定标准，履行交接手续后，再将建成的工程项目移交给工程业主。

（3）“半交钥匙”工程承包，是指承包人承担工程项目的可行性研究、勘察、设计、制订施工计划、工程建设，经过安装、试车、运转，项目质量符合合同规定标准，即将工程项目移交给发包人。

（4）“产品到手”工程承包，是指承包人不仅负责工程项目的可行性研究、勘察、设计、施工、安装、试车、运转，使项目质量符合合同规定标准，还必须承担工厂投产和工程项目使用后的一定时间（一般为两三年）内的技术指导、设备维修和技术培训等项任务，在产品质量稳定、产量逐步提高、产品符合合同标准时，再正式移交给项目发包人。

2. 按合同的计价方式划分

（1）固定价格合同，或称总包价格合同，是指在工程项目范围、工期固定的条件下，工程业主采用一揽子估价，确定工程费用总额，一次或分期支付的方式。如工作范围内发生根本性变动，合同价格随之调整。

（2）“成本加费用”合同，是指承包人垫付项目所需费用，并将实际支出费用向工程业主报销，项目完成后，由工程业主向承包人支付约定的报酬。

12.3.3 国际工程承包的成交方式

国际工程承包的成交方式主要有两种：一种是通过招投标方式成交；另一种是通过谈判方式成交。一般多采用招投标方式，因此，以下着重介绍招投标成交方式。

1. 招投标的概念

招标（invitation of bid）和投标（submission of bid）是一个业务环节的两方面，招标是一方（招标人）欲建设工程项目，以规定方式发出邀请，征求应征人的行为。投标是指应征人按招标人提出的条件，将标书寄交招标人或直接送达招标人的行为。

2. 招标方式的类型

当前，国际招标方式主要有以下几种。

1）公开招标

公开招标，又称竞争性招标，是指招标人在国内外主要报刊上刊登招标广告，邀请对该工程项目有兴趣的所有承包商（本国的和外国的）进行投标。所有承包商都有均等的机会购买招标资料，准备自己的投标文件。这种招标方式的好处是：招标人可以广泛吸引投标者，充分选择投标者；最大限度地利用竞争；获得最有利、最优惠的成交条件。

竞争性招标是国际上采用最广的成交方式，特别是使用国际金融机构贷款的项目，如世界银行贷款兴建的项目，都要求采用国际竞争性招标方式。

2）选择招标

选择招标，又称邀请招标或有限竞争性招标，是指招标人不公开刊登广告，仅根据掌握的情报资料或咨询公司提供的承包商情况，向享有盛名、经验丰富的承包人发出招标邀请，由它们提出投标条件，并根据各承包人的投标条件进行选择。这种招标方式的好处是：工程质量和进度有可靠保障。

3）谈判招标

谈判招标，是指招标人物色一两家承包商，直接提出条件进行谈判、磋商，达成交易。这种方式适用于技术性很强的项目，其好处是：手续相对简单，对双方约束性小，竞争者少，成交比较迅速。

4）两段招标

两段招标，是指招标分两个阶段进行，第一阶段按公开招标方式，对投标人进行初步审查评价；第二阶段邀请条件优惠的少数几家投标人进行第二次投标。这种方式的好处是：有利于博采众家之长，选择最优方案，以最优惠的条件成交。在招标人缺乏经验的情况下，这种招标方式比较稳妥。

3. 招标的程序

国际竞争性招标的程序一般经历下列几个阶段。

1）招标前的准备工作

国际竞争性招标成败的关键是招标前的准备工作。准备工作主要包括组织项目招标委员会、发布招标公告、对投标人进行资格预审以及制定标底等。

（1）项目招标委员会的组成。项目招标委员会一般由项目主管部门聘请工程、商务、外汇、法律等有关方面专家组成。其具体任务是指导招标工作，负责解决项目招标中遇到的各种问题。

（2）招标公告。招标公告，是招标人在国内外有影响的报刊上发布招标信息。其内容包括招标通知和招标广告两个部分，具体说明项目名称、地点、概况、工程范围、索取招标文件的日期、地址及截止日期、招标条件、价格以及有关事项的咨询单位等。必要时，招标人应将招标公告分别送至项目主管单位及有关国家的外交和商务机构。

（3）资格预审。资格预审，是招标人对投标人的施工经历、财力、财务状况、施工设备、工程技术人员的数量和水平等进行评审，以确定投标人是否满足拟招标项目要求的过程。资格预审一般由招标委员会或受聘的咨询公司承担，采取分发资格预审调查表或现场访问方式调查投标人，并根据调查了解的资料认真评审，然后将结果通知符合投标资格的投标人。

（4）制定标底。招标委员会通过项目概算，确定合同的价格水平，也称标底，由招标委员会掌握，标底绝对保密。

2）公开招标

公开招标，是指招标委员会通知符合投标资格的投标人索取或购买招标文件。招标文件系统、完整、准确地说明项目的全面情况，以及投标人为编制投标文件所必需的全部资料和各项条件，如投标人须知、投标书及附件、协议书，投标保证金或保函、合同条件（一般条件和特定条件）、规定与规范、图纸及设计资料附件、工程量表等，以便投标人据以编制投标文件。如有必要，投标人可按招标文件的规定，前往现场进行勘察，以取得编制投标文件所需的第一手资料。

从公开招标之日至投标截止日为投标文件编制期，或称投标准备期。这段时间的长短取决于项目的规模及其复杂程度。在投标截止日期前，投标人应将投标文件寄到或交到招标委员会，逾期交付无效。

3）开标

开标，是指招标委员会将截止日期前收到的全部投标文件，在规定的日期、时间和地点，向在场的投标人或其代表，当场拆封，并宣读各投标人的投标条件，以使投标人了解各家的报价。

4）评标与决标

开标以后，招标委员会将投标文件的标价及其他条件逐一汇总列表，选取其中报价最低的四五份投标文件进行审查、鉴别、比较，直至决定中标单位。评标是在秘密条件下进行的。

决标，是指招标委员会以评标报告及推荐意见为依据，决定中标人，同时向中标人发出“中标通知书”。对未中标的投标人一般可不通知，或只简单通知某承包人中标即可。

5）签订合同

中标人接到正式“中标通知书”后，在规定的时间内，应与工程业主签订项目承包合同。合同文本一般采用国际顾问工程师联合会和国际建筑与公共土木工程联合会拟订的合同范本，并在此基础上进行磋商，做些必要修改，达成一致后签订。

12.3.4 国际工程承包合同的主要条款

国际工程承包合同不是单一内容的合同，而是一组合同文件。对此，以下不准备全面介绍，只就基本合同的主要条款做概要介绍。基本合同包括一般条件和特殊条件。一般条件适用发包人和承包人一般权利义务规定；特殊条件适用每次交易的具体合同。国际上通用的合同条件一般包括以下条款。

1. 监理工程师和监理工程师代表权责条款

监理工程师和监理工程师代表是项目发包人的代理人，负责监督工程施工和处理履约过程中出现的问题。发包人任命监理工程师后，必须及时通知承包人。

2. 工程承包的转让和分包条款

承包人未经发包人或其代理人同意，不得将全部合同、合同的任何部分、合同的任何利益和权益转让给第三者。承包人如需将部分工程分包给他人，应经发包人或其代理人同意，但仍须对全部工程负责。

3. 承包人一般义务条款

承包人负责工程项目的全部设计和施工，并无偿提供实施所必需的劳务、材料、机器设备及管理知识。

4. 特殊自然条件和人为障碍条款

如特殊自然条件或人为障碍给工程施工带来困难，承包人应采取一定的措施加以排除。如果变更导致增加承包费用，或推迟工程进度，必须经监理工程师或监理工程师代表确认，并经发包人同意。

5. 竣工和推迟竣工条款

工程完成后，经监理工程师或其代表验收无误，承包人发给竣工证明。如出现工程变更、自然条件变化、人为障碍使工程延误，经监理工程师同意，承包人可以延长工程的竣工期限。

6. 专利权和技术秘密条款

承包人或分包人须向发包人提供专利和技术秘密，并承担被第三方控告合同范围内专利权为非法，以及专利权被第三方侵犯时的责任；承包人提供的技术秘密，双方应保守。

7. 维修条款

维修期限从竣工证书签发之日起计算，维修期为 12 个月。在维修期内，承包人应按监理工程师的要求，对工程缺陷进行维修、返工或弥补。如果工程缺陷是承包人的疏忽造成的，由承包人负担由此而引起的一切费用。

8. 工程变更条款

发包人或监理工程师有权改变合同中规定的工程项目，承包人应按变更后的工程项目要求进行施工。工程增加或减少的费用，应在合同总价中做相应调整。

9. 支付条款

支付条款属于合同的“特殊条件”，主要包括以下内容。

（1）预付款。工程开工前，发包人应按合同规定，支付给承包人预付款，预付款金额为合同总价的 5%～15%，用于承包人购买机械设备和采购材料等。

（2）临时结算。发包人每月向承包人支付一次，每月支付的金额应扣除承包人的保证金，但保证金累计金额达到合同总价款的 5%时，即不再扣留。在工程竣工和维修期满后，承包人交付的保证金应全部退还给承包人。

（3）支付期限。监理工程师签发结算单之日起 30 天以内，发包人要向承包人付清费用。

（4）迟付加息。发包人如逾期付款，应按工程项目所在国中央银行贷款利率支付利息。

（5）最后结算。维修期满后，承包人向监理工程师提交维修证书，随附完工总价值证明文件及其他费用证明，经监理工程师审核无误后，签发最后结算证书。自监理工程师签发最后结算证书之日起 30 天内，发包人付清全部价款。

10. 违约惩罚条款

（1）凡未经发包人书面同意，承包人转让和分包承包工程，无正当理由，承包人不按时开工，未按合同规定标准准备材料，不听从监理工程师的正当警告，忽视工程质量，等等，均属承包人的违约行为。对此，发包人有权终止合同，没收承包人的履约保证金，或采取其他必要的惩罚措施。

（2）发包人未向承包人按时支付费用，干扰、阻碍或拒绝向承包人签发付款证明，无正当理由中途决定停工，故意制造事端挑剔和责难承包人等，承包人有权终止合同，要求赔偿承包人准备开工或施工中所有费用和机器设备折旧费用、运输费用等。

除上述合同条款外，当事人应订立仲裁、不可抗力、特殊风险等条款。

案例 12-2

驻晋央企登陆马来西亚轻轨市场　助力当地城建

中铁十七局集团是世界500强企业中国铁建的核心成员，是全球最大的工程承包商之一，先后在 20 多个国家承建铁路、公路、房建、通信、电力等工程，海外市场超过 300 亿元（人民币，下同）。

2017 年10 月 24 日，该集团中标马来西亚吉隆坡轻轨项目，合同额约 13.14 亿元；同时，收到吉隆坡市中心快速轨道交通工程中标通知书，合同额约 3.45 亿元。

中铁十七局马来西亚分公司与 APEX 公司签订项目施工合同。APEX 公司是马来西亚地铁中标率排名第一的公司，也是马来西亚综合实力排名前五的土著公司。马来西亚政府投资的现汇类基建项目大多数只允许土著公司参与。这也是中铁十七局践行“一带一路”倡议，与当地优势企业强强联合拓展市场，取得的崭新成果。

中铁十七局马来西亚吉隆坡轻轨项目管段位于雪兰莪州沙亚南市，总工期 36 个月，线路全长 3.25 千米，主要包括新建 3 个轻轨高架车站，4 段双线区间，区间长度 2.89 千米，包含土建结构、装修和部分电气安装工程。此外，吉隆坡市中心快速轨道交通工程，主要工程量为两个高架车站。

两个项目由中铁十七局四公司施工，这是中铁十七局所属一、二、三、五、建筑、电气化、物资公司走出海外后，又一个扬帆出海的子公司。截至 2017 年 10 月，中铁十七局先后参建了北京、石家庄、兰州、上海、武汉、苏州、无锡、宁波、西安、重庆、青岛、福州、厦门、太原等 20 多个城市轨道交通工程，以及参建了海外的巴基斯坦地铁、马来西亚轻轨工程。

资料来源：根据《驻晋央企登陆马来西亚轻轨市场　助力当地城建》，中国新闻网，2017-10-25 等资料，有改动

思考题：在上述资料中，中铁十七局签订的国际工程承包合同的特点表现在哪些方面？

案例分析

马来西亚吉隆坡轻轨项目，合同额约 13.14 亿元，收到吉隆坡市中心快速轨道交通工程中标通知书，合同额约 3.45 亿元。中铁十七局马来西亚吉隆坡轻轨项目管段位于雪兰莪州沙亚南市，总工期 36 个月，线路全长 3.25 千米，主要包括新建 3 个轻轨高架车站，4 段双线区间，区间长度 2.89 千米，包含土建结构、装修和部分电气安装工程。此外，吉隆坡市中心快速轨道交通工程，主要工程量为两个高架车站。以上方面体现了国际工程承包合同内容复杂；合同有效期长，可变因素多；合同履行环境突变，风险大等特征。

12.4　国际合作技术设计与技术开发合同

12.4.1　国际合作技术设计与技术开发的概念与特点

1. 国际合作技术设计与技术开发的概念

国际合作技术设计与技术开发（international cooperative technical design and development），是指不同国家的法人、经济组织或自然人之间，在现有技术基础上，开发、完善或扩大现有技术的使用深度和广度而进行的合作。这种合作的范围侧重在产品的改型、工艺变更、材料配方调整等方面。其成果不要求是“全新的”，但要求比订立合同时掌握的产品、工艺、材料知识有所改进，技术方案更完整、更系统、更可靠。

表 12-1 展示了中国 2010～2017 年技术开发合同的成交金额，可以看到每年的技术开发合同成交金额在增加，但是比全国技术合同成交金额增长得较缓慢。其中，每年委托开发占到了技术开发合同金额的 85%以上。

表 12-1　中国 2010～2017 年技术开发合同的成交金额　　单位：亿元

项目		2010 年	2011 年	2012 年	2013 年	2014 年	2015 年	2016 年	2017 年
全国		3 906.58	4 763.56	6 437.07	7 469.13	8 577.18	9 835.79	11 406.98	13 424.22
技术开发	委托	1 401.77	1 991.04	2 457.43	2 604.11	2 649.02	2 733.92	3 139.04	4 002.99
	合作	232.47	178.77	178.52	169.30	299.98	313.26	340.60	745.56
	合计	1 634.24	2 169.81	2 635.95	2 773.41	2 949.00	3 047.18	3 479.64	4 748.55

2. 国际合作技术设计与技术开发的特点

1）共同投资

共同投资（joint capital investment），是合作当事人的首要义务，是开展合作研究、合作开发的物质基础和前提条件。合同必须约定，投资由双方共同投资。投资可以是资金，也可以是设备、技术资料、材料、场地、试验条件以及其他物质条件。

2）共同研究

共同研究（joint research），是指当事人共同参与设计、研究、开发工作，是区别于其他交易活动的基本特征。当事人参与的形式有两种：第一，按照合同规定的计划和步骤，组成各方人员共同参加的统一研究小组，共同实施设计、开发计划；第二，按照合同规定的计划和步骤，将设计、开发工作分解为技术单元，合理分工，分别开展设计、开发工作。

同时，各参与者要建立协调机构，规定会议制度、联络办法、资料使用与交换、保密制度等。在合作设计、开发过程中，相互协作，密切配合。如果合作方单方面出资，或只管协调，不直接参与研究开发，就属于另一种合作方式，即委托开发。

3）共担风险

共担风险（joint adventure）有两种情况：第一，合作方共同组成研究开发小组，在双方约定的地点，共同从事研究开发活动，在这个过程中，出现合同约定范围内的风险，由双方共同承担。第二，在当事人按分工各自研究开发所承担任务时，一方发现可能导致合作研究开发失败，或部分失败的情况时，应当及时通知另一方，并适当采取措施减少损失，损失合理分担。如果一方发现可能失败的情况而未通知另一方，致使损失扩大，应承担损失扩大的责任。

4）共享成果

共享成果（sharing achievement）总的原则是以合作方“约定在先原则”（the principle of prior agreement）为依据约定分享成果。

合同没有约定的，总的原则是开发成果“共同拥有”，其所有权共同拥有，使用权共同拥有，转让权共同拥有，经济利益共享。但是，也有法律规定的例外情况，如成果属于技术秘密，其使用权、转让权和经济利益分配如下。

（1）如果合同中未明确约定，当事人应当签订补充协议。否则，各方不能达成一致意见时，任何一方都可以通过使用、转让获得经济利益，另一方或其他有关方无权要求分享。

（2）如果另有约定，研究成果不为各方共有，而由一方享有。在这种情况下，当事人转让其专利申请权时，其他各方享有以同等条件优先受让的权利；或转让第三方取得经济利益时，其他合作方有权分享约定的经济利益。

（3）合作开发的当事人一方声明放弃其共有的专利申请权的，可以由另一方单独申请或由其他各方共同申请，申请人取得专利权的，放弃专利申请权的一方可以免费实施该专利。

专栏 12-2

中国民企与乌克兰公司签署多份航空发动机项目合作协议

乌克兰“航发巨头”马达西奇股份有限公司，简称“西奇公司”，位于乌克兰扎波罗热市，是世界知名的发动机生产商，主要为固定翼飞机和直升机提供动力系统。早在苏联时期，它的产品就出口到 90 多个国家，有“苏联航空工业的心脏”之称。

北京天骄航空产业投资有限公司及所属重庆天骄航空动力有限公司（统称“天骄航空”）与西奇公司于 2015 年建立了全面战略合作关系，双方高度融合、深度合作，共同在中国重庆建设航空动力产业基地。据了解，未来该产业基地将具备涡轴、涡桨、涡扇等多系列、多型号先进航空发动机研发、批产和维修保障能力。

2017 年 6 月 19 日，在第 52 届巴黎航展现场，两家企业联合展示了未来双方合作的部分重点产品。其中，TV3-117VMA-SBM1V 系列涡轴发动机适用于米系列、卡系列多型直升机，累计装机 3 万多台，其高可靠性得到了全球用户的认可。D-436 系列涡扇发动机则主要装配支线飞机和近程干线飞机。例如，AN-148、158/178 系列飞机以及别-200 水陆两栖飞机上，其最新改进型在噪声和经济性能方面都表现卓越。AI-450S 系列涡桨发动机可用在轻型多用途通用飞机、教练机和无人机中。此外，两家企业还展示了其他多款发动机以及 Mi-8MSB、MSB-2 等中大型直升机和轻型多功能直升机。

2017 年 9 月 19 日，在第十七届北京国际航空展现场，两家公司签署了《TV3-117VMA-SBM1V 系列及其改型发动机批产和大修授权合同》《TV3-117VMA-SBM1V 发动机采购意向合同》《MS-500V 发动机合作研制补充协议》多项合作协议。这标志双方不断深化在航空发动机研制、生产、维修、保障等方面的合作，为巩固和深化双方战略合作伙伴关系发挥积极作用，为共同开拓国际国内航空发动机市场打下坚实基础。

TV3-117 系列发动机是世界上产量最大的涡轴发动机家族之一，配装在 95%的米系列和卡系列直升机上。目前已发展出了 20 多种改进型，产量超过 3 万台，累计飞行时间超过 1200 万小时，是世界上最可靠的发动机之一。

MS-500V 系列是西奇公司最新研制的小功率涡轴发动机，于 2014 年取得独联体航空委员会颁发的型号合格证。该发动机用于配装起飞重量为 3.5 吨到 6 吨的多用途直升机。

资料来源：根据《中国民企与乌克兰公司签署多份航空发动机项目合作协议》，中国新闻网，2017-09-20；《天骄航空与乌克兰马达西奇公司同台亮相巴黎航展》，人民网，2017-06-19 等资料，有改动

12.4.2 国际合作技术设计与技术开发合同的主要条款

国际合作技术设计与技术开发合同并无统一的标准格式，一般根据“意愿自治原则”（the principle of autonomy of will）由当事人自行拟订，这一原则在《合同法》中也有规定。

合同主要条款如下。

1. 合作主题

合作主题，是指国际合作技术设计与技术开发项目的名称，如“关于×××××技术的合作技术设计与开发合同”。该名称的表述应反映出合同技术特征和法律特征，项目名称要与合同内容相一致，名称的表达应采用规范化合同语言。

2. 开发技术的内容与成果形式

开发的技术领域规定必须具体，成果形式必须明确。在现实合作业务中，合作方必须分清合同目标的层次。

第一层次，新技术、新产品、新工艺，或新材料的研究、设计开发。

第二层次，产品设计、制造技术，工艺技术、材料配方改进和完善。

3. 开发计划和进度

合作双方应通过友好协商，共同拟订一项周密、合理的研究开发计划，包括实施研究开发的总体计划、年度计划、季度计划。明确规定各阶段要解决的技术问题、内容、目标，以及研究开发步骤、方法、技术路线和措施。

4. 合作开发项目的投资

双方应该约定对研究开发本项目投资的方式和比例。双方投资的方式可以是资金、设备、材料、场地、实验条件、技术情报资料、非专利技术成果，以及各项投资在总投资中的比例。双方以实物或以技术投资，应折算成相应的金额。

5. 技术资料和情报的保密

合作双方应在合同中规定对技术资料和情报承担保密义务的内容、期限和泄露技术秘密应承担的责任。

（1）保密的范围。其包括涉及研究开发本项目的进展程度、生命周期、在竞争中的优势方面的技术情报、资料、数据、信息、技术秘密。

（2）保密的期限。双方约定，不论本合同是否变更、解除或终止，合同的保密条款不受其限制而继续有效，双方均应继续承担保密条款约定的保密义务。

（3）泄密的责任。双方均应承担泄密的责任，发生泄密后，双方应协商补救，并合理承担所造成的损失。

6. 技术成果的分享

双方合作完成的技术成果，除另有约定外，按以下原则处理。

（1）申请专利的权利，由合作双方共有。

（2）合作开发一方转让其共有的专利申请权的，另一方享有以同等条件受让的权利。

（3）合作开发一方声明放弃其共有的专利申请权的，可以由另一方单独申请，申请人取得专利权的，放弃专利申请权的一方可以免费实施该专利。

（4）合作开发一方不同意申请专利的，另一方不得申请。

（5）合作开发完成的技术秘密使用权、转让权以及利益的分配方法由双方约定，没有约定或约定不明确的，双方均有使用、转让的权利。

（6）合作开发完成的技术成果的精神权利，如身份权，依法取得的荣誉称号、奖章、奖励证书和奖金等归双方共享。

（7）合作开发双方实施许可，转让专利技术、非专利技术获得的经济收益由双方共享。

本章小结

综合型国际技术贸易合同含有工业产权的转让或许可、专有技术许可或技术服务任何一项内容的合作生产合同，成套设备、生产线、关键设备的进出口合同等。这些合同里包含的多个贸易方式在第一章已经介绍过，本章主要对国际合作生产合同、国际工程承包合同和国际合作技术设计与技术开发合同进行了详述。

在一个综合型国际技术贸易合同中，涉及不同交易类型，是不同交易对象的结合，包含两种或两种以上交易方式，合同当事人之间更容易相互合作，转让技术的效果比单纯某一对象或方式好。

名词解释

国际经济技术合作合同　国际合作生产　技术合作　国际工程承包　国际工程承包合同　分项工程承包合同　国际合作技术设计与技术开发　共同投资　共同研究　合作主题

复习思考题

一、简答题

1. 什么是综合型国际技术贸易合同？
2. 国际经济技术合作合同的特点有哪些？
3. 国际合作生产合同有哪些主要条款？
4. 国际合作生产合同对技术受方引进技术的利弊是什么？
5. 国际工程承包合同的特点有哪些？
6. 国际合作技术设计与技术开发的特点有哪些？

二、模拟和合同撰写

第一，要求每 2 组学生找一个有关中国企业海外的技术出口建设项目。自行协商技术出口方和技术进口方，每一组学生根据自己选择的角色，进一步查阅公司名称与基本情况、明确技术交易对象、业务范围、合同签订的过程等相关资料。

第二，每组根据自己选择的角色，完成一份招标书或投标书，成绩为每个小组成员的共同成绩。

三、案例分析题

案例 1：科特迪瓦苏布雷水电站位于萨桑德拉河上纳瓦瀑布处，是中国电建进入科特迪瓦市场的首个大型 EPC（engineering procurement construction，工程总承包）项目，也是中国水电电建积极响应国家“走出去”和“一带一路”倡议实施项目，总装机容量为 275 兆瓦，由水电五局以 EPC 模式承包，成都院承担勘测设计和设备成套工作、四川电力咨询负责输变电设计。工程于 2013 年 9 月 24 日正式开工，总投资 5.7198 亿美元，其中中国进出口银行提供优惠出口买方信贷融资 5 亿美元。中方承担了 85%的费用，估计总造价为 3310 亿非洲法郎（约合 39 亿元人民币）。总工期 56.5 个月，预计年发电量 1190 千兆瓦时，是科特迪瓦国家能源平衡战略的核心项目。项目包括枢纽工程、苏布雷至阿比让输变电工程和业主营地工程三大工程，主要建筑物有 4.5 千米大坝（包括土坝、堆石坝、土石坝）、溢洪道、取水口、压力管道、电站厂房、尾水渠、微型电站、379 千米输变电线路、变电站、业主干部营地及业主工人营地等。原计划 2018 年 5 月竣工，在中科双方的共同努力下，比合同工期提前 8 个月建成投入使用，目前电网的年供应量为 2000 兆瓦，该水电站可将该国的发电能力提高近 14%。苏布雷水电站将把科特迪瓦能源结构中的可再生能源份额提高到 45%，其余则由化石燃料提供。

项目开工建设以来，为当地提供了大量就业机会，培养了大批当地工程技术人才，大大提高水电在科特迪瓦电力组成中的占比，为推动当地社会经济发展做出了巨大贡献。同时，该项目还将配套建设水电站至阿比让的 225 千伏输电线路，将极大提高首都地区的电力供应水平和用电安全，为科特迪瓦的国家经济发展和电力可靠性、旅游业发展等带来极为有利的影响。

资料来源：根据《科特迪瓦苏布雷水电站正式交付使用》，驻科特迪瓦使馆经商处，2017-11-03；《中企承建的科特迪瓦苏布雷水电站竣工》，新华网，2017-11-02 等资料改编而成

思考题：在上述案例中签订的技术贸易合同是哪种类型合同？其合同的特点体现在哪些方面？

案例 2：特马港位于加纳首都阿克拉以东 30 千米处，现有主要泊位 12 个，岸线总长 2196 米。它承担了加纳 80%以上的港口物流工作，是加纳第一大港，也是西非重要的货物集散地。由中国港湾工程有限责任公司（以下简称“中国港湾”）承建的加纳特马港扩建工程 2016 年 11 月 16 日起开工建设，项目合同工期为 51 个月，总造价约 4.76 亿美元。作为项目承包商，中国港湾将负责全长约 1400 米的 4 个 15 万吨级集装箱码头泊位的施工、近 4000 米防波堤建设、121 公顷码头后方陆域吹填及港池、航道疏浚工作。此外，中国港湾还将负责该项目的地质勘探、物理模型构建等前期科研和主体工程的设计工作。2018 年 1 月，中国港湾将 39.67 万平方米的陆域吹填面积正式移交，完成了项目第一个重要节点。

中国港湾不仅在这里实现了“沧海桑田”的变迁，也在助力当地人才培养、带动当地中小企业发展方面做出了突出贡献。截至 2018 年 1 月，特马港扩建项目聘请本地员工 969 人，而在 2017 年用工高峰期一度达 1300 人，中国港湾已成为在加纳本地创造就业岗位最多的外国企业之一。中国港湾对员工进行有针对性的岗位技术培训，很多员工在上岗后，通过培训

拿到国际认证的资质，还挑选了一部分本地员工去周边国家进行跨项目培训和交流。截至2018年1月，项目管理层的加纳员工大约有53人，占比达37%；本地技术工人约290人，占比76%。中国港湾还与当地超过30家分包商、供应商合作，涵盖运输、工程、物流、广告、食品物资等多个领域，项目在为后者带去生意和收入的同时，还推动它们提高自身生产与安全标准，增强了这些中小企业的竞争力。

资料来源：根据《中企承建加纳特马港扩建工程　助力当地人才培养》，新华社，2018-01-21；《中国公司承建加纳特马港扩建工程正式开工》，新华社，2016-11-17等资料改编而成

思考题：此案例中的合同是什么类型？合同的标的是什么？都涉及哪些贸易对象？

参 考 文 献

巴顿 D L. 2000. 知识与创新[M]. 北京：新华出版社.

毕克新，李婉红. 2012. 技术经济学国际科技合作知识产权保护与对策研究[M]. 北京：科学出版社.

蔡四青. 2007. 国际技术贸易与知识产权[M]. 北京：中国社会科学出版社.

蔡玉彬. 2008. 国际贸易理论与实务[M]. 北京：高等教育出版社.

曾德国. 2015. 企业知识产权管理[M]. 北京：北京大学出版社.

陈阿兴，武云亮. 2006. 特许经营[M]. 北京：中国商务出版社.

陈菲琼，陈珧，李飞. 2015. 技术获取型海外并购中的资源相似性、互补性与创新表现：整合程度及目标方自主性的中介作用[J]. 国际贸易问题（7）：137-147.

陈双喜，魏巍，冯琳. 2009. 国际服务贸易[M]. 大连：东北财经大学出版社.

陈珧. 2016. 技术获取型海外并购整合与技术创新——基于中国企业和韩国企业的对比研究[J]. 世界经济研究（8）：114-125，137.

成全，王玉平. 2012. 企业知识产权风险预警机制的构建及实施策略研究[J]. 情报科学（9）：1316-1320，1324.

崔永梅，赵妍，于丽娜. 2018. 中国企业海外并购技术整合路径研究——中国一拖并购 Mc Cormick 案例分析[J]. 科技进步与对策，35（7）：97-105.

得雷特勒 J. 2003. 知识产权许可（上、下）[M]. 王春燕，等译. 北京：清华大学出版社.

杜奇华，陈萌. 2012. 国际技术贸易[M]. 北京：清华大学出版社.

冯宗宪，柯大钢，傅冬. 1994. 运用 DEA 模型对轻工业技术进步的实证分析[J]. 数量经济技术经济研究（12）：55-61.

冯宗宪，刘镜. 2004. 跨越国外技术——环境壁垒的战略选择[J]. 现代管理科学（5）：3-5.

冯宗宪，王青，侯晓辉. 2011. 政府投入、市场化程度与中国工业企业的技术创新效率[J]. 数量经济技术经济研究，28（4）：3-17，33.

冯宗宪，张哲，Song M. 2011. 基于 NPD 项目成功标准的产品创新影响因素研究[J]. 科技进步与对策，28（23）：102-107.

冯宗宪，张哲，Song M. 2012. 企业产品创新国际比较研究[J]. 科研管理，33（8）：1-8，15.

冯宗宪，周纲. 1996. 我国轻工业的技术引进与后发效应的综合分析[J]. 西安交通大学学报（10）：109-116，128.

冯宗宪. 1989. 关于企业技术进步动因及其现状的探讨[J]. 数量经济技术经济研究（1）：51-54.

郭春宏. 2016. 企业经营必备法律思维[M]. 北京：中国法制出版社.

哈伯德 R G，奥布赖恩 A P. 2007. 经济学（宏观）[M]. 王永钦，等译. 北京：机械工业出版社.

韩宝山. 2017. 技术并购与创新：文献综述及研究展望[J]. 经济管理，39（9）：195-208.

韩贺洋，周全. 2018. 科技企业并购方式、创新路径与并购后整合研究[J]. 科学管理研究，36（1）：65-68.

何志勇，陈伟. 2010. 基于技术获取目标的海外并购文化风险综合评价研究[J]. 科技进步与对策，27（21）：119-123.

侯汉坡. 2010. 创新导向下的技术并购战略模式研究[M]. 北京：中国社会科学出版社.

侯晓辉，王青，冯宗宪. 2011. 自主研发、技术引进与中国工业行业的技术创新[J]. 研究与发展管理，23（5）：

49-55.
侯晓辉，王青，冯宗宪. 2012. 金融生态与中国工业企业的技术创新能力[J]. 产业经济研究（3）：59-68，78.
黄璐，王康睿，于会珠. 2017. 并购资源对技术并购创新绩效的影响[J]. 科研管理，38（S1）：301-308.
黄岳衡，骆正靖，冯宗宪. 2004. 论商品检疫的内生技术性贸易壁垒[J]. 数量经济技术经济研究（5）：25-30.
贾敬东. 2018. 对实用新型专利创造性判断标准的反思[J]. 中国专利与商标（1）：68-78.
姜琳. 2006. 知识产权风险预警机制及政府在其中主导地位之分析[J]. 黑龙江省政法管理干部学院学报（4）：65-68.
金海军. 2017. 美国最高法院 2016 年度知识产权判例解析[J]. 知识产权（9）：67-88.
柯珂，徐厚才. 2018. 多个数值范围限定的发明的新颖性研究[J]. 中国专利与商标（1）：79-92.
黎颂泉. 2011. 技术并购效应的机理研究[J]. 商场现代化（1）：40-41.
李虹. 2013. 国际技术贸易[M]. 大连：东北财经大学出版社.
李玫，赵益民. 2007. 技术性贸易壁垒与我国技术法规体系的建设[M]. 北京：中国标准出版社.
李蕊. 2003. 跨国并购的技术寻求动因解析[J]. 世界经济（2）：19-24，79.
刘凤朝. 2011. 科技企业跨国并购规制与实务[M]. 北京：科学出版社.
刘开勇. 2004. 企业技术并购战略与管理[M]. 北京：中国金融出版社.
刘林青，谭力文，赵浩兴. 2006. 专利丛林、专利组合和专利联盟——从专利战略到专利群战略[J]. 研究与发展管理（4）：83-89.
刘义军. 2017. 商标侵权及不正当竞争纠纷中侵权行为与损害赔偿数额之间的因果关系考量——中国青年出版社诉湖南文艺出版社有限责任公司、中南博集天卷文化传媒有限公司等擅自使用知名商品特有名称、包装、装潢纠纷案[J]. 中国专利与商标（4）：99-103.
刘志伟. 2006. 国际技术贸易教程[M]. 北京：对外贸易大学出版社.
卢纯昕. 2017. 反不正当竞争法一般条款在知识产权保护中的适用定位[J]. 知识产权（1）：54-62.
陆蓓. 2010. 国际技术贸易[M]. 上海：立信会计出版社.
彭辉，史建三. 2013. 海外并购中知识产权风险控制策略研究[J]. 管理现代化（5）：91-93.
齐爱民，周克放. 2015. 中国-东盟知识产权风险预警机制构建的路径[J]. 法制与经济（Z3）：16-20，33.
芮宝娟. 2012. 进出口单证实务[M]. 北京：中国人民大学出版社.
萨克斯 J，拉雷恩 P. 2004. 全球视角的宏观经济学[M]. 费方域，等译. 上海：上海人民出版社.
苏敬勤，徐雨森. 2011. 技术经济学[M]. 北京：科学出版社.
苏志文. 2014. 中国企业技术寻求型跨国并购与技术追赶研究[D]. 武汉：武汉大学.
孙玉涛. 2017. 国际技术贸易[M]. 北京：清华大学出版社.
汪建新. 2011. 国际技术贸易[M]. 上海：上海人民出版社.
王谦. 2010. 中国企业技术获取型跨国并购研究[M]. 北京：经济科学出版社.
王诗翔，魏江，路瑶. 2014. 跨国技术并购中吸收能力与技术绩效关系研究——基于演化博弈论[J]. 科学学研究，32（12）：1828-1835.
王宛秋，张永安. 2009. 企业技术并购协同效应影响因素分析[J]. 北京工业大学学报（社会科学版），9（1）：16-20，25.
王宛秋. 2014. 企业技术并购协调效应研究[M]. 北京：经济科学出版社.
卫霞. 2017. 试析商标法诚实信用原则的适用——由“毕加索”案引发的思考[J]. 知识产权（4）：66-72.
魏涛. 2016. 无形资源视角下中国企业海外并购风险防范与化解策略研究——基于中铝铩羽力拓与华为收购 3 Leaf Systems 败北的双案例剖析[J]. 湖南社会科学（6）：147-151.
魏涛. 2016. 中国企业海外并购面临的特有风险及防范策略——基于无形资源视角的分析[J]. 会计之友

（24）：6-9.
温成玉，刘志新. 2011. 技术并购对高技术上市公司创新绩效的影响[J]. 科研管理，32（5）：1-7，28.
翁政文. 2001. 缔造成功：21 世纪企业竞争与生存方略[M]. 北京：商务印书馆.
吴先明，苏志文. 2014. 将跨国并购作为技术追赶的杠杆：动态能力视角[J]. 管理世界（4）：146-164.
吴先明. 2014. 海外并购、逆向知识转移与创新绩效[M]. 北京：中国社会科学出版社.
肖海，陈寅. 2011. 论建立中国知识产权风险预警机制[J]. 华东交通大学学报（1）：91-97.
徐晨. 2017. 中国企业创新国际化与技术能力提升[M]. 北京：经济科学出版社.
徐建，苏琰. 2013. 专利池的运营与法律规制[M]. 北京：知识产权出版社.
许文涛，龙涟邵. 2011. 广西建立知识产权风险预警应急机制研究[J]. 长沙大学学报（1）：67-69.
叶春明，刘长平. 2013. 专利测度与评价指标体系研究[M]. 北京：知识产权出版社.
詹映，朱雪忠. 2007. 标准和专利战的主角——专利池解析[J]. 研究与发展管理（1）：92-99.
詹映. 2013. 专利池管理与诉讼[M]. 北京：知识产权出版社.
占咪，张峥. 2018. 并购类型和知识基础维度对创新绩效的影响[J]. 技术与创新管理，39（3）：254-259.
张弛，余鹏翼. 2017. 并购类型会影响中国企业技术并购绩效吗——对横向、纵向和混合并购的比较研究[J]. 科技进步与对策，34（7）：76-81.
张雪鹏，马祯. 2010. 精编外贸单证理论与实务[M]. 天津：天津大学出版社.
张哲，冯宗宪. 2012. 产业技术路线图的多级模糊综合评价研究[J]. 科技进步与对策，29（4）：105-109.
赵春明，张晓甦. 2007. 国际技术贸易[M]. 北京：机械工业出版社.
赵亚平. 2011. 国际服务贸易：理论、政策与实践[M]. 北京：清华大学出版社.
郑超，王守清. 2007. 中国对外承包工程案例分析[M]. 北京：中国建筑工业出版社.
郑刚，郭艳婷，罗光雄，等. 2016. 新型技术追赶、动态能力与创新能力演化——中集罐箱案例研究[J]. 科研管理，37（3）：31-41.
郑晓红. 2013. 我国知识产权风险预警机制的反思与完善[J]. 湖南工程学院学报（社会科学版）（2）：69-74.
郑友德，王活涛，高薇. 2017. 日本商业秘密保护研究[J]. 知识产权（1）：114-120.
钟书华. 1998. 技术联盟：类型、效益与成本分析[J]. 科学学与科学技术管理（8）：25-27.
朱晓薇，朱雪忠. 2003. 专利与技术标准的冲突及对策[J]. 科研管理（1）：140-144.
Agmon T，Von Glinow M A. 1991. Technology Transfer in International Business[M]. New York：Oxford University Press.
Atkinson A B，Stiglitz J E. 1969. A new view of technological change[J]. Economic Journal，79：573-578.
Barney J B. 1991. Firm resources and sustained competitive advantages[J]. Journal of Management，17(1)：99-120.
Basu S，Weil D N. 1998. Appropriate technology and growth[J]. Quarterly Journal of Economics，113（4）：1025-1054.
Contractor F J. 1985. Licensing in International Strategy[M]. London：Greenwood Press.
Drahos P. 1996. A Philosophy of Intellectual Property[M]. Aldershot，England：Dartmouth Publishing Company Ltd.
Dratler J Jr. 1991. Law of Intellectual Property[M]. New York：Law Journal Seminars Press.
Findlay R，Grubert H.1959. Factor intensities，technological progress and the terms of trade[J]. Oxford Economic Papers，11（1）:111-121.
Gallini N，Winter R. 1985.Licensing in the theory of innovation[J].The RAND Journal of Economics，16（2）：237-252.
Jones R W. 1970. The role of technology in the theory of international trade[A]// Vernon R. The Technology Factor in International Trade[C]. Manhattan：NBER and Columbia University Press.

Kamien M I，Tauman Y. 1986. Fees versus royalties and the private value of a patent[J]. Quarterly Journal of Economics，101（3）：471-491.

Kamien M I，Tauman Y.1984. The private value of a patent：a game theoretic analysis[J]. Journal of Economics（10）：93-118.

Katz M，Shapiro C. 1986. Technology adoption in the presence of network externalitics[J]. Journal of Political Economy，94：822-841.

Kravis I B. 1956. Availabilty and other influences on the commodity composition of trade[J]. Journal of Political Economy（2）：143-155.

Posner M V. 1961. International trade and technical change[J]. Oxford Economic Papers（13）：323-341.

Reddy A K N. 1979. Generation of Appropriate Technologies[M]. Palgrave Macmillan，London：Appropriate Technologies for Third World Development.

Soekijad M，Andriessen E. 1991. Conditions for knowledge sharing in competitive alliances[J]. European Management Journal，2003（10）：578-587.

Sullivan N F. 1995. Technology Transfer[M]. Great Britain：Cambridge University Press.

WIPO. 1979. Madrid Agreement Concerning the International Registration of Marks[EB/OL]. http://www.wipo. int/treaties/en/ registration/madrid/summary_madrid_marks. html.

WIPO. 1979. Paris Convention for the Protection of Industrial Property[EB/OL]. http://www. wipo.int/treaties/en/ip/paris/summary_paris. html.

WIPO. WIPO-Administered Treaties， World Inteliectual Property Organization [EB/OL]. [2013-11-28]. http://www. wipo.int/ about-ip/en/.

WTO. Agreement on Trade-Related Aspects of Intelletual Property Rights[EB/OL]. https:// www.wto.org/english/tratop_ e/trips_ e/intel2_e. htm.

附　　录

附录 1　中共中央办公厅　国务院办公厅印发《关于强化知识产权保护的意见》

2019-11-24 19：12　　来源：新华社

新华社北京 11 月 24 日电　近日，中共中央办公厅、国务院办公厅印发了《关于强化知识产权保护的意见》，并发出通知，要求各地区各部门结合实际认真贯彻落实。

《关于强化知识产权保护的意见》全文如下。

加强知识产权保护，是完善产权保护制度最重要的内容，也是提高我国经济竞争力的最大激励。为贯彻落实党中央、国务院关于强化知识产权保护的决策部署，进一步完善制度、优化机制，现提出如下意见。

一、总体要求

以习近平新时代中国特色社会主义思想为指导，全面贯彻党的十九大和十九届二中、三中、四中全会精神，紧紧围绕统筹推进“五位一体”总体布局和协调推进“四个全面”战略布局，牢固树立保护知识产权就是保护创新的理念，坚持严格保护、统筹协调、重点突破、同等保护，不断改革完善知识产权保护体系，综合运用法律、行政、经济、技术、社会治理手段强化保护，促进保护能力和水平整体提升。力争到 2022 年，侵权易发多发现象得到有效遏制，权利人维权“举证难、周期长、成本高、赔偿低”的局面明显改观。到 2025 年，知识产权保护社会满意度达到并保持较高水平，保护能力有效提升，保护体系更加完善，尊重知识价值的营商环境更加优化，知识产权制度激励创新的基本保障作用得到更加有效发挥。

二、强化制度约束，确立知识产权严保护政策导向

（一）加大侵权假冒行为惩戒力度。研究制定知识产权基础性法律的必要性和可行性，加快专利法、商标法、著作权法等修改完善。完善地理标志保护相关立法。加快在专利、著作权等领域引入侵权惩罚性赔偿制度。大幅提高侵权法定赔偿额上限，加大损害赔偿力度。强化民事司法保护，有效执行惩罚性赔偿制度。研究采取没收违法所得、销毁侵权假冒商品等措施，加大行政处罚力度，开展关键领域、重点环节、重点群体行政执法专项行动。规制商标恶意注册、非正常专利申请以及恶意诉讼等行为。探索加强对商业秘密、保密商务信息及其源代码等的有效保护。加强刑事司法保护，推进刑事法律和司法解释的修订完善。加大刑事打击力度，研究降低侵犯知识产权犯罪入罪标准，提高量刑处罚力度，修改罪状表述，推动解决涉案侵权物品处置等问题。强化打击侵权假冒犯罪制度建设，探索完善数据化打假情

报导侦工作机制，开展常态化专项打击行动，持续保持高压严打态势。

（二）严格规范证据标准。深入推进知识产权民事、刑事、行政案件“三合一”审判机制改革，完善知识产权案件上诉机制，统一审判标准。制定完善行政执法过程中的商标、专利侵权判断标准。规范司法、行政执法、仲裁、调解等不同渠道的证据标准。推进行政执法和刑事司法立案标准协调衔接，完善案件移送要求和证据标准，制定证据指引，顺畅行政执法和刑事司法衔接。制定知识产权民事诉讼证据规则司法解释，着力解决权利人举证难问题。探索建立侵权行为公证悬赏取证制度，减轻权利人举证责任负担。

（三）强化案件执行措施。建立健全知识产权纠纷调解协议司法确认机制。建立完善市场主体诚信档案“黑名单”制度，实施市场主体信用分类监管，建立重复侵权、故意侵权企业名录社会公布制度，健全失信联合惩戒机制。逐步建立全领域知识产权保护案例指导机制和重大案件公开审理机制。加强对案件异地执行的督促检查，推动形成统一公平的法治环境。

（四）完善新业态新领域保护制度。针对新业态新领域发展现状，研究加强专利、商标、著作权、植物新品种和集成电路布图设计等的保护。探索建立药品专利链接制度、药品专利期限补偿制度。研究加强体育赛事转播知识产权保护。加强公证电子存证技术推广应用。研究建立跨境电商知识产权保护规则，制定电商平台保护管理标准。编制发布企业知识产权保护指南，制定合同范本、维权流程等操作指引，鼓励企业加强风险防范机制建设，持续优化大众创业万众创新保护环境。研究制定传统文化、传统知识等领域保护办法，加强中医药知识产权保护。

三、加强社会监督共治，构建知识产权大保护工作格局

（五）加大执法监督力度。加强人大监督，开展知识产权执法检查。发挥政协民主监督作用，定期开展知识产权保护工作调研。建立健全奖优惩劣制度，提高执法监管效能。加强监督问责，推动落实行政执法信息公开相关规定，更大范围更大力度公开执法办案信息，接受社会和舆论监督。

（六）建立健全社会共治模式。完善知识产权仲裁、调解、公证工作机制，培育和发展仲裁机构、调解组织和公证机构。鼓励行业协会、商会建立知识产权保护自律和信息沟通机制。引导代理行业加强自律自治，全面提升代理机构监管水平。加强诚信体系建设，将知识产权出质登记、行政处罚、抽查检查结果等涉企信息，通过国家企业信用信息公示系统统一归集并依法公示。建立健全志愿者制度，调动社会力量积极参与知识产权保护治理。

（七）加强专业技术支撑。加强科技研发，通过源头追溯、实时监测、在线识别等技术手段强化知识产权保护。建设侵权假冒线索智能检测系统，提升打击侵权假冒行为效率及精准度。在知识产权行政执法案件处理和司法活动中引入技术调查官制度，协助行政执法部门、司法部门准确高效认定技术事实。探索加强知识产权侵权鉴定能力建设，研究建立侵权损害评估制度，进一步加强司法鉴定机构专业化、程序规范化建设。

四、优化协作衔接机制，突破知识产权快保护关键环节

（八）优化授权确权维权衔接程序。加强专利、商标、植物新品种等审查能力建设，进一步压缩审查周期。重点提高实用新型和外观设计专利审查质量，强化源头保护。进一步发挥专利商标行政确权远程审理、异地审理制度在重大侵权行政执法案件处理中的作用。健全行政确权、公证存证、仲裁、调解、行政执法、司法保护之间的衔接机制，加强信息沟通和共享，形成各渠道有机衔接、优势互补的运行机制，切实提高维权效率。

（九）加强跨部门跨区域办案协作。制定跨部门案件处理规程，健全部门间重大案件联合查办和移交机制。健全行政执法部门与公安部门对涉嫌犯罪的知识产权案件查办工作衔接机制。在案件多发地区探索建立仲裁、调解优先推荐机制。建立健全知识产权案件分流制度，推进案件繁简分流机制改革。推动建立省级行政区内知识产权案件跨区域审理机制，充分发挥法院案件指定管辖机制作用，有效打破地方保护。

（十）推动简易案件和纠纷快速处理。建立重点关注市场名录，针对电商平台、展会、专业市场、进出口等关键领域和环节构建行政执法、仲裁、调解等快速处理渠道。推动电商平台建立有效运用专利权评价报告快速处置实用新型和外观设计专利侵权投诉制度。指导各类网站规范管理，删除侵权内容，屏蔽或断开盗版网站链接，停止侵权信息传播，打击利用版权诉讼进行投机性牟利等行为。

（十一）加强知识产权快保护机构建设。在优势产业集聚区布局建设一批知识产权保护中心，建立案件快速受理和科学分流机制，提供快速审查、快速确权、快速维权“一站式”纠纷解决方案。加快重点技术领域专利、商标、植物新品种审查授权、确权和维权程序。推广利用调解方式快速解决纠纷，高效对接行政执法、司法保护、仲裁等保护渠道和环节。

五、健全涉外沟通机制，塑造知识产权同保护优越环境

（十二）更大力度加强国际合作。积极开展海外巡讲活动，举办圆桌会，与相关国家和组织加强知识产权保护合作交流。探索在重要国际展会设立专题展区，开展中国知识产权保护成就海外巡展。充分发挥知识产权制度对促进共建“一带一路”的重要作用，支持共建国家加强能力建设，推动其共享专利、植物新品种审查结果。充分利用各类多双边对话合作机制，加强知识产权保护交流合作与磋商谈判。综合利用各类国际交流合作平台，积极宣传我国知识产权保护发展成就。

（十三）健全与国内外权利人沟通渠道。通过召开驻华使领馆信息沟通会、企业座谈会等方式，加强与国内外行业协会、商会、社会团体等信息交流。组织召开知识产权保护要情通报会，及时向新闻媒体和社会公众通报重大事项和进展，增信释疑，积极回应国内外权利人关切。

（十四）加强海外维权援助服务。完善海外知识产权纠纷预警防范机制，加强重大案件跟踪研究，建立国外知识产权法律修改变化动态跟踪机制，及时发布风险预警报告。加强海外信息服务平台建设，开展海外知识产权纠纷应对指导，构建海外纠纷协调解决机制。支持各类社会组织开展知识产权涉外风险防控体系建设。鼓励保险机构开展知识产权海外侵权责任险、专利执行险、专利被侵权损失险等保险业务。建立海外维权专家顾问机制，有效推动我国权利人合法权益在海外依法得到同等保护。

（十五）健全协调和信息获取机制。完善涉外执法协作机制，加大工作协调力度，进一步加强我国驻外使领馆知识产权对外工作。选设海外知识产权观察企业和社会组织，建立信息沟通机制。健全重大涉外知识产权纠纷信息通报和应急机制。组织开展我国企业海外知识产权保护状况调查，研究建立国别保护状况评估机制，推动改善我国企业海外知识产权

保护环境。

六、加强基础条件建设，有力支撑知识产权保护工作

（十六）加强基础平台建设。建立健全全国知识产权大数据中心和保护监测信息网络，加强对注册登记、审批公告、纠纷处理、大案要案等信息的统计监测。建立知识产权执法信息报送统筹协调和信息共享机制，加大信息集成力度，提高综合研判和宏观决策水平。强化维权援助、举报投诉等公共服务平台软硬件建设，丰富平台功能，提升便民利民服务水平。

（十七）加强专业人才队伍建设。鼓励引导地方、部门、教育机构、行业协会、学会加大对知识产权保护专业人才培训力度。加强知识产权行政执法和司法队伍人员配备和职业化专业化建设，建立有效激励行政执法和司法人员积极性的机制，确保队伍稳定和有序交流。推动知识产权刑事案件办理专业化建设，提高侦查、审查逮捕、审查起诉、审判工作效率和办案质量。在有关管理部门和企事业单位，全面推行公职律师、公司律师、法律顾问制度，促进知识产权管理和保护工作法治化。充分发挥律师等法律服务队伍作用，做好知识产权纠纷调解、案件代理、普法宣传等工作。建立健全知识产权仲裁、调解、公证、社会监督等人才的选聘、管理、激励制度。加强知识产权保护专业人才岗位锻炼，充分发挥各类人才在维权实践中的作用。

（十八）加大资源投入和支持力度。各地区各部门要加大对知识产权保护资金投入力度。鼓励条件成熟的地区先行先试，率先建设知识产权保护试点示范区，形成若干保护高地。推动知识产权行政执法和司法装备现代化、智能化建设。鼓励企业加大资金投入，并通过市场化方式设立知识产权保护维权互助基金，提升自我维权能力和水平。

七、加大组织实施力度，确保工作任务落实

（十九）加强组织领导。全面加强党对知识产权保护工作的领导。各有关方面要按照职能分工，研究具体政策措施，协同推动知识产权保护体系建设。国家知识产权局要会同有关部门不断完善工作机制，加强协调指导和督促检查，确保各项工作要求有效落实，重大问题要及时按程序向党中央、国务院请示报告。

（二十）狠抓贯彻落实。地方各级党委和政府要全面贯彻党中央、国务院决策部署，落实知识产权保护属地责任，定期召开党委或政府专题会议，研究知识产权保护工作，加强体制机制建设，制定配套措施，落实人员经费。要将知识产权保护工作纳入地方党委和政府重要议事日程，定期开展评估，确保各项措施落实到位。

（二十一）强化考核评价。建立健全考核评价制度，将知识产权保护绩效纳入地方党委和政府绩效考核和营商环境评价体系。建立年度知识产权保护社会满意度调查制度和保护水平评估制度。完善通报约谈机制，督促各级党委和政府加大知识产权保护工作力度。

（二十二）加强奖励激励。按照国家有关规定，对在知识产权保护工作中作出突出贡献的集体和个人给予表彰。鼓励各级政府充分利用现有奖励制度，对知识产权保护先进工作者和优秀社会参与者加强表彰。完善侵权假冒举报奖励机制，加大对举报人员奖励力度，激发社会公众参与知识产权保护工作的积极性和主动性。

（二十三）加强宣传引导。各地区各部门要加强舆论引导，定期公开发布有社会影响力的典型案件，让强化知识产权保护的观念深入人心。加强公益宣传，开展知识产权保护进企业、进单位、进社区、进学校、进网络等活动，不断提高全社会特别是创新创业主体知识产权保护意识，推动形成新时代知识产权保护工作新局面。

附录 2　关于专利地图的制作

一、专利地图的概念

专利地图（patent map）是指对于专利资料以统计和分析的方法，加以整理剖析并制成可分析解读的图表，使其具有类似地图指向功能，称为专利地图。

（一）专利地图的作用

专利地图在专利分析中起到承上启下的作用，承上是指由专利数据库检索而得的专利资料，经过整理、统计制成专利地图，可供定性分析与定量分析之用；启下是指专利地图经过比对、分析、研究可预测与判断技术动态与趋势、企业市场企图，进而制定经营策略与研发策略。

（二）专利地图对企业的功能

（1）发现技术进程上的盲点。

（2）整理专利权相关信息。

（3）掌握技术动向。

（4）了解自己企业与其他企业间的技术差异。

（5）发现其他企业的研发策略。

（6）作为新进人员教育训练的教材。

（7）用于技术、研发部门的质量管理。

二、专利管理图分析

专利管理图分析系将专利资料经统计分析，用各种图表形式表现之，再经专业人员赋予专业知识等意义，形成专利情报，帮助企业揭示专利讯息，促进产业技术升级。专利管理图分析共包含 7 项：专利件数分析、国家别分析、公司别分析、发明人分析、引证率分析、IPC（international patent classification，国际专利分类号）分析、UPC（united states patent classification，美国专利分类号）分析。详述如下。

（一）专利件数分析

专利件数分析包括技术生命周期分析、历年专利数量比较分析。详述如下。

（1）技术生命周期分析：以专利的申请日或公告日为分析日期依据，并依时间点排序。透过专利件数与专利权人数或发明人数随时间消长，能观察出目前产业所处的技术生命周期状况，如技术萌芽期、技术成长期等。技术生命周期图让企业更了解并预测该技术未来兴衰，提供企业拟定研发策略的参考指标。

（2）历年专利数量比较分析：利用历年专利数量比较图能分析产业技术领域内，历年专利产出发展情况，以掌握技术趋势。并能利用申请日与公告日的综合分析观察该技术领域，审查专利的平均时间。

（二）国家别分析

国家别分析包括所属国专利件数分析、所属国历年专利件数分析。详述如下。

（1）所属国专利件数分析：所属国是指专利申请的专利权人所属的国家。以专利权人所属的国家为基础，列出该技术领域内各国申请的专利件数及专利权人人数分布的情形。利用所属国专利分析可观察出该技术领域内有哪些国家是专利技术发展的重要竞争国家，该国家专利技术实力的比较及重视专利申请的程度。

（2）所属国历年专利件数分析：分析所属国历年专利件数产出情形。专利产出数量越多表示在该年份该国家投资该技术领域资源越多，对该项技术越重视，属于技术领先国家。

（三）公司别分析

公司别分析能帮助企业针对各竞争对手进行各项竞争指标分析，深入了解竞争对手的动向，以及达到“知己知彼，百战百胜”的目的。公司别分析包括公司研发能力比较、研发能力详细数据分析、引证率分析、引证率详细数据分析、排行榜分析、活动表分析、竞争公司历年专利件数分析。详述如下。

（1）公司研发能力比较：可得知各竞争对手的相对研发能力值，可观察各竞争公司之间的研发能力强弱。

（2）研发能力详细数据分析：可得知竞争公司的重要讯息，包含专利件数、活动年期、所属国数、发明人数、平均专利年龄等详细数据。对竞争公司在该项技术领域内的研发能力与投资状况进行充分揭露，提供企业拟定技术发展或生产、营销等策略的重要参考信息。

①专利件数：可看出哪些公司的专利件数较多，表示该公司在该产业技术领域内研发实力较佳。

②活动年期：观察各竞争公司在该技术领域内从有专利产出到目前时点的活动期间，进而可得知各公司投入此产业研发时间的长短。

③所属国数：可看出专利申请公司所属国家有几个，可推测竞争公司所属国家研发能力的情况。

④发明人数：竞争公司的发明人数，可得知竞争公司在该技术研发的企图心与竞争潜力。

⑤平均专利年龄：年龄总和除以专利件数。平均专利年龄越短，专利有效期限越长。换言之，公司在该项技术领域内保护期限越长，也就享有较长期的独占性优势。

（3）引证率分析：透过引证率分析，可观察出竞争公司所发展的技术是具独立性的技术还是产业上的标准技术等信息，帮助企业更深入了解竞争公司的技术研发实力与发展方向等重要参考依据。

①引证率：特定公司专利被引用的总次数，除以该公司的专利件数的比值。引证率表示每一件专利平均被引用的次数，由此可得知各竞争公司专利产出的质量。引证率越高的公司，表示该公司专利平均被引用的次数越多，专利质量越高。评量公司技术研发能力，除了可以专利数量多寡来衡量之外，引证率也是技术研发能力的衡量指标之一。利用引证率衡量公司技术研发能力属于专利“质”的衡量，而专利产出数量则是“量”的衡量。

②技术独立性：特定公司引用自己专利的次数，除以被引用的总次数（包含自己及别人

引用的专利数）的比值。技术独立性表示该公司技术与其他竞争公司的差异性。技术独立性越高，表示该公司技术越独立，其研发路线越独立，越少有其他公司跟随其技术研发。技术独立性越低者，表示该公司专利技术内容与其他公司的专利技术内容相似程度越高，越有侵权的可能。

（4）引证率详细数据分析：引证率详细数据是将引证率相关数据详细列表，帮助企业更深入了解竞争公司在技术发展方面的相关信息。引证率详细数据包含自我引证次数、被别人引证次数、总引证次数。

（5）排行榜分析：可从各竞争公司申请专利的趋势图中，将申请专利件数变化最大的那一年设为分野年，由分野年前后可观察出竞争公司申请专利件数的变化。

（6）活动表分析：分析指定公司在历年内专利申请或公开的专利列表，帮助企业了解竞争公司的专利申请的活动情况。

（7）竞争公司历年专利件数分析：专利权人在历年来申请或公告专利的情况。能观察产业内竞争公司历年来专利研发的活动趋势。

（四）发明人分析

发明人分析系分析技术领域内产出专利的各发明人，就其专利产出件数进行分析。由发明人分析表可得知该技术领域内各发明人的专利产出数量、属于哪家公司并能深入分析某特定发明人过去、最近专利产出状况。

（五）引证率分析

引证率分析系对于特定专利被引用的次数进行分析。从分析中，可得知哪一个专利被引证次数最多、引证几次、引证该专利的公司等资料。专利被引证次数越多，表示该专利在本产业技术的影响力越大，称为基础专利。引证率分析包含引证相关数据分析、专利引证次数分析等。详述如下。

（1）引证相关数据分析：将特定专利的名称、专利授权人、被引证的次数详细列表，让分析资料一目了然。

（2）专利引证次数分析：将特定专利被引证的次数画成直方图，让分析资料一目了然。

（六）IPC 分析

IPC 系使各国专利文献统一分类的一种工具。专利审查委员在阅读专利说明书后，将依据该专利的技术特征，赋予一个或多个专利分类，专利分析者进行专利检索，而且使用 IPC 进行专利检索，方便、快速又准确，目前全球采用IPC分类的国家已超过50个，可见其适用性。IPC 分析系对专利技术内容进行分析。因每一个 IPC 对应一个代表该分类的技术内容，所以对一个 IPC 进行检索，即可检索出该类专利技术内容来进行分析。全球各国的各个专利数据库，都有 IPC，因此 IPC 检索适用于各国专利数据库。IPC 分析可分为 IPC 专利分类分析、IPC 专利技术历年活动分析、竞争国家 IPC 专利件数分析、竞争公司 IPC 专利件数分析。详述如下。

（1）IPC 专利分类分析：针对 IPC 各类专利技术进行统计分析并以直方图表示。

（2）IPC 专利技术历年活动分析：对于某类专利技术进行历年趋势分析，让企业了解某类专利技术的发展趋势。

（3）竞争国家 IPC 专利件数分析：竞争国家之间对于某类专利技术进行分析比较，让企业了解各竞争国家之间发展的技术领域差异性，以及各国主要研发重点方向。

（4）竞争公司 IPC 专利件数分析：竞争公司之间对于某类专利技术进行分析比较，让企业了解各竞争公司之间发展的技术领域差异性，以及各公司主要研发重点方向。

（七）UPC 分析

UPC 系对美国境内各个专利数据库的专利数据进行分类的一种工具。当 USPTO（United States Patent and Trademark Office，美国专利及商标局）的专利审查委员在阅读专利说明书后，将依据该专利的技术特征，赋予一个或多个专利分类，便利分析者进行专利检索，而且使用 UPC 进行专利检索，方便、快速又准确。UPC 分析可分为 UPC 专利分类分析、UPC 专利技术历年活动分析、竞争国家 UPC 专利件数分析、竞争公司 UPC 专利件数分析等等。详述如下。

（1）UPC 专利分类分析：针对 UPC 各类专利技术进行统计分析并以图表示。

（2）UPC 专利技术历年活动分析：对于某类专利技术进行历年趋势分析，让企业了解某类专利技术的发展趋势。

（3）竞争国家 UPC 专利件数分析：竞争国家之间对于某类专利技术进行分析比较，让企业了解各竞争国家之间发展的技术领域差异性，以及各国主要研发重点方向。

（4）竞争公司 UPC 专利件数分析：竞争公司之间对于某类专利技术进行分析比较，让企业了解各竞争公司之间发展的技术领域差异性，以及各公司主要研发重点方向。

三、专利地图制作的步骤

步骤一：确定专利分析主题

能制作出有参考价值的专利地图，第一个步骤就是必须确定专利分析主题。

步骤二：专利资料检索收集

专利资料的检索收集是否完整，直接影响专利地图的正确性与可信度，若专利数据检索过程中漏掉大量数据或某些重要专利，专利分析出来的图形与数据，必定严重失真，影响专利地图的正确性。

步骤三：专利数据的浏览与筛选

再高明的检索策略，从数据库下载的数据，仍然掺杂许多不需要的噪声，这些不需要的噪声，唯有靠人工的浏览与筛选才能有效剔除，以保证制作出来的专利地图的正确性与可信度。

步骤四：专利管理图的分析与制作

将步骤三所筛选出来的专利数据，应用专利分析软件，进行专利管理图的分析与制作，分析项目如附表 2-1 所示。

附表 2-1　专利管理图制作项目

项目	内容
专利件数分析	1. 专利趋势分析 2. 技术生命周期分析 3. 历年专利件数比较

续表

项目	内容
国家别分析	1. 所属国专利件数分析 2. 所属国历年专利件数趋势分析
公司别分析	1. 公司研发能力比较 2. 研发能力详细数据分析 3. 引证率分析 4. 引证率详细数据分析 5. 活动表分析 6. 排行榜分析 7. 竞争公司历年专利件数分析
发明人分析	1. 发明人分析 2. 发明人历年专利件数分析
引证率分析	1. 引证相关数据分析 2. 专利引证次数分析
IPC 分析	1. IPC 专利分类分析 2. IPC 专利技术历年活动分析 3. 竞争国家 IPC 专利件数分析 4. 竞争公司 IPC 专利件数分析
UPC 分析	1. UPC 专利分类分析 2. UPC 专利技术历年活动分析 3. 竞争国家 UPC 专利件数分析 4. 竞争公司 UPC 专利件数分析

步骤五：专利数据分类

进行专利技术图分析制作前，必须将步骤三筛选所得的专利数据进行阅读，然后分类，以适当的分类标准分成技术与功能两大项目，每一篇专利在技术大项目之下的分类细项，皆可以对应功能大项目之下的分类细项，以利进行统计分析。

步骤六：专利技术图的制作

将步骤五分类所得资料，以专利分析软件，进行专利技术图的分析与制作，分析项目如下。

（1）技术功效分析。

（2）技术生命周期分析。

（3）国家别分析。

（4）公司别分析。

（5）发明人分析。

步骤七：专利情报的解析

将步骤四与步骤六所制作出来的专利地图，做专利情报的解析，分析专利地图所代表的含义，以作为本研究之技术策略规划的参考。

附录3 国际技术贸易进出口相关文件及表格

1. 项目建议书

（1）项目建议书的作用。

编制项目建议书实际上是对项目选择和初步可行性研究这两个阶段工作的总结，项目建议书经审查批准后，项目才能列入技术引进的年度计划，并可以进行以详细可行性研究为目的的各项工作，包括调查研究、出国交流、与外国厂商初步洽谈等，但不能同外国厂商签订任何有约束力的协议或其他文件。因此，项目建议书对企业来说，是进行详细可行性研究的前提和基础，是初步可行性研究能否转入详细可行性研究阶段的关键。项目建议书的另一个重要作用是作为国家主管部门进行项目综合平衡的依据，项目建议书的内容主要是项目引进单位从本身利益出发提出的，主管部门不仅要审核项目建议书中关于项目技术经济的分析研究内容，而且要根据国家发展的长远规划、行业发展规划和地区发展规划，结合资源、资金外汇等条件，对项目建议书进行审查取舍，舍去那些不具备引进条件或不符合总体发展需要的项目。

（2）项目建议书的内容。

①项目名称、项目主办单位及负责人。

②项目的内容与申请理由。说明拟引进技术的名称、内容及国内外技术差距和概要情况，进口设备要说明拟进口的理由，概要的生产工艺流程和生产条件，主要设备名称和简要规格、数量。

③进口国别与厂商。写明拟探询的国别厂商名称，包括外文全称。

④承办企业的基本情况。说明工厂是新建、改建或扩建，工厂地点及其他基本情况。

⑤产品名称、简要规格与生产能力及其销售方向（国内销售、出口外销）。

⑥主要原材料、电力、燃料、交通运输及协作配套等方面的近期和今后要求与已具备的条件。如为矿山、油田等，要说明资源落实情况。

⑦项目资金的估计与来源。估计项目的外汇总用汇额，包括其中准备阶段的用汇额及用途（均折算成美元以万元计算，使用非美元外汇要注明折算率）。写明外汇资金的来源（申请国家拨付现汇或延期付款、利用外资贷款、补偿贸易、自筹外汇等）与偿还方式（国家统一偿还、企业自行偿还）。写明国内费用的估计与来源，其中包括基本建设投资。

⑧项目进度的安排。

⑨初步的技术、经济分析。

（3）项目建议书的附件。

①邀请外国厂商来华技术交流计划。

②出国考察计划。

③可行性研究工作计划，包括负责可行性研究的人员安排，如聘请外国专家指导或委托咨询的，要附计划。

2. 可行性研究报告

项目可行性研究报告是这个项目是否成立的前提，可行性研究报告是在详细可行性研究基础上，对所研究各种因素的一项书面总结，它全面列举了项目可行性的有关数据和评价指标，提出了项目是否可行的判断，为项目和方案的决策提供依据。

（1）项目可行性研究报告的作用。

项目可行性报告经我国主管部门批准后，具体可以起以下作用。

①作为项目决策和项目规划的依据。根据我国关于技术引进的有关规定，所有技术引进项目必须经过审核和综合平衡后才能纳入国家计划，可行性研究报告说明了项目纳入国家计划的根据和理由。

②作为项目工程设计的依据。可行性研究报告是编制和审批设计任务书的依据，设计规模和投资都不应该超过对可行性研究报告评审与批准的范围。

③作为向银行申请贷款的依据。技术引进项目在大多数情况下需要通过向我国银行贷款进行筹资，只有在可行性研究报告批准后，经银行评估，证明该项目确实可能获得满意的经济效益，具备偿还能力时，银行才同意贷款。

④作为对外签订合同的依据。按我国规定，只有可行性研究报告审查批准后，项目的主办企业才能同外商签订正式合同，合同条款的有关内容应与可行性研究报告一致。我国还规定，技术引进合同必须经主管部门的批准才能生效，可行性研究报告也是审批合同的依据。

⑤作为项目验收和考核的依据。技术引进项目竣工后的验收，正式投产后对生产能力和经济效益的考核，都应该以可行性研究报告所制定的生产指标、技术水平、产品质量等级加经济效益指标作为标准。

（2）可行性研究报告的内容。

①总说明。总说明包括项目名称、项目的主办单位及负责人、可行性研究工作的主要技术负责人和经济负责人的名单、项目建议书的审批文件、可行性研究的总概况、结论与建议。

②承办企业的基本情况与条件。

③生产规划。生产规划包括：产品的名称、规格、技术性能与用途；国内需求情况调查、研究与预测（如历年有大量进口的，附最近 10 年来的进口统计）；国外市场情况的调查、研究与预测，进入国际市场的设想与措施（无外销出口可能的产品，本项可省略）；国内（外）产品销售价格的调查、研究与分析；分年的国内（外）需求量估算；产品生产能力的选定（列述几个可供选择方案的比较与论证，说明选定的理由）；分年的产品产量与国内（外）销售量规划；提高国产化率的实施规划与具体措施。

④物料供应规划。物料供应规划包括：原材料、半成品、配套件、辅助材料、维修材料、电力、燃料以及其他公用设施等的使用、来源和价格；物料选用的几个可供选择方案的比较与论证，选定的理由；分年的物料供应量规划，其中进口部分所占比例。

⑤厂址选择。厂址选择包括：厂址的自然、经济、社会、交通运输等条件概述，几个可供选择方案的比较与论证，选定的理由；厂区与工厂总平面布置的几个可供选择方案的比较

与论证，选定的理由。

⑥技术与设备。技术与设备包括：技术选定的几个可供选择方案的比较与论证，选定的理由；技术的来源国别与厂商（写明外文全称）；技术转让费用的估算；设备的选定（包括主要的生产设备与辅助设备的名称、型号、规格、数量和几个可供选择方案的比较与论证以及选定的理由）；设备的国内外分交方案和与外国厂商合作制造方案；进口设备的来源国别与厂商（写明外文全称）；设备费用的估算。

⑦生产组织、劳动定员、人员培训计划和环境污染的防治。

⑧项目实施的综合计划。项目实施的综合计划包括：询价、谈判、签订合同的进度，工程设计、技术与设备的交付进度，工程施工、调查与试生产进度以及正式投产年月，建筑安装工程内容和工作量，施工力量的安排与施工组织规划。

⑨资金的概算和来源。资金的概算和来源包括：项目的总用汇额，包括准备工作阶段实际发生的费用（均折算为美元计算，使用非美元外汇的要注明折算率）；外汇资金的来源（申请国家拨付、利用外资贷款、延期付款、补偿贸易、自筹外汇等）与偿还方式（国家统一偿还、企业自行偿还）；国内资金概算（均按人民币万元折算）；项目的全部资金需用额及来源（其中包括基本建设投资）。

⑩经济分析。正常生产情况下生产成本与销售收益的估算；从项目开始建设到正式投产后，企业正常折旧年限内的分年的现金流量；项目正式投产后，企业正常折旧年限内的分年的损益计算表和资金平衡表；根据分年的现金流量，按原值计算的投资回收年限（包括外汇回收年限）与正常生产情况下的投资回收率；根据分年的现金流量，按“现值”法计算的“净现值”与内部回收率，说明采用折现率的依据；项目的敏感性分析和盈亏分析；其他技术经济指标的分析。

（3）可行性研究报告的附件。

①聘请外国专家计划。

②出国培训计划。

③国内资金的分年、分用途用款计划。

④外汇资金的分年、分用途用汇计划。

⑤国家外汇管理总局对于外汇资金来源和安排的审核意见书。

⑥财政部或省、自治区、直辖市财政厅、局对国内资金来源和安排的审核意见书。

⑦利用外资贷款或补偿贸易项目的本息还款或补偿计划。

⑧厂址选择报告。

⑨矿山、油田等项目的资源储量报告。

⑩有关主管部门对主要原材料、电力、燃料、配套件等供应来源落实情况与供应可能的意见书。

⑪国家科学技术委员会对拟进口的技术的审核意见书。

⑫由国家机械工业委员会组织的有关机械制造部门提出的对进口设备和设备分交、合作制造方案的审定意见书。

⑬有关外国厂商的基本情况资料。

⑭与外国厂商技术交流及非正式探询价格的有关资料。

⑮预审报告。

⑯工程项目一览表。

注：上述可行性研究报告内容的要求，主要是按照工业建设项目制定的，其他项目可参照上述基本要求做适当调整或简化；报批项目的可行性研究报告时，附件必须齐全。

3. 中国限制进口技术进口流程的相关表格

中国限制进口技术进口流程的相关表格如附表 3-1～附表 3-3 所示。

附表 3-1　中国限制进口技术申请书

No：____

<table>
<tr><td rowspan="2">技术进口经营者（盖章）</td><td colspan="2" rowspan="2"></td><td colspan="2">技术进口经营者法定代表人</td><td colspan="2"></td></tr>
<tr><td colspan="2">申请日期</td><td colspan="2"></td></tr>
<tr><td>联系人</td><td colspan="2"></td><td>电话</td><td></td><td>传真</td><td></td></tr>
<tr><td>通信地址</td><td colspan="3"></td><td>E-mail</td><td colspan="2"></td></tr>
<tr><td>是否代理进口</td><td colspan="2"></td><td colspan="2">若为代理进口，委托方是</td><td colspan="2"></td></tr>
<tr><td rowspan="2">出口方国别地区</td><td rowspan="2"></td><td colspan="2" rowspan="2">出口商</td><td>（中）</td><td colspan="2"></td></tr>
<tr><td>（英）</td><td colspan="2"></td></tr>
<tr><td rowspan="2">申请进口技术类别</td><td>技术领域</td><td colspan="2"></td><td>编号</td><td colspan="2"></td></tr>
<tr><td>技术名称</td><td colspan="5"></td></tr>
<tr><td>进口技术说明（可另附页）</td><td colspan="6"></td></tr>
<tr><td>备注</td><td colspan="6"></td></tr>
<tr><td>技术审查意见
签字：
日期：
盖章：</td><td colspan="6">贸易审查意见
签字：
日期：
盖章：</td></tr>
</table>

附表 3-2　中华人民共和国技术进口许可意向书

PROPOSAL FOR TECHNOLOGY IMPORT LICENCE OF THE PEOPLE'S REPUBLIC OF CHINA

No：____

<table>
<tr><td>1.技术进口经营者
Importer</td><td rowspan="2">2.技术进口许可意向书号
No. of proposal for technology import license</td></tr>
<tr><td>3. 技术使用方
End user</td></tr>
<tr><td>4.申请书号
Application No.</td><td></td></tr>
</table>

续表

5.出口商 Exporter	6.技术进口方式 Mode of technology import
7.技术名称 Technology item 编号 Code	
8.备注 Supplementary detail	9.批准机关签章 Issuing authority stamp & signature 10.批准日期 Issuing date

附表 3-3　中华人民共和国技术进口许可证

TECHNOLOGY IMPORT LICENCE OF THE PEOPLE'S REPUBLIC OF CHINA

1. 技术进口经营者 Importer	2. 技术进口许可证号 No. of technology import license
3. 技术使用方 End user	
4. 申请书号 Application No.	5. 技术进口许可意向书号 No. of proposal for technology import license
6. 出口商 Exporter	7. 技术进口方式 Mode of technology import
8. 技术名称 Technology item 编号 Code	
9. 备注 Supplementary detail	10. 发证机关签章 Issuing authority stamp & signature 11. 批准日期 Issuing date

4. 中国限制出口技术出口流程的相关表格

中国限制出口技术出口流程的相关表格如附表 3-4～附表 3-6 所示。

附表 3-4（样）　　　　　　编号：

中国限制出口技术出口申请书

出口商：（盖章）________________

出口商法定代表人：（签字）________________

申请日期：年　　月　　　日

中华人民共和国商务部
中华人民共和国科学技术部制
二〇〇　年　月　日

填 写 要 求

一、请严格按表中要求填写各项，如无相关信息请填写“无”；

二、对于第一部分中的多选栏目，采用在所选项编号上画钩的方式确定；

三、申请书文本中外文名词第一次出现时，要写清全称和缩写，再出现同一词时可以使用缩写；

四、申请书文本请登录商务部“技术进出口信息管理系统”（网址为：jsjckqy.fwmys.mofcom.gov.cn）下载，按规定格式填写好后用 A4 纸打印；

五、请如实填写申请书中的内容，对于不实申报，申请人须承担相应法律责任。

一、基本信息

技术出口经营者信息	单位名称及所在城市			
	企业性质	011 国有　012 私营　013 中外合资(0131 中方控股，0132 外方控股）014 外商独资　015 中外合作		
	主营业务分类	021 贸易　022 生产　023 技术研发　024 中介服务　025 其他，请说明		
	注册时间		注册资金	
	通信地址			
	上级主管部门	（若无上级主管部门可不填）		
	企业代码		海关出口代码	
	法人代表		法人代表国籍	
	联系人		电话/传真	
	E-mail		单位主页	

续表

技术所有者信息（通过代理出口，填写本栏）	单位名称及所在城市			
	企业性质	031 国有 032 私营 033 中外合资（0331 中方控股，0332 外方控股）034 外商独资 035 中外合作		
	联系人		电话/传真	
申请出口技术基本信息	行业类别	（参照《中国禁止出口限制出口技术目录》填写）		
	技术名称	（参照《中国禁止出口限制出口技术目录》填写）		
	技术详细名称（中英文）			
	控制要点	（参照《中国禁止出口限制出口技术目录》填写）		
	是否属于国家秘密技术	041 是 042 否	若为国家秘密技术，是否通过保密审查？	051 是 052 否 保密审查批准书编号：
	技术成熟度	061 实验室阶段技术 062 正处于中试、工程化技术 063 已经规模化量产技术		
	是否具备军事用途	071 是 072 否	技术出口是否附带有相关资源出口	081 是 082 否
	是否代理出口	091 是 092 否	若为代理出口，则委托方是：	
	技术研究开发情况 / 申请出口技术为自主研发的填写本栏 / 研发资金来源	101 企业自筹 102 外商投资 103 中国政府投资 104 银行贷款 105 其他		
	技术研究开发情况 / 申请出口技术为自主研发的填写本栏 / 研发周期	从 年 月 至 年 月		
	技术研究开发情况 / 申请出口技术为自主研发的填写本栏 / 自主研发过程中主要合作单位	111 大学 112 科研院所 113 企业研发中心 114 其他		
	技术研究开发情况 / 申请出口技术为合作或委托研发的填写本栏 / 中国合作或委托单位			
	技术研究开发情况 / 申请出口技术为合作或委托研发的填写本栏 / 外国合作或委托单位			
	技术研究开发情况 / 申请出口技术为合作或委托研发的填写本栏 / 合作或委托单位负责内容			
	知识产权状况 / 专利名称			
	知识产权状况 / 专利申请及授权时间			
	知识产权状况 / 专有技术秘密			
	知识产权状况 / 专有技术秘密所有权人			
进口商	名称（中文、英文）			
	所在国别、城市			
	业务范围			
	与申请人的关系	121 申请方母公司 122 长期合作伙伴 123 首次合作伙伴 124 其他		
	通信地址单位主页/E-mail			
	联系电话/传真			
技术出口目的	131 履行技术委托合同 132 实现技术转移获得技术收益 133 以技术出口带成套设备出口 134 其他，请说明			

二、申请出口技术详细说明

1．技术简介 （1）简要描述拟出口技术的主要内容（不超过1000字） （2）主要技术指标（技术指标的检测数据、图表和报告等材料请附于附件材料中） （3）与同类技术比较，申请出口技术的水平评价（不超过300字）
2．技术出口方式和理由（不超过300字） 3．技术研究开发方式及主要过程（在研究开发过程如果使用了他人知识产权，需说明其来源，以及对本技术研究开发的作用和影响，不超过500字）
4．技术在国内外的应用情况、开发前景和社会、经济效益及影响（包括对科技、经济、文化等方面的影响，不超过600字） • 承诺 本单位承诺以上所填内容属实，申请出口的技术符合中华人民共和国法律，无侵犯他人知识产权的情况，所出口的技术不会危害中华人民共和国国家安全和利益。 签字（法人代表）： 盖章（单位公章）： 年　月　日

三、审查批准机关意见

处室初审意见： 日期：	处室初审意见： 日期：
省（区、市）科技厅（委、局）厅长（副厅长）： 签字： 日期： 盖章：	省（市、自治区）商务厅（委、局）厅长（副厅长）： 签字： 日期： 盖章：
科技部备案号：	
商务部备案号：	

四、审查所需要的技术资料及说明材料

1. 技术委托开发协议；
2. 技术合作研发协议；
3. 申请出口技术的完整使用说明书；
4. 知识产权证明文件；
5. 主要技术指标图表；
6. 单位信息（注册、出口资质等）；
7. 保密审查批准书；
8. 若技术出口涉及相关资源出口的资源出口许可文件；
9. 完成技术审查所需的其他材料。

附表 3-5 中华人民共和国技术出口许可意向书

PROPOSAL FOR TECHNOLOGY EXPORT LICENCE OF THE PEOPLE'S REPUBLIC OF CHINA

No：____

1. 技术出口经营者 Exporter	2. 技术所有方 Technology owner
3. 技术出口许可意向书号 No. of proposal for technology export license	4. 申请书号 Application No.
5. 技术秘密等级 Technology secret grade	6. 技术出口许可意向书有效截止日期 Expiry date of proposal for technology export licence
7. 进口商 Purchaser	8. 技术出口方式 Mode of technology export
9. 技术名称 Technology item 控制要点 Control point 编号 Code	
10. 备注 Supplementary detail	11. 批准机关签章 Issuing authority stamp & signature 12. 批准日期 Issuing date

附表 3-6 中华人民共和国技术出口许可证

TECHNOLOGY EXPORT LICENCE OF THE PEOPLE'S REPUBLIC OF CHINA

1. 技术出口经营者 Exporter	2. 技术出口许可证号 No. of technology export license
3. 进口商 Importer	4.技术所有方 Technology owner

续表

5. 技术名称 Technology item 控制要点 Control point 编号 Code		
6. 技术秘密等级 Technology item		7. 技术出口方式 Mode of technology export
8. 技术出口许可证附件 Licence attachments	清单名称 Attachment title	页数 Pages
9. 备注 Supplementary detail		10. 发证机关签章 Issuing authority stamp & signature 11. 批准日期 Issuing date

附录 4　技术贸易合同范本

受让方（甲方）________国________公司________地址：________

电话：________法定代表人：________职务：________

转让方（乙方）________国________公司________地址：________

电话：________法定代表人：________职务：________

第一章　合同内容

第一条　乙方同意向甲方提供制造____合同产品的书面及非书面专有技术。用该项技术所生产的合同产品的品种、规格、技术性能等详见本合同附件一。

第二条　乙方负责向甲方提供制造、使用和销售合同产品的专有技术和其他所有有关技术资料。技术资料的内容及有关事项详见本合同附件二。

第三条　乙方负责安排甲方技术人员在乙方工厂进行培训，乙方应采取有效措施使甲方人员掌握制造合同产品的技术，具体内容见本合同附件三。

第四条　乙方派称职的技术人员赴甲方合同工厂进行技术服务。具体要求详见本合同附件四。

第五条　乙方同意在甲方需要时，以最优惠的价格向甲方提供合同产品的备件，届时双方另签协议。

第六条　乙方有责任对本合同项目甲方需要的关键设备提供有关咨询。

第七条　乙方应向甲方提供合同产品的样机、铸件和备件，具体内容详见本合同的附件五。

第八条　甲方销售合同产品和使用乙方商标的规定，见本合同第八章。

第二章 定义

第九条 合同产品，指本合同附件一中所列的全部产品。

第十条 蓝图，指乙方制造合同产品目前所使用的总图、制造图样、材料规范及零件目录等的复制件。

第十一条 技术资料，是指为生产合同产品所必须具有的乙方目前正用于生产合同产品的全部专有技术和其他有关设计图纸、技术文件等。

第十二条 标准，指为制造合同产品向甲方提供的技术资料中，由乙方采用制定的标准。

第十三条 入门费，指由于乙方根据本合同第一章第二、三、四、六、七条规定的内容以技术资料转让的形式向甲方提供合同产品的设计和制造技术，甲方向乙方支付的费用。

第十四条 提成费，指在本合同有效期内，由于乙方所给予甲方连续的技术咨询和援助，以及甲方在合同有效期内连续使用乙方的商标和专有技术，甲方向乙方支付的费用。

第十五条 合同有效期，指本合同开始生效的时间到本合同第六十四条规定的本合同终止时间的时日。

第三章 价格

第十六条 按本合同第一章规定的内容，甲方向乙方支付的合同费用规定如下：

第十七条 入门费为________美元（大写：________美元）这是指本合同产品有关的资料转让费和技术培训费，包括技术资料在交付前的一切费用，入门费为固定价格。

第十八条 合同产品考核验收合格后，甲方每销售一台合同产品的提成费为基价的________%。甲方向乙方购的零件不计入提成费。

第十九条 计算提成费的基价应是甲方生产合同产品当年 12 月 31 日有效的，乙方在________国________市公布和使用的每台目录价格的________%。

第二十条 乙方同意返销甲方生产的合同产品。返销产品的金额为甲方支付乙方全部提成费的________%。返销的产品应达到乙方提供的技术性能标准。每次返销的产品品种、规格、数量、交货期由双方通过友好协商确定。

第四章 支付和支付条件

第二十一条 本合同项下的一切费用，甲方和乙方均以美元支付。

甲方支付给乙方的款项应通过______国________银行和______国________银行办理。

如果乙方和甲方偿还金额，则此款项应通过________银行和________银行办理。

所有发生在甲方国的银行费用，由甲方负担。发生在甲方国以外的银行费用由乙方负担。

第二十二条 本合同第三章规定的合同费用，甲方按下列办法和时间向乙方支付：

1. 甲方收到下列单据，并审查无误后____天内向乙方支付入门费________美元（大写：________美元）。

（1）由乙方出具的保证函。在乙方不能按照合同规定交付技术资料时，保证偿还金额________美元。

（2）即期汇票正、副本各一份。

（3）应支付金额为入门费总价的形式发票正本一份，副本三份。

（4）________国政府当局出具的许可证影印件一份。若乙方认为不需要出口许可证，则乙方应提出有关不需要出口许可证的证明信一份。

2. 甲方收到乙方交付第一阶段产品的下列单据并审查无误后________天内向乙方支付________美元（大写：________美元）。

（1）即期汇票正、副本各一份。

（2）商业发票正本一份，副本三份。

（3）空运提单正本一份，副本三份。

（4）乙方出具的第一阶段产品的技术资料、样机、铸件和备件交付完毕的证明信正、副本各一份。

3. 甲方收到乙方交付第一阶段产品的下列单据并审查无误后________天内向乙方支付________美元（大写：________美元）。

（1）即期汇票正、副本一份。

（2）商业发票正本一份，副本三份。

（3）空运提单正本一份，副本三份。

（4）乙方出具的第一阶段产品的技术资料、样机、附件五规定的________已交付完毕的证明信正副本各一份。

4. 合同产品第一批样机验收合格后，甲方收到乙方下列单据并审查无误________天内，向乙方支付________美元（大写：________美元）。

（1）即期汇票正、副本一份。

（2）商业发票正本一份、副本三份。

（3）双方签署的合同产品考核验收合格证书影印本一份。

注：如果验收试验延迟并是甲方的责任，将不迟于合同生效之日支付。

第二十三条　本合同第三章规定的提成费，甲方将在抽样产品考核验收合格后按下述办法和条件向乙方支付：

1. 甲方在每日历年度结束后________天内，向乙方提交一份甲方在上一日历年度的每种型号的产品实际销售量的报告。

2. 乙方每年可派代表到合同工厂检查和核实甲方合同产品实际销售量的报告，甲方将给予协助。乙方来华费用由乙方负担。如果汇总和/或报告中所列的合同产品数量在检查时发现出入很大，则甲乙双方应讨论此差距并洽商采取正确的措施。

3. 甲方收到乙方下列单据并审查无误后的________天内向乙方支付提成费：

（1）即期汇票正、副本各一份。

（2）商业发票正本一份，副本三份。

（3）该年提成费计算书一式四份。

4. 在合同期满年度内，甲方在合同终止后________天内将提交一份最后销售合同产品数量的报告，以便乙方计算提成费。

第二十四条　按本合同规定，如乙方需向甲方支付罚款或赔偿，甲方有权从上述任何一次支付中扣除。

第五章 技术资料交付

第二十五条 乙方应按本合同附件二的规定向甲方提供技术资料。

第二十六条 乙方应在________机场或车站交付技术资料，________机场或车站的印戳日期为技术资料的有效日期。甲方应在收到资料两周内，确认资料收悉。

第二十七条 第一阶段产品的技术资料、样机、铸件和备件：

1. 在合同生效后的______周内，乙方必须发出一套蓝图、一套二底图和一套标准。可以分批交货。

2. 在合同生效后的______周内，乙方必须发出与第一阶段合同产品有关的全部技术资料、样机、铸件和备件。

第二十八条 第二阶段产品的技术资料和样机：

1. 第二阶段开始日期后的______周内，乙方必须发出与第二阶段产品有关的一套蓝图、一套二底图和一套标准。可以分期交货。

2. 第二阶段开始后的______周内，乙方必须尽快发出与第二阶段合同产品有关的全部技术资料和样机、铸件和备件。

第二十九条 在每批技术资料或样机、铸件和备件发运后的______小时内，乙方应将空运提单号、空运提单日期、资料编号、合同号、件数和重量电告甲方。同时乙方应以航空信将下列单据寄给甲方：

（1）空运提单正本一份，副本二份。

（2）所发运技术资料、样机、铸件和备件的详细清单五式二份。

第三十条 若乙方提供的技术资料或样机、铸件和备件在运输途中遗失或损坏，乙方在收到甲方关于遗失或损坏的书面通知后，应尽快不迟于______个月内免费补寄或重寄给甲方。

第三十一条 交付技术资料应具有适用于长途运输、多次搬运、防雨、防潮的坚固包装。

在每件包装箱的内部和外表，都应以英文标明下列内容：

（1）合同号。

（2）运输标记。

（3）收货人。

（4）技术资料目的地。

（5）重量（公斤）。

（6）样机、铸件和备件目的地。

第六章 技术资料的改进和修改

第三十二条 为了适应甲方的设计标准、材料、工艺装备和其他生产条件，在不改变乙方基本设计的条件下，甲方有权对乙方的技术资料进行修改和变动。甲方必须将这些修改和变动通知乙方。乙方有责任在培训或技术指导时协助甲方修改技术资料，详见附件三、附件四。

第三十三条 甲方必须在型号后加注尾标，以示区别那些影响形状、配合或功能的修改，并通知乙方。

第三十四条 合同有效期内，双方在合同规定的范围内的任何改进和发展，都应相互免费将改进、发展的技术资料提交给对方。

第三十五条　改进和发展的技术，所有权属改进、发展的一方。

第七章　质量验收试验

第三十六条　为了验证按乙方提供的技术资料制造的合同产品可靠性，由甲、乙双方共同在合同工厂对考核的合同产品的技术性能和要求进行考核验收。如果需要，也可以在乙方工厂进行试验或重做。甲方可派指定的人员验证重复试验，乙方负责重复试验和乙方人员的费用，甲方负责甲方参加重复试验的人员和翻译的费用。具体办法见本合同附件七。

第三十七条　考核试验产品的技术性能应符合乙方提供的本合同中的标准规定，即通过鉴定。甲、乙双方签署合同产品考核验收合格证明一式四份，每方各执二份。

第三十八条　如考核试验产品的技术性能达不到附件规定的技术参数，双方应友好协商，共同研究分析原因，采取措施，消除缺陷后进行第二次考核验收。

第三十九条　如考核试验产品不合格是乙方的责任，则乙方派人参加第二次考核验收的一切费用，由乙方负担。如果系甲方责任，该费用由甲方负担。

第四十条　若考核试验产品第二次试验仍不合格，如果系乙方的责任，乙方应赔偿甲方遭受的直接损失，并采取措施消除缺陷，参加第三次考核，费用由乙方负担。如系甲方责任，该费用由甲方负担。

第四十一条　若考核试验产品第三次考核试验不合格，双方应讨论执行合同的问题，如果系乙方责任，则按合同第五十三条规定，甲方有权修正合同。如果系甲方责任，则由双方共同协商进一步的执行问题。乙方将根据甲方的要求，为改进不合格的样机提供技术咨询。

第八章　合同产品的出口和商标

第四十二条　甲方生产的合同产品可在国内销售/可根据下列条件出口到其他国家：

1. 甲方应首先与乙方协商，要求在乙方的销售/分配网所在地区安排销售（销售/分配网包括乙方子公司和代理商）。

出口销售的数量和项目将通过友好协商决定，若无法安排，则甲方可以自由出口，但是，甲方必须在完成交易后一周内，将项目、数量和购买商品名称通知乙方。

2. 在乙方销售/分配网不包括的地区，甲方可以自由销售。

第四十三条　对于甲方把合同产品装在甲方国的主机上出售到任何国家（包括在乙方销售/分配网所在地国家）的权利，乙方不得干涉。为维修甲方国出口的主机，甲方可以自由销售作为配件的合同产品。

第四十四条　在合同期间，甲方可以在合同产品上使用乙方使用的商标和标上甲方的商标，并注上____国________制造。商标许可证应由甲方和________公司单独签订。

第四十五条　当使用商标时，甲方生产的合同产品必须符合本合同项下由乙方提供的标准。在必要的时候，每年乙方可进行一次抽样试验，在抽样试验结果不符合乙方提供的标准时，乙方应建议甲方改进不合格的合同产品并在______个月内再次进行试验。若结果仍不符合，则乙方就可中止甲方使用其商标的权利。甲方可以再次提交另外的样品给乙方进行试验。再次抽样试验，结果符合乙方提供的标准时，乙方将再次给予甲方使用其商标的权利。

第九章 保证

第四十六条 乙方保证其提供的技术资料是在合同生效时乙方使用的最新技术资料，并与乙方拥有的技术资料完全一致。在合同期间，合同产品设计变化的技术通知书和技术改进、发展资料，乙方将及时地送至甲方。

第四十七条 乙方保证其提供的技术资料是完整的、可靠的、清晰的，并按第五章的规定按时交付。有关定义如下：

1. 完整系指乙方提供的资料是本合同附件中规定的全部资料，并与乙方自己工厂目前使用的资料完全一致。

2. 可靠系指甲方按技术资料制造的合同产品应符合乙方按合同提供的合同产品技术规范。

3. 清晰系指资料中的图样、曲线、术语符号等容易看清。

第四十八条 如果乙方提供的技术资料不符合第四十六、四十七条的规定，乙方必须在收到甲方书面通知书后______天内免费将所缺的资料，或清晰、可靠的资料寄给甲方。

第四十九条 当乙方不能按本合同第五章规定的时间交付资料，则乙方应按下列比例向甲方支付罚款：

迟交____至____周，每整周罚款为入门费总价的____%。

迟交____至____周，每整周罚款为入门费总价的____%。

迟交超过____周以上，每整周罚款为入门费总价的____%。

第五十条 若发生第四十九条事项，乙方支付给甲方的罚款总数不超过________美元（大写：________美元）。

第五十一条 乙方支付给甲方的第四十九条中规定的罚款，应以迟交的整周数进行计算。

第五十二条 乙方支付给甲方罚款后，并不解除乙方继续交付上述资料的义务。

第五十三条 按第七章的规定，由于乙方的责任，产品考核经三次不合格时，则按以下办法处理：

1. 若考核产品不合格以致甲方不能投产，则必须修改合同，采取有效措施将不合格的产品从合同中删除。乙方应退还甲方已经支付的那部分金额。这部分退还金额仅限于合同产品总的范围中不合格产品所占部分。并加年利____%的利息。

2. 如果根据第四十一条修改合同，则甲方放弃只涉及不合格的那部分产品和零件的制造权，甲方将退回有助于制造这些不合格产品的全部文件，不可复制或销毁。

第十章 许可证和专有技术

第五十四条 乙方唯自己是根据本合同规定向甲方提供许可证和专有技术的合法者，并能够合法地向甲方转让上述许可证和专有技术而无任何第三者的指控。

如果第三方提出侵权的控诉，则乙方应与第三方处理此控诉并负法律和经济责任。

第五十五条 与合同有关的完整的____国专利清单列入附件二，本合同生效一个月内，乙方将向甲方提供专利影印本一式二份。但不给予____国专利许可证或不应包括此许可证。

第五十六条 本合同终止后，甲方仍有权使用乙方提供的许可证和专有技术，而不承担任何义务和责任。合同终止后，使用____商标的权利也将终止。

第五十七条　双方都应履行本合同，不应以任何方式向第三方透露和公布双方提供的任何技术资料或商业情报。

第十一章　税费

第五十八条　凡因履行本合同而引起的一切税费，发生在甲方国以外的应由乙方承担。

第五十九条　在执行合同期间，乙方在甲方国境内取得的收入应按甲方国税法缴税。此税费由甲方在每次支付时扣交，并将税务局的收据副本一份交乙方。

第十二章　仲裁

第六十条

1. 凡因执行本合同而引起的一切争执，应由双方通过友好协商来解决。在不能解决时，则提交仲裁解决。

2. 仲裁地点。

（1）由____国________仲裁委员会按该会仲裁规则进行仲裁。

（2）仲裁在瑞典的斯德哥尔摩进行，并由斯德哥尔摩商会仲裁院按仲裁院的程序进行仲裁。

3. 仲裁裁决应是终局裁决，对双方均有约束力，双方都应遵照执行。

4. 仲裁费应由败诉一方负担。

5. 在仲裁过程中，本合同中除了接受仲裁的部分外，仍应由双方继续执行。

第十三章　不可抗力

第六十一条　若签约的任何一方，由于战争及严重的火灾、水灾、台风和地震所引起的事件，影响了合同的执行，则应延迟合同期限，延迟时间应相当于事故所影响的时间。

第六十二条　责任方应尽快地将发生的人力不可抗拒的事故电告另一方，并在____天内以航空挂号将有关当局出具的证明文件提交另一方确认。

第六十三条　若人力不可抗拒事故延续到____天以上，双方应通过友好协商尽快解决合同继续执行问题。

第十四章　合同生效及其他

第六十四条　合同在甲方和乙方代表签字之后，双方需向各自政府申请批准，并以最后批准一方的日期作为生效日。双方应尽最大的努力在____天期限内获得批准，并用电报通知对方，随之以信件予以确认，若合同签字后____个月内不能生效，则本合同对甲方和乙方都无约束力，经双方同意，申请批准的期限可以延长。

第六十五条　本合同用____、____文和____文书写各四份，____文文本和____文文本具有同等效力，双方执____、____文文本各二份。

第六十六条　本合同从合同生效之日起________年内有效。有效期满后，本合同即自动失效，除非在合同有效期内双方另有协议，第二阶段合同产品开始日期将由乙方来甲方指导时，双方签订备忘录予以确认。

附录5　专利实施许可合同范本

转让方：_______

法定代表人或负责人：_______

受让方：__________

法定代表人或负责人：________

依据《中华人民共和国合同法》的有关规定，经双方当事人协商一致，签订本合同。

1. 项目名称：________；专利申请人：_______；专利权人：______；

申请日：_________；申请号：______；

专利号：_________；　专利有效期限：______；

本专利权的保护范围：________。

2. 本许可证合同的授权性质________。（注：许可证合同的授权性质，即在合同中明确授权性质是独占实施许可、排他实施许可、普通实施许可；对于产品发明或者实用新型专利，可以采取生产许可、使用许可或销售许可等形式。）

3. 本许可证合同的授权范围_________。（注：授权的技术实施范围，即授权的地域范围、期限范围、使用方式范围。）

4. 转让方的主要义务

（1）转让方应当承担支付专利年费的义务。（注：当事人也可以约定，由受让方支付年费，但应从许可证使用费中扣还受让方所支付的年费。）

（2）转让方应在合同生效后______天内向受让方提供下列技术资料：______。

（3）转让方应向受让方提供下列技术指导：_______。

5. 受让方的主要义务

（1）向转让方支付许可证使用费，数额为_______。按下列日期分期支付：______。（注：在采取提成支付的情况下，当事人可以约定：a. 合同生效后______日内先向转让方支付____元；b. 自合同产品投产之日起（或第一件合同产品销售之日起）______年内按产值（或销售额，或利润）的____%向转让方支付提成费。提成费每年支付一次，支付日期为每年___月___日前。）

（2）按照如下期限和方式实施本专利技术：________。

（3）（排他实施许可合同的）转让方在合同约定的技术范围、地域范围和期限范围内，不得许可合同外第三方实施该专利；（独占实施许可合同的）转让方在合同约定的技术范围、地域范围和期限范围内，不得自己实施或者许可第三方实施该专利。

6. 技术性能担保条款：转让方承诺对本专利技术的下列技术性能和指标承担保证义务：______。当本专利技术在实施中达不到约定的技术指标时，转让方应退还全部（或部分）使用费，并补偿受让方由此而花费的额外开支。

7. 转让方不对实施本专利可能产生的经济效益（如利润、产值、销售额等）承担保证义务。

8. 专利权完整担保条款：转让方向受让方保证：在本合同订立时，本专利权不存在如下缺陷：①该专利权受物权或抵押权的约束；②本专利权的实施受到另一个现有的专利权限制；③有专利先用权的存在；④有强制许可证的存在；⑤有被政府采取“计划推广许可”的情况；⑥本专利权项下的发明属非法所得。

在本合同订立时，转让方如果不如实向受让方告知上述权利缺陷，受让方有权拒绝支付使用费，并要求转让方补偿由此而支付的额外开支。

9. 在本合同履行过程中，如发生第三方提出侵权的控诉，应由转让方到庭应诉并承担法律责任。本合同生效后如发生专利权被告无效的情况，合同随之解除。在专利无效宣告确定之前，受让方已经支付的使用费，受让方不得请求转让方返还。

10. 转让方的违约责任

（1）转让方未交专利年费而导致专利权失效，应向转让方支付数额为______的违约金。

（2）转让方逾期两个月未交付技术资料和提供技术指导，受让方有权解除合同。转让方应当返还使用费，支付数额为______的违约金。

（3）（独占实施许可合同或者排他实施许可合同的）转让方，在已经许可受让方实施专利的范围内又就同一专利与他人订立专利实施许可合同的，应当返还非法所得，支付数额为______的违约金。

（4）（独占实施许可合同的）转让方，在已经许可受让方实施专利的范围内自己又实施本专利技术的，应当停止实施行为，向受让方支付数额为______的违约金。

11. 受让方的违约责任

（1）受让方逾期两个月不支付技术使用费的，转让方有权解除合同。受让方应当补交使用费，支付数额为______的违约金。

（2）受让方实施专利超越合同约定的范围，或者未经转让方许可擅自与他人订立再转让许可合同，应当返还非法所得，支付数额为______的违约金。

12. 后续改进的分享办法：双方当事人各自在本专利技术基础上做出的新的发明创造的专利申请权，归做出发明创造的一方所有，但另一方有权优先有偿受让和使用该技术成果。双方另有约定的以约定为准。

13. 专利产品的质量验收办法：__________。

14. 本合同争议的解决办法：____________。

15. 有关名词、术语的解释：____________。本合同自双方当事人签字、盖章之日起生效。

转让方负责人（或授权代表）	受让方负责人（或授权代表）
签名：_________（盖章）	签名：_______（盖章）
签字时间：_________	签字时间：________
签字地点：_________	签字地点：________
开户银行：_________	开户银行：________
户名：___________	户名：__________
账号：___________	账号：__________
转让方担保人（名称）：_________	受让方担保人（名称）：_________

地址：__________ 地址：__________
负责人（或授权代表） 负责人（或授权代表）
签字：_______（盖章） 签字：______（盖章）
签字时间：________ 签字时间：________
签字地点：________ 签字地点：________
开户银行：________ 开户银行：________
账号：__________ 账号：__________

附录6 国际商标许可合同范本

本协议由__________公司（以下称为“许可方”）和__________（以下称为“被许可方”）于__________年____月____日签订。

鉴于许可方拥有具有一定价值并经注册的商标和服务标志，且拥有并可出售其他如附文第一期所述的许可方财产，其中包括商标。这一商标在广播或电视中经常使用，并出现在各种促销和广告业务中，得到公众的广泛认可，在公众印象中与许可方有密切关系；

鉴于被许可方意于在制造、出售、分销产品时使用这一商标；

因此考虑到双方的保证，达成如下协议：

一、授予许可

1. 产品

根据以下规定的条款，许可方授予被许可方，被许可方接受单独使用这一商标的许可权利，且只在制造和出售、分销以下产品时使用。（加入产品描述）

2. 地域

许可协议只在__________地区有效。被许可方同意不在其他地区直接或间接使用或授权使用这一商标，且不在知情的情况下向有意或有可能在其他地区出售协议下产品的第三者销售该产品。

3. 期限

许可协议自__________日生效，如未提前终止，至__________日期满。若满足协议条件，本协议期限每年自动续展，直至最后一次续展终止于__________年12月31日。始于__________年12月31日，本许可协议在每一期末自动续展一年，到下一年的12月31日止，除非一方在协议到期前30天以前书面通知另一方终止协议的执行。

二、付款方式

1. 比例

被许可方同意向许可方支付其或其附属公司、子公司等出售协议产品的净销售额的__________%作为使用费。净销售额指总销售额减去数量折扣和利润，但不包括现金折扣和不可收账目折扣。在制造、出售或利用产品时的费用均不可从被许可方应支付的使用费中折扣。被许可方同意如向其他许可方支付更高的使用费或更高比例的许可使用费，将自动马上适用于本协议。

2. 最低限度使用费

被许可方同意向许可方支付最低限度使用费__________美元，作为对合同第一期应支付使用费的最低保证，上述最低限度使用费将在第一期的最后一天或此前支付。在协议签字时支付的预付款将不包括在内。此最低限度使用费在任何情况下都不会再归还给被许可方。

3. 定期报告

第一批协议产品装运后，被许可方应立即向许可方提供完整、精确的报告，说明被许可方在前一期售出的产品数量、概况、总销售额、详细列明的总销售额折扣、净销售额及前一期中的利润。被许可方将使用后附的、由许可方提供给其的报告样本。无论被许可方在前一期中是否销售了产品，均应向许可方提供报告。

4. 使用费支付

除上述最低使用费以外的使用费需在销售期后__________日交付，同时提交的还有上述要求的报告。许可方接受被许可方按协议要求提供的报告和使用费（或兑现支付使用的支票）后，如发现报告或支付中有不一致或错误，可以在任何时间提出质疑，被许可方需及时改正、支付。支付应用美元。在许可地内的应缴国内税由被许可方支付。

三、专有权

1. 除非许可方认可在协议有效期内不在协议有效区域内再授予别人销售第一节所述产品时使用这一商标，本协议不限制许可方授予其他人使用这一商标的权利。

2. 协议规定如果许可方向被许可方提出购买第一期所述产品，用于奖励、赠给或其他促销安排，被许可方有 10 天时间决定是否同意。如果被许可方在 10 天内未接受这一要求，许可方有权通过其他生产者进行奖励、赠给或其他促销安排。在这种情况下，当其他生产者的价格比许可方向被许可方支付的高时，被许可方有 3 天时间去满足生产者生产此种产品的要求。被许可方保证在未得到许可方书面同意前，不把协议产品与其他产品或服务一起作为奖励，不与其他作为奖励的产品或服务一起出售协议产品。

四、信誉

被许可方承认与该商标相关联的信誉的价值，确认这一商标、相关权利及与该商标相关联的信誉只属于许可方，这一商标在公众印象中有从属的含义。

五、许可方的所有权及许可方权利的保护

1. 被许可方同意在协议有效期内及其后，不质疑许可方就该商标享有的所有权和其他权利，不质疑本协议的有效性。如果许可方能及时收到索赔和诉讼的通知，许可方保护被许可方，使其不受仅由本协议所授权的商标使用引起的索赔和诉讼的损害，许可方可选择就这样的诉讼进行辩护。在未得到许可方的同意之前，不应就这样的索赔和诉讼达成解决办法。

2. 被许可方同意向许可方提供必要的帮助来保护许可方就该商标拥有的权利。许可方根据自己的意愿，可以自己的名义、被许可方的名义或双方的名义针对索赔和诉讼应诉。被许可方在可知范围内将书面告知许可方就协议产品的商标的侵权和仿制行为；只有许可方有权决定是否对这样的侵权和仿制行为采取行动。若事先未得到许可方的书面同意，被许可方不应就侵权和仿制行为提出诉讼或采取任何行动。

六、被许可方提供的保证及产品责任保险

被许可方负责为自己和／或许可方就其非经授权使用协议产品商标、专利、工艺、设计思想、方法引起的索赔、诉讼或损失，就其他行为或产品瑕疵导致的索赔、诉讼或损失进行辩护，并使许可方免受损失。被许可方将自己负担费用，向一家在____________________地区有经营资格的保险公司承保产品责任险，为许可方（同时也为被许可方）因产品瑕疵导致的索赔、诉讼或损失提供合理的保护。被许可方将向许可方提交以许可方为被保险人的已付款保险单，在此基础上，许可方才能同意产品出售。如果对保险单有所改动，需事先得到许可方的同意。许可方有权要求被许可方向其提供新的保险单。许可方一词包括其官员、董事、代理人、雇员、下属和附属机构，名字被许可使用的人，包装制造人，名字被许可使用的广播、电视节目制作人，节目转播台，节目主办者和其广告代理，及这些人的官员、董事、代理人和雇员。

七、商品质量

被许可方同意协议产品将符合高标准，其式样、外观和质量将能发挥其最好效益，将保护并加强商标名誉及其代表的信誉。同时协议产品的生产、出售、分销将遵守适用的联邦、州、地方法律，并不得影响许可方、其计划及商标本身的名声。为了达到这一目标，被许可方应在出售协议产品之前，免费寄给许可方一定量的产品样品及其包装纸箱、集装箱和包装材料，以取得许可方的书面同意。协议产品及其纸箱、集装箱和包装材料的质量和式样需得到许可方的同意。向许可方提交的每份产品在得到其书面同意前不能视作通过。样品按本条所述得到同意后，被许可方在未得到许可方的书面同意前不能做实质变动。而许可方除非提前 60 天书面通知被许可方，不能撤销其对样品的同意。在被许可方开始出售协议产品后，应许可方的要求，将免费向许可方提供不超过____件的随机抽样样品及相关的纸箱、包装箱和包装材料。

八、标签

1. 被许可方同意在出售许可合同项下产品时或在产品广告、促销和展示材料中将根据第一期附文中商标权第五、六条的规定标明“注册商标__________公司__________年”，或其他许可方要求的标志。如果产品或其广告、促销、展示材料含有商标或服务标志，应标明注册的法律通知及申请。如果产品在市场出售时其包装纸箱、集装箱或包装材料上带有商标，在上述物品上也应标明相应标志。被许可方在使用小牌、标签、标记或其他标志时，在广告、促销和展示材料中标明商标，需事先得到许可方的同意。许可方的同意不构成此协议下许可方权利和被许可方责任的放弃。

2. 被许可方同意与许可方真诚合作，确保和维护许可方（或许可方的授予人）对商标拥有的权利。如果商标、产品、相关材料事先未注册，被许可方应许可方的要求，由许可方承担费用，以许可方的名义对版权、商标、服务标志进行恰当注册，或应许可方的要求，以被许可方自己的名义注册。但是，双方确认本协议不能视作向被许可方转让了任何与商标有关的权利、所有权和利益。双方确认除根据本许可协议，被许可方享有严格按协议使用商标的权利外，其他相关权利都由许可方保留。被许可方同意协议终止或期满时，将其已获得的或在执行协议项下行为而获得的有关商标的一切权利、权益、信誉、所有权等交回给许可方。被许可方将采取一切许可方要求的方式来完成上述行为。此种交回的权利范围只能基于本协议或双方的契约而产生。

3. 被许可方同意其对商标的使用不损害许可方的利益，而且不因为其使用该商标而取得关于商标的任何权利。

九、促销资料

1. 在任何情况下，被许可方如果期望得到本协议产品的宣传材料，那么生产该宣传材料的成本和时间由被许可方承担。所有涉及本协议商标或其复制品的宣传材料的产权应归被许可方所有，尽管该宣传材料可能由被许可方发明或使用，而许可方应有权使用或将其许可给其他方。

2. 许可方有权，但没有义务使用本协议商标或被许可方的商标，以使本协议商标、许可方或被许可方或其项目能够完满或卓越。许可方没有义务继续在电台或电视台节目中宣传本协议商标或其数字、符号或设计等。

3. 被许可方同意，在没有得到许可方的事先书面批准的情况下，不在电台或电视台做使用本协议商标的产品的宣传或广告。许可方可以自由决定同意批准或不批准。

十、分销

1. 被许可方同意将克尽勤勉，并且持续制造、分销或销售本协议产品，而且将为此做出必要和适当的安排。

2. 被许可方在没有得到许可方的书面同意前，不得将本协议产品销售给那些以赚取佣金为目的的、有可能将本协议产品当作促销赠品的、以促进其搭售活动为目的的及销售方式有问题的批发商、零售商、零售店及贸易商等。

十一、会计记录

被许可方同意建立和保留所有有关本协议项下交易活动的会计账本和记录。许可方或其全权代表有权在任何合理的时间内查询该会计账本或记录及其他所有与交易有关的、在被许可方控制之下的文件和资料。许可方或其全权代表为上述目的可摘录其的内容。应许可方的要求，被许可方应自行承担费用，将其至许可方提出要求之日止的所有销售活动情况，包括数量、规格、毛价格和净价格等以独立的、公开账本方式，向被许可方提供一份详细的会计报告申明。所有的会计账本和记录应保留至本协议终止两年之后。

十二、破产、违约等

1. 如果被许可方在达成协议后 3 个月内未开始生产和销售一定量的第一期所述的产品，或者 3 个月后的某个月未销售产品（或类产品），许可方在采取其他补偿措施以外，可书面通知被许可方因其该月未生产销售协议产品（或类产品）而终止合同。通知自许可方寄出之日起生效。

2. 如果被许可方提出破产陈诉，或被判破产，或对被许可方提起破产诉状，或被许可方无偿还能力，或被许可方为其债权人的利益而转让，或依照破产法做出安排，或被许可方停止经营，或有人接收其经营，则此许可合同自动终止。除非得到许可方书面表示的同意意见，被许可方、其接收者、代表、受托人、代理人、管理人、继承人或被转让人无权出售、利用或以任何方式经营协议产品，或相关的纸箱、集装箱、包装材料、广告、促销和陈列材料。这是必须遵守的。

3. 如果被许可方违反了本协议条款下的义务，许可方在提前 10 天书面通知后有权终止合同，除非被许可方在 10 天内对其违约行为做出全部补偿，令许可方满意。

4. 根据第十二条所述条款，终止许可合同将不影响许可方对被许可方拥有的其他权利。当协议终止时，基于销售额的使用费即刻到期需马上支付，不能缺交最低限度使用费，且最低限度使用费将不返还。

十三、竞争产品

如果协议第一期所述的产品与目前、今后生产的使用该商标的产品，或其下属、附属机构生产的使用该商标的产品相矛盾，许可方有权终止协议。许可方书面通知被许可方后 30 天此通知生效。根据第十五条的条款，被许可方在协议终止后有 60 天时间来处理手中的协议产品和在接到终止协议通知前正在生产的产品。然而，如果在 60 天期间，对协议产品的终止有效，被许可方应缴纳的实际使用费少于当年的预付保证金，许可方将把签约当年已付的预付保证金与实际使用费之间的差额退还给被许可方。上句所述的退还条款仅适用于第十三条规定的协议终止情况，而不影响除表述相矛盾的条款外其他所有条款的适用性。

十四、最后报告

在协议期满前 60 天内，或收到终止通知的 10 天以内，或是在无须通知的协议终止情况下 10 天以内，被许可方应向许可方出具一份报告以说明手中的和正在加工中的协议产品的数量和种类。许可方有权进行实地盘存以确认存货情况和报告的准确。若被许可方拒绝许可方的核查，将失去处理存货的权利。许可方保留其拥有的其他法律权利。

十五、存货处理

协议根据第十二条的条款终止后，在被许可方已支付预付款和使用费，并已按第二条要求提供报告的情况下，如协议中无另外规定，被许可方可以在收到终止协议通知后 60 天内处理其手中的和正在加工中的协议产品。合同到期后，或因被许可方未在产品，或其包装纸箱、集装箱、包装材料和广告、促销、展示材料上加贴版权、商标和服务标志注册标签，或因被许可方生产的产品的质量、式样不符合第七条所述许可方的要求，协议终止，被许可方不得再生产、出售、处理任何协议产品。

十六、协议终止或期满的效果

协议终止或期满后，授予被许可方的一切权利即刻返还许可方。许可方可自由地向他人转让在生产、出售、分销协议产品过程中使用该商标的权利。被许可方不得再使用该商标，或直接、间接地涉及该商标。除第十五条所述的情况外，被许可方不得在制造、出售、分销其自己的产品时使用类似的商标。

十七、对许可方的补偿

1. 被许可方认识到（除另有规定外），如果其在协议生效后3个月内未开始生产、分销一定量的协议产品，或在协议期内未能持续地生产、分销、出售协议产品，将立即导致许可方的损失。

2. 被许可方认识到（除另有规定外），如果在协议终止或期满后，未能停止生产、出售、分销协议产品，将导致许可方不可弥补的损失，并损害后继被许可方的权利。被许可方认识到，对此没有恰当的法律补偿。被许可方同意在此情况下，许可方有权获得平衡法上的救济，对被许可方实施暂时或永久禁令，或实施其他法庭认为公正、恰当的裁决。

3. 实施这些补偿措施，不影响许可方在协议中规定享有的其他权利和补偿。

十八、无法执行协议的原因

若由于政府法规的变化，或因国家紧急状态、战争状态和其他无法控制的原因，一方无法执行协议，书面通知对方原因和希望解除协议的意愿，则被许可方将被免除协议下的义务，本协议将终止，而基于销售额的使用费将立即到期应付，最低限度使用费将不会返还。

十九、通知

除非有更改地址的书面通知，所有的通知、报告、声明及款项均应寄至协议记载的双方正式地址。邮寄日视作通知、报告等发出之日。

二十、不允许合资企业

根据本协议，双方不应组成合伙人关系或合资企业。被许可方无权要求或限制许可方的行为。

二十一、被许可方不得再行转让、许可本协议和协议下被许可方的权利、义务，未经许可方书面同意，不得转让、抵押、再许可，不因法律的实施或被许可方的原因而受到阻碍

许可方可以进行转让，但需向被许可方提供书面通知。

二十二、无免责

除非有双方签字的书面契约，本协议的任何条款不得被放弃或修改。本协议以外的陈述、允诺、保证、契约或许诺都不能代表双方全部的共识。任一方不行使或延误行使其协议下的权利，将不被视作对协议权利的放弃或修改。任一方可在适用法律允许的时间内采取恰当的法律程序强制行使权利。除了如第六条和第十二条的规定，被许可方和许可方以外的任何人、公司、集团（无论是否涉及该商标），都不因本协议而获得任何权利。

按契约规定时间执行协议的双方：

许可方	被许可方
签字人：	签字人：
职务：	职务：

附录7 计算机软件许可合同范本

签约时间：__________

签约地点：__________

合同编号：__________

本合同是由以下双方于______年_____月_____日签订的：中国________公司（以下简称“接受方”）为一方，______国__________公司（以下简称“许可方”）为另一方；

鉴于许可方和接受方已就接受方向许可方购买______系统签订了购买合同；

鉴于本合同所指明的若干计算机软件作为许可方按购买合同所提供的______系统的一部分或者与之一起使用的情况下，许可方应将该软件许可接受方使用；

鉴于许可方有权授予本合同所规定的许可；

双方授权代表通过友好协商，同意就以下条款签订本合同。

第一条 定义

1.1 “购买合同”是指许可方与接受方于_____年_____月_____日就接受方向许可方购买系统签订的合同。

1.2 “许可方”是指_______国__________公司，或者该公司的法人代表、代理和财产继承者。

1.3 “接受方”是指中国__________公司，或者该公司的法人代表、代理和财产继承者。

1.4 “系统”是指购买合同规定的，接受方向许可方购买的__________系统。

1.5 “程序”是指构成接受方购买的__________系统的__________控制系统的程序。

1.6 “专有资料”是指由许可方提供的，与程序有关的文件、数据、技术指标。

1.7 “合同生效日”是指双方签订本合同的日期。

第二条 合同范围

2.1 许可方特此按本合同所规定的条款向接受方授予使用和复制控制__________系统程序的许可，而接受方特此按本合同的规定同意接受该许可。按本合同许可的程序如下：

加入该程序的内容、运行的环境以及应具备的功能。

2.2 许可方授予接受方使用、复制该程序的许可权，这种权利是非独占性的，是不可转让的权利。

2.3 许可方负责向接受方提供该程序的专有资料，专有资料包括以下两项：

A：一份用户指南；

B：三份操作手册和安装指南。

第三条 合同价格

3.1 按照第二条规定的内容和范围，本合同采用一次性支付使用费的方式，计价的货币为美元。

3.2　使用费共计为＿＿＿＿＿＿＿＿美元。

第四条　支付条件

4.1　本合同第三条规定使用费以美元电汇，通过中国＿＿＿＿＿银行（此处为接受方的业务银行）和＿＿＿＿＿银行（此处为许可方的业务银行）支付。一切应由许可方在中华人民共和国境内缴纳的所得税应由接受方预扣并代表许可方向有关税务机关缴纳，付款收据应立即传真和邮寄给许可方。

4.2　按照购买合同的规定，在＿＿＿＿＿系统验收合格，并由双方代表签署验收证明后，许可方应立即开具有关单据：

A：商业发票正本一式六份；

B：双方代表按照购买合同的规定签署的验收证明正本一份；

4.3　按本合同规定，如许可方需要向接受方支付罚款或赔偿，接受方有权从上述支付中直接扣除。

第五条　专有资料的交付改进

5.1　许可方应按本合同第二条的规定在合同签订之日起＿＿＿＿＿日内向接受方提供专有资料。交付条件为 C.F.R，目的地机场为中国＿＿＿＿＿机场。

5.2　许可方提供给接受方的专有资料用英文书就。

5.3　如果许可方提供的专有资料有丢失、损坏和/或不完整，许可方在收到接受方的书面通知后 30 天内，免费将专有资料重寄或补发给接受方。

5.4　在合同的有效期内，许可方对程序如有改进和发展，应免费向接受方提供与此相关的更新后的程序和专有资料。

5.5　在本合同期满或终止后＿＿＿＿天内，接受方要提供给许可方一个文件证明，已尽其所能和所知，除了经许可方同意由接受方保留的一个用以归档的复制件外，将其原件和其他完整或部分复制的复制件，不论以任何形式，包括更新以后的任何复制件，退还给许可方或已销毁。

第六条　安装与验收

6.1　许可方应在购买合同规定的期限内完成该程序的安装。

6.2　验收按购买合同规定的程序进行。

第七条　使用、复制、转让及透露限制

7.1　接受方只可将程序用于许可方按购买合同条款提供作为＿＿＿＿系统一部分的计算机，例外的是，如果＿＿＿＿＿＿系统计算机因为发生故障不能操作，或在进行保养性维修、工程设计变更、特制件或模型变换期间不能操作，则也可将程序用在接受方的备用计算机上，直到＿＿＿＿＿系统控制用计算机修复到操作状态为止。接受方只能将程序用于直接的内部操作方面，在任何情况下均不得将程序供给他人使用。

7.2　接受方不得复制程序或其任何部分，例外的是，接受方只是为了备份、存档和将程序置于适宜执行状况，可以复制程序。所有经允许的复制件，都要清楚地标上与原先供给接受方的程序相同的、关于许可方所有权或版权的限制说明。经允许的复制件应以安全的方式予以保存。

7.3 除非经许可方事先以书面方式同意，接受方不得出售、转让或许可他人使用程序。

7.4 接受方不得将程序或其任何部分透露或者以其他方式提供给第三方和接受方没有必要授权其在业务中使用程序的任何雇员。接受方应采取一切合理、必要的步骤，保证不会将程序或其任何部分透露或者以其他方式提供给任何第三方。

第八条 侵权和保证

8.1 许可方保证其有权授予在本合同中所授予的许可。在执行合同过程中一旦发生第三方指控侵权，则由许可方负责与第三方交涉，并承担由此引起的一切法律和经济上的责任。如果在诉讼或仲裁中被判为构成侵权，程序的使用被禁止，许可方可以自行承担费用承担以下任何一项：

A. 替换或修改程序，使之不再构成侵权，并在实质上用同样的质量进行同样的服务；

B. 在程序退还许可方之后退还接受方使用费，但要从中扣除使用、损坏和陈旧的折旧费。

许可方在采取上述措施后，不能免除其承担的其他赔偿责任。但许可方对基于以下其中一项的任何版权侵权所提出的请求不负责任。

A. 接受方自行修改程序，或程序没有在指定的工作环境中使用；

B. 在____________系统之外的系统使用程序。

8.2 许可方保证程序在规定的操作环境中的使用能够符合合同第二条的指标要求。许可方不保证任何程序的不中断或无差错运行。自系统验收之日起，保修期为____年。许可方保证在该期间内免费修理、更换并重新安装程序中任何有瑕疵的部分。

第九条 税费

9.1 凡与本合同有关的或在执行本合同时，根据有效的税法由中华人民共和国政府向接受方征收的一切税应由接受方支付。

9.2 凡与本合同有关或在执行本合同时在中华人民共和国以外征收的一切税费应由许可方支付。

第十条 合同的终止

10.1 在合同到期后，接受方可以书面通知许可方终止本合同，并免除其在合同项下的义务。

10.2 如果任何一方违反合同条款，在给予了书面通知和合理的时间予以纠正，而仍不改正的，另一方有权终止合同。

10.3 如果合同终止后，合同中的条款按其性质仍应有效的，许可方和接受方仍应遵守。

第十一条 不可抗力

11.1 合同双方中的任何一方，由于战争或严重的水灾、火灾，台风和地震等自然灾害，以及双方同意的可作为不可抗力的其他事故而影响合同执行时，则延长履行合同的期限，延长的期限相当于事故所影响的时间。

11.2　受不可抗力影响的一方应尽快将发生不可抗力事故的情况以电传或电报通知对方，并于14天内以航空挂号信件将有关当局出具的证明文件提交给另一方进行确认。

11.3　如果不可抗力事故的影响延续到120天以上，合同双方应通过友好协商解决合同的执行问题。

第十二条　争议的解决

12.1　因执行本合同所发生的或与本合同有关的一切争议，双方应通过友好协商解决。

12.2　如双方通过协商不能达成协议，则应提交中国国际经济贸易仲裁委员会分会，按照申请仲裁时该会现行有效的仲裁规则进行仲裁。仲裁裁决是终局的，对双方均有约束力。

12.3　仲裁费由败诉方负担。

12.4　在争议的处理过程中，除正在进行仲裁的部分外，合同的其他部分将继续执行。

第十三条　合同的生效及其他

13.1　本合同由双方授权代表于_____年_____月____日在______签字。并自签字之日起生效。

13.2　本合同的有效期从合同生效日起算共__________年。

13.3　本合同的执行中，对其条款的任何变更、修改和增减，都须经双方协商同意并签署书面文件，作为合同的组成部分，与合同具有同等效力。

13.4　本合同期满后，双方的未了债权和债务不受合同期满的影响，债务人应对债权人继续完成未了债务。

13.5　本合同用英文书就，双方各持两份。在合同的有效期内，双方通信以英文进行。正式通知应以书面形式，航空挂号邮寄，一式两份。合同双方的法定住址如下：

A. 接受方：________________________________

地址：________________________________

电话：________________________________

传真：________________________________

B. 许可方：________________________________

地址：________________________________

电话：________________________________

传真：________________________________

接受方授权代表（签字）　　　　　　　　许可方授权代表（签字）

附录8　技术服务合同范本

合同编号：____________________

技术服务项目：____________________

委托方（以下称“甲方”）：____________

法定代表人：____________________
法定地址：______________________
邮政编码：______________________
联系电话：______________________
服务方（以下称“乙方”）：__________
法定代表人：____________________
法定地址：______________________
邮政编码：______________________
联系电话：______________________
__________年_______月______日

序文

鉴于甲方（委托方）需要就_________技术项目由乙方（服务方）提供技术服务；鉴于乙方愿意接受甲方的委托并提供技术服务；根据《中华人民共和国合同法》有关技术合同的规定及其他相关法律法规的规定，双方经友好协商，同意就以下条款订立本合同，共同信守执行。

正文

第一条 服务项目名称

1.1 服务项目名称是指技术服务合同所涉及的技术标的项目的全称。本合同的技术服务项目名称为：（本合同所涉及的技术服务项目的名称）

1.2 技术服务合同的项目名称应使用简明、准确的词句和语言反映出合同的技术特征和法律特征，并且项目名称一定要与内容相一致，尽量使用规范化的表述，如关于______技术的技术服务合同或技术培训合同或技术中介合同。

1.3 鉴于我国技术服务业的具体情况，技术服务合同的种类繁多复杂，法律上具体规定名称的，只有技术培训合同和技术中介合同。但技术服务的范围远不限于此，凡是当事人之间订立的需要用科学技术知识解决特定技术问题的合同，大都属于技术服务合同。

第二条 技术服务内容、方式和要求

2.1 技术服务合同的标的体现为技术工作成果，主要有产品设计、工艺编制、工程计算、材料配方、设备改造、制订企业技术改造方案、提出改善经营管理、计算机程序设计和检索、复杂的物理测试及化学测试、生物测试、复杂的产品或材料性能的分析鉴定、其他科学研究、技术开发、技术转让、工业化试验和生产活动中完成的特定技术工作以及技术培训和技术中介。服务方可就上述技术服务内容向委托方提供技术服务。

2.2 技术服务的方式主要是指完成技术服务工作的具体做法、采用的手段和方式。双方约定服务方可以通过产品设计、工艺编制、非常规理化测试分析、企业技术改造、材料鉴定分析、专业技术人员的培训、技术中介活动等方式来提供技术服务。

2.3 技术服务的要求是指完成特定技术服务项目的难度、具体的技术指标、经济指标以及实施效果。例如，为引进技术设备的安装、调试以及关键部件的消化吸收，通过技术服务，使技术设备能够达到某一种技术生活水平和某种标准。

第三条　履行期限、地点和方式

3.1　本合同的履行期限是指本合同从开始履行到履行完毕的具体时日，以及分阶段履行的各阶段的起止时日。双方约定各自的履行期限为：（如委托方协作事项应在______日内完成；服务方应在本合同生效后______日内完成技术服务项目等。）如双方未约定履行期限，义务方可以随时履行，权利方也可以随时要求对方履行但应给对方必要的准备时间。

3.2　本合同的履行地点可以由双方约定在委托方所在地，也可以约定在服务方所在地，或者双方同意的其他地点。如果约定不明确，则推定在委托方所在地履行。

3.3　本合同的履行方式可以约定以工艺产品结构的设计、新产品、新材料性能的测试分析、新型或者复杂生产线的调试、非标准化的测试分析以及利用技术和经验为特定技术项目服务等方式来完成。

第四条　工作条件和协作事项

4.1　工作条件和协作事项是指为了使服务方顺利开展服务工作，委托方应向服务方提供必要的工作条件和技术背景资料等。

4.2　委托方应协作的事项主要有以下几个方面：

（1）向服务方阐明所要解决的技术问题的要点，提供有关技术背景材料及有关技术、数据、原始设计文件及必要的样品材料等。

（2）根据服务方的要求补充说明有关情况，追加有关资料、数据。

（3）提供给服务方的技术资料、数据有明显错误和缺陷，应及时修改、完善。

（4）为服务方开展服务工作提供场所和必要的工作条件。

4.3　双方约定委托方应向服务方提供以下技术资料和数据：委托方应提供的技术背景材料和有关技术、数据。

4.4　双方约定委托方应向服务方提供以下工作条件：委托方应提供的工作条件，如场所、交通、食宿等。

4.5　以上协作事项应约定得明确具体，要尽量写明提供资料及工作条件的具体时间、内容、数量、方式和要求等。

第五条　技术情报和资料的保密

5.1　本合同内容如涉及国家安全和重大利益需要保密的，应在合同中载明秘密事项的范围、密级和保密期限以及各方承担的保密义务。

5.2　委托方提供的技术资料、数据需要保密的，应当在合同中约定保密范围和期限。合同没有约定的，委托方不得干预服务方引用、发表和向第三者提供。

5.3　双方可以约定不论合同是否变更、解除或者终止，合同保密条款不受其限制而继续有效，各方均应继续承担约定的保密义务。

第六条　验收标准和方式

6.1　鉴于技术服务合同的验收比较特殊，其技术服务成果大都属于软科学范畴，在某种程度上具有无形、不可操作的特点，其验收标准一般无法以硬指标衡量，故双方应本着科学、公正、实事求是的原则，严格按照合同约定的要求进行验收，不能过于苛刻或显失公平。

6.2　双方可以在合同中约定对技术服务成果采用鉴定会、专家评估的方式验收，也可以约定由委托方单方认可视为验收通过。但不论采用何种方式验收都应由验收方出具书面验收证明。

6.3 如果双方在合同中没有约定验收或评价方法，则按照合同适用的一般要求组织鉴定。

第七条 报酬及其支付方式

7.1 双方应明确约定服务方提供技术服务所应获得的报酬。在本合同中委托方应向服务方支付报酬__________元人民币。

7.2 双方约定报酬的支付方式和期限为：（可以约定采用一次总付、分期支付等方式支付，并明确约定支付期限）

7.3 双方可以约定在合同履行过程中，服务方进行必要的调查研究、分析论证、试验测定活动等经费如果不包含在合同报酬中，其费用应由哪一方支付、支付的金额及方式。

第八条 违约责任

8.1 委托方违反合同约定，影响工作进度和质量，不接受或者逾期接受服务方的工作成果的，应当如数支付报酬。

8.2 委托方未按照合同约定提供有关技术资料、数据、样品和工作条件、影响工作质量和进度的，应当如数支付报酬；委托方逾期两个月不提供约定的物质技术条件的，服务方有权解除合同，委托方应当支付违约金或者赔偿由此给服务方造成的损失。

8.3 委托方迟延接受工作成果的，应当支付违约金和保管费；委托方逾期6个月不领取工作成果的，服务方有权处分工作成果，从所获得的收益中扣除报酬、违约金和保管费后，剩余部分返还委托方，所获得的收益不足抵偿报酬、违约金和保管费的，有权请求委托方补齐不足部分。

8.4 服务方发现委托方提供的技术资料、数据、样品、材料或者工作条件不符合合同约定的，应当及时通知委托方，委托方应当在约定的期限内补充、修改或者更换，委托方接到通知后未按期做出答复的，应承担相应的责任。

8.5 服务方在履行合同期间，发现继续工作对材料、样品或者设备等有损坏危险时，应当中止工作，并及时通知委托方或者提出建议，委托方应在约定期限内做出答复，委托方未按期答复的，委托方应承担相应的责任。

8.6 委托方提供的技术资料、数据、样品或者服务方完成的工作成果需要保密的，可以在合同中约定保密范围和期限以及各方应承担的保密义务，委托方违反保密义务的，应承担相应的责任。

8.7 服务方未按照合同约定完成服务工作的，应当减收或免收报酬，并支付违约金或者赔偿损失。

8.8 服务方迟延交付工作成果的，委托方有权解除合同，服务方应当返还技术资料、样品及已收的报酬，并支付违约金或者赔偿损失。

8.9 服务方的工作成果、服务质量有缺陷，委托方同意利用的，服务方应减收报酬并采取相应的补救措施；工作成果、服务质量有严重缺陷，没有解决合同约定的技术问题的，服务方应免收报酬，并支付违约金或者赔偿损失。

8.10 服务方对委托方交付的样品、技术资料保密不善，造成丢失、缺少、变质、污染或者损坏的，应当支付违约金或者赔偿损失。

8.11　服务方在履行合同期间，发现继续工作对材料、样品或者设备等有损坏危险时，应当中止工作而未中止工作或采取适当措施也未及时通知委托方的，应当承担相应的责任。

8.12　服务方违反合同约定的保密义务给委托方造成损失，应当承担相应的责任。

第九条　争议的解决办法

9.1　甲乙双方在履行本合同的过程中一旦出现争议，可以根据自愿选择协商、调解、仲裁或者诉讼的方式解决争议。

9.2　争议发生后，双方应本着平等自愿的原则，按照合同的约定分清各自的责任，采用协商的办法解决争议。

9.3　若双方不愿协商或者协商不成的，可以将争议提交双方共同指定的第三者进行调解解决。

9.4　若双方协商、调解不成的或者不愿协商、调解的，可以约定将争议提交__________仲裁委员会仲裁解决。

9.5　双方也可以约定不通过仲裁，直接向法院提起诉讼，通过诉讼的方式解决争议。

第十条　有关名词和术语的解释

10.1　技术服务：是指科学技术专家或者由专家组成的智囊团利用自己拥有的科学技术知识为他人解决特定技术问题的一项服务活动。

10.2　技术服务合同：是指当事人一方以技术知识为另一方解决特定技术问题所订立的合同，但不包括建议工程合同和承揽合同。

10.3　技术培训合同：是指当事人一方委托另一方对指定的专业技术人员进行特定项目的技术指导和专业训练所订立的合同。

10.4　技术中介合同：是指当事人一方运用自己的技术知识为促成另一方与第三方订立技术合同而进行介绍活动，并协助解决约定的技术问题而订立的合同。

10.5　特定技术问题：是指需要运用科学技术知识解决的专业技术工作中有关改进产品结构、改良工艺流程、提高产品质量、降低产品成本、节约资源能耗、保护资源环境、实现安全操作、提高经济效益等问题。

10.6　技术工作成果：是指服务方运用科学技术知识和手段解决特定技术问题所完成的、以科学技术知识为内容的工作。

10.7　验收标准和方式：是指当技术服务合同实施完成后，双方约定的通过何种标准和方式来验收技术服务是否符合和达到合同约定的要求。

附文

第十一条　本合同经双方签字、盖章后生效；如需经有关部门批准的，以有关部门的批准日期为合同生效日。

第十二条　本合同未尽事宜，由双方协商解决。

第十三条　本合同一式________份，甲乙双方和有关批准部门各执一份。

甲方：（签章）______________

法定代表人：________________

日期：____________________

乙方：（签章）____________

法定代表人：______________

日期：____________________

审批部门意见：____________

审批部门：（签章）________

日期：____________________

附录9　技术咨询合同范本

合同编号：____________________

项目名称：____________________________

委托方（甲方）：______________________

住所地：______________________________

法定代表人：__________________________

项目联系人：__________________________

联系方式：____________________________

通信地址：____________________________

电话：________________________________

传真：________________________________

电子信箱：____________________________

受托方（乙方）：______________________

住所地：______________________________

法定代表人：__________________________

项目联系人：__________________________

联系方式：____________________________

通信地址：____________________________

电话：________________________________

传真：________________________________

电子信箱：____________________________

本合同甲方委托乙方就________________项目进行技术咨询，并支付咨询报酬。双方经过平等协商，在真实、充分地表达各自意愿的基础上，根据《中华人民共和国合同法》的规定，达成如下协议，并由双方共同恪守。

第一条　乙方进行技术咨询的内容、要求和方式：

1. 咨询内容：____

2. 咨询要求：____

3. 咨询方式：____

第二条　乙方应当按照下列进度要求进行本合同项目的技术咨询工作：＿＿＿＿＿＿＿＿＿＿＿＿。

第三条　为保证乙方有效进行技术咨询工作，甲方应当向乙方提供下列协作事项：

1. 提供技术资料：

（1）＿＿＿＿＿＿＿＿＿＿＿＿＿＿＿＿＿＿＿＿＿＿＿＿；

（2）＿＿＿＿＿＿＿＿＿＿＿＿＿＿＿＿＿＿＿＿＿＿＿＿；

（3）＿＿＿＿＿＿＿＿＿＿＿＿＿＿＿＿＿＿＿＿＿＿＿＿；

（4）＿＿＿＿＿＿＿＿＿＿＿＿＿＿＿＿＿＿＿＿＿＿＿＿。

2. 提供工作条件：

（1）＿＿＿＿＿＿＿＿＿＿＿＿＿＿＿＿＿＿＿＿＿＿＿＿；

（2）＿＿＿＿＿＿＿＿＿＿＿＿＿＿＿＿＿＿＿＿＿＿＿＿；

（3）＿＿＿＿＿＿＿＿＿＿＿＿＿＿＿＿＿＿＿＿＿＿＿＿；

（4）＿＿＿＿＿＿＿＿＿＿＿＿＿＿＿＿＿＿＿＿＿＿＿＿。

3. 其他：＿＿＿＿＿＿＿＿＿＿＿＿＿＿＿＿＿＿＿＿＿

甲方提供上述协作事项的时间及方式：＿＿＿＿＿＿＿＿＿

第四条　甲方向乙方支付技术咨询报酬及支付方式为：

1. 技术咨询报酬总额为：＿＿＿＿＿。

2. 技术咨询报酬由甲方＿＿＿＿（一次或分期）支付乙方。

具体支付方式和时间如下：

（1）＿＿＿＿＿＿＿＿＿＿＿＿＿＿＿＿＿＿＿＿＿＿＿＿

（2）＿＿＿＿＿＿＿＿＿＿＿＿＿＿＿＿＿＿＿＿＿＿＿＿

（3）＿＿＿＿＿＿＿＿＿＿＿＿＿＿＿＿＿＿＿＿＿＿＿＿

乙方开户银行名称、地址和账号为：

开户银行：＿＿＿＿＿＿＿＿＿＿＿＿＿＿＿＿＿＿

地址：＿＿＿＿＿＿＿＿＿＿＿＿＿＿＿＿＿＿＿＿

账号：＿＿＿＿＿＿＿＿＿＿＿＿＿＿＿＿＿＿＿＿

第五条　双方确定因履行本合同应遵守的保密义务如下：

甲方：

1. 保密内容（包括技术信息和经营信息）：＿＿＿＿＿＿＿

2. 涉密人员范围：＿＿＿＿＿＿＿＿＿＿＿＿＿＿＿＿＿

3. 保密期限：＿＿＿＿＿＿＿＿＿＿＿＿＿＿＿＿＿＿＿

4. 泄密责任：＿＿＿＿＿＿＿＿＿＿＿＿＿＿＿＿＿＿

乙方：

1. 保密内容（包括技术信息和经营信息）：＿＿＿＿＿＿＿

2. 涉密人员范围：＿＿＿＿＿＿＿＿＿＿＿＿＿＿＿＿＿

3. 保密期限：＿＿＿＿＿＿＿＿＿＿＿＿＿＿＿＿＿＿＿

4. 泄密责任：＿＿＿＿＿＿＿＿＿＿＿＿＿＿＿＿＿＿＿

第六条　本合同的变更必须由双方协商一致，并以书面形式确定。但有下列情形之一的，一方可以向另一方提出变更合同权利与义务的请求，另一方应当在________日内予以答复；逾期未予答复的，视为同意：

1. ____；

2. ____；

3. ____；

4. ____。

第七条 双方确定，按以下标准和方式对乙方提交的技术咨询工作成果进行验收：

1. 乙方提交技术咨询工作成果的形式：____________________________

2. 技术咨询工作成果的验收标准：________________________________

3. 技术咨询工作成果的验收方法：________________________________

4. 验收的时间和地点：____

第八条 双方确定，按以下约定承担各自的违约责任：

1. ___________方违反本合同第___________条约定，应当___________（支付违约金或损失赔偿额的计算方法）。

2. ___________方违反本合同第___________条约定，应当___________（支付违约金或损失赔偿额的计算方法）。

3. ___________方违反本合同第___________条约定，应当___________（支付违约金或损失赔偿额的计算方法）。

4. ___________方违反本合同第___________条约定，应当___________（支付违约金或损失赔偿额的计算方法）。

第九条 双方确定，甲方按照乙方符合本合同约定标准和方式完成的技术咨询工作成果做出决策并予以实施所造成的损失，按以下第___种方式处理：

1. 乙方不承担责任。

2. 乙方承担部分责任。具体承担方式为__________________________

3. 乙方承担全部责任。

第十条 双方确定：

1. 在本合同有效期内，甲方利用乙方提交的技术咨询工作成果所完成的新的技术成果，归_______（甲、双）方所有。

2. 在本合同有效期内，乙方利用甲方提供的技术资料和工作条件所完成的新的技术成果，归_______（乙、双）方所有。

第十一条 双方确定，在本合同有效期内，甲方指定_______为甲方项目联系人，乙方指定_______为乙方项目联系人。项目联系人承担以下责任：

1. ____；

2. ____；

3. ____。

一方变更项目联系人的，应当及时以书面形式通知另一方。未及时通知并影响本合同履行或造成损失的，应承担相应的责任。

第十二条 双方确定，出现下列情形，致使本合同的履行成为不必要或不可能的，可以解除本合同：

1. 发生不可抗力；

2. ____；

3. ____。

第十三条　双方因履行本合同而发生的争议，应协商、调解解决。协商、调解不成的，确定按以下第______种方式处理：

1. 提交____________仲裁委员会仲裁；

2. 依法向人民法院起诉。

第十四条　双方确定：本合同及相关附件中所涉及的有关名词和技术术语，其定义和解释如下：

1. ____；

2. ____；

3. ____；

4. ____；

5. ____。

第十五条　与履行本合同有关的下列技术文件，经双方以____________方式确认后，为本合同的组成部分：

1. ____；

2. ____；

3. ____；

4. ____。

第十六条　双方约定本合同其他相关事项为：

____

第十七条　本合同一式_______份，具有同等法律效力。

第十八条　本合同经双方签字盖章后生效。

甲方：（盖章）____________________________

法定代表人／委托代理人：（签名）_________

____________年__________月__________日

乙方：（盖章）____________________________

法定代表人／委托代理人：（签名）_________

______________年__________月__________日

印花税票粘贴处：__________________________

合同登记编号：____________________________

1. 申请登记人：____________________________

2. 登记材料：

（1）____________________________________

（2）____________________________________

（3）____________________________________

3. 合同类型：________________________

4. 合同交易额：________________________

5. 技术交易额：________________________

技术合同登记机构（印章）__________

经办人：________________________

________年________月________日

一、本合同为中华人民共和国科学技术部印制的技术咨询合同示范文本，各技术合同登记机构可推介技术合同当事人参照使用。

二、本合同书适用于一方当事人（受托方）为另一方（委托方）就特定技术项目提供可行性论证、技术预测、专题技术调查、分析评价报告所订立的合同。

三、签约一方为多个当事人的，可按各自在合同关系中的作用等，在“委托方”“受托方”项下（增页）分别排列为共同委托人或共同受托人。

四、本合同书未尽事项，可由当事人附页另行约定，并作为本合同的组成部分。

五、当事人使用本合同书时约定无须填写的条款，应在该条款处注明“无”等字样。